第12版

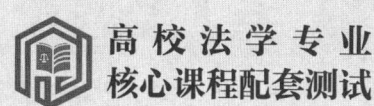
高校法学专业
核心课程配套测试

民法
配套测试

试题

教学辅导中心 / 组编　编委会主任 / 刘智慧

编审人员

刘智慧　钟宏声　姚　蕾　胡一铭
　　　　陈　功　刘丽泽

中国法治出版社
CHINA LEGAL PUBLISHING HOUSE

出版说明

"高校法学专业核心课程配套测试"丛书由我社教学辅导中心精心组编,专为学生课堂同步学习、准备法学考试,教师丰富课件素材、提升备课效率而设计。自2005年首次出版以来,丛书始终秉持"以题促学、以考促研"的编写理念,凭借其考点全面、题量充足、解析详尽、应试性强等特点,成为法学教辅领域的口碑品牌,深受广大师生信赖。

本丛书具有以下特色:

1. 适配核心课程,精设十六分册。 丛书参照普通高等学校法学专业必修课主要课程,设置十六个分册,涵盖基础理论、实体法、程序法及国际法等核心领域,旨在帮助学生构建系统的法学知识框架,筑牢理论根基,掌握法律思维。

2. 专业团队编审,严控内容品质。 由北京大学、中国人民大学、中国政法大学、北京航空航天大学、中国社会科学院、西南政法大学、西北政法大学、南开大学、北京理工大学等法学知名院校教师领衔编委会,全程把控试题筛选、答案审定及知识体系优化,确保内容兼具理论深度及实践价值。

3. 科学编排体系,助力知识巩固。 每章开篇设置"基础知识图解"板块,以思维导图形式梳理核心概念与法律关系,帮助学生快速构建知识框架。习题聚焦法学考试高频考点,覆盖单项选择题、多项选择题、不定项选择题、名词解释、简答题、论述题、案例分析题等常见题型,满足课堂练习、期末备考、法考训练、进阶备考等需求。答案标注法条依据,详解解题思路。设置综合测试题板块,方便学生自我检测、巩固知识。

4. 紧跟法治动态,及时更新内容。 丛书依据新近立法动态进行修订,注重融入学科前沿成果,同时,贴合国家统一法律职业资格考试重点,强化实务导向题型训练,切实提升学生应试能力。

5. 贴心双册设计,提升阅读体验。 试题与解析分册编排,方便学生专注刷题,随时查阅答案,大幅提升学习效率。

6. 拓展功能模块,丰富学习资源。 附录部分收录与对应课程紧密相关的核心法律文件目录,帮助学生建立法律规范知识体系;另附参考文献及推荐书目,既明确了答案参考,亦为学生提供拓展阅读指引。

7. 附赠思维导图，扫码即可获取。 购买本书，扫描封底二维码可下载课程配套思维导图，便于学生随时查阅、灵活使用，为学习提供更多便利与支持。

尽管本丛书已历经学生试用、教师审阅、编辑加工校对等多个环节，但难免存在疏漏和值得商榷之处。法学的魅力恰在于永恒的思辨。若您在研习过程中有任何问题或建议，欢迎发送邮件至 hepengjuan@zgfzs.com，与编委会共同交流探讨。我们将持续关注法学学习需求，以更开放的姿态完善知识体系，与广大师生共同推动本丛书内容的迭代优化。

"法律的生命不在逻辑，而在经验。"——愿我们在求索路上互为灯塔。

教学辅导中心

2025 年 8 月

《民法配套测试》导言

民法学的学习，需紧紧把握三个关键要点：其一，构建体系化思维至关重要。在基础理论的学习中，务必精准抓住民事法律关系这一核心。民事法律关系由主体、客体、内容三个要素构成，它如同一条主线，贯穿于整个民法学习的过程。其二，民法学堪称一座"概念大厦"。在学习时，要注重运用比较分析的方法。例如，将代理与代表进行对比，区分无权代理与表见代理；对比新旧法的规则，以此强化记忆等。其三，民法学是理论性与实践性高度融合的学科。学习中既要注重对法律条文进行文义解释和体系解释，培养"解释论"思维；又要明白"请求权基础分析法"是民法实务的核心思维，因此必须将理论与实践相结合，强化案例分析能力，增强对法律适用的敏感度。

民法学是法学各类考试中的重点科目，不同考试对民法学的考查侧重点有所不同，因此需要有针对性地进行备考。例如，在法律职业资格考试中，重点考查民事法律的适用和案例分析能力；而各高校的民法学期末考试，虽然风格多样、题型丰富，但大多旨在考查学生对民法学基础知识的掌握程度，以及对民法学基本原理和规则的理解与运用能力。

《民法配套测试》作为学习民法学的辅助资料，可以充分利用以提升学习效果。在学习新知识时，可先借助本书的"基础知识图解"构建知识图谱，通过教材或课堂学习理解基本概念和理论，然后同步做配套测试题，检验和巩固所学内容，及时发现自己的薄弱环节。在备考阶段，可利用本书的思维导图串联各章节考点，形成体系化的记忆，接着进行模拟测试，通过模拟考试环境，按照规定时间答题，熟悉考试题型和节奏，提升应试能力。本书设置了单项选择题、多项选择题、名词解释、简答题、论述题、案例分析题等多种题型，形成了"基础认知—理论深化—综合运用"的梯度训练体系。其中，选择题侧重于考查对基础概念的精准理解，名词解释与简答题聚焦于对基础理论的系统掌握，案例分析题旨在提升法律规则的适用能力。建议按照"法律关系梳理→规范检索→逻辑推理→结论提炼"的分析步骤，最终实现从"知识记忆"到"法律思维"的质变。

需要注意的是，尽管本书是依据《民法典》及新司法解释编写而成，但读者在学习过程中仍需关注法律修订的动态。为了适应社会发展的需求，近年来我国民事立法有诸多实质性的进展，《民法典》的颁行便是一个重要的里程碑。《民法典》对民事法律规范进行了整合，在形成系统民法体系的同时，也提升了民法顺应时代发展的适应性。《民法典》实施后，相关司法解释不断发布，为司法实践提供了清晰明确的指引。未来，民法在数据权益保护、人工智能的民事法律地位等前沿领域还将持续探索，以应对科技发展带来的新挑战，充分保障民事主体的合法权益。

民法的精妙之处在于它对社会关系的精准调整，愿读者在学习中体会到法理与实践交融的美妙！

目 录

第一编 总 则

第一章 民法的概念和调整对象 …………………………………… 1
    基础知识图解 …………………………………………………… 1
    配套测试 ………………………………………………………… 1

第二章 民法基本原则 ……………………………………………… 3
    基础知识图解 …………………………………………………… 3
    配套测试 ………………………………………………………… 3

第三章 民事法律关系 ……………………………………………… 5
    基础知识图解 …………………………………………………… 5
    配套测试 ………………………………………………………… 5

第四章 自然人 …………………………………………………… 10
    基础知识图解 ………………………………………………… 10
    配套测试 ……………………………………………………… 10

第五章 法 人 …………………………………………………… 16
    基础知识图解 ………………………………………………… 16
    配套测试 ……………………………………………………… 16

第六章 非法人组织 ……………………………………………… 21
    基础知识图解 ………………………………………………… 21
    配套测试 ……………………………………………………… 21

第七章 民事法律行为 …………………………………………… 23
    基础知识图解 ………………………………………………… 23
    配套测试 ……………………………………………………… 24

第八章 代 理 …………………………………………………… 32
    基础知识图解 ………………………………………………… 32
    配套测试 ……………………………………………………… 33

第九章 诉讼时效与期间 ………………………………………… 41
    基础知识图解 ………………………………………………… 41
    配套测试 ……………………………………………………… 41

第二编　物　权

第十章　物权与物权法概述 ································· 45
　　基础知识图解 ······································· 45
　　配套测试 ··· 46

第十一章　所有权的一般原理 ································· 51
　　基础知识图解 ······································· 51
　　配套测试 ··· 51

第十二章　共　有 ······································· 60
　　基础知识图解 ······································· 60
　　配套测试 ··· 61

第十三章　用益物权 ····································· 64
　　基础知识图解 ······································· 64
　　配套测试 ··· 65

第十四章　担保物权 ····································· 68
　　基础知识图解 ······································· 68
　　配套测试 ··· 69

第十五章　占　有 ······································· 84
　　基础知识图解 ······································· 84
　　配套测试 ··· 84

第三编　合　同

第十六章　债的概述 ····································· 90
　　基础知识图解 ······································· 90
　　配套测试 ··· 90

第十七章　债的类型 ····································· 94
　　基础知识图解 ······································· 94
　　配套测试 ··· 94

第十八章　合同概述 ····································· 96
　　基础知识图解 ······································· 96
　　配套测试 ··· 96

第十九章　合同的成立 ··································· 100
　　基础知识图解 ······································· 100
　　配套测试 ··· 101

第二十章　合同的履行 ··································· 113
　　基础知识图解 ······································· 113
　　配套测试 ··· 113

第二十一章　合同履行中的抗辩权 ····························· 116
　　基础知识图解 ······································· 116

配套测试 ··· 116
第二十二章　合同的保全 ·· 121
　　基础知识图解 ·· 121
　　配套测试 ··· 121
第二十三章　合同的变更、转让和权利义务终止 ···································· 130
　　基础知识图解 ·· 130
　　配套测试 ··· 131
第二十四章　合同的解除 ·· 135
　　基础知识图解 ·· 135
　　配套测试 ··· 135
第二十五章　缔约过失责任与违约责任 ·· 140
　　基础知识图解 ·· 140
　　配套测试 ··· 140
第二十六章　典型合同 ·· 150
　　基础知识图解 ·· 150
　　配套测试 ··· 151
第二十七章　无因管理 ·· 189
　　基础知识图解 ·· 189
　　配套测试 ··· 189
第二十八章　不当得利 ·· 193
　　基础知识图解 ·· 193
　　配套测试 ··· 193

第四编　人格权

第二十九章　人格权 ·· 196
　　基础知识图解 ·· 196
　　配套测试 ··· 196
第三十章　人格权的保护 ··· 200
　　基础知识图解 ·· 200
　　配套测试 ··· 200

第五编　婚姻家庭

第三十一章　婚姻家庭法概述 ··· 202
　　基础知识图解 ·· 202
　　配套测试 ··· 203
第三十二章　结婚制度 ·· 204
　　基础知识图解 ·· 204

配套测试 …………………………………………………………………………… 204
第三十三章　家庭关系 …………………………………………………………………… 207
　　基础知识图解 ……………………………………………………………………… 207
　　配套测试 …………………………………………………………………………… 207
第三十四章　离婚制度 …………………………………………………………………… 211
　　基础知识图解 ……………………………………………………………………… 211
　　配套测试 …………………………………………………………………………… 211
第三十五章　收养制度 …………………………………………………………………… 215
　　基础知识图解 ……………………………………………………………………… 215
　　配套测试 …………………………………………………………………………… 215

第六编　继　承

第三十六章　继承概述 …………………………………………………………………… 220
　　基础知识图解 ……………………………………………………………………… 220
　　配套测试 …………………………………………………………………………… 220
第三十七章　法定继承 …………………………………………………………………… 223
　　基础知识图解 ……………………………………………………………………… 223
　　配套测试 …………………………………………………………………………… 223
第三十八章　遗嘱继承、遗赠与遗赠扶养协议 ………………………………………… 228
　　基础知识图解 ……………………………………………………………………… 228
　　配套测试 …………………………………………………………………………… 229
第三十九章　遗产的处理 ………………………………………………………………… 236
　　基础知识图解 ……………………………………………………………………… 236
　　配套测试 …………………………………………………………………………… 236

第七编　侵权责任

第四十章　侵权责任概述 ………………………………………………………………… 242
　　基础知识图解 ……………………………………………………………………… 242
　　配套测试 …………………………………………………………………………… 242
第四十一章　侵权责任的归责原则 ……………………………………………………… 244
　　基础知识图解 ……………………………………………………………………… 244
　　配套测试 …………………………………………………………………………… 244
第四十二章　损害赔偿 …………………………………………………………………… 246
　　基础知识图解 ……………………………………………………………………… 246
　　配套测试 …………………………………………………………………………… 246
第四十三章　一般侵权责任 ……………………………………………………………… 250
　　基础知识图解 ……………………………………………………………………… 250

  配套测试 ·· 250
第四十四章 数人侵权责任 ·· 252
  基础知识图解 ·· 252
  配套测试 ·· 252
第四十五章 各类侵权责任 ·· 255
  基础知识图解 ·· 255
  配套测试 ·· 255
综合测试题一 ·· 266
综合测试题二 ·· 270
综合测试题三 ·· 274
综合测试题四 ·· 276

附录一：民法学习所涉及的主要法律文件 ·· 277
附录二：参考文献及推荐书目 ·· 280

第一编 总 则

第一章 民法的概念和调整对象

基础知识图解

民法的概念：民法是调整平等主体的自然人、法人和非法人组织之间的财产关系和人身关系的法律规范的总称

民法的调整对象 { 调整平等主体之间的财产关系 / 调整人身关系

民法的性质 { 民法是私法 / 民法是调整市场经济的基本法 / 民法是调整社会关系的基本法

民法的本位

民法的体系 { 主体制度、物权制度、债与合同制度、人格权制度、知识产权制度、侵权责任制度、婚姻家庭制度、财产继承制度

民法的渊源：制定法、习惯、判例、法理

民法的效力：时间上的效力、空间上的效力、对人的效力

配套测试

单项选择题

1. 形式意义上的民法是指（　　）。
   A. 经立法程序系统编纂的民法典　　B. 由民法专家编写的著作
   C. 最高司法机关关于民法的解释性文件　　D. 某民法百科出版物

2. 甲、乙在火车上相识，甲怕自己到站时未醒，请求乙在 A 站唤醒自己下车，乙欣然同意。火车到达 A 站时，甲沉睡，乙也未醒。甲未能在 A 站及时下车，为此支出了额外费用。甲要求乙赔偿损失。对此，应如何处理？（　　）
   A. 由乙承担违约责任　　B. 由乙承担侵权责任
   C. 由乙承担缔约过失责任　　D. 由甲自己承担损失

多项选择题

1. 根据有关法律的规定，民法调整的对象包括（　　）。

A. 平等主体的公民之间的人身关系和财产关系
B. 平等主体的法人之间的人身关系和财产关系
C. 平等主体的农村承包经营户和法人之间的人身关系和财产关系
D. 平等主体的个体工商户与法人之间的人身关系和财产关系

2. 下列选项中不可以作为我国民法渊源的有（   ）。
A. 习惯
B. 《最高人民法院关于适用〈中华人民共和国民法典〉有关担保制度的解释》
C. 某大学教授关于人身损害赔偿的专著
D. 某市中级人民法院的判决

名词解释

1. 民法
2. 财产流转关系
3. 人身关系
4. 民法的渊源

简答题

1. 我国民法的适用范围包括哪些？
2. 民法与民法学有什么区别？

论述题

试论好意施惠关系与民事法律关系之区别。

第二章 民法基本原则

基础知识图解

保护民事权益原则：参见《民法典》第3条
平等原则：民事权利能力平等、民事主体地位平等、民事权益平等地受法律保护
自愿原则：民事主体根据自己的意愿自主行使民事权利，民事主体之间自主协商设立、变更或者终止民事关系，当事人的意愿优于任意性民事法律规范
公平原则：当事人权利、义务的平衡，当事人承担民事责任的平衡，风险负担的平衡
诚信原则：（1）设立、变更民事法律关系时，诚实、不欺诈；（2）民事法律关系建立后，当事人应为维护对方的利益进行一定行为或不作为；（3）民事法律关系终止后，当事人应为维护对方的利益进行一定行为或不作为
公序良俗原则：参见《民法典》第8条规定
绿色原则：民事活动中应当遵循节约资源、保护生态环境的准则

配套测试

单项选择题

1. 姜某有一处房屋，当他得知有一座工厂将要在附近建设，且工厂的噪声将会很大时，便将房屋卖给想得到一处环境安静的房屋的张某，姜某的行为违背了民法的哪一原则？（　　）

A. 自愿原则　　　　　　　　　　　　B. 等价有偿原则
C. 保护合法民事权益原则　　　　　　D. 诚信原则

2. 甲公司与乙公司签订了一份买卖玉米850吨的合同，约定甲公司在一年内分三批交货。不料合同签订后一个月，玉米价格下跌了50%，乙公司向甲公司提出降低价格，被甲公司拒绝，双方诉至法院。法院在判决中对合同约定的价格适当作了降低。法院这一判决依据的是民法的哪一项原则？（　　）

A. 自愿原则　　　　　　　　　　　　B. 情势变更原则
C. 保护合法民事权益原则　　　　　　D. 遵守法律和国家政策原则

3. 甲、乙二人同村，宅基地毗邻。甲的宅基地倚山、地势较低，乙的宅基地在上将其环绕。乙因琐事与甲多次争吵而郁闷难解，便沿二人宅基地的边界线靠己方一侧，建起5米高的围墙。这堵高墙如同一道巨大的屏障，完全遮挡了甲家原本开阔的视野，使甲在自家院内倍感压抑，日常生活也受到极大影响。乙的行为违背民法的下列哪一基本原则？（　　）

A. 自愿原则　　B. 公平原则　　C. 平等原则　　D. 诚信原则

4. 蒋某（男）与韩某（女）在离婚协议书中约定：为了专心抚育婚生幼女蒋小某，韩某（女）将来若与他人结婚，不得再生育。该约定因违反下列哪一原则无效？（　　）

A. 自愿原则　　　B. 公序良俗原则　　　C. 公平原则　　　D. 平等原则

名词解释

1. 民法基本原则
2. 自愿原则
3. 平等原则
4. 诚信原则
5. 禁止权利滥用原则

简答题

根据《民法典》所规定的一项制度说明诚信原则的具体运用。

论述题

1. 试述民法基本原则的功能。
2. 论民法的意思自治原则。

第三章　民事法律关系

基础知识图解

民事法律关系概述 {
　概念：由民法规范调整而形成的民事权利义务关系
　特征：调整平等主体之间的财产关系和人身关系、基于民事法律事实、以民事权利义务为内容
}

民事法律关系的要素 {
　主体：自然人、法人、非法人组织和国家
　客体：物、行为、智力成果、人身利益、某些权利、非物质利益
　内容：民事权利、民事义务、民事责任
}

民事法律事实 {
　概念：能够引起民事法律关系的发生、变更或消灭的客观现象
　分类 {
　　非行为事实：事件、状态
　　行为 {
　　　表示行为 { 民事行为 / 准民事行为 }
　　　非表示行为（事实行为）
　　}
　}
　民事权利分类 {
　　财产权与人身权
　　支配权、请求权、形成权、抗辩权
　　绝对权与相对权
　　主权利与从权利
　　专属权与非专属权
　　既得权与期待权
　　原权与救济权
　　}
　民事责任与债法、物权法和请求权的关系
}

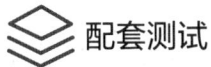

配套测试

单项选择题

1. 依据民法原理可以推知，(　　)。

A. 婴儿享有民事权利和承担民事义务的资格不是从出生之时开始，而是从具有意思能力之时开始

B. 权利能力像人的视力和听力一样，为人的自然属性

C. 如果一个人不从事经营活动，则从事经营活动的权利能力不产生，应该认为，人不仅有部

分行为能力，还有部分权利能力

D. 自然人的身体状况不影响权利能力，行为能力经常因权利主体的身体状况而受到影响

2. A 县人民政府为建宾馆，向该县 B 银行贷款 500 万元，届期未能偿还，B 银行以人民政府为被告向人民法院提起诉讼。该案所涉及的法律关系：（　　）。

　　A. 不是平等主体之间的民事法律关系
　　B. 应属政府行政行为
　　C. 是管理者和被管理者之间的纵向经济关系
　　D. 是平等主体之间的民事法律关系，应由民法调整

3. 王某和张某签订了一份合同，约定同时履行。王某在自己还没有履行的情况下，请求张某履行，张某予以拒绝，这时张某所行使的权利是（　　）。

　　A. 请求权　　　　　B. 绝对权　　　　　C. 形成权　　　　　D. 抗辩权

4. 杨某因工厂锅炉爆炸死亡，该死亡在民法上是（　　）。

　　A. 民事法律行为　　B. 民事法律事件　　C. 生活事实　　　　D. 偶发事实

5. 下列哪一情形下，乙的请求依法应得到支持？（　　）

　　A. 甲应允乙同看演出，但迟到半小时。乙要求甲赔偿损失
　　B. 甲听说某公司股票可能大涨，便告诉乙，乙信以为真大量购进，事后该股票大跌。乙要求甲赔偿损失
　　C. 甲与其妻乙约定，如因甲出轨导致离婚，甲应补偿乙 50 万元，后二人果然因此离婚。乙要求甲依约补偿
　　D. 甲对乙承诺，如乙比赛夺冠，乙出国旅游时甲将陪同，后乙果然夺冠，甲失约。乙要求甲承担赔偿责任

6. 关于民事法律关系，下列哪一选项是正确的？（　　）

　　A. 民事法律关系只能由当事人自主设立　　B. 民事法律关系的主体即自然人和法人
　　C. 民事法律关系的客体包括不作为　　　　D. 民事法律关系的内容均由法律规定

7. 民事法律关系的客体是民事权利和民事义务共同指向的对象。在货物运输合同关系中，其客体指（　　）。

　　A. 运送行为　　　　B. 运送的货物　　　C. 运输合同　　　　D. 运输费用

8. 行为作为民事法律关系产生、变更、消灭的法律事实（　　）。

　　A. 不能是违法行为　　　　　　　　　　　B. 只能是民事法律行为
　　C. 只能是表意行为　　　　　　　　　　　D. 既可以是合法行为，也可以是违法行为

9. 一住店客人未付房钱便欲前往车站，旅馆服务员当即拦住，并拨打报警电话。客人说："你不让我走还限制我自由，我要告你们旅馆，耽误了火车要你们赔偿。"问：旅馆这样做的性质应如何认定？（　　）

　　A. 属于侵权，系侵害人身自由权　　　　　B. 属于侵权，系积极侵害债权
　　C. 不属于侵权，是行使抗辩权之行为　　　D. 不属于侵权，是自助行为

10. 根据民事权利的分类，下列权利中，属于形成权的是（　　）。

　　A. 合同当事人请求对方履行合同义务　　　B. 受害人请求致害人赔偿损失
　　C. 继承人放弃继承权　　　　　　　　　　D. 合同当事人请求违约方支付违约金

11. 甲被乙家的狗咬伤，要求乙赔偿医药费，乙认为甲被狗咬与自己无关拒绝赔偿。下列哪一选项是正确的？（　　）

　　A. 甲、乙之间的赔偿关系属于民法所调整的人身关系
　　B. 甲请求乙赔偿的权利属于绝对权

C. 甲请求乙赔偿的权利适用诉讼时效
D. 乙拒绝赔偿是行使抗辩权

12. 关于民事权利，下列哪一选项是正确的？（　　）
A. 抵销权属抗辩权
B. 权利的行使不都是事实行为
C. 支配权的客体只能是物
D. 请求权基于基础权利受侵害而发生

13. 兹有四个事例：（1）张某驾车违章发生交通事故致搭车的李某残疾；（2）唐某参加王某组织的自助登山活动因雪崩死亡；（3）吴某与人打赌举重物因用力过猛致残；（4）何某心情不好邀好友郑某喝酒，郑某畅饮后驾车撞树致死。根据公平正义的法治理念和民法有关规定，下列哪一观点可以成立？（　　）
A. 张某与李某未形成民事法律关系合意，如让张某承担赔偿责任，显属不当
B. 唐某应自担风险，如让王某承担赔偿责任，有违公平
C. 吴某有完整意思能力，其自担损失，是非清楚
D. 何某虽有召集但未劝酒，无须承担责任，方能兼顾法理与情理

14. 张某得知，某公司在公墓附近修路时，不慎触挖其舅舅李某的墓地，将李某骨灰盒轻微碰裂，张某遂向某公司索要精神损害赔偿100万元。某公司承认碰裂事实，但主张修路是为了公共利益，加之及时恢复，不应支付高额赔偿。张某遂向法院提起诉讼。请问法院应当如何处理？（　　）
A. 支持张某的全部诉讼请求
B. 驳回张某的诉讼请求
C. 酌情支持张某的部分诉讼请求
D. 不予受理

15. 下列关于民事法律关系的说法正确的是（　　）。
A. 甲承租了乙的门面房经营酒吧，月租金30万元，根据政府的要求，从2024年2月3日至5月20日不能营业，损失惨重，甲有权要求解除租赁合同法律关系
B. 已故评书艺术家单某的声音极具特色和吸引力，甲高度模仿单某的声音在某市无线广播电台给乙公司的产品做广告，收入颇丰，甲的模仿行为没有侵犯单某的权利
C. 甲、乙参加单位的足球比赛，甲踢飞的足球打在接球的乙鼻子上，造成乙鼻梁骨骨折，花去700元医疗费，应当由甲承担侵权责任
D. 民事法律关系只能由民事法律行为产生

多项选择题

1. 形成权包括（　　）。
A. 因欺诈而为的民事行为中，权利人的撤销权
B. 赠与人的赠与权
C. 法定代理人的追认权
D. 受遗赠人放弃受遗赠的权利

2. 下列关于民事权利中的形成权的表述，哪些是正确的？（　　）
A. 形成权只能通过明示方式行使
B. 效力待定合同中相对人的催告权并非形成权
C. 形成权只能由法律赋予
D. 可撤销民事法律行为中的撤销权属于形成权

3. 下列客观现象中，属于民事法律事实的事件有（　　）。
A. 试管婴儿的出生
B. 失踪人下落不明
C. 病人死亡
D. 发生地震、洪水等自然灾害

4. 关于民事权利，下列哪些选项是正确的？（　　）

A. 甲公司与乙银行签订借款合同，乙对甲享有的要求其还款的权利不具有排他性

B. 丙公司与丁公司协议，丙不在丁建筑的某楼前建造高于该楼的建筑，丁对丙享有的此项权利具有支配性

C. 债权人要求保证人履行，保证人以债权人未对主债务人提起诉讼或申请仲裁为由拒绝履行，保证人的此项权利是抗辩权

D. 债权人撤销债务人与第三人的赠与合同的权利不受诉讼时效的限制

5. 张某有玉雕一尊，委托拍卖公司进行拍卖，最终被一家文化公司以140万元的价格买下。对此，下列表述不正确的是（　　）。

A. 这个事件中只有一种法律关系

B. 在拍卖过程中，拍卖公司和竞拍者的关系属于隶属性的法律关系

C. 在该案件涉及的法律关系中，法律关系的主体既有自然人也有法人

D. 在本案中，导致拍卖成交的客观情况是法律事件

不定项选择题

某地发洪水，甲为救助自家和邻居被突然到来的洪水所困的财物，未经乙同意，使用了乙的小船。事后，乙要求甲支付使用费，为预防甲逃脱，遂扣下甲的一辆摩托车。下列说法中，正确的是（　　）。

A. 甲为救助邻居家的财物的行为属于紧急避险

B. 甲为救助自家财物的行为属于紧急避险，而救助邻居家的财物的行为则不是

C. 乙有权要求甲支付使用费，因为甲的使用侵犯了他对小船的所有权

D. 乙无权要求甲支付使用费，因为小船并未受到损害

名词解释

1. 民事法律关系的主体
2. 民事法律关系的客体
3. 民事法律关系的内容
4. 民事法律事实
5. 民事权利
6. 形成权
7. 相对权
8. 抗辩权

简答题

1. 简述民事法律行为的法律性质。
2. 简述民事责任的主要特征。
3. 简述民事法律关系的特征。
4. 简述以民事权利的内容为标准对民事权利的分类。
5. 简述形成权在我国法律上是怎么规定的。
6. 简述绝对权与相对权的区别。

论述题

1. 民事权利既可因法律行为取得,又可因法律行为之外的要件变得充分而取得。试论权利取得与权利能力以及行为能力的关系。

2. 试述民事法律行为与事实行为的区别。

3. 论述民事法律关系理论的意义。

4. 试论民事权利、义务、责任的相互关系。

第四章 自然人

基础知识图解

- 自然人的民事权利能力
  - 自然人民事权利能力的概念
  - 自然人民事权利能力的开始（胎儿利益的保护）
  - 自然人民事权利能力的终止
- 自然人的民事行为能力
  - 自然人民事行为能力的概念
  - 自然人民事行为能力的种类
    - 完全民事行为能力
    - 限制民事行为能力
    - 无民事行为能力
- 监护
  - 监护的概念
  - 设立监护的目的
  - 监护人的消极资格
  - 监护人的职责
  - 监护的终止
- 自然人的住所
- 宣告失踪和宣告死亡
  - 条件
  - 法律效果

配套测试

单项选择题

1. 根据法律的有关规定，下列说法正确的是（ 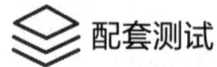 ）。

A. 16 周岁以上的公民是成年人，具有完全民事行为能力，可以独立进行民事活动，是完全民事行为能力人

B. 14 周岁以上不满 16 周岁的公民，以自己的劳动收入为主要生活来源的，视为完全民事行为能力人

C. 10 周岁以上的未成年人是限制民事行为能力人，进行民事活动应当征得他的法定代理人的同意

D. 无民事行为能力人、限制民事行为能力人的监护人是他的法定代理人

2. 王某的户籍所在地在四川省，王某外出到北京打工已经超过一年，根据法律的规定，（ ）。

A. 四川为王某的住所
B. 北京为王某的住所
C. 四川为王某的住所，北京视为王某的住所
D. 北京为王某的住所，四川视为王某的住所

3. 甲下落不明满6年，其妻向人民法院申请宣告死亡，其父向人民法院申请宣告失踪，人民法院应当（　　）。
   A. 先宣告失踪，再宣告死亡
   B. 只按其父的申请宣告失踪
   C. 只按其妻的申请宣告死亡
   D. 让其妻和其父商量，如协商不成，驳回申请

4. 张某失踪5年，经其妻周某的申请，人民法院宣告张某死亡，此后，周某与王某结婚。1年后，张某回家并向人民法院起诉，要求恢复与周某的婚姻关系，并判定周某与王某的婚姻无效，人民法院应当（　　）。
   A. 恢复张某与周某的婚姻关系，并判定周某与王某的婚姻无效
   B. 判定周某与王某的婚姻无效
   C. 判定周某与王某的婚姻有效，驳回张某与周某恢复婚姻关系的请求
   D. 撤销周某与王某的婚姻

5. 甲被法院宣告死亡，甲父乙、甲妻丙、甲子丁分割了其遗产。后乙病故，丁代位继承了乙的部分遗产。丙与戊再婚后因车祸遇难，丁、戊又分割了丙的遗产。现甲重新出现，法院撤销死亡宣告。下列哪种说法是正确的？（　　）
   A. 丁应将其从甲、乙、丙处继承的全部财产返还给甲
   B. 丁只应将其从甲、乙处继承的全部财产返还给甲
   C. 戊从丙处继承的全部财产都应返还给甲
   D. 丁、戊应将从丙处继承的而丙从甲处继承的财产返还给甲

6. 黄某（19周岁），就读于某大学，精神正常，但生活自理能力极差，完全依赖父母的汇款为生活来源，则黄某是（　　）。
   A. 完全民事行为能力人　　　　　B. 限制民事行为能力人
   C. 无民事行为能力人　　　　　　D. 可视为完全民事行为能力人

7. 甲婚后因夫妻关系不和患了精神病，一家人对甲的监护问题相互推诿，此时应由（　　）担任监护人。
   A. 甲的妻子　　　B. 甲的父母　　　C. 甲的兄弟　　　D. 甲的叔叔

8. 乙因病需要换肾，其兄甲的肾脏刚好配型成功，甲、乙父母和甲均同意由甲捐肾。因甲是精神病人，医院拒绝办理。后甲意外死亡，甲、乙父母决定将甲的肾脏捐献给乙。下列哪一表述是正确的？（　　）
   A. 甲决定将其肾脏捐献给乙的行为有效
   B. 甲生前，其父母决定将甲的肾脏捐献给乙的行为有效
   C. 甲死后，其父母决定将甲的肾脏捐献给乙的行为有效
   D. 甲死后，其父母决定将甲的肾脏捐献给乙的行为无效

9. 关于监护，下列哪一表述是正确的？（　　）
   A. 甲委托医院照料其患精神病的配偶乙，医院是委托监护人
   B. 甲的幼子乙在寄宿制幼儿园期间，甲的监护职责全部转移给幼儿园
   C. 甲丧夫后携幼子乙改嫁，乙的爷爷有权要求法院确定自己为乙的法定监护人

D. 甲、乙离婚后对谁担任儿子丙（5周岁）的监护人发生争议，丙住所地的居民委员会有权指定

10. 甲公司与网络奇才陈某（15周岁）签订委托合同，授权陈某为甲公司购买价值不超过50万元的软件。陈某的父母知道后，明确表示反对。关于委托合同和代理权授予的效力，下列哪一表述是正确的？（　　）

A. 均无效，因陈某的父母拒绝追认

B. 均有效，因委托合同仅需简单智力投入，不会损害陈某的利益，其父母是否追认并不重要

C. 是否有效，需确认陈某的真实意思，其父母拒绝追认，甲公司可向法院起诉请求确认委托合同的效力

D. 委托合同因陈某的父母不追认而无效，但代理权授予是单方法律行为，无须追认即有效

11. 甲的儿子乙（8周岁）因遗嘱继承了其祖父遗产10万元。某日，乙玩耍时将另一小朋友丙的眼睛划伤。丙的监护人要求甲承担赔偿责任2万元。后法院查明，甲已尽到监护职责。下列哪一说法是正确的？（　　）

A. 因乙的财产足以赔偿丙，故不需用甲的财产赔偿

B. 甲已尽到监护职责，无须承担侵权责任

C. 用乙的财产向丙赔偿，乙赔偿后可在甲应承担的份额内向甲追偿

D. 应由甲直接赔偿，否则会损害被监护人乙的利益

12. 甲被法院宣告失踪，其妻乙被指定为甲的财产代管人。3个月后，乙将登记在自己名下的夫妻共有房屋出售给丙，交付并办理了过户登记。在此过程中，乙向丙出示了甲被宣告失踪的判决书，并将房屋属于夫妻二人共有的事实告知丙。1年后，甲重新出现，并经法院撤销了失踪宣告。现甲要求丙返还房屋。对此，下列哪一说法是正确的？（　　）

A. 丙善意取得房屋所有权，甲无权请求返还

B. 丙不能善意取得房屋所有权，甲有权请求返还

C. 乙出售夫妻共有房屋构成家事代理，丙继受取得房屋所有权

D. 乙出售夫妻共有房屋属于有权处分，丙继受取得房屋所有权

13. 肖某有音乐天赋，16岁便不再上学，以演出收入为主要生活来源。在肖某成长过程中，多有长辈馈赠：7岁时受赠口琴1个，9岁时受赠钢琴1架，15岁时受赠名贵小提琴1把。对肖某行为能力及其受赠行为效力的判断，根据《民法典》相关规定，下列哪一选项是正确的？（　　）

A. 肖某尚不具备完全的民事行为能力

B. 受赠口琴的行为无效，应由其法定代理人代理实施

C. 受赠钢琴的行为无效，因与其当时的年龄智力不相当

D. 受赠小提琴的行为无效，因与其当时的年龄智力不相当

14. 2020年6月，韩某乘坐的飞机在飞行途中失事，截至2025年1月仍下落不明。韩某的妻子何某欲将儿子送养以便再嫁。韩某的父母不知如何处理，咨询律师。关于律师的答复，下列哪一说法是正确的？（　　）

A. 韩某的利害关系人申请宣告韩某死亡有顺序先后的限制

B. 韩某的父母申请宣告韩某死亡，其妻子何某申请宣告韩某失踪，法院应当根据父母的申请宣告韩某死亡

C. 如法院宣告韩某死亡，则判决作出之日视为韩某死亡的日期

D. 如法院宣告韩某死亡但韩某并未死亡的，在被宣告死亡期间韩某所实施的民事法律行为效力待定

15. 2020年3月，张某出海捕鱼，因沉船事故而失去音信。2024年5月，张某的配偶刘某向

法院申请宣告其为失踪人，张某的债权人孙某则申请宣告张某死亡。法院审查后发现张某符合宣告死亡的条件。对此，下列哪一说法是正确的？（ ）

A. 任何情况下，孙某均无资格申请宣告张某死亡
B. 法院应当按照孙某申请判决宣告张某死亡
C. 法院应当按照刘某申请判决宣告张某失踪
D. 法院应当按照审查结果判决宣告张某死亡

多项选择题

1. 根据《民法典》规定，8周岁以上的未成年人的法定代理人（ ）。
A. 可以同意该未成年人进行与其年龄、智力不相适应的民事活动
B. 应当同意该未成年人进行某项与其年龄、智力相适应的民事活动
C. 不可以同意该未成年人进行某项与其年龄、智力相适应的民事活动
D. 可以代理该未成年人进行与其年龄、智力不相适应的民事活动

2. 张某被人民法院宣告为失踪人，人民法院为其指定财产代管人，下面的说法哪些正确？（ ）
A. 人民法院可以指定张某的配偶为其财产代管人，没有配偶或者配偶无行为能力，可以指定张某的父母为其财产代管人
B. 如果张某只有一个儿子，15周岁，人民法院可以指定他的儿子为财产代管人
C. 如果张某为无民事行为能力人、限制民事行为能力人，他的监护人即为财产代管人
D. 如果张某的母亲已经死亡，父亲又嗜酒好赌，人民法院可以指定张某的母亲的一位好友为张某的财产代管人

3. 甲年满16周岁，已工作，月收入2000元，但无法维持其每月开支，其主要生活来源依赖与其共同生活的哥哥。在下列选项中有效的行为有（ ）。
A. 甲从自己的劳动收入中节省800元作为礼物赠送给丙的行为
B. 甲将其继承祖父的一辆价值30万元的汽车抛弃的行为
C. 甲将自己的自行车卖给丁的行为
D. 甲立遗嘱的行为

4. 甲为一儿童影星，片酬颇丰，乙为甲的监护人。问：乙的下列哪些行为在征得甲同意时，属于合法有效的民事法律行为？（ ）
A. 甲的侵权行为给他人造成损失，用其片酬予以支付的行为
B. 用甲的片酬赠与他人的行为
C. 用甲的片酬为甲购买人身保险的行为
D. 用甲的片酬为乙母购买房产的行为

5. 甲、乙为夫妻，长期感情不和。2018年5月1日甲乘火车去外地出差时失踪，没有发现其被害尸体，也没有发现其在何处下车。2024年6月5日法院依照法定程序宣告甲死亡。之后，乙向法院起诉要求铁路公司对甲的死亡进行赔偿。关于甲被宣告死亡，下列哪些说法是正确的？（ ）
A. 甲的继承人可以继承其财产
B. 甲、乙婚姻关系消灭，且不可能恢复
C. 2024年6月5日为甲的死亡日期
D. 铁路公司应当对甲的死亡进行赔偿

6. 甲（8周岁）多次在国际钢琴大赛中获奖，并获得大量奖金。甲的父母乙、丙考虑到甲的

奖金存放在银行增值有限，未考虑股市风险，遂将奖金全部购买了股票，但恰遇股市暴跌，甲的奖金损失过半。关于乙、丙的行为，下列哪些说法是正确的？（　　）

　A. 乙、丙应对投资股票给甲造成的损失承担责任

　B. 乙、丙不能随意处分甲的财产

　C. 乙、丙的行为构成无因管理，无须承担责任

　D. 如主张赔偿，甲对父母的诉讼时效期间在进行中的最后6个月内因自己系无行为能力人而中止，待成年后继续计算

7. 甲与其妻婚后不育，依法收养了孤儿乙。不久后甲与妻子离婚，乙由甲抚养。现甲身患重病，为自己和幼女乙的未来担忧，欲作相应安排。下列哪些选项是正确的？（　　）

　A. 甲可通过遗嘱指定其父亲在其身故后担任乙的监护人

　B. 甲可与前妻协议确定由前妻担任乙的监护人

　C. 甲可与其堂兄事先协商以书面形式确定堂兄为自己的监护人

　D. 如甲病故，应由甲父母担任乙的监护人

8. 甲（6周岁）系童星，演出收入颇丰。其父母仅为保值，在A城以甲的名义购买了一套商品房，价款850万元，将甲的演出收入悉数投入。后其他地区房价均上涨，唯独A城房价下跌，损失惨重。关于本案，下列哪些说法是错误的？（　　）

　A. 甲向其父母追偿损失不受3年诉讼时效的限制

　B. 甲的父母没有为甲财产保值的义务

　C. 购房合同有效，但父母应负赔偿责任

　D. 甲父母的行为构成无因管理

9. 2022年2月，家住W县的孙某（男，51周岁，有配偶）依法收养了孤儿小丽（女，11周岁），后孙某多次对小丽实施性侵害，造成小丽先后产下两名女婴。2024年8月，当地法院判决孙某构成强奸罪，判处有期徒刑3年。关于本案，下列哪些说法是错误的？（　　）

　A. W县民政部门可以直接取消孙某的监护人资格

　B. 孙某被法院取消监护资格后可以不再给付抚养费

　C. 孙某出狱后，如确有悔改表现的，经其申请，人民法院可以恢复其监护人资格

　D. 小丽对孙某的损害赔偿请求权的诉讼时效期间自法定代理终止之日起计算

10. 徐某和张某离婚，育有一子小徐（9周岁），由徐某抚养。徐某经常殴打小徐，且将祖父母赠送给小徐的一只玉佩用于赌博并将其输掉。关于本案，下列哪些说法是正确的？（　　）

　A. 张某有权向法院提起诉讼撤销徐某的监护人资格

　B. 徐某应对小徐进行赔偿

　C. 小徐向徐某主张损害赔偿的诉讼时效期间自年满18周岁之日起计算

　D. 小徐的抚养费，不适用诉讼时效规定

11. 甲常对独生子丙（8周岁）虐待、体罚。因丙考试成绩不理想，甲酒后暴打丙，致丙轻伤，甲因此被判有期徒刑1年，缓刑3年。下列选项正确的是（　　）。

　A. 丙的祖父有权申请人民法院撤销甲的监护资格

　B. 若甲的监护资格被撤销，丙仍有权请求甲支付抚养费

　C. 若甲的监护资格被撤销后，丙的监护人确定前，人民法院可以指定丙住所地的居民委员会担任丙的临时监护人

　D. 若甲的监护资格被撤销后，确有悔改表现，经甲申请，人民法院可以在尊重丙的真实意愿的前提下，恢复甲的监护人资格

12. 甲为躲避债务离家出走，5年后妻子乙申请宣告甲死亡，乙和丙结婚1年后离婚，7年后

甲归来。此时，关于甲、乙婚姻关系的表述，下列说法正确的是（　　）。
　　A. 法院宣告甲死亡时，甲、乙的婚姻关系消灭
　　B. 法院撤销死亡宣告后，甲、乙的婚姻关系自行恢复
　　C. 法院撤销死亡宣告后，甲、乙需要重新登记结婚方能确立婚姻关系
　　D. 甲下落不明时，甲、乙的婚姻关系消灭

不定项选择题

1. 60岁苏某丧偶，其成年子女均已成家，苏某独自生活。苏某与比其小20岁的蔡某相识，苏某和蔡某书面协议约定，待苏某丧失生活自理能力后由蔡某作为监护人履行监护职责，蔡某履行义务后，苏某死后名下的一半遗产由蔡某继承。关于本案，下列说法正确的是（　　）。
　　A. 苏某有子女作为监护人故监护协议无效
　　B. 监护协议有效
　　C. 约定财产继承部分无效
　　D. 苏某子女可以主张撤销监护协议

2. 关于宣告死亡，下列哪些选项是正确的？（　　）
　　A. 宣告死亡的申请人有顺序先后的限制
　　B. 有民事行为能力人在被宣告死亡期间实施的民事行为有效
　　C. 被宣告死亡的人与其配偶的婚姻关系因死亡宣告的撤销而自行恢复
　　D. 被撤销死亡宣告的人有权请求依《民法典》取得其财产者返还原物或给予适当补偿

名词解释

1. 自然人的意思能力与民事行为能力
2. 宣告失踪
3. 宣告死亡
4. 监护

简答题

简述监护权的性质和主要内容。

案例分析题

　　16岁少年甲向邻居乙借钱1000元购买自行车，在购车时不慎将钱丢失。乙要求甲还钱，甲不得已将事情告诉父母。甲的父母一方面对儿子进行批评教育，另一方面则认为乙不应当借钱给其未成年的儿子，而且钱已经丢失，因而拒绝还钱。
　　请问：按照法律的规定，甲的父母是否应当向乙偿还1000元钱，为什么？

第五章 法 人

基础知识图解

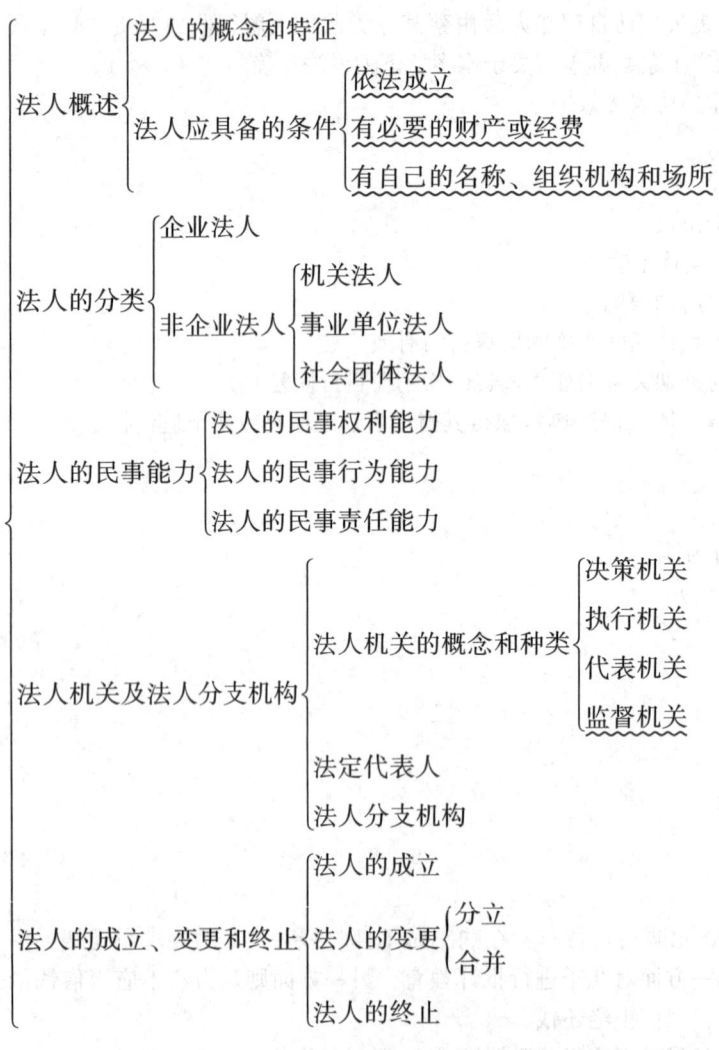

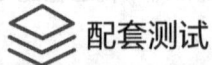 配套测试

☑ **单项选择题**

1. 按照我国法律，法人以（　　）为住所。
　A. 其主管机关所在地　　　　　　　　　　B. 其主要营业地
　C. 其主要办事机构所在地　　　　　　　　D. 其主要成员住所地

2. 无论企业法人还是非企业法人，因依法被撤销、解散、宣告破产或其他原因而进行清算时，法人（　　）。
　　A. 主体资格消灭，不能进行民事活动
　　B. 主体资格不消灭，仍然可以进行相关民事活动
　　C. 主体资格不消灭，但不能进行民事活动
　　D. 主体资格消灭，仍然可以进行民事活动

3. 下列有关法人民事行为能力的判断，正确的是（　　）。
　　A. 法人民事行为能力范围与其民事权利能力范围不同
　　B. 法人一旦被申请宣告破产，民事行为能力即终止
　　C. 不同类型的法人，民事行为能力范围不同
　　D. 法人民事行为能力起止时间与其民事权利能力起止时间不同

4. 普通合伙企业A与王某各出资20万元成立一个具有法人资格的B有限责任公司，经营五金，聘请营销专家刘某担任经理。这里承担"有限责任"的情况是（　　）。
　　A. B公司对公司所负债务　　　　B. A企业对合伙企业债务
　　C. 刘某对B公司债务　　　　　　D. 王某和A企业对B公司的债务

5. 多华有限责任公司总部在兰州，在沈阳、北京、广州均设有办事处，该公司的住所为（　　）。
　　A. 北京　　　　B. 广州　　　　C. 沈阳　　　　D. 兰州

6. 云南大华公司在北京设立一家办事处。2024年10月，办事处主任甲在赶去一家业务单位签合同的路途中，因违章不慎将过路行人乙撞伤，花了医疗费9万元，该9万元应（　　）。
　　A. 由甲承担，因为是他致人损害
　　B. 由办事处承担，因为甲是办事处的负责人，即法定代表人，其行为视同办事处的行为
　　C. 由办事处承担，因为办事处是独立的企业分支机构，具有独立的责任能力
　　D. 由大华公司承担，因为办事处是其分支机构，甲的行为视同公司的行为

7. 关于企业法人对其法定代表人行为承担民事责任的下列哪一表述是正确的？（　　）
　　A. 仅对其合法的经营行为承担民事责任
　　B. 仅对其符合法人章程的经营行为承担民事责任
　　C. 仅对其以法人名义从事的经营行为承担民事责任
　　D. 仅对其符合法人登记经营范围的经营行为承担民事责任

8. 德胜公司注册地在S国并在该国设有总部和分支机构，但主要营业机构位于中国深圳。德胜公司是由凯旋公司全资设立的法人企业。由于决策失误，德胜公司在中国欠下700万元债务。对此，下列哪一选项是正确的？（　　）
　　A. 该债务应以深圳主营机构的全部财产清偿
　　B. 该债务应以深圳主营机构和S国总部及分支机构的全部财产清偿
　　C. 无论德胜公司的全部财产能否清偿，凯旋公司都应承担连带责任
　　D. 当德胜公司的全部财产不足清偿时，由凯旋公司承担补充责任

9. 甲公司分立为乙、丙两公司，约定由乙公司承担甲公司全部债务的清偿责任，丙公司继受甲公司全部债权。关于该协议的效力，下列哪一选项是正确的？（　　）
　　A. 该协议仅对乙、丙两公司具有约束力，对甲公司的债权人并非当然有效
　　B. 该协议无效，应当由乙、丙两公司对甲公司的债务承担连带清偿责任
　　C. 该协议有效，甲公司的债权人只能请求乙公司对甲公司的债务承担清偿责任
　　D. 该协议效力待定，应当由甲公司的债权人选择分立后的公司清偿债务

10. 根据我国法律规定，关于法人成立，下列哪一说法是正确的？（　　）
   A. 事业单位法人均从登记之日起具有法人资格
   B. 社会团体法人均从成立之日起具有法人资格
   C. 捐助法人均从登记之日起取得法人资格
   D. 有独立经费的机关法人从登记之日起具有法人资格

☑ 多项选择题

1. 关于事业单位法人，下列哪些选项是错误的？（　　）
   A. 所有事业单位法人的全部经费均来自国家财政拨款
   B. 具备法人条件的事业单位从成立之日起取得法人资格
   C. 国家举办的事业单位对其直接占有的动产享有所有权
   D. 事业单位法人名誉权遭受侵害的，有权诉请精神损害赔偿

2. 企业法人的清算活动包括（　　）。
   A. 了结业务
   B. 清理财产
   C. 在法人章程规定的范围内继续从事法人之业务
   D. 注销登记和公告

3. 法人机关（　　）。
   A. 与法人同时产生
   B. 可以是独任的，也可以是集体的
   C. 一般包括权力机关、执行机关和监督机关
   D. 就是法人的法定代表人

4. 下列关于法人机关的表述哪些是正确的？（　　）
   A. 法人机关无独立人格
   B. 财团法人没有自己的意思机关
   C. 法人的分支机构为法人机关的一种
   D. 监督机关不是法人的必设机关

5. 在法定代表人和法人关系的问题上，下列哪些表述是正确的？（　　）
   A. 法定代表人既是法人的代表人，又是法人机关的代表人
   B. 法定代表人履行职务的行为是法人的行为
   C. 法定代表人只能是法人单位的行政正职负责人
   D. 法定代表人的代表权源于法律和章程，而不是源于法人的授权

6. 有关法人民事权利能力的下列说法中，正确的有（　　）。
   A. 法人在清算阶段仍具有清理所必需的权利能力
   B. 不同类型的法人，其民事权利能力的大小、范围各不相同，即使同类型的法人，其民事权利能力也有差异
   C. 法人和自然人民事权利能力的范围不同
   D. 法人权利能力的范围均由法律直接规定

7. 黄逢、黄现和金耘共同出资，拟设立名为"黄金黄研究会"的社会团体法人。设立过程中，黄逢等3人以黄金黄研究会名义与某科技园签署了为期3年的商铺租赁协议，月租金5万元，押3付1。此外，金耘为设立黄金黄研究会，以个人名义向某印刷厂租赁了一台高级印刷机。关于某科技园和某印刷厂的债权，下列哪些选项是正确的？（　　）
   A. 如黄金黄研究会未成立，则某科技园的租赁债权消灭
   B. 即便黄金黄研究会未成立，某科技园就租赁债权，仍可向黄逢等3人主张

C. 如黄金黄研究会未成立，则就某科技园的租赁债务，由黄逢等 3 人承担连带责任
D. 黄金黄研究会成立后，某印刷厂就租赁债权，既可向黄金黄研究会主张，也可向金耘主张

不定项选择题

甲校从乙电脑公司购进 100 台电脑，质量全部不合格。经双方协商，乙公司同意全部退货，但一直拖着不付退货款。于是甲校以乙公司为被告向法院起诉。但此时乙公司已被丙公司兼并，成为一个下属分公司。原乙公司经理以乙公司早已不存在为由，不归还欠款；而丙公司认为该债务属原乙公司，与丙公司无关。

（1）该货款（　　　）。
A. 由乙公司承担，因为它是合同中违反合同一方
B. 由乙公司经理承担，因为合同是他同意签订的
C. 由丙公司承担，因为它承受了原乙公司的债权债务
D. 应该消灭，因为原合同一方已经不存在

（2）为追回退货款，甲校应该以（　　　）为被告。
A. 乙公司　　　　　　　　　　　　B. 丙公司
C. 丙公司的分公司（原乙公司）　　　D. 原乙公司经理

名词解释

1. 财团法人
2. 法人清算
3. 法人拟制说

简答题

1. 简述法人的民事权利能力与自然人的民事权利能力有何异同。
2. 简述社团法人与财团法人的区别。
3. 简述法人的设立与法人的成立有何区别。
4. 谈谈对法人民事责任能力的理解。

论述题

试论法人应具备的条件。

案例分析题

某县沙石厂与张某签订承包经营合同，合同约定由张某承包全厂的沙石销售业务，有权使用本厂的账号、介绍信，独立进行经营活动。年底不完成销售额不发奖金，还要扣发 5 个月工资，完成销售额奖励 5000 元。2024 年 10 月 25 日，张某以沙石厂名义与某大学签订了沙石购销合同，合同约定，由张某派车分多次送货上门。一天，张某在随车送货途中，因发生车祸，沙石全部滚入江中，张某和司机也身亡。张某死后，某大学见沙石厂未按合同约定送货，即要求沙石厂继续履行合同，并赔偿因沙石厂不按期履行合同给校方造成的停工损失，而沙石厂以"我厂已实行承包，张某与你方签订合同我不知道，不应承担任何责任"为由，把责任推给张某。于是某大学即向人民法院起诉，要求沙石厂承担违约责任并赔偿损失。

请依案情摘要回答下列问题：

(1) 法人内部承包后，承包人以法人的名义实施的民事行为，法人是否应当承担民事责任？

(2) 承包人以法人的名义对外签订的购销合同是否有效？为什么？

(3) 如果张某病重，私下持盖有沙石厂公章的空白合同交给李某，李某以沙石厂的名义对外进行经营活动，给他人造成一定损失，该损失应由谁承担？为什么？

第六章 非法人组织

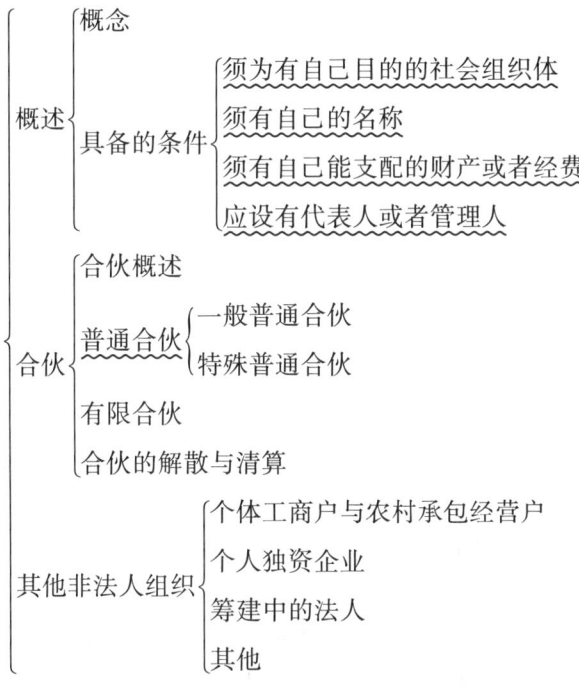

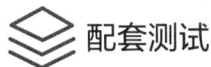

✅ 单项选择题

甲、乙、丙、丁4人组成一个运输有限合伙企业,合伙协议规定甲、乙为普通合伙人,丙、丁为有限合伙人。某日,丁为合伙企业运送石材,路遇法院拍卖房屋,丁想替合伙企业竞买该房,于是以合伙企业的名义将石材质押给徐某,借得20万元,竞买了房子。徐某的债权若得不到实现,应当向谁主张权利?( )

A. 应当要求丁承担清偿责任
B. 应当要求甲、乙、丙、丁承担连带清偿责任
C. 应当要求甲、乙承担连带清偿责任
D. 应当要求甲、乙、丁承担连带清偿责任

✅ 多项选择题

下面是对个体工商户和农村承包经营户的表述,其中符合法律规定的有( )。

A. 个体工商户为在法律允许的范围内，依法经核准登记，从事工商业经营的公民；农村承包经营户是指在法律允许的范围内，按照承包合同规定从事商品经营的公民

B. 以公民个人名义申请登记的个体工商户和个人承包的农村承包经营户，用家庭共有财产投资，或者收益的主要部分供家庭成员享用的，其债务应以家庭共有财产清偿

C. 在夫妻关系存续期间，一方从事个体经营或者承包经营的，其收入为夫妻共有财产，债务亦应以夫妻共有财产清偿

D. 个体工商户、农村承包经营户的债务，如以其家庭共有财产承担责任时，应当保留家庭成员的生活必需品和必要的生产工具

名词解释

1. 非法人组织
2. 合伙
3. 个人合伙

简答题

1. 简述合伙人共同出资和合伙积累的财产的关系。
2. 简述合伙企业的概念和设立条件。

案例分析题

1. 张某有临街住房两间，谭某准备租借其中一间开一家理发店，张某表示拿出一间住房开理发店可以，但他不要租金，而是要从理发店盈利中分一部分。谭某苦于租不到更好的房屋作门面，于是同意了张某的要求。双方签订了书面合同，在合同中约定：张某出一间房并负责修理、安装，适合开店之后交谭某使用三年，从营业起，张某、谭某二人按三比七分配盈利，张某不干预谭某的经营，也不参加经营。在前两年，双方依合同分利，张某每年收入约5000元。一天，谭某在营业时因使用电器不当，引起电线起火，酿成火灾，理发店损失5000元，邻居家庭财产损失达1万元。邻居要求谭某赔偿损失，而谭某主张由两人来共同承担所有损失。双方发生纠纷，邻居诉至法院。

请依案情摘要回答下列问题：
（1）张某是否为该理发店的合伙人？
（2）火灾所引起的损失应由谁承担？
（3）假如火灾是因为张某使用电炉做饭而引起，那么理发店的损失、张某的损失、邻居的损失应由谁承担？

2. 甲、乙、丙三人组成一个采石组，签订了协议，约定共同出资，共同劳动，均分报酬，共担风险。后丁要求加入，经甲、乙、丙同意，但丁未在协议上签字。丁加入后与甲、乙、丙共同经营，并参加了两次分红。某日，丁在执行爆破任务时因装炸药失误，致使炸药提前爆炸，飞石将丁双臂炸伤。丁要求甲、乙、丙承担其医治费用及生活补助共1万元，被拒绝，丁于是诉至法院。

请依案情摘要回答下列问题：
（1）应如何认定丁与甲、乙、丙之间的法律关系？为什么？
（2）丁的损失应如何承担？为什么？

第七章　民事法律行为

基础知识图解

- 民事法律行为概述
- 民事法律行为的分类
  - 单方行为、双方行为与多方行为
  - 财产行为与身份行为
  - 有偿行为与无偿行为
  - 诺成性行为与实践性行为
  - 要式行为与不要式行为
  - 主行为与从行为
  - 独立行为与辅助行为
  - 有因行为与无因行为
  - 负担行为与处分行为
- 民事法律行为的成立
  - 成立概述
  - 成立要件
- 意思表示
  - 意思表示的构成要素
  - 意思表示的形式：口头形式、书面形式、推定形式、沉默形式
  - 意思表示的分类
  - 意思表示的解释
    - 意思表示的解释原则
    - 意思表示的解释方法
  - 意思与表示不一致
    - 重大误解
    - 欺诈
  - 意思表示的不自由：胁迫、乘人之危以致显失公平
- 民事法律行为的生效
  - 生效概述
  - 实质要件
    - 行为人具有相应的民事行为能力
    - 行为人的意思表示真实
    - 不违反法律或者行政法规
  - 形式要件
- 效力存在欠缺的民事法律行为
  - 无效的民事法律行为
    - 概念
    - 分类
    - 被确认无效的法律后果
  - 可撤销的民事法律行为
  - 效力未定的民事法律行为
    - 无权代理行为
    - 无权处分行为
    - 限制行为能力人实施不相适应的行为
- 附条件和附期限的民事法律行为

配套测试

☑ 单项选择题

1. 根据我国民法实践的一般做法，书面的意思表示在需要经过传达媒介才能到达对方当事人时，则该意思表示的生效时间为（   ）。
  A. 表意人完成其表意行为时
  B. 意思表示离开表意人时，如函件已邮寄
  C. 意思表示到达相对人时
  D. 相对人了解意思表示的内容时

2. 下列民事法律行为中，属于效力待定民事法律行为的是（   ）。
  A. 王某基于重大误解而与李某订立买卖合同
  B. 12 岁小学生小梅与当地商城签订购买一台价值 9000 元电脑的合同
  C. 刘某以欺诈手段与马某订立买卖钢材的合同
  D. 9 岁小学生小张与某公司签订接受 5000 元赠与的合同

3. "吃巧克力"与"扔掉吃剩的巧克力"，两者从民法意义上看：（   ）。
  A. 前者为负担行为；后者为处分行为
  B. 前者为事实行为；后者为法律行为
  C. 前者为有因行为；后者为物权行为
  D. 前者为法律行为；后者为事件

4. 甲常为乙制作手工制品，历来都是由乙按数量向甲支付一定的预付款。这次由于数量较大，乙提出要签订书面合同，并将预付款改为定金。甲不了解预付款和定金的区别，乙告知合同内容与以往做法一致，甲遂在合同上签字。该合同属于什么性质？（   ）
  A. 可撤销，因为甲是因重大误解而作出意思表示
  B. 可撤销，因为甲是因受欺诈而为的意思表示
  C. 无效，因为甲所作出的是虚假意思表示
  D. 无效，因为甲是在乙乘人之危情况下而为的意思表示

5. 甲公司租用乙公司的厂房，但乙方提出一个条件是若到年底自己的新厂房已经盖好，则将公司的旧厂房出租给甲。合同中的这一条件约定在民事法律行为理论上称为（   ）。
  A. 附否定的生效条件   B. 附否定的解除条件
  C. 附肯定的生效条件   D. 附肯定的解除条件

6. 甲公司与乙公司签订钢铁买卖合同，约定如果钢铁 2024 年 7 月市场价格高于 3000 元/吨，或低于 2500 元/吨，则合同不再履行；如果为 2500 元/吨至 3000 元/吨，则应于 2024 年 8 月交货。此合同为（   ）。
  A. 附生效条件的民事法律行为   B. 附解除条件的民事法律行为
  C. 附期限的民事法律行为   D. 无效民事法律行为

7. 甲与乙签订一份租赁合同，双方在合同中约定，如果甲的父亲在 2025 年去世，则将房屋租赁给乙。此条款属于（   ）。
  A. 附生效条件的民事法律行为   B. 附解除条件的民事法律行为
  C. 附期限的民事法律行为   D. 无效的民事法律行为

8. 某宾馆夏季因使用空调而超额度用电，供电所遂以停电相威胁，要求宾馆每天为供电所员

工以极其低廉的价格供应午餐。宾馆每天为供电所职员提供四菜一汤的午饭，收费2元。双方的这一行为是（　　）。

  A. 因胁迫而成立的民事法律行为　　　　B. 显失公平的民事法律行为

  C. 损害公共利益的民事法律行为　　　　D. 乘人之危的民事法律行为

9. 下列各项中属于有效民事法律行为的是（　　）。

  A. 10岁的学生李某独自到商场购买29英寸电视一台

  B. 作家章某立书面遗嘱捐赠所有藏书，但未经公证处公证

  C. 某酒厂以散装白酒冒充茅台酒卖给某百货公司

  D. 甲、乙签订买卖一张大熊猫皮的合同

10. 李某之子今年参加高考，报考某大学计算机专业，李某认为孩子必定能考上，便出资15099元为其购买一台价格昂贵的笔记本电脑，以供其学习之用，但李某之子却被该学校文科专业录取。李某购买笔记本电脑的行为（　　）。

  A. 因对购买笔记本电脑的目的存在重大误解，故可以请求撤销

  B. 因购买动机未实现，合同目的落空，故行为无效

  C. 因合同目的落空，行为不成立

  D. 是有效行为

11. 某商场为招揽顾客，承诺"假一赔十"，顾客王某遂购买假手机5部，价值1.5万元，并向商场索赔，商场认为其并非消费者，拒绝赔偿。但在王某声称要向法院起诉时，商场同意赔偿人民币1.5万元，则（　　）。

  A. 商场有权以显失公平为由撤销其单方民事法律行为

  B. 商场得以王某胁迫为由主张其单方民事法律行为无效

  C. 商场得以王某乘人之危为由撤销其单方民事法律行为

  D. 商场应予赔偿

12. 甲出版社误将乙校的订货当作丙校的订货发给了丙校，这一行为属于（　　）。

  A. 乘人之危　　　B. 显失公平　　　C. 重大误解　　　D. 欺诈

13. 甲误以为苹果三级比一级好，于是在果农处以一级苹果的价格购买了100吨三级苹果，则（　　）。

  A. 甲可请求仲裁机构撤销此买卖行为

  B. 甲无权向法院主张此买卖行为可变更

  C. 甲可以自行主张该行为无效

  D. 甲可以自行变更苹果价格

14. 甲开一食品加工厂，因资金周转不灵，急需用钱，但又求借无门。乙趁机表示愿借给甲5万元，但3个月后甲须三倍返还，甲同意。甲、乙之间的行为（　　）。

  A. 因乙乘人之危而无效　　　　　　　B. 因乙乘人之危导致显失公平而可撤销

  C. 因乙欺诈而可撤销　　　　　　　　D. 因乙欺诈而无效

15. 附解除条件的民事法律行为，在条件不成就时，该民事法律行为（　　）。

  A. 失效　　　　B. 继续有效　　　　C. 开始生效　　　　D. 开始无效

16. 附延缓条件的民事法律行为在所附条件成就前（　　）。

  A. 可单方解除，因民事法律行为未生效

  B. 可协议解除

  C. 可单方解除，因民事法律行为未成立

  D. 可单方解除，因所附条件不成立

17. 杨某的单位今年又盖了一批房屋，杨某估计自己可以分到一套三居室，于是先按房屋面积购买了纯毛地毯，准备搬进新居时铺上。但后来杨某未能分到三居室房屋。杨某购买地毯的行为（　　）。

    A. 是无效行为。因为杨某购买地毯的动机没有实现，其意思表示是不真实的

    B. 是可撤销行为。因为杨某对于购买地毯的目的存在重大误解

    C. 是有效行为。因为该行为虽有误解但不是重大的

    D. 是有效行为。该行为的效力与单位分房之间没有内在联系

18. 甲（17周岁）以个人积蓄1000元在慈善拍卖会拍得明星乙表演用过的道具，市价约100元。事后，甲觉得道具价值与其价格很不相称，颇为后悔。关于这一买卖，下列哪一说法是正确的？（　　）

    A. 买卖显失公平，甲有权要求撤销

    B. 买卖存在重大误解，甲有权要求撤销

    C. 买卖无效，甲为限制民事行为能力人

    D. 买卖有效

19. 某校长甲欲将一套住房以50万元出售。某报记者乙找到甲，出价40万元，甲拒绝。乙对甲说："我有你贪污的材料，不答应我就举报你。"甲信以为真，以40万元将该房卖与乙。乙实际并无甲贪污的材料。关于该房屋买卖合同的效力，下列哪一说法是正确的？（　　）

    A. 存在欺诈行为，属可撤销合同　　　　B. 存在胁迫行为，属可撤销合同

    C. 存在乘人之危的行为，属可撤销合同　　D. 存在重大误解，属可撤销合同

20. 下列哪一情形下，甲对乙不构成胁迫？（　　）

    A. 甲说，如不出借1万元，则举报乙犯罪。乙照办，后查实乙构成犯罪

    B. 甲说，如不将藏獒卖给甲，则举报乙犯罪。乙照办，后查实乙不构成犯罪

    C. 甲说，如乙不购买甲即将报废的汽车，将公开乙的个人隐私。乙照办

    D. 甲说，如不赔偿乙撞伤甲的医疗费，则举报乙醉酒驾车。乙照办，甲取得医疗费和慰问金

21. 甲单独邀请朋友乙到家中吃饭，乙爽快答应并表示一定赴约。甲为此精心准备，还因炒菜被热油烫伤。但当日乙因其他应酬而未赴约，也未及时告知甲，致使甲准备的饭菜浪费。关于乙对甲的责任，下列哪一说法是正确的？（　　）

    A. 无须承担法律责任　　　　　　　B. 应承担违约责任

    C. 应承担侵权责任　　　　　　　　D. 应承担缔约过失责任

22. 齐某扮成建筑工人模样，在工地旁摆放一尊廉价购得的旧蟾蜍石雕，冒充新挖出文物等待买主。甲曾以5000元从齐某处买过一尊同款石雕，发现被骗后正在和齐某交涉时，乙过来询问。甲有意让乙也上当，以便要回被骗款项，未等齐某开口便对乙说："我之前从他这里买了一个貔貅，转手就赚了，这个你不要我就要了。"乙信以为真，以5000元买下石雕。关于所涉民事法律行为的效力，下列哪一说法是正确的？（　　）

    A. 乙可向甲主张撤销其购买行为

    B. 乙可向齐某主张撤销其购买行为

    C. 甲不得向齐某主张撤销其购买行为

    D. 乙的撤销权自购买行为发生之日起2年内不行使则消灭

23. 金某家中有一块祖传玉佩。当地横行一方的孟某对其觊觎已久，多次上门强行求购，均被金某拒绝。2023年2月1日，孟某手下曹某带着20多人再次来到金某家中，扬言："三日内不将玉佩卖给孟某，小心金某在某高中上学的女儿。"金某心生恐惧，次日主动以5万元出售给不知情的孟某。2025年3月2日，女儿留学德国，金某再无后顾之忧，于3月10日向法院起诉要求撤

销玉佩买卖合同。经查，玉佩实为赝品，市值仅300元，金某对此不知情。孟某此时方知自己购买的玉佩是赝品。关于本案，下列哪一说法是正确的？（　　）

A. 因孟某不知曹某胁迫金某一事，金某无权请求撤销与孟某的玉佩买卖合同
B. 孟某基于金某欺诈撤销玉佩买卖合同的，法院应予支持
C. 金某基于受胁迫撤销玉佩买卖合同的权利因超过1年除斥期间而不予支持
D. 孟某基于重大误解撤销玉佩买卖合同的权利至2025年6月10日届满

24. 爷爷老张对孙子小张甚是喜爱，在小张6岁时，爷爷将家中祖传的一幅价值200万元的名画赠与小张。小张母亲刘某得知此事后，坚决表示反对。在小张8岁那年，爷爷又将自己价值27500元的手表赠与小张。母亲刘某亦明确表示反对。关于本案，下列哪一说法是正确的？（　　）

A. 小张受赠名画的行为因纯获利益而有效
B. 小张受赠名画的行为因母亲刘某反对而无效
C. 小张受赠手表的行为因纯获利益而有效
D. 小张受赠手表的行为因母亲刘某反对而无效

25. 湖蓝公司董事长胡某称，其与清河公司洽谈时被灌醉并签订违背远期商业规划且明显不利于湖蓝公司的合作协议，故依法请求撤销协议。湖蓝公司可基于哪一请求主张撤销该合作协议？（　　）

A. 欺诈　　　　　　　　　　　B. 乘人之危以致显失公平
C. 恶意串通　　　　　　　　　D. 无权代理

26. 钱某有一幅祖传古画，市值100万元，高某为了低价收购该古画，伙同某艺术品鉴定家孟某欺骗钱某该画是赝品，价值不超过10万元，钱某信以为真。后钱某以15万元将古画卖给了不知情的陈某。关于本案，下列哪一选项是正确的？（　　）

A. 因陈某乘人之危，钱某可以撤销与陈某的买卖合同
B. 因遭受高某欺诈，钱某可以撤销与陈某的买卖合同
C. 属于重大误解，钱某可以撤销与陈某的买卖合同
D. 属于显失公平，钱某可以撤销与陈某的买卖合同

27. 甲、乙是大学室友，关系密切。乙因经济形势急转直下，陷入生活困境，甲与其妻子商议后，决定赠与其一套房屋。但为了避免他人议论，于是与乙商定，对外宣称双方签订买卖合同，后甲、乙办理过户登记。对此，下列说法错误的是（　　）。

A. 甲、乙之间的赠与合同有效，办理过户登记前甲享有任意撤销权
B. 甲、乙之间的买卖合同无效
C. 如果办理过户登记后，甲、乙发生口角，乙过失致甲死亡，甲的继承人可以自知道或者应当知道撤销原因之日起6个月内撤销赠与
D. 在C项情形下，如果乙已经将房屋转让给第三人，甲的继承人在撤销赠与后，可请求第三人返还房屋

多项选择题

1. 下列哪些情形构成意思表示？（　　）

A. 甲对乙说：我儿子如果考上重点大学，我一定请你喝酒
B. 潘某在寻物启事中称，愿向送还失物者付酬金500元
C. 孙某临终前在日记中写道：若离人世，愿将个人藏书赠与好友汪某
D. 何某向一台自动售货机投币购买饮料

2. 王某与张某签订了一份书面合同，约定由王某在签约后 3 日借给张某 2 万元，张某于半年后偿还该 2 万元并支付 10% 的利息，该行为属于什么民事法律行为？（　　）

　　A. 有偿民事法律行为　　　　　　　　B. 无偿民事法律行为

　　C. 单务民事法律行为　　　　　　　　D. 双务民事法律行为

3. 胡某有一个儿子小军，已 30 岁尚未结婚。胡某从前一个战友之女小慧，人亦贤惠，胡某希望其子能与战友之女结婚，于是在其临终前留下一份遗嘱，对自己的个人财产做了处理，其中一项为："有现金 2 万元，暂由小军母亲保管。如小军和小慧结婚，则该笔现金由小军继承。"胡某所立的这份遗嘱（　　）。

　　A. 涉及现金 2 万元的部分无效

　　B. 该部分无效是因为违反了遗嘱自由原则

　　C. 该部分无效是因为所附条件违法，侵犯了他人的婚姻自由

　　D. 该部分无效，不影响遗嘱其他部分的效力

4. 公司甲与工厂乙签订一份合同，在执行中，发现对主要条款（标的物的质量）有重大误解，双方当事人（　　）。

　　A. 都有权向对方宣告此合同无效　　　B. 都有权向对方宣告此主要条款无效

　　C. 都有权请求仲裁机关予以撤销　　　D. 都有权请求人民法院予以撤销

5. 民事法律行为被确认为无效或者被撤销后，将产生下面哪些法律效果？（　　）

　　A. 如果是部分无效，不影响其他部分的效力的，其他部分仍然有效

　　B. 当事人因该行为取得的财产，应当返还给受损失的一方

　　C. 有过错的一方应当赔偿对方因此所受的损失，双方都有过错的，应当各自承担相应的责任

　　D. 行为人因该行为取得的财产，应当予以返还；不能返还或者没有必要返还的，应当折价补偿

6. 甲、乙在其父母健在时，预先签订了一份分割其父母财产的协议，并约定该协议在其父母均去世时生效。该协议的性质和效力（　　）。

　　A. 是一个附有延缓期限的民事行为

　　B. 是一个附有延续条件的民事行为

　　C. 无效，因为其内容违法

　　D. 无效，因为未得到其父母的认可

7. 下列各项中，哪些属于部分有效、部分无效的民事法律行为？（　　）

　　A. 甲将一从国外带回的照相机赠与乙，作为回报，乙将自己的玉佩赠与甲

　　B. 甲与乙签订了一份超过法律规定的最高利息限制的私人借款合同

　　C. 甲公民将自己私藏的手枪一把卖给乙公民

　　D. 甲、乙之间签订一份包含违反法律规定的免责条款的运输合同

8. 下列各项中，属于部分无效的民事法律行为的有（　　）。

　　A. 甲（18 周岁）将自己价值 1000 元的无线降噪蓝牙耳机与乙（21 周岁）的一套价值 2100 元的丛书进行交换

　　B. 甲与乙签订了一份价值 20 万元的买卖合同，合同中规定定金为 5 万元

　　C. 甲公司与乙公司签订一份"名为联营，实为借贷"的协议

　　D. 甲公司与乙公司签订一份联营协议，但该联营协议有保底条款

9. 王某与妻子长期两地分居，为解决这个问题，王某欲调往甲地（妻子的工作地）工作。王某同事张某得知此事后，请求王某将其现在居住的私有房屋 4 间卖给他。王某告知张某，调动工作之事是否成功尚难以预料，如调动不成，他现住的房屋不能卖，如调动成功则可以卖给张某。

二人遂达成房屋买卖协议一份，协议约定如果王某调往甲地工作，则将其目前居住的4间私有房屋转让给张某，价款为4.8万元。在协议订立后3个月，王某恰遇一机会将其妻调回自己工作的城市。王某便告知张某，现其妻调回本市，他的私有房屋要自用，不能出卖给张某。张某遂诉至市人民法院要求王某交付房屋。下列陈述中正确的有（　　）。
  A. 王某与张某的合同属于附生效条件的合同
  B. 王某与张某的合同属于附解除条件的合同
  C. 王某的行为属于以不正当的手段阻止条件成就
  D. 王某的行为不属于以不正当手段阻止条件成就，故合同没有生效。张某无权要求王某交付房屋

10. 下列选项中，（　　）是附条件的民事行为。
  A. 甲与乙约定若甲父死亡，甲则将其房屋转让给乙
  B. 甲与乙约定，若甲考上大学，乙就把自己的电脑送给甲
  C. 甲与乙约定，若甲能把乙不喜欢的同事打一顿，乙就答应嫁给甲
  D. 甲与乙约定，若今天下午下雨，甲就把自己的雨伞送给乙

11. 李某为其外甥张某的监护人，李某与王某恶意串通，将张某已过世的父母留给他的楼房一栋以低于市价30万元的价格卖给王某，王某则在事后分给李某20万元，后张某发觉，该民事法律行为被宣告无效，则（　　）。
  A. 该房屋应退还张某，王某应返还其价金
  B. 张某有权要求二人赔偿其因此受到的损失
  C. 李某与王某应承担连带责任
  D. 李某与王某之间的买卖合同因双方恶意串通而无效

12. 下列行为不得附条件的有（　　）。
  A. 接受继承　　　　B. 抵销
  C. 结婚行为　　　　D. 票据背书行为

13. 下列所附条件不符合民事法律行为要求的有（　　）。
  A. 甲与乙签订一份房屋租赁合同，约定如果甲不结婚，则将房屋租给乙
  B. 甲与乙签订一份借款合同，约定如果太阳从西边出来，就借款5万元给乙
  C. 甲与乙签订一份种子买卖合同，约定如果种子通过鉴定，则合同生效
  D. 甲与乙签订一份打人合同，约定如果乙将丙打一顿，甲付款1万元给乙

14. 甲从乙处购买黄牛一头，作价500元。乙明知该牛有病而告知甲该牛没病，甲认为该牛可能有病，但因价格便宜而愿意购买。在交易过程中，乙对甲说："如果发生纠纷，你必须在3个月内（自交易之日起算）起诉，否则我概不负责。"甲表示允诺。甲买回该牛后第4个月该牛因病死亡，遂发生纠纷，（　　）。
  A. 甲与乙之间构成民事欺诈　　　B. 甲与乙之间构成合同违约
  C. 甲与乙之间约定起诉期限有效　　D. 甲与乙之间约定起诉期限无效

不定项选择题

1. 甲将其在北京市海淀区的一套房屋出租给乙居住，租期2年。半年后，甲父母老家的房屋拆迁，欲前往北京与甲共同生活，甲以此为由与乙商量，提前终止了租房协议。不久甲接到父母的电话，说先去广州其姐家待上3个月再到北京，甲于是把该房屋以更高的租金租给了两位准备研究生入学考试的学生。现问：
  （1）甲的行为性质应如何认定？（　　）

A. 甲的行为构成欺诈，因为他事实上隐瞒了真相
B. 甲的行为不构成欺诈，因为他并无欺诈的故意
C. 甲的行为构成重大误解，因为关于房屋的租赁与自己的意思表示不一致，并且造成乙的损失
D. 甲的行为不构成重大误解，因为重大误解的构成以行为当时为决定标准

（2）假如本题中甲的行为构成欺诈，则乙（　　）。
A. 可以要求赔偿损失
B. 无权要求赔偿损失
C. 可以要求再次租用甲的房屋，直到甲的父母回来
D. 无权要求再次租用甲的房屋，但可以要求甲双倍赔偿其损失

2. 王羽和李飞系好友关系。某日，李飞来到王羽家中做客，看见王羽的妻子怀有身孕，便说："如果孩子出生，就送10万元给孩子。"王羽为感谢李飞，当即决定给孩子取名为"关小飞"。后孩子顺利出生，李飞并未履行诺言。关于本案，下列说法正确的有（　　）。
A. 赠与合同的受赠人为关小飞，而非王羽
B. 关小飞出生前，赠与合同成立但未生效
C. 关小飞出生后，赠与合同生效
D. 李飞有权行使任意撤销权

3. 甲公司欠乙公司和丙公司的债务均无法全部偿还。甲公司名下还剩下一辆汽车和一套房屋，乙公司让甲公司把房屋和汽车都抵押给其还债，不然也会被丙公司拿去，甲公司同意后签了抵押合同。到期后甲公司无法偿还所欠债务，乙公司申请实现抵押权。关于本案，下列说法正确的有（　　）。
A. 丙公司可以主张甲乙之间的抵押合同因未登记而不发生效力
B. 丙公司可以主张甲乙之间的抵押合同无效
C. 丙公司可以主张撤销甲乙公司之间的行为
D. 汽车和房屋的所有权依然归甲公司

4. 甲遗失一部手机，发布了1000元的悬赏广告。9岁的小赵偶然拾得该手机，因一时找不到失主，就带回家中，准备第二天继续寻找失主。不料当晚小赵父亲在泡脚时使用该手机玩游戏，不慎将手机掉入洗脚盆，手机进水受损。后小赵看到悬赏广告，找到了甲。甲向小赵认领手机时，正确的做法是（　　）。
A. 以小赵不知道悬赏为由，拒绝小赵的赏金请求
B. 以小赵欠缺行为能力为由，拒绝小赵的赏金请求
C. 以小赵侵占手机为由，拒绝小赵的赏金请求
D. 可以就手机的损害要求小赵家进行相应赔偿

名词解释

1. 民事法律行为
2. 意思表示
3. 表示行为
4. 欺诈
5. 胁迫
6. 乘人之危
7. 无效民事法律行为

简答题

1. 简述可撤销民事法律行为的概念和特征。
2. 简述民事法律行为和事实行为的区别。

论述题

1. 试论有瑕疵意思表示及其法律效果。
2. 试论民事法律行为的意思表示要件。

案例分析题

1. 李红与姚兰同岁，李红 15 岁初中毕业后即参加工作，姚兰继续上高中。李红在 17 岁生日当天与姚兰谈到想购买一块智能手表。次日，姚兰即拿出姨父送给她的智能手表，问李红是否想买，李红看后很喜欢，愿以 3800 元购买，姚兰表示同意。后李红先交给姚兰 3000 元，并表示另 800 元三个月后再付，姚兰收下 3000 元后即把智能手表交给了李红。三个月后姚兰找李红要 800 元，李红说智能手表都给我了，说明你同意以 3000 元卖给我了。姚兰无奈，只好将此事告诉了父母，其父母便要求李红归还智能手表，或者另外再付 800 元，智能手表便归她所有。李红不同意。为此，姚兰向当地人民法院提起诉讼。

请问：李红与姚兰之间关于智能手表的买卖行为是否有效？为什么？

2. 甲、乙在一起逛街时，甲捡到 20 元钱。两人约定，20 元钱由两人均分。由于当时两人都没有零钱，说好回家再分。两人在回家的路上，看到一个体育彩票销售点在发售体育彩票。甲即用捡到的 20 元钱买了 10 注，乙没有阻止。开奖后，甲所买的体育彩票中了 5000 元的奖金，乙要求均分奖金，遭甲拒绝，两人发生争吵。体育彩票工作人员得知原委后，以购买彩票的 20 元钱是非法所得为由拒付奖金。甲便以体彩中心为被告，向人民法院起诉要求体彩中心给付奖金。乙则作为有独立请求权的第三人请求均分奖金。

请依案情摘要回答下列问题：

（1）甲对捡到的 20 元钱是否具有所有权？
（2）甲对乙许诺均分捡到的 20 元钱是一种什么行为？是否对甲产生约束力？
（3）甲和体彩中心之间是一种什么法律关系？体彩中心拒付奖金是否有理？
（4）法院应如何处理本案？

第八章 代 理

基础知识图解

- 代理概述
  - 代理的概念和特征
    - 与传达的区别
    - 与代表的区别
    - 与代理商的区别
  - 代理与相关概念
  - 代理的分类
    - 委托代理、法定代理与指定代理
    - 单独代理与共同代理
    - 本代理与复代理
    - 直接代理与间接代理
    - 积极代理与消极代理
    - 显名代理与隐名代理

- 代理权
  - 代理权的性质
  - 代理权的发生
  - 代理权的行使
  - 滥用代理权的禁止
  - 代理权的消灭
  - 无权代理的法律效果
    - 无权代理的概念和类型
    - 无权代理
      - 发生与有权代理同样的法律效果
      - 不发生与有权代理同样的法律效果

- 表见代理
  - 类别
  - 构成要件
    - 须行为人无代理权
    - 须有使相对人相信行为人具有代理权的事实或者理由
    - 须相对人为善意
    - 具备民事行为的有效要件
  - 类型
    - 表见授权的
    - 容忍的
    - 特殊关系中的

配套测试

单项选择题

1. 在委托代理中，代理人有代理权的依据是（　　）。
A. 委托合同
B. 委托授权
C. 委托合同和委托授权
D. 委托合同或委托授权

2. 委托授权行为与代理合同最本质的区别在于（　　）。
A. 委托授权行为必须采用书面形式，出具委托书，而代理合同既可以是书面形式，也可以是口头形式
B. 委托授权行为可以事后以追认的方式实施，而代理合同只能是事前订立
C. 委托授权行为是单方法律行为，而代理合同是双方法律行为
D. 委托授权行为是诺成性法律行为，而代理合同是实践性法律行为

3. 某贸易公司职员肖某要去北京探亲，公司经理要求他为公司采购 5 台电脑，要求一定要买原装机，质量一定要好。肖某到北京后走亲访友，没有时间采购，于是找到其表弟杜某，请他代为购买并将公司经理的要求告诉杜某。杜某答应代为购买后找到自己做电脑生意的朋友刘某，对刘某说帮表哥买 5 台电脑。刘某给杜某组装了 5 台电脑，每台售价 2 万元，还给了杜某 5000 元好处费。杜某将电脑交给肖某，肖某未验货即将电脑运回贸易公司。公司使用后发现电脑并非原装机，质量低劣，市场价每台仅 1 万元左右，要求肖某承担公司的损失。贸易公司的损失应由谁承担？（　　）
A. 肖某承担
B. 肖某和杜某连带承担
C. 刘某承担
D. 杜某和刘某连带承担

4. 甲委托乙将一批香烟运往 A 市，途中乙患急症被抢救，乙未能联系上甲，就将香烟托付给司机丙看管，并请护士打电话将情况告知甲。甲当即表示丙不可靠，不能将货物（香烟）托付给丙。但此时丙已开车上路，结果途中遇雨，部分香烟被淋湿报废，乙对此（　　）。
A. 应负责赔偿，因为乙将香烟托付给丙
B. 应和甲共同承担损失
C. 没有责任，因为情况紧急，是为了保护甲的利益
D. 乙、丙共同承担损失

5. 北京某厂供销科科长甲受厂长乙的委托，前往四川成都市，追索该市某公司欠的一笔货款，协商未成，甲于是委托其朋友丙代理该厂，向法院提起诉讼。丙应当（　　）。
A. 要求甲写个委托书，写明按照乙的委托书授权范围，进行代理
B. 要求甲先征求乙的意见，如果乙同意转委托，明确授权范围后，进行代理
C. 要求甲出示乙给甲的委托书，按照乙给甲的委托书授权范围，进行代理
D. 要求甲写个委托书，并给付一定报酬，然后按照委托书授权范围进行代理

6. 甲委托乙购买某型号山地车一辆，乙到商场后发现山地车脱销，担心甲急需使用，遂为之购买普通自行车一辆，甲拒收，乙诉至法院。下列选项中正确的是（　　）。
A. 甲拒绝受领的行为合法，乙的行为属于越权代理
B. 甲、乙之间无书面委托书，委托关系不成立
C. 乙的行为属于有效行为，因为是为了甲的利益
D. 甲不得拒绝受领，因为乙有代理权

7. 下列各项行为中，不属于代理的是（　　）。
A. 张甲委托赵乙代理民事诉讼
B. 李四受王五委托，以王五的名义与张三签订买卖合同
C. 马某受陈某委托办理货物托运
D. 甲公司由法定代表人李某与乙公司签订购销合同

8. 下列各项行为中，不属于民事代理行为的是（　　）。
A. 甲委托乙代其接受捐款　　　　　B. 甲委托乙帮其办理纳税
C. 甲委托乙代理房屋抵押登记　　　D. 丙受甲之委托出席合同签字仪式

9. 甲公司为生产化肥的公司，张三为甲公司的业务员，张三到乙公司采购编织袋，发现存在严重质量问题，但乙公司许以高额回扣，遂签订买卖合同，货运到甲公司，给甲公司造成重大损失。对此，下列选项中正确的是（　　）。
A. 甲公司只能向乙公司主张违约责任
B. 甲公司可向乙公司主张违约责任，可给予张三行政处分
C. 甲公司可向张三主张连带责任
D. 乙公司如果不能完全承担损失，则由张三承担补充责任

10. 以委托书授予代理权，委托书授权不明的，则对第三人的民事责任应由（　　）。
A. 被代理人承担主要责任，代理人承担次要责任
B. 被代理人、代理人承担连带责任
C. 被代理人承担
D. 代理人承担

11. 甲出差到上海，朋友乙请其代买丝巾一条，甲见丝巾特别漂亮，就给乙多买了一条。甲的行为属于（　　）的行为。
A. 没有代理权　　B. 有权代理　　C. 滥用代理权　　D. 超越代理权

12. 张某是某企业的销售人员，随身携带盖有该企业公章的空白合同书，便于对外签约。后张某因收取回扣被企业除名，但空白合同书未被该企业收回。张某以此空白合同书与他人签订购销协议，那么该购销协议的性质应如何认定？（　　）
A. 不成立　　　B. 无效　　　C. 可撤销　　　D. 成立并生效

13. 被代理人对无权代理行为追认后，该代理关系则（　　）。
A. 从追认时起生效　　　　　　　　B. 仍然无效
C. 经相对人同意后生效　　　　　　D. 自始有效

14. 能够代理的行为是（　　）。
A. 表现行为　　　B. 法律行为　　　C. 事实行为　　　D. 占有行为

15. 甲公司经常派业务员乙与丙公司订立合同。乙调离后，又持盖有甲公司公章的合同书与尚不知其已调离的丙公司订立一份合同，并按照通常做法提走货款，后逃匿。对此甲公司并不知情。丙公司要求甲公司履行合同，甲公司认为该合同与己无关，予以拒绝。下列选项哪一个是正确的？（　　）
A. 甲公司不承担责任　　　　　　　B. 甲公司应与丙公司分担损失
C. 甲公司应负主要责任　　　　　　D. 甲公司应当承担签约后果

16. 下列哪一情形构成无权代理？（　　）
A. 甲冒用乙的姓名从某杂志社领取乙的论文稿酬据为己有
B. 某公司董事长超越权限以本公司名义为他人提供担保
C. 刘某受同学周某之托冒充丁某参加求职面试

D. 关某代收某推销员谎称关某的邻居李某订购的保健品并代为付款

17. 甲用伪造的乙公司公章，以乙公司名义与不知情的丙公司签订食用油买卖合同，以次充好，将劣质食用油卖给丙公司。合同没有约定仲裁条款。关于该合同，下列哪一表述是正确的？（   ）

A. 如乙公司追认，则丙公司有权通知乙公司撤销
B. 如乙公司追认，则丙公司有权请求法院撤销
C. 无论乙公司是否追认，丙公司均有权通知乙公司撤销
D. 无论乙公司是否追认，丙公司均有权要求乙公司履行

18. 甲去购买彩票，其友乙给甲10元钱让其顺便代购彩票，同时告知购买号码，并一再嘱咐甲不要改变。甲预测乙提供的号码不能中奖，便擅自更换号码为乙购买了彩票并替乙保管。开奖时，甲为乙购买的彩票中了奖，乙要求甲归还奖金，甲不允，二人为奖金归属发生纠纷。下列哪一分析是正确的？（   ）

A. 甲应获得该奖金，因按乙的号码无法中奖，甲、乙之间应类推适用借贷关系，由甲偿还乙10元
B. 甲、乙应平分该奖金，因乙出了钱，而甲更换了号码
C. 甲的贡献大，应获得该奖金之大部分，同时按比例承担彩票购买款
D. 乙应获得该奖金，因乙是委托人

19. 甲公司员工唐某受公司委托从乙公司订购一批空气净化机，甲公司对净化机单价未作明确限定。唐某与乙公司私下商定将净化机单价比正常售价提高200元，乙公司给唐某每台100元的回扣。商定后，唐某以甲公司名义与乙公司签订了买卖合同。对此，下列哪一选项是正确的？（   ）

A. 该买卖合同以合法形式掩盖非法目的，因而无效
B. 唐某的行为属无权代理，买卖合同效力待定
C. 乙公司行为构成对甲公司的欺诈，买卖合同属可变更、可撤销合同
D. 唐某与乙公司恶意串通损害甲公司的利益，应对甲公司承担连带责任

20. 甲欲出售一辆汽车，乙声称受丙委托购买该车，甲托人向丙核实，丙未予否认。甲遂将该车交给乙，乙将车开走后不知去向，甲向丙要求付款遭到拒绝。此案的正确处理方法是（   ）。

A. 由甲自行承担损失　　　　　　B. 由乙支付车款
C. 由丙支付车款　　　　　　　　D. 由乙、丙承担连带付款责任

多项选择题

1. M服装店将盖有服装店公章的空白合同和介绍信交给李某。介绍信上写明，"委托李某为服装店购买服装"。李某以M服装店的名义向H服装厂订购了总价款140万元的工作服。这批服装销售很不理想。M服装店认为自己委托李某购买的是时装而不是工作服，而且自己店面很小，一次也不可能进货140万元，李某的行为是越权代理行为，据此拒绝支付货款。对此订购合同（   ）。

A. M服装店有权拒绝支付货款
B. M服装店应当支付货款
C. 李某应当支付货款
D. 李某应当负连带责任

2. 在民事代理过程中，代理人负有哪些义务？（   ）

A. 履行其代理职责
B. 原则上不能同时代理双方当事人为同一法律行为
C. 不能与第三人恶意串通损害被代理人的利益
D. 在因故暂时无法履行代理职责时，应当转托他人代理

3. 下面是对代理中有关连带责任的表述，根据法律的规定，正确的有（   ）。
A. 委托书授权不明的，被代理人应当向第三人承担民事责任，代理人负连带责任
B. 代理人和第三人串通，损害被代理人的利益的，由代理人和第三人负连带责任
C. 第三人知道行为人没有代理权、超越代理权或者代理权已终止还与行为人实施民事法律行为给他人造成损害的，由第三人和行为人负连带责任
D. 代理人知道被委托代理的事项违法仍然进行代理活动的，或者被代理人知道代理人的代理行为违法不表示反对的，由被代理人和代理人负连带责任

4. 有下列哪些情形之一的，委托代理终止？（   ）
A. 代理期间届满或者代理事务完成
B. 被代理人取消委托或者代理人辞去委托
C. 代理人死亡或者作为代理人的法人终止
D. 代理人丧失民事行为能力

5. 南方公司委托夏律师向北方公司索债。代理合同约定，应收本金为8万元，利息为2万元，代理人可酌情免除部分利息，本金必须收回。南方公司出具了全权委托夏律师处理与北方公司的债权债务纠纷的授权委托书。在与北方公司谈判的过程中，夏律师为求尽快解决问题，决定同意北方公司还款7万元，免除其余债务，并在还款协议上签字。关于此事的法律分析，正确的有（   ）。
A. 还款协议有效
B. 还款协议无效
C. 南方公司可以向夏律师索赔
D. 南方公司不能向夏律师索赔

6. 张某既能干又热心，同事、邻居、朋友都对其非常信任，常委托其代做一些事情。请判断下列哪些行为属于民事代理行为？（   ）
A. 张某代理乙购买29英寸电视机一台
B. 张某代丙起草一份重要的购销合同的底稿
C. 张某代丁请丁的朋友吃饭
D. 张某代戊继承戊父的遗产

7. 在下列行为中，不能被代理的有（   ）。
A. 到婚姻登记机关登记结婚
B. 侵害他人的人身权利
C. 到公证处公证遗嘱
D. 购买电视机

8. 江某委托朱某购买100台高性能商务笔记本电脑，适逢市场上电脑价格即将上涨，朱某在这时突然病倒，且无法与正在国外考察的江某联系，遂委托李某代其购买，但未讲明电脑具体配置要求。李某为省钱，买回100台配置较低的轻薄办公本，江某拒绝接收，因退货使电脑公司损失10万元，则（   ）。
A. 电脑公司可直接要求江某赔偿损失
B. 应由朱某向电脑公司承担民事责任
C. 江某承担民事责任后，可以要求朱某赔偿因此受到的损失
D. 若李某也有过错，应承担连带责任

9. 陈某想购买几枚珍贵的邮票送给自己喜欢集邮的伯父作为生日礼物，因对邮票不了解便找到集邮爱好者赵某咨询，赵某告诉陈某"猴票"比较珍贵，建议陈某买"猴票"作为礼物。陈某

便请赵某代为购买，赵某同意。赵某恰好有 4 枚"猴票"，几日后，赵某将自己的 4 枚"猴票"交给陈某说：已为你买了 4 枚猴票，每枚 500 元，共 2000 元。陈某表示感谢，收下邮票，付给赵某 2000 元。不久陈某在邮市上发现"猴票"售价每枚仅 300 元。陈某找到赵某质问，赵某告诉陈某实情，但以这 4 枚"猴票"保存完好，价格合理为由辩解。陈某诉至法院。陈某的哪些诉讼请求可以得到法院的支持？（　　）
   A. 陈某退还赵某 4 枚"猴票"，赵某退还陈某 2000 元
   B. 赵某退还买价与市场价之间的差价 800 元
   C. 确认赵某的代理行为无效
   D. 撤销赵某的代理行为

10. 张某到王某家聊天，王某去厕所时张某帮其接听了刘某打来的电话。刘某欲向王某订购一批货物，请张某转告，张某应允。随后张某感到有利可图，没有向王某转告订购之事，而是自己低价购进了刘某所需货物，以王某名义交货并收取了刘某货款。关于张某将货物出卖给刘某的行为的性质，下列哪些说法是正确的？（　　）
   A. 无权代理   B. 无因管理   C. 不当得利   D. 效力待定

11. 下列哪些情形属于代理？（　　）
   A. 甲请乙从国外代购 1 套名牌饮具，乙自己要买 2 套，故乙共买 3 套一并结账
   B. 甲请乙代购茶叶，乙将甲写好茶叶名称的纸条交给销售员，告知其是为自己朋友买茶叶
   C. 甲律师接受法院指定担任被告人乙的辩护人
   D. 甲介绍歌星乙参加某演唱会，并与主办方签订了三方协议

12. 下列哪些情形下，甲公司应承担民事责任？（　　）
   A. 甲公司董事乙与丙公司签订保证合同，乙擅自在合同上加盖甲公司公章和法定代表人丁的印章
   B. 甲公司与乙公司签订借款合同，甲公司未盖公章，但乙公司已付款，且该款用于甲公司项目建设
   C. 甲公司法定代表人乙委托员工丙与丁签订合同，借用丁的存款单办理质押贷款用于经营
   D. 甲公司与乙约定，乙向甲公司交纳保证金，甲公司为乙贷款购买设备提供担保。甲公司法定代表人丙以个人名义收取该保证金并转交甲公司出纳员入账

13. 乔某是九环公司分公司负责人，因个人经商，欠郑某 1000 万元。郑某要求在欠条保证人一栏中，加盖九环公司分公司单位印章。乔某称，自己的授权范围不足如此，且出示了相关授权文件证明，但郑某坚持加盖印章，乔某最终答应。关于本案，下列说法正确的有（　　）。
   A. 乔某的行为属于表见代理   B. 九环公司应承担保证责任
   C. 乔某行为构成无权代理   D. 九环公司不承担保证责任

14. 甲出资委托乙帮忙购买一套古董茶具，乙以甲的名义与丙签订了买卖合同，付款后丙向乙交付了茶具。乙准备将茶具交付给甲时，因债务纠纷被丁起诉，丁获得胜诉判决后申请法院强制执行，法院扣押了该套茶具。关于本案，下列哪些表述是正确的？（　　）
   A. 茶具所有权归甲   B. 茶具所有权归乙
   C. 甲可以提起执行异议   D. 甲可以申请法院再审

15. 甲欲购买乙之二手车，乙因出国在外，便委托其好友丙全权负责该车出售事宜。丙为促成交易，替乙极力游说，并谎称该车从未发生过事故，甲信以为真，遂购买该车。后甲得知该车曾被雨水浸泡，发动机经过大修。对此，下列说法错误的有（　　）。
   A. 甲可以乙实施欺诈为由主张撤销该合同
   B. 甲可以第三人欺诈为由主张撤销该合同

C. 甲可以重大误解为由主张撤销该合同

D. 甲可以向乙主张瑕疵担保责任

不定项选择题

1. W食品厂是A市的一家食品厂，其生产的辣椒酱销量非常好，本市的K食品厂见W食品厂的生意红火，干脆把厂名改为味好食品厂，并且与W食品厂的业务科长刘某达成协议：在推销W食品厂的产品时带上味好食品厂的产品，付给刘某双倍的报酬。此举致使W食品厂遭受重大损失。问：

(1) K食品厂与刘某之间的协议（　　）。

A. 可变更、可撤销　　B. 效力未定　　C. 有效　　D. 无效

(2) W食品厂的损失应（　　）。

A. 由刘某赔偿，因其滥用代理权

B. 由K食品厂和刘某连带赔偿，因为两者恶意串通，损害W食品厂的利益

C. 由K食品厂赔偿，因为侵犯了W食品厂的名称权

D. 先由刘某赔偿，在刘某无能力承担全部责任时，再由K食品厂承担补充责任

2. 甲到某国学习半年，乙听说后委托甲代买一种助听器。甲回国将价值5000元的助听器送至乙家中。但乙妻告知甲，乙已于2月前病故，助听器是给乙用的，现在乙已死，只好请甲自行处理。如果甲是委托同学丙代买的，同学丙买错了型号，问该代理行为的后果应由谁来承受？（　　）

A. 依然由乙承受

B. 如果甲转委托时取得乙的同意，则由乙承受，如果没有，则由甲承受

C. 由甲自己承受

D. 由丙承受

3. 果农赵某承包有100亩苹果园，2024年秋季获得了大丰收，但赵某不懂得销售的途径和方法，在农村的集市上销售量又很小，遂委托市里的远房亲戚李某在市里代为销售，以及处理相关事宜，双方约定：苹果价格每斤3元，李某按销售总额的15%提成，于每次李某交还货款时结算；李某根据市里苹果需求量的大小及时通知赵某，以便赵某准确向李某送货。合同签订后，李某即积极活动，先后以自己的名义与C市场和Y市场签订了每天供应500公斤苹果的合同，每斤价格为3.25元；并与汤某等商贩口头约定可到自己家里随时提货，价格面议。请回答下列各题。

(1) 对于李某签订合同和每天向市场送货所花的费用，如果双方没有约定，那么（　　）。

A. 赵某无须预付

B. 李某可以垫付

C. 李某可以要求赵某预付

D. 李某垫付的费用，赵某应当偿还并支付利息

(2) 对于李某以自己的名义与C市场和Y市场签订合同的行为，下列表述正确的是（　　）。

A. 作为受托人李某可以以自己的名义在代理权限内签订合同

B. 如果C市场知道李某与赵某之间的代理关系，则合同可以直接约束C市场和赵某

C. 如果Y市场不知道李某和赵某之间的代理关系，合同只约束Y市场和李某

D. 经赵某同意，李某才可以以自己的名义签订合同

(3) 李某见自己以每斤3.25元的价格与C市场和Y市场签订了合同，超过了约定的最低价格，遂将每斤多出的0.25元货款留下，以3元的价格向赵某交还货款。则以下表述正确的是（　　）。

A. 李某应将所有货款全数交还赵某

B. 李某可以将多出的货款留下，但不得要求增加报酬

C. 李某不得将多出的货款留下，但赵某应当对此增加报酬

D. 以上说法都不对

（4）假设某次李某未向赵某报告苹果的需求量，赵某按约定依前日的需求量送来 2000 公斤，结果只售出 1500 公斤，剩下的 500 公斤堆积在储藏室里，因多日连降大雨全部发霉、腐烂，则此责任应如何承担？（　　）

A. 应由受托人李某承担损害赔偿责任

B. 应由委托人赵某自己承担责任

C. 应由李某承担大部分责任，赵某承担小部分责任

D. 应由李某承担小部分责任，赵某承担大部分责任

（5）假设某次李某病重不能起床，又未能与赵某取得联系，在 Y 市场多次催促下，遂委托自己驾车不熟的弟弟李二向 Y 市场送货，结果李二驾车不慎翻到水沟里，造成重大损失，则下列表述正确的是（　　）。

A. 李某对此损失不承担责任

B. 李二应对此损失承担全部责任

C. 李某应对转委托人李二的选任承担责任

D. 由李某和李二共同承担责任

（6）商贩汤某经常到李某处拉苹果贩卖，但总是赊欠。李某知道汤某与赵某有仇，如告知汤某自己与赵某之间的代理关系，汤某就不会来买苹果了，所以一直未告知。当李某向汤某索要欠款时，汤某拒不归还，则（　　）。

A. 李某应当向赵某披露汤某

B. 赵某可以行使李某对汤某的权利

C. 李某应自己行使其对汤某的权利，不应当向赵某披露

D. 该合同只约束赵某和汤某

（7）假设某次赵某未能按时送苹果给李某，致使李某不能履行其与 C 市场之间的合同，则（　　）。

A. 李某应当向 C 市场披露赵某

B. C 市场可以选择李某承担违约责任

C. C 市场可以选择赵某承担违约责任

D. C 市场可以同时选择李某和赵某承担违约责任

4. 甲公司、乙公司签订的《合作开发协议》约定，合作开发的 A 区房屋归甲公司、B 区房屋归乙公司。乙公司与丙公司签订《委托书》，委托丙公司对外销售房屋。《委托书》中委托人签字盖章处有乙公司盖章和法定代表人王某签字，王某同时也是甲公司的法定代表人。张某查看《合作开发协议》和《委托书》后，与丙公司签订《房屋预订合同》，约定："张某向丙公司预付房款 30 万元，购买 A 区房屋一套。待取得房屋预售许可证后，双方签订正式合同。"丙公司将房款用于项目投资，全部亏损。后王某向张某出具《承诺函》：如张某不采取纠缠、滋扰等不当行为，将协调甲公司卖房给张某。但甲公司取得房屋预售许可后，将 A 区房屋全部卖与他人。张某要求甲公司、乙公司和丙公司退回房款。张某与李某签订《债权转让协议》，将该债权转让给李某，通知了甲、乙、丙三公司。因李某未按时支付债权转让款，张某又将债权转让给方某，也通知了甲、乙、丙三公司。关于《房屋预订合同》，下列说法正确的是（　　）。

A. 无效

B. 对于甲公司而言，丙公司构成无权处分
C. 对于乙公司而言，丙公司构成有效代理
D. 对于张某而言，丙公司构成表见代理

名词解释

1. 表见代理
2. 再代理

简答题

1. 简述代理的法律特征。
2. 简述代理权滥用的法律后果。
3. 简述代理权行使的原则。

论述题

1. 试论表见代理的构成要件和效力。
2. 试论狭义无权代理与表见代理的联系与区别。

案例分析题

1. 甲为某供销社的采购员，他经常持该供销社的介绍信和盖有该供销社公章的空白合同对外联系业务。2025年4月，该供销社口头委托甲到某食品厂购买一批糖果，甲到食品厂后并未说明只购买糖果，在购买糖果后，发现该厂生产的花色蛋糕很好，便以供销社的名义购买花色蛋糕一箱。甲回厂结账时厂长拒不付蛋糕款项，因另一采购员已从其他食品厂采购蛋糕，只要他买糖果。某食品厂便向人民法院起诉，要求该供销社偿付蛋糕货款并承担违约责任。

请依案情摘要回答下列问题：

（1）甲以供销社的名义与某食品厂所订立的蛋糕购销合同是否有效？应如何处理？

（2）假如某食品厂明知甲无权代理，而仍与其订立蛋糕购销合同，那么对该合同责任应该如何承担？

（3）假如某供销社将蛋糕卖出一箱，后又反悔，以甲无权代理为由要求退货，能否得到支持？案件又应如何处理？

2. 2024年8月大鹏饭店与著名画家甲签订了一份委托甲本人创作大型壁画一幅的合同。双方约定，甲在2024年12月以前交付该壁画，大鹏饭店支付甲20万元的报酬。2024年9月，甲因出国讲学，遂委托儿子乙代为完成了该幅壁画，大鹏饭店支付了全部报酬。

请依案情摘要回答下列问题：

（1）甲能否委托他的儿子代理其创作？

（2）乙的行为是否属于无权代理？

第九章　诉讼时效与期间

基础知识图解

```
                  ┌ 诉讼时效的含义
                  │ 诉讼时效的效力
                  │ 诉讼时效的援用
    诉讼时效期间 ─┤ 诉讼时效的适用范围
                  │ 诉讼时效期间与诉讼时效的分类
                  └ 诉讼时效期间的起算、中止、中断和延长及经过

              ┌ 概念与特征
              │ 性质与作用
    除斥期间 ─┤ 适用范围
              │ 计算
              └ 效力与法律援用

       ┌ 期限的概念和意义
  期限 ┤
       └ 期限的确定和计算方法

                          ┌ 立法精神不同
                          │ 适用范围不同
  诉讼时效与除斥期间的区别┤ 起算时间不同
                          │ 期间的可变性不同
                          └ 法律效力与法律援用不同
```

配套测试

单项选择题

1. 2004年1月1日晚，张某被人打成重伤。经过长时间的查访，于2022年6月30日张某掌握确凿的证据证明将其打伤的人是李某。这时张某要得到法律保护，应当在（　　）前向李某提出赔偿要求。

A．2005年1月1日　　B．2023年6月30日　　C．2024年1月1日　　D．2024年6月30日

2. 诉讼时效一般只对（　　）产生法律效力。

A．请求权　　　　　B．抗辩权　　　　　C．形成权　　　　　D．支配权

3. 下列情形中，属于诉讼时效中断的事由的是（　　）。

A. 权利人的代理人向债务人提出请求

B. 法定代理人丧失行为能力

C. 不可抗力导致权利人无法起诉

D. 权利人死亡，而继承人尚不知道

4. 李某在开啤酒瓶时酒瓶突然爆炸，致其身体多处受伤，若其提起侵权诉讼，诉讼时效期间为（　　）。

A. 3 年　　　　　　B. 4 年　　　　　　C. 1 年　　　　　　D. 6 个月

5. 诉讼时效期间届满，若义务人以此为由进行抗辩拒绝履行义务，权利人丧失的是（　　）。

A. 实体民事权利

B. 依诉讼请求人民法院强制义务人履行义务的权利

C. 财产所有权

D. 向人民法院提起民事诉讼的权利

6. 诉讼时效期间是由（　　）。

A. 法律直接规定的　　　　　　　　　　B. 法律直接规定的，也可以由当事人约定

C. 当事人约定的　　　　　　　　　　　D. 当事人在法律规定的范围内约定的

7. 诉讼时效因当事人一方提出债务履行请求而中断，下列哪一情形不能产生诉讼时效中断的效力？（　　）

A. 对方当事人在当事人主张权利的文书上签字、盖章的

B. 当事人一方以发送信件或数据电文方式主张权利，该信件或数据电文已经到达对方当事人的

C. 当事人一方为金融机构，依照法律规定或当事人约定从对方当事人账户中扣收欠款本息的

D. 当事人一方下落不明，对方当事人在下落不明当事人一方住所地的县（市）级有影响的媒体上刊登具有主张权利内容的公告的

8. 关于诉讼时效中断的表述，下列哪一选项是正确的？（　　）

A. 甲欠乙 10 万元到期未还，乙要求甲先清偿 8 万元。乙的行为，仅导致 8 万元债务的诉讼时效中断

B. 甲和乙对丙因共同侵权而需承担连带赔偿责任计 10 万元，丙要求甲承担 8 万元。丙的行为，导致甲和乙对丙负担的连带债务的诉讼时效均中断

C. 乙欠甲 8 万元，丙欠乙 10 万元，甲对丙提起代位权诉讼。甲的行为，不会导致丙对乙的债务的诉讼时效中断

D. 乙欠甲 10 万元，甲将该债权转让给丙。自甲与丙签订债权转让协议之日起，乙的 10 万元的债务诉讼时效中断

9. 甲公司向乙公司催讨一笔已过诉讼时效期限的 10 万元货款。乙公司书面答复称："该笔债务已过时效期限，本公司本无义务偿还，但鉴于双方的长期合作关系，可偿还 3 万元。"甲公司遂向法院起诉，要求偿还 10 万元。乙公司接到应诉通知后书面回函甲公司称："既然你公司起诉，则不再偿还任何货款。"下列哪一选项是正确的？（　　）

A. 乙公司的书面答复意味着乙公司需偿还甲公司 3 万元

B. 乙公司的书面答复构成要约

C. 乙公司的书面回函对甲公司有效

D. 乙公司的书面答复表明其丧失了 10 万元的时效利益

10. 甲公司开发的系列楼盘由乙公司负责安装电梯设备。乙公司完工并验收合格投入使用后，甲公司一直未支付工程款，乙公司也未催要。诉讼时效期间届满后，乙公司组织工人到甲公司讨

要。因高级管理人员均不在，甲公司新录用的法务小王，擅自以公司名义签署了同意履行付款义务的承诺函，工人们才散去。其后，乙公司提起诉讼。关于本案的诉讼时效，下列哪一说法是正确的？（　　）

A. 甲公司仍可主张诉讼时效抗辩
B. 因乙公司提起诉讼，诉讼时效中断
C. 法院可主动适用诉讼时效的规定
D. 因甲公司同意履行债务，其不能再主张诉讼时效抗辩

多项选择题

1. 依照《民法典》的相关规定，下列哪些关于保证期间的说法是正确的？（　　）
A. 保证期间是确定保证人承担保证责任的期间，可以中止、中断和延长
B. 债权人与保证人可以约定保证期间，但如果约定的保证期间早于主债务履行期限或者与主债务履行期限同时届满，视为没有约定
C. 保证期间为可变期间
D. 保证期间为不可变期间

2. 下列权利中，适用诉讼时效的有（　　）。
A. 丁因无因管理而享有的对戊的必要费用请求权
B. 张三因李四避险过当而享有的赔偿请求权
C. 甲因乙违反合同而享有的违约金请求权
D. 丙因佳人影楼侵犯其肖像权而享有的损害赔偿请求权

3. 下列哪些规定是除斥期间？（　　）
A. 撤销权自债权人知道或应当知道撤销事由之日起1年内行使
B. 赠与人的继承人或法定代理人的撤销权，自知道或应当知道撤销原因之日起6个月内行使
C. 租赁期间不得超过20年，超过20年的，超过部分无效
D. 相对人可以催告法定代理人在1个月内予以追认

4. 根据我国《民法典》的规定，下列哪些选项中的请求权不适用诉讼时效？（　　）
A. 请求停止侵害　　　　　　　　　B. 请求排除妨碍
C. 请求支付抚养费　　　　　　　　D. 请求支付赡养费

5. 下列哪些请求不适用诉讼时效？（　　）
A. 当事人请求撤销合同
B. 当事人请求确认合同无效
C. 业主大会请求业主缴付公共维修基金
D. 按份共有人请求分割共有物

6. 下列请求权中不适用诉讼时效的有哪些？（　　）
A. 孟某与王某的房屋相邻，王某装修房屋将大量建筑垃圾堆放在门前妨碍孟某通行，孟某有请求王某排除妨碍的权利
B. 孟某将自己的房屋出租给曹某居住，租期届满后，孟某基于所有权人的身份有请求曹某搬离房屋的权利
C. 孟某的轿车（登记在孟某名下）被徐某强行夺走，孟某基于所有权人的身份有请求徐某返还宝马轿车的权利
D. 孟某与妻子刘某离婚，法院判决婚生子小孟（6周岁）与刘某共同生活，孟某按月给付抚养费，小孟有请求孟某给付抚养费的权利

7. 根据我国《民法典》的规定，下列哪些选项中关于诉讼时效的约定是无效的？（　　）
A. 诉讼时效期间的约定
B. 诉讼时效计算方法的约定
C. 诉讼时效中止事由的约定
D. 诉讼时效中断事由的约定

名词解释

1. 时效
2. 期限
3. 除斥期间

简答题

1. 简述诉讼时效的概念和特征。
2. 简述诉讼时效制度的作用。
3. 简述诉讼时效与除斥期间的区别。

案例分析题

甲、乙系同事，2021年10月甲因办出国手续向乙借款2万元，写有借条，约定在出国前返还借款。后甲出国，并在国外生活了近3年。其间，甲虽与乙一直有联系，但对借钱一事却只字未提。2024年12月30日，甲回国，此时乙因女儿病重急需用钱，找到甲，甲当即表示尽快还钱，并在原借条上写下"2025年1月10日前还清"。2025年1月15日，乙再找到甲时，甲称其债务早已过诉讼时效，不用返还。

请依案情摘要回答下列问题：

（1）2024年12月30日时，甲对乙债务的诉讼时效是否已经届满？
（2）乙能否通过诉讼要回甲所欠的钱？

第二编 物 权

第十章 物权与物权法概述

基础知识图解

物权
- 概念和特征
  - 物权的权利主体是特定的，而义务主体是不特定的
  - 物权的内容是直接支配一定的物，并排斥他人的干涉
  - 设定物权需要公示
  - 物权的种类和基本内容由法律规定
  - 物权的标的是物
  - 在期限上与债权不同
  - 物权具有追及效力和优先效力
  - 在保护方法上与债权不同
- 分类
  - 自物权与他物权
  - 主物权与从物权
  - 有期限物权与无期限物权
  - 民法上的物权与特别法上的物权
  - 本权与占有
  - 所有权与限制物权
  - 用益物权与担保物权
  - 动产物权与不动产物权
- 物权的变动
  - 物权变动的原则
    - 公示原则
    - 公信原则
  - 物权变动的原因
    - 物权取得
    - 物权消灭
  - 物权的公示方法
    - 交付
    - 登记
- 物权的保护
  - 确认物权请求权
  - 物权请求权

配套测试

单项选择题

1. 甲将3间私房中的两间作价5万元投入与丙合伙办的综合商店,又将另一间屋出租给乙居住。现甲因急事用钱,要将房屋转让。乙和丙均欲以同一价格购买,甲(　　)。
　　A. 应将整个房屋卖给乙
　　B. 按照房屋的使用现状,分别卖给乙和丙
　　C. 应将整个房屋卖给丙
　　D. 可以任意选择乙或者丙作为购买者

2. 下列物权的保护方法不能以自力救济的方式行使的是(　　)。
　　A. 排除妨碍请求权　　　　　　　　B. 确认物权的请求权
　　C. 返还原物请求权　　　　　　　　D. 消除危险请求权

3. 对当事人创设法律没有明确规定的物权类型的法律行为的效力,下列判断正确的是(　　)。
　　A. 根据意思自治原则应发生物权效力
　　B. 确定无效
　　C. 根据当事人的意思依法判断法律行为是否有效,但不具备物权效力
　　D. 如果不在法律明确禁止之列,则确定发生物权效力

4. 下列选项中基于法律行为继受取得所有权的是(　　)。
　　A. 甲在路边捡到他人抛弃的旧平板电脑一台,甲取得所有权
　　B. 甲从乙处购买丙出借给乙的平板电脑一台,甲取得所有权
　　C. 甲从乙处购得一台平板电脑
　　D. 甲误将乙的房屋登记为自己的房屋,后甲将此房转让给丙,甲、丙之间办理房屋过户手续,丙取得该房屋所有权

5. 甲将收藏的一件古董卖给乙,乙当场付清价金,约定甲10天后交货。丙听说后,表示愿以双倍的价钱购买。甲当即决定卖给丙,约定第3天交货,并收定金1万元,乙听说此事后,哄甲7岁儿子将古董从家中取出交给他。现对该古董所有权的归属,下列判断正确的是(　　)。
　　A. 乙已取得古董的占有,可认为甲已履行合同,所有权归乙
　　B. 所有权仍属于甲
　　C. 甲又卖给丙的行为有违诚信原则,应认定无效,所有权属于乙
　　D. 因对丙的合同所约定的交货期限较早,故应属于丙

6. 下列能够产生抛弃效力的是(　　)。
　　A. 将患狂犬病的狗丢在闹市中心
　　B. 将城里老房闲置
　　C. 农村承包经营户抛弃承包经营权
　　D. 将被患有狂犬病的狗咬伤的猪弃在荒山野岭中

7. 甲遗失一部相机,乙拾得后放在办公桌抽屉内,并张贴了招领启事。丙盗走该相机,卖给了不知情的丁,丁出质于戊。对此,下列哪一表述是错误的?(　　)
　　A. 乙对相机的占有属于无权占有　　　　B. 丙对相机的占有属于他主占有
　　C. 丁对相机的占有属于自主占有　　　　D. 戊对相机的占有属于直接占有

8. 某郊区小学为方便学校人员乘坐地铁，与相邻的研究院约定，学校人员有权借研究院道路通行，每年支付1万元。据此，学校享有的是下列哪一项权利？（　　）
   A. 相邻权
   B. 地役权
   C. 建设用地使用权
   D. 宅基地使用权

9. 辽东公司欠辽西公司货款200万元，辽西公司与辽中公司签订了一份价款为150万元的电脑买卖合同，合同签订后，辽中公司指示辽西公司将该合同项下的电脑交付给辽东公司。因辽东公司届期未清偿所欠货款，故辽西公司将该批电脑扣留。关于辽西公司的行为，下列哪一选项是正确的？（　　）
   A. 属于行使抵押权
   B. 属于行使动产质权
   C. 属于行使留置权
   D. 属于自助行为

10. 物权人在其权利的实现上遇有某种妨害时，有权请求造成妨害事由发生的人排除此等妨害，称为物权请求权。关于物权请求权，下列哪一表述是错误的？（　　）
    A. 是独立于物权的一种行为请求权
    B. 可以适用债权的有关规定
    C. 不能与物权分离而单独存在
    D. 须依诉讼的方式进行

11. 庞某有1辆名牌自行车，在借给黄某使用期间，达成转让协议，黄某以8000元的价格购买该自行车。次日，黄某又将该自行车以9000元的价格转卖给了洪某，但约定由黄某继续使用1个月。关于该自行车的归属，下列哪一选项是正确的？（　　）
    A. 庞某未完成交付，该自行车仍归庞某所有
    B. 黄某构成无权处分，洪某不能取得自行车所有权
    C. 洪某在黄某继续使用1个月后，取得该自行车所有权
    D. 庞某既不能向黄某，也不能向洪某主张原物返还请求权

12. 中学生甲（13周岁）每天下午都去篮球场打篮球，顺带买一瓶可乐饮用。乙是拾荒者，经常在篮球场捡瓶子。一日，甲打完篮球后喝可乐，之后将装有半瓶可乐的瓶子放在操场上，拿着书包就和同学丙一起离开了球场。乙随后捡走了可乐瓶。关于本案，下列哪一说法是正确的？（　　）
    A. 甲的行为是赠与
    B. 甲的行为是抛弃
    C. 甲的行为不需要意思表示
    D. 可乐瓶属于遗失物

13. 甲婚后有藏私房钱的习惯，在他某次出差时，妻子乙把家里屏风卖给丙。丙在屏风中找到了甲藏的1000元私房钱。甲回家后，乙提起卖屏风的事情，甲才想起这1000元私房钱。对此，下列哪一说法是正确的？（　　）
    A. 丙善意取得1000元的所有权
    B. 丙因先占而取得1000元的所有权
    C. 丙未取得1000元的所有权
    D. 该1000元在屏风交付前属于夫妻共同财产

多项选择题

1. 下列案件中，适用返还原物的情形有（　　）。
   A. 张某借了王某的手表，向刘某炫耀说是其叔叔赠送的，刘某信以为真，以远低于市场价的价格买了下来，王某要求刘某返还
   B. 宋某偷了马某的金项链，并以市场价格卖给了知情的牛某，马某要牛某返还
   C. 于某借了何某一支金笔，谎称丢失，何某要求于某返还
   D. 甲向乙购羊2只，在乙将羊交给他后，又将羊卖给了丙，把羊交丙得款之后迟迟未付乙羊

款，乙无奈要求甲返还 2 只羊。

2. 某房屋登记簿上的所有权人为甲，但乙认为该房屋应当归其所有，遂申请仲裁。仲裁裁决争议房屋归乙所有，但裁决书生效后甲、乙未办理变更登记手续。一个月后，乙将该房屋抵押给丙银行，签订了书面合同，但未办理抵押登记。对此，下列哪些说法是正确的？（　　）

A. 房屋应归甲所有　　　　　　　　B. 房屋应归乙所有
C. 抵押合同有效　　　　　　　　　D. 抵押权未成立

3. 小贝购得一只世界杯指定用球后兴奋不已，一脚踢出，恰好落入邻居老马家门前的水井中，正在井边清洗花瓶的老马受到惊吓，手中花瓶落地摔碎。老马从井中捞出足球后，小贝央求老马归还，老马则要求小贝赔偿花瓶损失。对此，下列哪些选项是正确的？（　　）

A. 小贝对老马享有物权请求权
B. 老马对小贝享有物权请求权
C. 老马对小贝享有债权请求权
D. 如小贝拒绝赔偿，老马可对足球行使留置权

4. 关于土地承包经营权的设立，下列哪些表述是正确的？（　　）

A. 自土地承包经营合同成立时设立
B. 自土地承包经营权合同生效时设立
C. 县级以上地方政府在土地承包经营权设立时应当发放土地承包经营权证
D. 县级以上地方政府应当对土地承包经营权登记造册，未经登记造册的，不得对抗善意第三人

5. 甲将一套房屋出卖给乙，已经移转占有，但没有办理房屋所有权移转登记。现甲死亡，该房屋由其子丙继承。丙在继承房屋后又将该房屋出卖给丁，并办理了房屋所有权移转登记。下列哪些表述是正确的？（　　）

A. 乙虽然没有取得房屋所有权，但是基于甲的意思取得占有，乙为有权占有
B. 乙可以对甲的继承人丙主张有权占有
C. 在丁取得房屋所有权后，乙不可以以其占有有正当权利来源而对抗丁
D. 在丁取得房屋所有权后，丁可以基于其所有权请求乙返还房屋

6. 吴某和李某共有一套房屋，所有权登记在吴某名下。2010 年 2 月 1 日，法院判决吴某和李某离婚，并且判决房屋归李某所有，但是并未办理房屋所有权变更登记。3 月 1 日，李某将该房屋出卖给张某，张某基于对判决书的信赖支付了 50 万元价款，并入住了该房屋。4 月 1 日，李某又就该房屋和王某签订了买卖合同，王某在查阅了房屋登记簿确认房屋仍归李某所有后，支付了 50 万元价款，并于 5 月 10 日办理了所有权变更登记手续。下列哪些选项是正确的？（　　）

A. 5 月 10 日前，吴某是房屋所有权人
B. 2 月 1 日至 5 月 10 日，李某是房屋所有权人
C. 3 月 1 日至 5 月 10 日，张某是房屋所有权人
D. 5 月 10 日后，王某是房屋所有权人

7. 刘某是一名雕刻家，孟某喜欢收藏各种奇石。刘某借孟某收藏的一块太湖石（价值 3 万元）和一块汉白玉（价值 1 万元）把玩欣赏。后刘某在装修房屋时将太湖石镶嵌在自己家中的电视背景墙中，并将汉白玉雕刻成了柏拉图雕像（价值 3 万元）。孟某得知后很生气，但认为没有必要卸取太湖石，而汉白玉也无法复原，故同意放弃太湖石和汉白玉，但要求刘某赔偿。对此，下列哪些说法是正确的？（　　）

A. 因太湖石已经与背景墙附合，可以归刘某所有
B. 刘某应当就太湖石给予孟某赔偿

C. 柏拉图雕像可以归刘某所有
D. 刘某应该就柏拉图雕像给予孟某赔偿

不定项选择题

1. 2022 年 4 月 2 日，王某与丁某约定：王某将一栋房屋出售给丁某，房价 20 万元。丁某支付房屋价款后，王某交付了房屋，但没有办理产权移转登记。丁某接收房屋后进行了装修，于 5 月 20 日出租给叶某，租期为 2 年。5 月 29 日，王某因病去世，全部遗产由其子小王继承。小王于 6 月将该房屋卖给杜某，并办理了所有权移转登记。请回答（1）~（2）题。

（1）如王某生前或王某死后其继承人小王欲出卖房屋前向丁某请求返还房屋，下列选项正确的是（　　）。

A. 王某无权请求丁某返还房屋　　　　B. 王某有权请求丁某返还房屋
C. 小王无权请求丁某返还房屋　　　　D. 小王有权请求丁某返还房屋

（2）如杜某向丁某、叶某请求返还房屋，下列选项正确的是：（　　）。

A. 杜某无权请求丁某返还房屋　　　　B. 杜某有权请求丁某返还房屋
C. 杜某无权请求叶某返还房屋　　　　D. 杜某有权请求叶某返还房屋

2. 陈某向贺某借款 20 万元，借期 2 年。张某为该借款合同提供保证担保，担保条款约定，张某在陈某不能履行债务时承担保证责任，但未约定保证期间。陈某同时以自己的房屋提供抵押担保并办理了登记。请回答（1）~（2）题。

（1）如果贺某打算放弃对陈某的抵押权，并将这一情况通知了张某，张某表示反对，下列选项正确的是（　　）。

A. 贺某不得放弃抵押权，因为张某不同意
B. 若贺某放弃抵押权，张某仍应对全部债务承担保证责任
C. 若贺某放弃抵押权，则张某对全部债务免除保证责任
D. 若贺某放弃抵押权，则张某在贺某放弃权利的范围内免除保证责任

（2）关于贺某的抵押权存续期间及张某的保证期间的说法，下列选项正确的是：（　　）。

A. 贺某应当在主债权诉讼时效期间行使抵押权
B. 贺某在主债权诉讼时效结束后的两年内仍可行使抵押权
C. 张某的保证期间为主债务履行期限届满之日起六个月
D. 张某的保证期间为主债务履行期限届满之日起二年

3. 甲继承了一套房屋，在办理产权登记前将房屋出卖并交付给乙，办理产权登记后又将该房屋出卖给丙并办理了所有权移转登记。丙受丁胁迫将房屋出卖给丁，并完成了移转登记。丁旋即将房屋出卖并移转登记于戊。请回答（1）~（2）题。

（1）关于甲、乙、丙三方的关系，下列选项正确的是（　　）。

A. 甲与乙之间的房屋买卖合同因未办理登记而无效
B. 乙对房屋的占有是合法占有
C. 乙可以诉请法院宣告甲与丙之间的房屋买卖合同无效
D. 丙已取得该房屋的所有权

（2）关于戊的权利状态，下列选项正确的是（　　）。

A. 戊享有该房屋的所有权　　　　B. 戊不享有该房屋的所有权
C. 戊原始取得该房屋的所有权　　D. 戊继受取得该房屋的所有权

4. 2023 年 1 月 1 日，乙拾得甲的一个名牌手包，一时找不到失主，便拿回家准备第二天继续寻找。不料三日后，手包被丙从乙家中盗走，乙当日报警。2024 年 1 月 5 日，乙从某公安局获悉

该案已破获。2025年2月1日，丁通过拍卖从某公安局买得该手包。据此，下列说法正确的是（   ）。

A. 甲向乙请求交还手包的权利不受诉讼时效的限制
B. 盗窃案破获时乙向丙主张返还手包的请求权已经消灭
C. 盗窃案破获时甲向丙主张返还手包的请求权已经消灭
D. 甲在知悉手包被拍卖后，已无权向丁赎回手包

名词解释

1. 物权
2. 物权请求权
3. 简易交付
4. 占有改定
5. 指示交付
6. 拟制交付
7. 留置权

简答题

1. 简述物权和债权的区别。
2. 比较不动产物权与动产物权的特征。
3. 从物权行为角度分析：不动产买卖中的标的物已交付而未为物权变动登记，此时法律效力如何？
4. 简述物权变动的公示公信原则。
5. 简述知识产权和物权的区别。
6. 谈谈对物权法定主义的理解。

论述题

1. 试论物权法的基本原则。
2. 试对物权行为独立性、无因性理论作评析。

第十一章 所有权的一般原理

基础知识图解

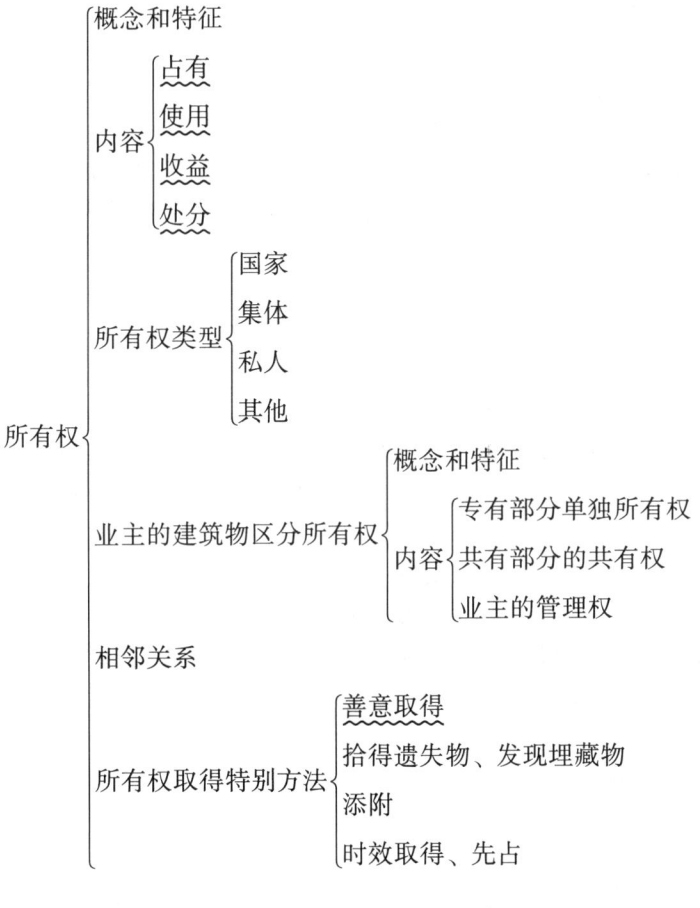

所有权
- 概念和特征
- 内容
  - 占有
  - 使用
  - 收益
  - 处分
- 所有权类型
  - 国家
  - 集体
  - 私人
  - 其他
- 业主的建筑物区分所有权
  - 概念和特征
  - 内容
    - 专有部分单独所有权
    - 共有部分的共有权
    - 业主的管理权
- 相邻关系
- 所有权取得特别方法
  - 善意取得
  - 拾得遗失物、发现埋藏物
  - 添附
  - 时效取得、先占

配套测试

单项选择题

1. 甲、乙订立借款合同，乙向甲交付人民币 20 万元，从完整意义上讲甲取得货币的（　　）。
   A. 占有权　　　B. 使用权　　　C. 处分权　　　D. 所有权

2. 王强在游乐园陪女儿玩耍时不慎丢失了一块手表，游乐园工作人员拾得后即交给公安部门。王强未能在公告期限内前去认领，公安部门即依有关规定将手表交寄售商店出售。张军从寄售商店购得手表后，将其送给了女友兰兰。兰兰在一次公园旅游中该手表被小偷偷去，小偷在路边将这块表以极低价格卖给下夜班回家路过的工人陈平。这块表应归（　　）。

A. 王强所有　　　　B. 张军所有　　　　C. 兰兰所有　　　　D. 陈平所有

3. 下列各项属于财产所有权的原始取得的是（　　）。
A. 甲继承其父的一套房屋
B. 乙送给今年刚满 7 岁的小兵一台电脑做生日礼物
C. 丙的银行存款共得利息 80 元
D. 12 岁的丁把爸爸给买的铅笔刀送给小朋友

4. 中州公司依法取得某块土地建设用地使用权并办理报建审批手续后，开始了房屋建设并已经完成了外装修。对此，下列哪一选项是正确的？（　　）
A. 中州公司因为享有建设用地使用权而取得了房屋所有权
B. 中州公司因为事实行为而取得了房屋所有权
C. 中州公司因为法律行为而取得了房屋所有权
D. 中州公司尚未进行房屋所有权登记，因此未取得房屋所有权

5. 李某新购高档皮包一个，被王某借用，在借用期间王某诈称是自己的物品于旧货市场上卖给吴某，吴某将之放在同事何某处，何某急于还债将该皮包以市价卖给苏某，苏某对何某并非皮包主人一事毫不知情，则此时皮包归（　　）所有。
A. 李某　　　　B. 苏某　　　　C. 吴某　　　　D. 王某

6. 下列各项不属于收益行为的是（　　）。
A. 收取牛身体内部的牛黄
B. 采摘荔枝树上成熟的荔枝
C. 外商独资企业的职员领取奖金
D. 股民通过买卖股票获取股息

7. 甲委托乙购买 R 品牌相机，乙去购买时，正值 R 品牌相机举行有奖销售。乙买了相机后按规定得了 4 张抽奖券，但未把这 4 张抽奖券交给甲。后来开奖，奖券中的一张中了头奖，可得电视一台。这台电视应当（　　）。
A. 归甲所有
B. 归甲所有，但应适当奖励乙
C. 归乙所有
D. 归甲、乙二人共有

8. 甲收藏一幅知名画家的画，委托乙保管，乙长期挂于家中，现乙死亡，乙之子丙对乙的财产进行了继承，则（　　）。
A. 丙因公信原则取得该画的所有权
B. 丙因善意取得制度而获得该画的所有权
C. 丙因继承取得该画的所有权
D. 丙不能取得该画的所有权

9. 甲的一头牛得了传染病，甲将该牛拉到野外抛弃。乙偶然路过发现，将该牛收养，治愈该牛的病。2 个月后，甲听说此事，向乙索要此牛。依照法律，甲（　　）。
A. 有权请求乙返还此牛，因为乙拾得牛并据为己有，构成不当得利
B. 有权请求乙返还此牛，但应补偿乙喂养此牛所付出的费用及劳务费
C. 无权请求乙返还此牛，因为他的抛弃行为已使其所有权消灭，乙基于先占而取得牛的所有权
D. 无权请求乙退还此牛，但可以请求乙给予适当补偿

10. 物被非所有人的占有人转让给第三人，原所有人有权请求第三人返还原物的情形是（　　）。
A. 占有人根据所有人的意思取得对物的占有，该占有人将物非法转让给第三人，该第三人善意并以合理价格取得物的所有权
B. 占有人非依据所有人的意思取得对物的占有，该占有人将物非法以市价转让给善意第三

人，原所有人在知道或者应当知道受让人两年内请求该第三人返还原物

C. 占有人根据所有人的意思取得对物的占有，该占有人将该物依所有人的授权赠与第三人

D. 占有人非依据所有人的意思取得对物的占有，该占有人将物非法以市价转让给善意第三人，原所有人在知道或者应当知道受让人两年内未请求该第三人返还原物

11. 下列哪一种情况下，善意第三人不可能依据善意取得制度取得相应物权？（　　）

A. 保留所有权的动产买卖中，尚未付清全部价款的买方将其占有的标的物卖给不知情的第三人

B. 电脑的承租人将其租赁的电脑向不知情的债权人设定质权

C. 动产质权人擅自将质物转质于不知情的第三人

D. 受托代为转交某一物品的人将该物品赠与不知情的第三人

12. 甲将自己所有的老房一套借给乙居住，乙见该房实在太破，乙未告知甲便将房屋翻盖一新。对此房屋所有权的归属，下列说法中正确的是（　　）。

A. 房子应归甲所有，但应当适当补偿乙

B. 房子应归甲所有，乙侵害房屋所有权，应当承担赔偿责任

C. 房子归乙所有，但应当适当补偿甲

D. 房子归乙和甲共同所有

13. 甲公司出卖钢材给乙公司，合同订立的日期是 2024 年 3 月 1 日，并在合同中注明"钢材的所有权在乙公司付清货款时才转移"。乙公司在 2024 年 4 月 5 日支付了第一笔货款，甲公司按照合同规定在 4 月 10 日将钢材运到乙公司，乙公司检验并接收了钢材，5 月 10 日付清余款。该宗钢材所有权的转移时间是（　　）。

A. 2024 年 3 月 1 日　　　　　　　　B. 2024 年 4 月 5 日

C. 2024 年 4 月 10 日　　　　　　　 D. 2024 年 5 月 10 日

14. 添附理论中的加工是指（　　）。

A. 一方使用他人的财产，将其加工改造成具有更高价值财产的行为

B. 将不同所有人的动产互相混合在一起，难以分开的行为

C. 将不同所有人的财产密切结合在一起的行为

D. 以所有的意思占有无主动产而取得所有权的行为

15. 某住宅小区旁新建一座化工厂，生产剧毒气体产品，小区居民对此提出强烈抗议，要求消除危险，他们行使的是（　　）。

A. 所有权　　　　B. 地役权　　　　C. 相邻权　　　　D. 宅基地使用权

16. 甲和乙为同村邻居，甲越界建房侵入乙的宅基地，甲的行为侵犯了乙的（　　）。

A. 相邻权　　　　B. 房屋所有权　　　C. 宅基地使用权　　D. 宅基地所有权

17. 红光、金辉、绿叶和彩虹公司分别出资 50 万元、20 万元、20 万元、10 万元建造一栋楼房，约定建成后按投资比例使用，但对楼房的管理和所有权归属未作约定。对此，下列哪一说法是错误的？（　　）

A. 该楼发生的管理费用应按投资比例承担

B. 该楼所有权为按份共有

C. 红光公司投资占 50%，有权决定该楼的重大修缮事宜

D. 彩虹公司对其享有的份额有权转让

18. 甲、乙是邻居。乙出国 2 年，甲将乙的停车位占为己用。其间，甲将该停车位出租给丙，租期 1 年。期满后丙表示不再续租，但仍继续使用该停车位。下列哪一表述是错误的？（　　）

A. 甲将乙的停车位占为己用，甲属于恶意、无权占有人

B. 丙的租期届满前，甲不能对丙主张占有返还请求权

C. 乙可以请求甲返还原物。在甲为间接占有人时，可以对甲请求让与其对丙的占有返还请求权

D. 无论丙是善意或恶意的占有人，乙都可以对其行使占有返还请求权

19. 甲、乙和丙于 2024 年 3 月签订了散伙协议，约定登记在丙名下的合伙房屋归甲、乙共有。后丙未履行协议。同年 8 月，法院判决丙办理该房屋过户手续，丙仍未办理。9 月，丙死亡，丁为其唯一继承人。12 月，丁将房屋赠给女友戊，并对赠与合同作了公证。下列哪一表述是正确的？（　　）

A. 2024 年 3 月，甲、乙按份共有房屋 　　B. 2024 年 8 月，甲、乙按份共有房屋

C. 2024 年 9 月，丁为房屋所有人 　　D. 2024 年 12 月，戊为房屋所有人

20. 张某遗失的名表被李某拾得。1 年后，李某将该表卖给了王某。再过 1 年，王某将该表卖给了郑某。郑某将该表交给不知情的朱某维修，因郑某不付维修费与朱某发生争执，张某方知原委。下列哪一表述是正确的？（　　）

A. 张某可请求李某返还手表 　　B. 张某可请求王某返还手表

C. 张某可请求郑某返还手表 　　D. 张某可请求朱某返还手表

21. 甲有件玉器，欲转让，与乙签订合同，约好 10 日后交货付款；第二天，丙见该玉器，愿以更高的价格购买，甲遂与丙签订合同，丙当即支付了 80% 的价款，约好 3 天后交货；第三天，甲又与丁订立合同，将该玉器卖给丁，并当场交付，但丁仅支付了 30% 的价款。后乙、丙均要求甲履行合同，诉至法院。下列哪一表述是正确的？（　　）

A. 应认定丁取得了玉器的所有权 　　B. 应支持丙要求甲交付玉器的请求

C. 应支持乙要求甲交付玉器的请求 　　D. 第一份合同有效，第二、三份合同均无效

22. 方某将一行李遗忘在出租车上，立即发布寻物启事，言明愿以 2000 元现金酬谢返还行李者。出租车司机李某发现该行李及获悉寻物启事后即与方某联系。现方某拒绝支付 2000 元给李某。下列哪一表述是正确的？（　　）

A. 方某享有所有物返还请求权，李某有义务返还该行李，故方某可不支付 2000 元酬金

B. 如果方某不支付 2000 元酬金，李某可行使留置权拒绝返还该行李

C. 如果方某未曾发布寻物启事，则其可不支付任何报酬或费用

D. 既然方某发布了寻物启事，则其必须支付酬金

23. 甲与乙签订《协议》，由乙以自己名义代甲购房，甲全权使用房屋并获取收益。乙与开发商和银行分别签订了房屋买卖合同和贷款合同。甲把首付款和月供款给乙，乙再给开发商和银行，房屋登记在乙名下。后甲要求乙过户，乙主张是自己借款购房。下列哪一选项是正确的？（　　）

A. 甲有权提出更正登记

B. 房屋登记在乙名下，甲不得请求乙过户

C. 《协议》名为代购房关系，实为借款购房关系

D. 如乙将房屋过户给不知《协议》的丙，丙无须支付合理房款即可善意取得该房屋所有权

24. 甲遗失手链 1 条，被乙拾得。为找回手链，甲张贴了悬赏 500 元的寻物告示。后经人指证手链为乙拾得，甲要求乙返还，乙索要 500 元报酬，甲不同意，双方数次交涉无果。后乙在桥边玩耍时手链掉入河中被冲走。下列哪一选项是正确的？（　　）

A. 乙应承担赔偿责任，但有权要求甲支付 500 元

B. 乙应承担赔偿责任，无权要求甲支付 500 元

C. 乙不应承担赔偿责任，也无权要求甲支付 500 元

D. 乙不应承担赔偿责任，有权要求甲支付 500 元

25. 孟某的妻子刘某收拾房间时发现一件孟某的旧大衣，将其扔到楼下的垃圾箱里。后孟某问刘某自己的大衣为何不见了。刘某说已经扔掉了。孟某问大衣里价值 27500 元的手表拿出来了吗，刘某说没有。经查，该大衣连同手表被同小区捡拾垃圾的徐老太捡走。关于本案，下列哪一说法是正确的？（　　）
   A. 刘某将孟某大衣扔掉的行为属于事实行为
   B. 大衣属于遗失物，徐老太应当返还
   C. 手表属于无主物，徐老太可以先占
   D. 徐老太应当返还手表，但大衣可以先占

26. 苏某邀请其他人前往海河大饭店聚餐。前往饭店前，苏某在海鲜市场张某处购买了一只大海螺。后交给海河大饭店加工，厨师何某剥开发现海螺里有一颗橙色的椭圆形大珍珠。请问珍珠归谁所有？（　　）
   A. 苏某　　　　B. 张某　　　　C. 海河大饭店　　　　D. 何某

27. 某地因地理位置原因经常有陨石掉落，当地人多以陨石买卖为业且收入颇丰。一天，一块陨石从天而降，落入乙家的菜地里。邻居甲看到后将其捡到。关于陨石的归属，下列哪一说法是正确的？（　　）
   A. 归甲所有　　　　　　　　　　B. 归乙所有
   C. 归甲、乙共同共有　　　　　　D. 归国家所有

28. 下列情形，应当由当事人双方申请不动产登记的是（　　）。
   A. 尚未登记的不动产首次申请登记的
   B. 继承、接受遗赠取得不动产权利的
   C. 人民法院、仲裁委员会生效的法律文书或者人民政府生效的决定等设立、变更、转让、消灭不动产权利的
   D. 因买卖、设定抵押权等申请不动产登记的

多项选择题

1. 依照我国民法原理，建设用地使用权从其法律性质讲，属于什么权利？（　　）
   A. 自物权　　　　B. 用益物权　　　　C. 完全物权　　　　D. 限制物权

2. 甲、乙、丙、丁分别购买了某住宅楼（共四层）的一层至四层住宅，并各自办理了房产证。下列哪些说法是正确的？（　　）
   A. 甲、乙、丙、丁有权分享该住宅楼的外墙广告收入
   B. 一层住户甲对三、四层间楼板不享有民事权利
   C. 若甲出卖其住宅，乙、丙、丁享有优先购买权
   D. 如四层住户丁欲在楼顶建一花圃，须得到甲、乙、丙同意

3. 下列各项属于所有权的原始取得方法的有（　　）。
   A. 甲将乙的一块玉石加工成工艺品，乙补偿甲的料钱、工钱后取得工艺品的所有权
   B. 国家取得无人继承的遗产的所有权
   C. 丙将丁委托保管的古画直接卖给了不知情的戊
   D. 农民采摘自己家果园里的荔枝

4. 财产所有权的原始取得不以原所有权人的所有权及转移所有权的意思为依据，而是直接依据法律的规定取得所有权，下列各项属于原始取得方法的有（　　）。
   A. 原物的所有人取得孳息的所有权
   B. 房屋所有人取得附合于自己房屋的财产的所有权

C. 国家取得所有人不明的埋藏物的所有权
D. 继承人依被继承人的遗嘱取得遗产的所有权

5. 刘某租住陈某之房，租期至 2024 年 8 月；陈某欠刘某 10 万元债务，应于 2024 年 7 月至 2024 年 8 月归还；陈某尚未还债，但要求收回房屋和租金。刘某不可以（　　）。
A. 留置该房屋作为担保
B. 出售房屋并优先受偿
C. 以应付租金抵债
D. 将价值 10 万元的部分房屋收归己有

6. 甲欠乙 1000 元，甲将 20 张面值 50 元的奖券拿给乙，并告诉乙奖券半年后可以兑现，利息比存款利息高。乙表示同意并收下了奖券。后来这 20 张奖券中的一张得了头等奖，奖金 5 万元。甲得知后，找到乙要用 1000 元现金换回 20 张奖券，乙不同意。下列说法中错误的有（　　）。
A. 甲向乙交付 20 张奖券代替现金交付的债的履行行为得到乙的同意，已使双方的债的关系消灭，同时 20 张奖券的所有权发生转移，乙取得奖券所有权
B. 甲向乙交付 20 张奖券只是作为债的担保，奖券的所有权没有发生转移
C. 奖金应归乙所有，因为奖金属于奖券的法定孳息，其所有权的归属取决于奖券的所有权之归属，而奖券的所有人是乙
D. 奖金应归甲所有，但甲应该适当地分给乙一部分奖金，因为甲的本意只是以奖券所包含的 1000 元存款和较高的利息的价值来抵债，并没有转让奖金的取得权

7. 下列案件，哪些适用返还原物？（　　）
A. 张某借了王某的手表把它卖给了刘某，刘某以为是张某自己的手表而买之，王某要求刘某返还
B. 宋某偷了李某的金项链送给女友王某，王某在不知情的情况下收下金项链，李某要求王某返还
C. 贺某借给宋某一支金笔，宋某谎称丢失，贺某要求宋某返还
D. 赵某向钱某购羊 2 只，钱某将羊交付赵某后，赵某又将羊卖给孙某，赵某得款后迟迟不付钱某的羊款，钱某无奈要求赵某返还 2 只羊

8. 在法律没有特别规定或合同没有特殊约定时，下列哪些权利人可以取得原物所生天然孳息的所有权？（　　）
A. 农村土地承包经营权人　　　　　B. 采矿权人
C. 典权人　　　　　　　　　　　　D. 质权人

9. 私营企业主王某办公用的一台电脑损坏，遂嘱秘书张某扔到垃圾站。张某将电脑搬到垃圾站后想，与其扔了不如拿回家给儿子用，便将电脑搬回家，经修理后又能正常使用。王某得知电脑能够正常使用后，要求张某返还。下列哪些说法是错误的？（　　）
A. 张某违反委托合同，不能取得电脑的所有权
B. 张某基于先占取得电脑的所有权
C. 王某有权要回电脑，但应当向张某予以补偿
D. 因抛弃行为尚未完成，王某可以撤回其意思表示，收回对电脑的所有权

10. 在下列民事纠纷中，哪些应按照相邻关系处理？（　　）
A. 甲在乙的房屋后挖菜窖，造成乙的房屋基础下沉，墙体裂缝，引起纠纷
B. 甲村为了取水浇地，在乙、丙、丁村的土地上修建引水渠，引起纠纷
C. 甲新建的房屋滴水滴在乙的房屋上，引起纠纷
D. 甲村在河流上修建拦河坝，使乙村用水量骤减，引起纠纷

11. 刘某借用张某的名义购买房屋后，将房屋登记在张某名下。双方约定该房屋归刘某所有，房屋由刘某使用，产权证由刘某保存。后刘某、张某因房屋所有权归属发生争议。关于刘某的权利主张，下列哪些表述是正确的？（　　）

A. 可直接向登记机构申请更正登记，登记机构应当予以更正

B. 可向登记机构申请异议登记

C. 可向法院请求确认其为所有权人

D. 可依据法院确认其为所有权人的判决请求登记机关变更登记

12. 甲在深山捡回一块玉石，后让朋友乙拿去找专家鉴定。乙是一个玉石雕刻家，未经甲同意，在玉石上精心雕刻出一款八卦太极图案，堪称艺术品。乙的父亲丙不知原委，未经乙同意，让工人将这块八卦玉石镶嵌在自家门檐墙上，以讨吉利。后当事人就玉石起纠纷。关于该玉石的归属，下列说法错误的有？（　　）

A. 由甲取得所有权

B. 由乙取得所有权

C. 由丙取得所有权

D. 无论谁取得所有权，都需给另外两方相应赔偿

不定项选择题

1. 赵某、钱某都是某公司职员，两人同住一宿舍。2024年春，公司派赵某到珠海办事处工作1年。临行前，赵某将已使用了1年的一台国产液晶电视机委托给钱某保管并允其使用。1个月后，赵某给钱某写信说自己买了一台进口液晶电视机，委托其将保管的电视机以适当价格出售。同单位的司机孙某知道此事后，对钱某表示想以低价购买，并嘱钱某给赵某写信说该电视机显示屏有毛病，图像不清，以便使赵某降价出售。钱某考虑到孙某经常给自己免费送东西，便按孙某的意思给赵某写信。赵某回信说显示屏有毛病可以低价出售。于是，孙某以500元的价格买下该电视机。后孙某很快又以2000元的市价将电视机卖给李甲。事隔一个月，李甲因其妹李乙出嫁向周某借钱1500元，李甲、周某约定以该电视机质押，并立有质押字据。后李甲并未将电视机交付给周某，反将电视机作为嫁妆送给李乙。为送李乙和嫁妆，李甲请司机吴某运送，约定了运费。吴某因饮酒过多，驾车狂奔，与迎面超速行驶的汽车（该汽车系司机王某个人所有）相撞。吴某和李乙均受伤，电视机被毁。现请回答（1）～（4）题。

（1）在电视机损毁之前，该电视机的所有权应属谁？（　　）

A. 赵某　　　　　B. 孙某　　　　　C. 李甲　　　　　D. 李乙

（2）本事例中，哪些民事行为不具有法律效力？（　　）

A. 李甲与吴某之间的运输合同行为　　　B. 李甲与周某之间的借贷合同行为

C. 李甲与周某之间的质权设立行为　　　D. 赵某与钱某之间的委托行为

（3）本事例中李乙受伤的医药费应如何承担？（　　）

A. 吴某承担

B. 吴某和王某平均分担

C. 主要由吴某承担，王某给予适当补偿

D. 吴某和王某根据各自的过错程度按比例承担

（4）本事例中，周某提出的哪些诉讼请求法院不应予以支持？（　　）

A. 要求李甲提供新的担保　　　　B. 追究李甲未履行质押合同的违约责任

C. 要求李甲提前返还借款　　　　D. 主张与李甲的借款合同无效

2. 2023年5月1日，甲在公园游玩时，把佩戴的一条项链丢失。该项链被公园的管理人员拾

得后交给了有关的行政管理部门。因甲未能在行政管理部门规定的认领公告期限内前去认领，该行政管理部门即依照有关规定将项链交给代售店拍卖。该项链后来被乙以拍卖价买下。2024年秋，乙因参加运动会，把项链放在衣兜不慎丢失，项链被丁拾得。丁将该项链以市价卖给了同事丙，丙并不知内情。一日，乙参加聚会遇到丙，发现丙所戴项链正是自己遗失的那条，而甲也偶然认出此项链是自己在公园丢失的那条，甲、乙均要求丙返还，而丙认为项链是自己买的，不允，三方争执不下。请回答下列问题：

(1) 在本案中谁最终享有项链的所有权？（　　）

A. 甲　　　　　B. 乙　　　　　C. 丙　　　　　D. 国家

(2) 行政管理部门将项链交给代售店拍卖的行为（　　）。

A. 非法。因为侵犯了甲对项链的所有权

B. 非法。因为行政部门的义务只是找到失主并归还项链

C. 合法。因为甲超过公告的认领期限而未认领，已经丧失了对项链的所有权

D. 合法。因为项链在此时已属无主财产，由国家取得所有权

(3) 乙从代售店购得项链的行为，其结果为（　　）。

A. 不当得利　　　　　　　　　　B. 所有权的转移

C. 买卖合同的履行　　　　　　　D. 善意取得

3. 2025年1月12日，甲因车祸意外去世，小甲是其唯一继承人。2月1日，在整理母亲遗物时，小甲发现一对玉镯。小甲不想睹物思人，于是在2月15日将玉镯卖给乙，但毕竟是母亲的遗物，故小甲和乙约定再借用4天，乙表示同意。翌日，不知情的丙看见小甲在擦拭玉镯，十分喜欢，就和小甲协商，以市场价买下该玉镯，表示可立即付款，小甲同意。于是双方当场完成价款和手镯的交付。丙在回家路上不小心遗失手镯，被路过的丁拾得。2月20日，丁找到不知情的戊，将该手镯以市价出卖给戊，并完成交付。乙得知后要求小甲交付手镯。对此，下列说法正确的是（　　）。

A. 2月1日，小甲取得该玉镯的所有权

B. 丁拾得手镯，可以取得该手镯的所有权

C. 小甲将玉镯出卖给丙的行为侵犯了乙的财产权利，乙可以对小甲主张侵权损害赔偿

D. 丙有权对戊主张返还原物请求权

简答题

1. 简述公民个人财产所有权的概念和法律特征。

2. 简述所有权的特征。

3. 简述所有权的权能。

论述题

1. 试述善意取得的构成条件。

2. 结合《民法典》物权编的相关规定，谈谈建筑物区分所有权的主要内容。

3. 论遗失物是否适用善意取得。

案例分析题

公民刘涛、张直为同一居民楼邻居，刘涛住楼上，张直住楼下，现因刘涛希望卖出其房，张直找刘涛协商，并签订书面合同，张直以80万元价钱购买刘涛的房产。次日，刘涛的姐姐刘琳来

看望刘涛，并提出愿出资 90 万元买刘涛的房产，刘涛又与刘琳订立书面合同，并于当天到房管部门办理了过户登记。

请依案情摘要回答下列问题：

（1）刘涛与张直之间的合同是否成立、生效？是否有效？张直是否取得房屋所有权？

（2）刘涛与刘琳之间的合同是否成立、生效？是否有效？刘琳是否取得房屋所有权？

（3）如果刘琳明知刘涛与张直有合同在先，仍订立合同并出资购买刘涛的房产，刘琳是否能取得该房所有权？

第十二章 共 有

基础知识图解

- 共有概述
  - 共有的概念：两个以上的权利主体对同一物享有所有权
  - 共有的特征
    - 主体：不是一个而是两个或两个以上的自然人或者法人
    - 客体：共有物，是特定的
    - 内容：共有人对共有物或者按照各自的份额或者平等地享有权利
  - 准共有：两个以上的人共同享有所有权以外的财产权

- 共有的种类
  - 按份共有
    - 概念：两个或两个以上的共有人按照各自的份额分别对共有财产享有权利和承担义务
    - 特征
      - 不以存在共同关系为必要
      - 分享确足份额
      - 对应有部分分享相当于所有权的权利
    - 按份共有人的权利和义务
  - 共同共有
    - 概念：两个或两个以上的自然人或法人，根据共同关系而对某项财产不分份额地共同享有权利并承担义务
    - 类型
      - 夫妻财产共有
      - 家庭财产共有
      - 遗产分割前共有
    - 特征
      - 根据共同关系而产生，以共同关系的存在为前提
      - 共有财产不分份额
      - 各共有人平等地享有权利和承担义务
    - 共同共有人的权利和义务

- 共有财产的分割
  - 分割的原则
    - 尊重共有人意思原则
    - 物尽其用原则
    - 依法分割原则
  - 分割的方式
    - 实物分割
    - 变价分割
    - 作价补偿
  - 分割的效力：共有关系消灭，各共有人就分得的份额单独享有所有权

配套测试

单项选择题

1. 对于区分所有人的建筑物，（　　）。
A. 区分所有人得就共有部分请求分割
B. 区分所有人对共有部分的权利可单独转让
C. 区分所有人对整个建筑物享有共同所有权
D. 共有部分的修缮费用及其他负担，一般应由各区分所有人按其所有部分价值的比例分担

2. 甲、乙二人各出资 5 万元购买了一套商品房，轮流居住，在甲居住期间因连降大雨，导致房屋倒塌，砸伤行人丙。丙应当向谁主张权利？（　　）
A. 甲、乙按出资比例对丙负责赔偿
B. 甲对丙负责赔偿
C. 甲、乙对丙负连带赔偿责任
D. 甲、乙分别对丙负赔偿责任

3. 根据我国《民法典》的规定，下列哪一选项中关于共有财产的处分的说法是正确的？（　　）
A. 按份共有的不动产或动产的处分，原则上必须经过所有按份共有人的同意
B. 共同共有的不动产或动产的处分，原则上必须经过全体共同共有人的同意
C. 处分共有的不动产或动产，如果是按份共有，原则上必须经过三分之二以上的按份共有人的同意
D. 处分共有的不动产或动产，如果是共同共有，原则上必须经过占份额三分之二以上的共同共有人同意

4. 甲、乙、丙、丁共有一套房屋，各占四分之一，对共有房屋的管理没有进行约定。甲、乙、丙未经丁同意，以全体共有人的名义将该房屋出租给戊。关于甲、乙、丙上述行为对丁的效力及其依据，下列哪一表述是正确的？（　　）
A. 有效，出租属于对共有物的管理，各共有人都有管理的权利
B. 有效，对共有物的处分应当经占共有份额三分之二以上的共有人的同意，出租行为较处分行为轻，当然可以为之
C. 无效，对共有物的出租属于处分，应当经全体共有人的同意
D. 有效，出租是以利用的方法增加物的收益，可以视为改良行为，经占共有份额三分之二以上的共有人的同意即可

5. 张某和李某共同购买了一套房产，约定共同共有该房产的所有权。后来张某未经李某同意，擅自将房产抵押给银行。对此，根据我国《民法典》的规定，下列哪一选项中的说法是正确的？（　　）
A. 张某的抵押行为有效，因为张某是房产的共有人之一
B. 张某的抵押行为无效，因为未经共有人李某的同意
C. 张某的抵押行为在银行知情的情况下有效，银行可以行使抵押权
D. 张某的抵押行为有效，但李某有权要求张某赔偿因抵押行为造成的损失

多项选择题

1. 甲和乙共有 4 间房屋，租给丙开办一家商店。现乙为担保对丁所负的债务，将其对上述 4 间房屋中的共有份额抵押给戊，该抵押已得到甲同意，并在通知丙后在房屋管理局作了登记。下列表述中正确的是（　　）。

A. 在房屋抵押后，甲、乙与丙间的租赁合同继续有效
B. 在以出卖共有份额的方式实现该抵押权时，如果甲与丙都愿意购买，则甲有优先购买权
C. 在以出卖共有份额的方式实现该抵押权时，如果甲与丙都愿意购买时，则丙有优先购买权
D. 在房屋抵押后，甲、乙与丙之间的租赁合同即告终止

2. 下列情况中成立按份共有关系的有（　　）。

A. 甲、乙各出资 1 万元，准备春节购买年货到农贸市场销售
B. 甲、乙两家对分界墙的归属发生争议，甲主张为按份共有，乙主张为共同共有，双方均无证据
C. 甲将其经营的传播公司折为 1000 股，卖给乙、丙各 200 股
D. 夫妻两人在共同生活期间购买的生活用品

3. 关于共有，下列哪些表述是正确的？（　　）

A. 对于共有财产，部分共有人主张按份共有，部分共有人主张共同共有，如不能证明财产是按份共有的，应当认定为共同共有
B. 按份共有人对共有不动产或者动产享有的份额，没有约定或者约定不明确的，按照出资额确定；不能确定出资额的，视为等额享有
C. 夫或妻在处理夫妻共同财产上权利平等，因日常生活需要而处理夫妻共同财产的，任何一方均有权决定
D. 对共有物的分割，当事人没有约定或者约定不明确的，按份共有人可以随时请求分割，共同共有人在共有的基础丧失或者有重大理由需要分割时可以请求分割

4. 孟某系某小区 2 号楼的业主，购买商品房后欲在自家卧室对应的外墙上安装空调外机。隔壁业主认为 2 号楼外墙属于全楼业主共有，如孟某安装空调外机应获得全楼三分之二以上业主同意并支付相应的使用费。孟某不同意，各方产生纠纷。关于本案，下列哪些说法是错误的？（　　）

A. 2 号楼外墙属于全楼业主共有
B. 孟某未经其他业主同意在外墙安装空调外机的行为构成侵权
C. 孟某安装空调外机需交纳合理费用
D. 孟某有权无偿利用与其专有部分相对应的外墙面

5. 陈某与肖某系夫妻。婚后两人共同购买了一套房屋，登记在陈某名下。2025 年 2 月 3 日，陈某找到老相好蔡某，以夫妻名义做了一张假结婚证和蔡某一起将房屋过户给不知情的秦某。肖某发现后，要求撤销合同。关于本案，下列说法正确的有？（　　）

A. 虽然房屋登记在陈某名下，但依然系陈某和肖某共同共有
B. 肖某有权请求撤销房屋买卖合同
C. 秦某有权主张善意取得房屋所有权
D. 肖某有权请求蔡某赔偿损失

不定项选择题

蒋某是 C 市某住宅小区 6 栋 3 单元 502 号房业主，入住后面临下列法律问题，请根据相关事

实予以解答。

（1）该小区业主田某将其位于一楼的住宅用于开办茶馆，蒋某认为此举不妥，交涉无果后向法院起诉，要求田某停止开办。下列选项正确的是（　　）。

A. 如蒋某是同一栋住宅楼的业主，法院应支持其请求
B. 如蒋某能证明因田某开办茶馆而影响其房屋价值，法院应支持其请求
C. 如蒋某能证明因田某开办茶馆而影响其生活质量，法院应支持其请求
D. 如田某能证明其开办茶馆得到多数有利害关系业主的同意，法院应驳回蒋某的请求

（2）对小区其他业主的下列行为，蒋某有权提起诉讼的是（　　）。

A. 5栋某业主任意弃置垃圾
B. 7栋某业主违反规定饲养动物
C. 8栋顶楼某业主违章搭建楼顶花房
D. 楼上邻居因不当装修损坏蒋某家天花板

简答题

1. 简述共有的特征。
2. 共同共有的特征是什么？
3. 简述按份共有的特征。

论述题

试述按份共有人的权利义务。

第十三章 用益物权

基础知识图解

- 概述：对他人所有的物在一定范围内进行占有、使用、收益的权利
- 土地承包经营权
  - 含义：是指农村生产经营者以从事农业生产为目的，对集体所有或国家所有由农民集体使用的土地进行占有、使用和收益的权利
  - 取得：包括基于法律行为取得和非基于法律行为而取得。前者包括土地承包经营权的设定和流转，后者主要指土地承包经营权的继承
  - 土地承包方与发包方之间的权利义务关系
  - 消灭：土地承包经营权因承包期满而未续期等原因消灭
- 建设用地使用权
  - 含义：是指因建造建筑物或者构筑物及其他附属设施而使用国家所有的土地的权利
  - 产生：包括出让、划拨、流转
  - 效力：指建设用地使用权人的权利和义务等
  - 消灭：消灭的事由包括存续期间届满、土地灭失等
- 宅基地使用权
  - 含义：是指农村集体经济组织的成员依法享有的在农民集体所有的土地上建造个人住宅及其附属设施的权利
  - 取得：宅基地使用权的设立需要具备一定的条件、依据一定的程序
  - 效力：指宅基地使用权人的权利和义务等
  - 消灭：消灭事由包括宅基地因自然原因灭失、宅基地的收回和调整、征收等
- 地役权
  - 含义：不动产使用人为提高自己不动产的效益而使用他人不动产的权利。其具有从属性、不可分性
  - 取得：地役权的设立需要订立地役权合同，实行登记对抗。也可基于让与和民事行为以外的原因取得
  - 效力：指地役权人和供役地人的权利和义务等
  - 消灭：消灭的事由包括供役地或需役地的灭失、地役权的目的事实上不能实现、供役地人依法解除合同等
- 居住权

配套测试

单项选择题

1. 下列对于用益物权的表述，不正确的是（　　）。
  A. 用益物权的标的物不仅是不动产
  B. 并非所有用益物权的行使均以占有标的物为前提
  C. 用益物权主要是就物的使用价值对物进行支配
  D. 用益物权与担保物权一样，也具有物上代位性

2. 承包经营权是（　　）。
  A. 一种新型物权
  B. 直接基于法律产生
  C. 完全物权，承包人可占有、使用、收益、处分承包物
  D. 以集体所有或国有土地、森林、山岭、草原、荒地、滩涂、水面及国有企业为标的

3. 为避免绕远，与他人协商通过其土地直接到达自己的土地。其所享有的通行权属于（　　）。
  A. 相邻权　　　　B. 地役权　　　　C. 地上权　　　　D. 土地使用权

4. 下列权利中不属于用益物权的是（　　）。
  A. 农村土地承包经营权　　　　B. 永佃权
  C. 居住权　　　　　　　　　　D. 相邻权

5. 甲为了能在自己的房子里欣赏远处的风景，便与相邻的乙约定：乙不在自己的土地上从事高层建筑；作为补偿，甲每年支付给乙 4000 元。两年后，乙将该土地使用权转让给丙。丙在该土地上建了一座高楼，与甲发生了纠纷。对此纠纷，下列判断哪一个是正确的？（　　）
  A. 甲在乙的土地上设立了地役权
  B. 甲有权不让丙建高楼，但得每年支付其 4000 元
  C. 丙有权建高楼，但须补偿甲由此受到的损失
  D. 甲与乙之间的合同因没有办理登记而无效

6. 甲公司与乙公司约定：为满足甲公司开发住宅小区观景的需要，甲公司向乙公司支付 100 万元，乙公司不得在自己厂区建造 6 米以上的建筑。甲公司将全部房屋售出后不久，乙公司在自己的厂区建造了一栋 8 米高的厂房。下列哪一选项是正确的？（　　）
  A. 小区业主有权请求乙公司拆除超过 6 米的建筑
  B. 甲公司有权请求乙公司拆除超过 6 米的建筑
  C. 甲公司和小区业主均有权请求乙公司拆除超过 6 米的建筑
  D. 甲公司和小区业主均无权请求乙公司拆除超过 6 米的建筑

7. 收益权能是通过对财产的占有、使用、经营、转让而取得经济效益。收益权能（　　）。
  A. 只能由所有人行使
  B. 只能由非所有人行使
  C. 只能由所有人和非所有人共同行使
  D. 既可以由所有人行使，也可以依法由非所有人行使

8. 李某从自己承包的土地上出入不便，遂与张某书面约定在张某承包的土地上开辟一条道路供李某通行，李某支付给张某 2 万元，但没有进行登记。下列哪一选项是错误的？（　　）

A. 该约定属于有关相邻关系的约定

B. 该约定属于地役权合同

C. 如果李某将其承包经营权转移给他人,受让人有权在张某承包的土地上通行,但合同另有约定的除外

D. 如果张某将其承包经营权转移给他人,则善意的受让人有权拒绝李某在自己的土地上通行

9. 村民胡某承包了一块农民集体所有的耕地,订立了土地承包经营权合同,未办理确权登记。胡某因常年在外,便与同村村民周某订立土地承包经营权转让合同,将地交周某耕种,未办理变更登记。关于该土地承包经营权,下列哪一说法是正确的?(   )

A. 未经登记不得处分

B. 自土地承包经营权合同生效时设立

C. 其转让合同自完成变更登记时起生效

D. 其转让未经登记不发生效力

多项选择题

1. 在地役权法律关系中,下列哪些表述是正确的?(   )

A. 地役权是为特定人设定的　　　　　B. 地役权是为需役地设定的

C. 地役权具有从属性　　　　　　　　D. 地役权具有可分性

2. 甲为了能在自己房中欣赏远处风景,便与相邻的乙约定:乙不在自己的土地上建造高层建筑,作为补偿,甲一次性支付给乙4万元。两年后,甲将该房屋转让给丙,乙将该土地使用权转让给丁。下列哪些判断是错误的?(   )

A. 甲、乙之间的约定为有关相邻关系的约定

B. 丙可禁止丁建高楼,且无须另对丁进行补偿

C. 若丁建高楼,丙只能要求甲承担违约责任

D. 甲、乙之间的约定因房屋和土地使用权转让而失去效力

3. 下列对用益物权特征的表述中,正确的有(   )。

A. 用益物权的依据只能是民法普通法,而不能是民法特别法

B. 用益物权多以对物的占有为前提,以对标的物的使用、收益为其主要内容

C. 用益物权的客体只能是不动产

D. 用益物权是他物权、限制物权和有期限物权

4. 下列选项正确的有(   )。

A. 农村土地承包经营权人有权在承包的土地上从事种植业、林业、畜牧业等农业生产

B. 国有建设用地使用权是依法对国家所有的土地享有占有、使用和收益的权利

C. 国有建设用地使用权是有期限限制的权利

D. 农村土地承包经营权没有经营期限限制

5. 关于土地承包经营权的设立,下列哪些表述是正确的?(   )

A. 自土地承包经营合同成立时设立

B. 自土地承包经营权合同生效时设立

C. 县级以上地方政府在土地承包经营权设立时应当发放土地承包经营权证

D. 县级以上地方政府应当对土地承包经营权登记造册,未经登记造册的,不得对抗善意第三人

6. 2024年2月,A地块使用权人甲公司与B地块使用权人乙公司约定,由乙公司在B地块上修路供甲公司通行。同年4月,甲公司将A地块过户给丙公司,6月,乙公司将B地块过户给丁

知上述情形的丁公司。下列哪些表述是正确的？（　　）

A. 2024 年 2 月，甲公司对乙公司的 B 地块享有地役权
B. 2024 年 4 月，丙公司对乙公司的 B 地块享有地役权
C. 2024 年 6 月，甲公司对丁公司的 B 地块享有地役权
D. 2024 年 6 月，丙公司对丁公司的 B 地块享有地役权

名词解释

用益物权

简答题

1. 简述我国城镇国有建设用地使用权的出让取得方式与权利的基本内容。
2. 简述用益物权的特征。
3. 谈谈相邻关系与地役权的关系。

第十四章　担保物权

基础知识图解

- 概述
  - 概念：是指为确保债权的实现，在债务人或第三人的物上所设定的，以债权人直接取得或者支配其交换价值为内容的权利
  - 特征：担保物权具有从属性、不可分性和物上代位性
  - 消灭：担保物权消灭的原因包括主债权的消灭、担保物权的实现、债权人放弃担保物权和法律规定的其他情形

- 抵押权
  - 概念：债权人对于债务人或者第三人不移转占有而担保的财产，在债务人不履行债务时，依法享有的就担保的财产变价并优先受偿的权利
  - 设立
    - 抵押登记
      - 登记生效主义
      - 登记对抗主义
    - 抵押权的标的：抵押人提供担保用于设定抵押权的财产
    - 抵押合同：应当采取书面形式
    - 抵押权的范围
  - 抵押权当事人的权利
  - 抵押权的实现
    - 实现要件
      - 抵押权有效存在
      - 债务已届清偿期
    - 实现方法
      - 拍卖
      - 折价
      - 变卖
    - 清偿债权
  - 抵押权的终止
  - 特殊抵押权
    - 共同抵押权
    - 动产浮动抵押权：《民法典》第 396 条规定
    - 财团抵押权
    - 最高额抵押权

```
                ┌ 概念：是指为了担保债务的履行，债务人或第三人将其动产或权利移交给债权人占有，在
                │      债务人不履行债务或发生当事人约定的实现质权的情形时，债权人有权就其占有的
                │      财产优先受偿的权利
                │         ┌ 当事人：质权人和出质人
                │         │ 设定：需要以书面形式签订质押合同，还必须移转动产的占有
                │         │                ┌ 所担保的债权的范围
     ┌ 质权 ┤   │ 动产质权 ┤ 动产质权的效力 ┤ 对质权人的效力
     │          │         │                └ 对出质人的效力
     │          │         └ 实现方式：折价、拍卖、变卖
     │          │         ┌ 可以出质的权利：须为财产权、须有让与性、须为不违背质权性质的权利
     │          │         │ 票据质权
     │          │         │ 存单质权
     │          │ 权利质权 ┤ 股权质权
     │          │         │ 知识产权质权
     │          │         │ 应收账款质权
     │          │         └ 法律、行政法规规定可以出质的其他权利
     │
     │          ┌ 概念：债权人合法占有债务人的动产，在债务人不履行债务时，有权留置该动产以迫使
     │          │      债务人履行债务，并在债务人仍不履行时就该动产优先受偿的权利
     │          │              ┌         ┌ 债权人必须合法占有债务人的动产
     │          │              │ 积极条件 ┤ 占有的动产必须与债权属于同一法律关系
     │ 留置权 ┤ 成立条件 ┤         └ 债务人不履行到期债务
     │          │              │         ┌ 不违背公序良俗
     │          │              └ 消极条件 ┤
     │          │                        └ 合同事先约定排除
     │          │              ┌ 对留置权人的效力
     │          │ 留置权的效力 ┤
     │          │              └ 对债务人的效力
     │          └ 留置权的消灭
```

配套测试

☑ 单项选择题

1. 在下列财产中，法律规定不得作为抵押权客体的是（　　）。
A. 正在建造中的船舶　　　　　　　　　B. 抵押人所有的林木
C. 无地上定着物的建设用地使用权　　　D. 抵押人所有的被查封的厂房

2. 以下列财产设定抵押的，须登记才可以生效的是（　　）。
A. 民用航空器　　　　　　　　　　　　B. 船舶

C. 国有建设用地使用权　　　　　　D. 金银珠宝

3. 在下列财产中，法律规定可为抵押物的是（　　）。
   A. 宅基地
   B. 某学校的一辆豪华轿车
   C. 甲继承其父的一辆汽车，但其姐对甲的继承权提出异议并已诉至法院
   D. 某公司已被查封的办公楼

4. 甲公司将 10 台价值为 20 万元的笔记本电脑存放在乙仓库，约定存放期为 3 个月，保管费 1 万元。存放 3 个月后，甲公司因资金周转困难，要求仓库允许其先将 10 台电脑提走，一周内即付清保管费。乙仓库不同意，并将 10 台电脑全部扣留。3 个月后，该仓库遭雷击失火，10 台电脑全部烧毁。甲公司无法向用户交货，经法院判决支付给用户违约金 4 万元，甲公司的损失应如何承担？（　　）
   A. 乙仓库合法留置保管物，留置期间留置物因不可抗力毁损，乙仓库不承担责任，损失应由甲公司自己承担并应当向乙仓库支付保管费
   B. 乙仓库应赔偿甲公司全部 10 台电脑的损失
   C. 乙仓库应赔偿甲公司 9 台电脑的损失以及 4 万元间接损失
   D. 乙仓库应赔偿甲公司 9 台电脑的损失以及 4 万元间接损失中的 3.6 万元

5. 李某于 2024 年 4 月 3 日与黄某签订了一份以其摩托车为抵押物的合同①；4 月 6 日与张某签订了一份以同一摩托车为抵押物的合同②；4 月 15 日又以该摩托车为抵押物签订了一份合同③，并于 4 月 16 日就合同③作了抵押登记，若三个合同均须实现抵押权，则应（　　）。
   A. 按①②③的顺序先后清偿
   B. ③先清偿，其余的按债权比例清偿
   C. 按③①②的顺序先后清偿
   D. 按三合同的主债权比例清偿

6. 姜某以其房屋设定抵押，后因当地房屋过剩，房价下跌，则抵押权人（　　）。
   A. 有权要求姜某恢复该房屋的价值
   B. 有权要求姜某提供与减少的价值相当的担保
   C. 有权要求姜某提前清偿债务
   D. 无权提出上述要求

7. 甲向乙借款 20 万元，甲将自己的汽车作价 15 万元抵押给乙，未约定担保数额，并依法进行了抵押登记。因一次意外事故汽车报废，保险公司赔偿 18 万元。甲与乙之间的抵押关系（　　）。
   A. 应归于消灭
   B. 继续有效，应以保险赔偿金中的 15 万元继续担保甲对乙的债务
   C. 继续有效，应以全部保险赔偿金 18 万元继续担保甲对乙的债务
   D. 终止，甲应以保险赔偿金提前清偿乙

8. 甲因向乙借款 10 万元，约定以甲的电脑 10 台作抵押，双方签订了书面抵押合同，未办理抵押登记。在抵押期间，乙欲将这一抵押权转让给丙，下列表述中正确的是（　　）。
   A. 在任何情况下，乙都不能将抵押权转让
   B. 乙可以无条件地转让抵押权
   C. 抵押权必须与债权一起转让
   D. 在取得甲同意的前提下，可以转让抵押权

9. 黄河公司以其房屋作抵押，先后向甲银行借款 100 万元，向乙银行借款 300 万元，向丙银

行借款 500 万元，并依次办理了抵押登记。后丙银行与甲银行商定交换各自抵押权的顺位，并办理了变更登记，但乙银行并不知情。因黄河公司无力偿还三家银行的到期债务，银行拍卖其房屋，仅得价款 600 万元。关于三家银行对该价款的分配，下列哪一选项是正确的？（　　）

A. 甲银行 100 万元、乙银行 300 万元、丙银行 200 万元

B. 甲银行得不到清偿、乙银行 100 万元、丙银行 500 万元

C. 甲银行得不到清偿、乙银行 300 万元、丙银行 300 万元

D. 甲银行 100 万元、乙银行 200 万元、丙银行 300 万元

10. 甲为一农民，因建房而向乙借款。双方约定，甲将自己承包的 6 亩耕地及地上所种的水稻抵押给乙。后因甲无力还款而引起纠纷。下列说法正确的是（　　）。

A. 该抵押合同全部有效

B. 该抵押合同全部无效

C. 该抵押合同中涉及水稻作为抵押物的部分有效

D. 该抵押合同中涉及 6 亩耕地作为抵押物的部分有效

11. 不可以作为权利质权客体的是（　　）。

A. 债权

B. 某公司董事所持有的本公司的股份在离职后 2 个月内

C. 公路桥梁、公路隧道或者公路渡口等不动产收益权

D. 记名支票

12. 下列选项中不可出质的是（　　）。

A. 依法可转让的股票　　　　　　　B. 大额存单

C. 一台电脑　　　　　　　　　　　D. 某影星的肖像权

13. 以有权利凭证的汇票、本票、支票、债券、存款单、仓单、提单出质的，出质人和债权人应当订立质押合同，质权设立的生效时间为（　　）。

A. 权利凭证交付之日　　　　　　　B. 双方签字之日

C. 进行权利登记之日　　　　　　　D. 主管机关批准之日

14. 甲向乙借款，将自己的母马出质给乙，连同马鞍及马鞭一并交付于乙，在质权存续期间，母马生下小马驹，因甲到期无力还款，乙欲行使质权。乙行使质权的范围应为（　　）。

A. 母马　　　　　　　　　　　　　B. 母马、小马驹

C. 母马、小马驹和马鞍　　　　　　D. 母马、小马驹、马鞍及马鞭

15. 甲在成衣店加工服装一套。取货时，因带的钱不够支付加工费，征得成衣店同意将手表留下，约定交费后取回手表。成衣店对手表享有（　　）。

A. 留置权　　　　B. 抵押权　　　　C. 质权　　　　D. 典权

16. 依照我国《民法典》，在质权生效后，非可归责于质权人的质物毁损灭失的风险损失由（　　）承担。

A. 出质人　　　　　　　　　　　　B. 质权人

C. 出质人或质权人　　　　　　　　D. 出质人和质权人

17. 某公司将价值 50 万元的进口小轿车一辆向银行抵押借款 40 万元，双方签订了借款合同和抵押合同并办理了抵押权登记，但未就抵押期间该公司是否可以转让小轿车做出约定。还款期届满之前，该公司与陈新签订了汽车买卖合同，该公司以 30 万元将此小轿车卖给陈新。该公司告知陈新小轿车已抵押但向陈新保证一定能按时归还银行借款，陈新的利益不会受影响，陈新未持异议。银行对此均不知情。对此，以下各项说法中表述错误的是（　　）。

A. 在抵押期间，该公司可以将小轿车转让给陈新

B. 该公司将小轿车转让给陈新，应当及时通知银行

C. 如果银行能够证明公司转让小轿车可能损害抵押权，银行有权请求该公司以转让轿车所得的 30 万元提前归还借款

D. 银行可以要求行使优先购买权，以 30 万元的价格购买小轿车，应付的 30 万元价款抵偿借款

18. 甲向乙借款 20 万元，以其价值 10 万元的房屋、5 万元的汽车作为抵押担保，以 1 万元的音响设备作质押担保，同时还由丙为其提供保证担保。其间汽车遇车祸损毁，获保险赔偿金 3 万元。如果上述担保均有效，丙应对借款本金在多大数额内承担保证责任？（　　）

A. 7 万元　　　　　B. 6 万元　　　　　C. 5 万元　　　　　D. 4 万元

19. 关于担保物权，下列说法正确的是（　　）。

A. 担保物权注重物的价值形态，因此其标的物无须特定

B. 基于担保物权的从属性，任何担保物权均不得先于主债权而设定

C. 基于担保物权之不可分性，即使债权一部分消灭，债权人仍就未清偿债权部分对担保物全部行使权利

D. 我国现行法律及司法实践中承认的担保物权包括：抵押权、质权、留置权、典权

20. 李某拥有一套价值 100 万元的房产，为了向银行贷款 50 万元，他将房产抵押给了银行，办理了抵押登记。贷款期限为 5 年，年利率为 5%。贷款到期后，李某未能按时偿还贷款及利息。同时，王某希望购买李某的房产，并且愿意支付 100 万元的现金。根据我国法律规定，下列哪一选项对于本案的说法是正确的？（　　）

A. 银行对李某的房产不享有抵押权

B. 李某未能按期偿还贷款及利息，故银行有权立即出售李某的抵押房产

C. 李某未能按时偿还贷款及利息，银行有权请求李某支付逾期利息

D. 如果王某与李某达成购买房产的协议，银行的抵押权将自动解除

21. 根据《民法典》的规定，下列哪一类权利不能设定权利质权？（　　）

A. 专利权　　　　　　　　　　　　　B. 应收账款债权

C. 可以转让的股权　　　　　　　　　D. 房屋所有权

22. 甲公司开发写字楼一幢，于 2024 年 5 月 5 日将其中一层卖给乙公司，约定半年后交房，乙公司于 2024 年 5 月 6 日申请办理了预告登记。2024 年 6 月 2 日甲公司因资金周转困难，在乙公司不知情的情况下，以该层楼向银行抵押借款并登记。现因甲公司不能清偿欠款，银行要求实现抵押权。下列哪一判断是正确的？（　　）

A. 抵押合同有效，抵押权设立　　　　B. 抵押合同无效，但抵押权设立

C. 抵押合同有效，但抵押权不设立　　D. 抵押合同无效，抵押权不设立

23. 个体工商户甲将其现有的以及将有的生产设备、原材料、半成品、产品一并抵押给乙银行，但未办理抵押登记。抵押期间，甲未经乙同意以合理价格将一台生产设备出卖给丙。后甲不能向乙履行到期债务。对此，下列哪一选项是正确的？（　　）

A. 该抵押权因抵押物不特定而不能成立

B. 该抵押权因未办理抵押登记而不能成立

C. 该抵押权虽已成立但不能对抗善意第三人

D. 乙有权对丙从甲处购买的生产设备行使抵押权

24. 甲对乙享有 10 万元的债权，甲将该债权向丙出质，借款 5 万元。下列哪一表述是错误的？（　　）

A. 将债权出质的事实通知乙不是债权质权生效的要件

B. 如未将债权出质的事实通知乙，丙即不得向乙主张权利
C. 如将债权出质的事实通知了乙，即使乙向甲履行了债务，乙也不得对丙主张债已消灭
D. 乙在得到债权出质的通知后，向甲还款3万元，因还有7万元的债权额作为担保，乙的部分履行行为对丙有效

25. 同升公司以一套价值100万元的设备作为抵押，向甲借款10万元，未办理抵押登记手续。同升公司又向乙借款80万元，以该套设备作为抵押，并办理了抵押登记手续。同升公司欠丙货款20万元，将该套设备出质给丙。丙不小心损坏了该套设备送丁修理，因欠丁5万元修理费，该套设备被丁留置。关于甲、乙、丙、丁对该套设备享有的担保物权的清偿顺序，下列哪一排列是正确的？（　　）

A. 甲、乙、丙、丁
B. 乙、丙、丁、甲
C. 丙、丁、甲、乙
D. 丁、乙、丙、甲

26. 甲公司为乙公司向银行贷款100万元提供保证，乙公司将其基于与丙公司签订的供货合同而对丙公司享有的100万元债权出质给甲公司作反担保。下列哪一表述是正确的？（　　）

A. 如乙公司依约向银行清偿了贷款，甲公司的债权质权仍未消灭
B. 如甲公司、乙公司将出质债权转让给丁公司但未通知丙公司，则丁公司可向丙公司主张该债权
C. 甲公司在设立债权质权时可与乙公司约定，如乙公司届期不清偿银行贷款，则出质债权归甲公司所有
D. 如乙公司将债权出质的事实通知了丙公司，则丙公司可向甲公司主张其基于供货合同而对乙公司享有的抗辩

27. 甲公司通知乙公司将其对乙公司的10万元债权出质给了丙银行，担保其9万元贷款。出质前，乙公司对甲公司享有2万元到期债权。如乙公司提出抗辩，关于丙银行可向乙公司行使质权的最大数额，下列哪一选项是正确的？（　　）

A. 10万元　　　　B. 9万元　　　　C. 8万元　　　　D. 7万元

28. 甲公司欠乙公司货款100万元，先由甲公司提供机器设备设定抵押权、丙公司担任保证人，后由丁公司提供房屋设定抵押权并办理了抵押登记。甲公司届期不支付货款，下列哪一表述是正确的？（　　）

A. 乙公司应先行使机器设备抵押权
B. 乙公司应先行使房屋抵押权
C. 乙公司应先行请求丙公司承担保证责任
D. 丙公司和丁公司可相互追偿

29. 乙欠甲货款，二人商定由乙将一块红木出质并签订质权合同。甲与丙签订委托合同授权丙代自己占有红木。乙将红木交付于丙。下列哪一说法是正确的？（　　）

A. 甲、乙之间的担保合同无效
B. 红木已交付，丙取得质权
C. 丙经甲的授权而占有，甲取得质权
D. 丙不能代理甲占有红木，因而甲未取得质权

30. 徐某是甲公司总经理，甲公司为其配备了一辆轿车供上下班使用。后徐某辞职，甲公司尚欠其10万元工资。徐某与甲公司多次交涉无果，欲对轿车行使留置权。关于本案，下列哪一说法是正确的？（　　）

A. 徐某可以行使留置权
B. 徐某不可以行使留置权

C. 徐某向甲公司主张 10 万元工资的债权请求权不受诉讼时效限制

D. 徐某向甲公司主张 10 万元工资的债权请求权受 2 年诉讼时效期间的限制

31. 甲向乙借款 100 万元，借期 2 年，欲以自己的房屋 1 套作担保，双方于 2022 年 6 月 1 日签订了不动产抵押合同，乙一直催促甲办理抵押登记，均无效果。一个月后，乙要求甲以自己的汽车作抵押，双方于 2022 年 7 月 1 日签订了动产抵押合同，但甲一直未将汽车交付于乙。现因甲不能清偿到期欠款，乙要求实现抵押权。下列哪一选项是错误的？（　　）

A. 甲、乙之间的不动产抵押合同由于一直没有办理抵押登记而无效

B. 甲、乙之间的不动产抵押合同于 2022 年 6 月 1 日成立并生效，但不动产抵押权未设立

C. 甲既能就汽车设立抵押权，又能就汽车设立质押权

D. 乙有权请求将甲的汽车拍卖，并就所得价款行使优先受偿权

32. 乙向甲借款，以自己的房屋设立抵押权，并办理了抵押登记。乙又向丙借款，以同一房屋设立抵押权，并办理了抵押登记。后乙与甲签订了房屋买卖合同并办理了过户。下列哪一选项是正确的？（　　）

A. 甲的抵押权消灭　　　　　　　　　B. 丙的抵押权消灭

C. 甲和丙的抵押权均未消灭　　　　　D. 甲、乙之间的房屋买卖合同无效

33. 2024 年 1 月 1 日，甲、乙双方签署了房屋抵押合同，甲用房屋抵押担保借款 200 万元，合同约定甲应于 1 年内将原有抵押解除后，双方再办理房屋抵押登记手续。为防止甲将房屋再次抵押给他人，甲、乙于 2024 年 5 月 9 日自行到公证部门办理了抵押合同公证手续，双方约定此公证有预告登记的法律效果。之后，2024 年 6 月 12 日，甲将该房屋再次抵押给不知情的丙，用于借款 100 万元的担保，双方办理了抵押登记手续。请问以下说法中正确的是（　　）。

A. 房屋抵押合同不可以办理预告登记，因此预告登记无效

B. 丙取得该房屋抵押权但不属于善意取得

C. 甲应对乙承担侵害抵押权的法律责任

D. 乙可以起诉甲，根据双方签订的抵押合同办理抵押登记，办理抵押登记后乙的抵押权优先于丙的抵押权

34. 乙向甲借款，第三人丙为乙的借款以自有不动产提供担保，并与债权人甲签订不动产抵押合同。丙经甲催告多次恶意不办理抵押登记，借款合同到期后：（　　）。

A. 丙恶意延期不办理抵押登记，视为抵押权已经设立

B. 合同成立后抵押权设立

C. 在抵押物的价值范围内承担违约责任

D. 抵押合同效力待定

35. 甲将一块手表交给乙修理，后乙急需用钱，对丙谎称手表是自己的，将手表交付给丙质押以获得对方的借款。对此下列说法错误的是（　　）。

A. 甲可以请求乙赔偿损失

B. 甲可以请求丙返还手表

C. 如乙不能按时还款，丙可以拍卖或变卖手表以获得优先清偿

D. 如丙拍卖或变卖手表将导致甲丧失手表的所有权

多项选择题

1. 债权转移，抵押权必须随同转移，这表明抵押权具有（　　）。

A. 追及力　　　　B. 从属性　　　　C. 不可分性　　　　D. 物上代位性

2. 依《民法典》的规定，以下列哪些财产设立抵押权应当办理抵押登记？（　　）

A. 房地产 B. 海域使用权 C. 轿车 D. 家用电器

3. 下列不可为抵押物的有（ ）。
A. 国有土地所有权
B. 某医院的救护车
C. 江某继承其父的私有房屋
D. 舒某的摩托车

4. 抵押人的行为导致抵押物价值减少的，抵押权人可以采取哪些措施来保证债权的实现？（ ）
A. 要求抵押人停止导致抵押物价值减少的行为
B. 要求债务人提前清偿债务
C. 要求抵押人恢复抵押物的价值
D. 要求抵押人提供与抵押物减少的价值相当的担保

5. 毛某将自己的大客车一辆设定抵押，但抵押权人凌某发现毛某在设定抵押后基本上不对车再做保养、大修，而且几乎二十四小时全天运营，则凌某（ ）。
A. 有权要求毛某按合理的方式使用该客车
B. 有权要求毛某提前清偿债务
C. 若客车的价值因毛某的行为减少，凌某有权要求毛某恢复该客车的价值，或提供与减少的价值相当的担保
D. 若客车的价值并未因毛某的行为而减少，但因汽车关税下调致客车的市场价格下降时，凌某有权要求毛某提供补充担保

6. 甲以其自有房屋作抵押向乙借款。在抵押期间，甲未通知乙，便将该房屋转让给丙，并办理了过户登记手续。对此，下列说法正确的有哪些？（ ）
A. 乙仍可以就该房屋行使抵押权
B. 乙不得就该房屋行使抵押权
C. 丙不能取得该房屋的所有权
D. 丙可以取得该房屋的所有权

7. 下列关于股票质押的结论，正确的有（ ）。
A. 出质人与质权人可以订立书面合同，也可以订立口头合同
B. 应当向证券登记机关办理出质登记
C. 质押合同自股票交付之日起生效
D. 质押合同自登记之日起生效

8. 下列有关质押合同生效时间的表述，正确的有（ ）。
A. 动产质押合同，自质物移交质权人占有时生效
B. 以汇票、本票、支票出质的，自权利凭证交付之日起生效
C. 以有限责任公司的股份出质的，自股份出质登记载于股东名册之日起生效
D. 以依法可以转让的股票出质的，自股票出质记载于股东名册之日起生效

9. 质押和抵押的区别主要表现在下列哪些方面？（ ）
A. 权利人对物是否占有不同
B. 权利生效的要件不同
C. 权利实现的具体方法不尽相同
D. 权利的客体不尽相同

10. 以载明兑现或提货日期的汇票、支票、本票或提单出质的，如果兑现或提货日期先于债务履行期，则（ ）。
A. 质权人不能提前兑现或提货
B. 质权人可以在债务履行期届满前要求债务人清偿债务
C. 可以在债务履行期届满前兑现或提货，并与出质人协商以兑现的价款或提取的货物提前清

偿债务

D. 可以在债务履行期届满前兑现或提货，并与出质人协商将兑现的价款或提取的货物向约定的第三人提存

11. 甲向乙借款，将自己所有的皇冠车出质给乙，乙又将该车出租给丙。丙因违章驾驶导致该车灭失，为此引起纠纷。下列表述正确的是（　　）。

A. 乙无权将该车出租

B. 乙有权将该车出租

C. 乙应当对该车的损失承担赔偿责任

D. 车辆灭失是因丙违章驾驶导致，故乙无须对甲承担赔偿责任

12. 甲向乙借款，并将自己的汽车出质给乙。乙将该车存于丙的车库，费用为 500 元。对此，下列表述正确的是（　　）。

A. 无约定时，存车费 500 元应由甲承担

B. 无约定时，存车费 500 元应由乙承担

C. 无约定时，存车费 500 元应由甲、乙平摊

D. 有约定时，存车费承担依约定

13. 甲向乙借款，将自己的存款单出质于乙。甲向丙借款，将自己的汇票出质于丙，但汇票上没有记载质押字样。甲向丁借款，以自己的仓单出质于丁。下列表述正确的是（　　）。

A. 乙对该存款单的质权自存款单交付乙时生效

B. 乙对该存款单的质权自质押合同签订之日起生效

C. 丙对该汇票不享有质权，因为汇票上没有记载质押字样

D. 丁对该仓单的质权于交付之日起生效

14. 甲公司向乙公司采购按摩椅 1000 台，应付货款 300 万元，由乙公司的董事丙以其持有的上市 3 个月的乙公司的上市股票作为质押，担保甲按约付清货款。问：下列哪些选项是正确的？（　　）

A. 质权自向证券机构办理出质登记时设立

B. 该质权的设立无效

C. 若甲到期拖欠货款，丙应承担担保责任

D. 若甲到期拖欠货款，丙应承担过错责任

15. 画家吴某因要自费办画展，向朋友肖某借了 5 万元，并将自己的两幅代表画作质押给肖某，并要肖某好好保管别示于人，还钱时还两幅画。问：肖某对吴某的画有哪些权利？（　　）

A. 对画的占有权　　　　　　　　B. 动产质权

C. 著作财产权之质权　　　　　　D. 优先购买权

16. 甲向乙借款而将自己的货物出质给乙，但乙将该批货物放置在露天地里风吹日晒。在此情况下，法院对甲的下列请求哪些应给予支持？（　　）

A. 因乙保管不善，请求解除质押关系

B. 因乙保管不善，请求提前清偿债权返还质物

C. 因乙保管不善，请求乙向有关机构提存该批货物

D. 因乙保管不善，请求乙承担货物的损失

17. 吴某与周某共有四间房屋，租给牛某开办一家商店，现周某为担保对杜某所负的债务，将其对上述四间房屋中的共有份额抵押给杜某，该抵押已得到吴某的同意，并在通知了牛某后在房屋管理机关作了登记。下列哪些表述是正确的？（　　）

A. 在房屋抵押后，吴某、周某与牛某间的租赁合同继续有效

B. 在以出卖共有份额的方式实现该抵押权时，如果吴某与牛某都愿意购买，吴某有优先购买权
C. 在以出卖共有份额的方法实现该抵押权时，如果吴某与牛某都愿意购买，牛某有优先购买权
D. 在房屋抵押后，吴某、周某与牛某间的租赁合同即告终止

18. 甲向乙借款30万元，以一辆汽车作质押。根据我国法律规定，下列关于乙对该汽车的质押权的定性，哪些选项是错误的？（　　）

A. 抗辩权　　　　B. 形成权　　　　C. 请求权　　　　D. 支配权

19. 甲公司向某银行贷款100万元，乙公司以其所有的一栋房屋作抵押担保，并完成了抵押登记。现乙公司拟将房屋出售给丙公司，通知了银行并向丙公司告知了该房屋已经抵押的事实。乙、丙订立书面买卖合同后到房屋管理部门办理过户手续。下列哪些说法是正确的？（　　）

A. 乙公司将房屋出售给丙公司必须经过银行同意
B. 如丙公司代为清偿了甲公司的银行债务，则银行的抵押权消灭
C. 如丙公司向银行承诺代为清偿甲公司的银行债务，则银行的抵押权消灭
D. 不论银行是否同意转让，房屋管理部门均应当准予过户，但银行仍然对该房屋享有抵押权

20. 郑某开办公司资金不足，其父将3间祖屋以25万元卖给即将回国定居的郭某，但其父还未来得及办理过户手续即去世。郑某不知其父卖房一事，继承了这笔房款及房屋，并办理了登记手续。随后，郑某以3间祖屋作抵押向陈某借款10万元，将房产证交给了陈某，但没有办理抵押登记。下列哪些选项是正确的？（　　）

A. 郑某的父亲与郭某之间的房屋买卖合同有效
B. 郑某享有房屋的所有权
C. 郑某在其父亲去世后，有义务协助郭某办理房屋过户手续
D. 陈某对房屋不享有抵押权

21. 甲公司与乙公司签订10万元建材买卖合同后，乙交付建材，甲公司未付建材款。甲公司将该建材用于丙公司办公楼装修，丙公司需向甲公司支付15万元装修款，其中5万元已经支付完毕。丙公司给乙公司出具《担保函》："本公司同意以欠甲公司的10万元装修款担保甲公司欠乙公司的10万元建材款。"乙公司对此并无异议。后，甲公司对乙公司的债务、丙公司对甲公司的债务均届期未偿，且甲公司怠于向丙公司主张债权。下列哪些表述是正确的？（　　）

A. 乙公司对丙公司享有应收账款质权
B. 丙公司应对乙公司承担保证责任
C. 乙公司可以对丙公司提起代位权诉讼
D. 乙公司可以要求并存债务承担人丙公司清偿债务

22. 甲向乙借款，丙与乙约定以自有房屋担保该笔借款。丙仅将房本交给乙，未按约定办理抵押登记。借款到期后甲无力清偿，丙的房屋被法院另行查封。下列哪些表述是正确的？（　　）

A. 乙有权要求丙继续履行担保合同，办理房屋抵押登记
B. 乙有权要求丙以自身全部财产承担担保义务
C. 乙有权要求丙以房屋价值为限承担担保义务
D. 乙有权要求丙承担损害赔偿责任

23. 甲向乙借款，欲以轿车作担保。关于担保，下列哪些选项是正确的？（　　）

A. 甲可就该轿车设立质权
B. 甲可就该轿车设立抵押权
C. 就该轿车的质权自登记时设立

D. 就该轿车的抵押权自登记时设立

24. 2024年2月1日，王某以一套房屋为张某设定了抵押，办理了抵押登记。同年3月1日，王某将该房屋无偿租给李某1年，以此抵王某欠李某的借款。房屋交付后，李某向王某出具了借款还清的收据。同年4月1日，李某得知房屋上设有抵押后，与王某修订租赁合同，把起租日改为2024年1月1日。张某实现抵押权时，要求李某搬离房屋。下列哪些表述是正确的？（　　）

A. 王某、李某的借款之债消灭　　　　B. 李某的租赁权可对抗张某的抵押权
C. 王某、李某修订租赁合同行为无效　　D. 李某可向王某主张违约责任

25. 甲向某银行贷款，甲、乙和银行三方签订抵押协议，由乙提供房产抵押担保。乙把房本交给银行，因登记部门原因导致银行无法办理抵押物登记。乙向登记部门申请挂失房本后换得新房本，将房屋卖给知情的丙并办理了过户手续。甲届期未还款。关于贷款、房屋抵押和买卖，下列哪些说法是正确的？（　　）

A. 乙应向银行承担违约责任

B. 丙应代为向银行还款

C. 如丙代为向银行还款，可向甲主张相应款项

D. 因登记部门原因未办理抵押登记，但银行占有房本，故取得抵押权

26. 2023年7月1日，甲公司、乙公司和张某签订了《个人最高额抵押协议》，张某将其房屋抵押给乙公司，担保甲公司在一周前所欠乙公司货款300万元，最高债权额400万元，并办理了最高额抵押登记，债权确定期间为2023年7月2日到2024年7月1日。债权确定期间内，甲公司因从乙公司分批次进货，又欠乙公司100万元。甲公司未还款。关于有抵押担保的债权额和抵押权期间，下列哪些选项是正确的？（　　）

A. 债权额为100万元　　　　　　　　B. 债权额为400万元
C. 抵押权期间为1年　　　　　　　　D. 抵押权期间为主债权诉讼时效期间

27. 下列哪些情形下权利人可以行使留置权？（　　）

A. 张某为王某送货，约定货物送到后一周内支付运费。张某在货物运到后立刻要求王某支付运费被拒绝，张某可留置部分货物

B. 刘某把房屋租给方某，方某退租搬离时尚有部分租金未付，刘某可留置方某部分家具

C. 何某将丁某的行李存放在火车站小件寄存处，后丁某取行李时认为寄存费过高而拒绝支付，寄存处可留置该行李

D. 甲公司加工乙公司的机器零件，约定先付费后加工。付费和加工均已完成，但乙公司尚欠甲公司借款，甲公司可留置机器零件

28. 甲对乙享有债权500万元，先后在丙和丁的房屋上设定了抵押权，均办理了登记，且均未限定抵押物的担保金额。其后，甲将其中200万元债权转让给戊，并通知了乙。乙到期清偿了对甲的300万元债务，但未能清偿对戊的200万元债务。对此，下列哪些选项是错误的？（　　）

A. 戊可同时就丙和丁的房屋行使抵押权，但对每个房屋价款优先受偿权的金额不得超过100万元

B. 戊可同时就丙和丁的房屋行使抵押权，对每个房屋价款优先受偿权的金额依房屋价值的比例确定

C. 戊必须先后就丙和丁的房屋行使抵押权，对每个房屋价款优先受偿权的金额由戊自主决定

D. 戊只能在丙的房屋价款不足以使其债权得到全部清偿时就丁的房屋行使抵押权

29. 甲超市与乙公司存在长期进货关系，丙公司以其办公用房在300万元的额度范围内为甲超市在未来5个月内连续发生的货款债权提供抵押担保，并办理了抵押登记。两个月后，乙公司将其中一笔30万元的货款债权转让给丁公司，并通知了甲公司。就以上事实，下列哪些表述是不

正确的？（　　）

　　A. 若抵押权设定前，甲超市另欠乙公司 50 万元债权，当事人可以约定将之纳入抵押担保的范围

　　B. 30 万元债权转让有效，丁公司有权主张抵押权

　　C. 若 30 万元债权转让未通知甲公司，丁公司将因此而无权主张抵押权

　　D. 在本题所述的 5 个月内，丙公司不得转让其办公用房

30. 甲公司为扩大生产规模向乙银行借款，以其现有的以及将有的生产设备、原材料、产品设立抵押。乙银行向甲公司发放贷款，但未办理抵押登记。关于甲公司的抵押，下列选项正确的是（　　）。

　　A. 该抵押合同为动产浮动抵押合同

　　B. 乙银行自抵押合同生效时取得抵押权

　　C. 抵押登记机关为抵押财产所在地的市场监督管理部门

　　D. 乙银行的抵押权不得对抗在正常经营活动中已支付合理价款并取得抵押财产的买受人

31. 甲向乙借款，以房屋设定抵押权，并办理了抵押登记，之后甲将该房屋出租给不知情的丙，预收了 2 年的租金。借款到期后甲无力清偿债务。半年后，经乙请求，该房屋被法院委托拍卖，由丁竞买取得。下列选项错误的是（　　）。

　　A. 丁有权请求丙腾退房屋，丙无权要求丁退还剩余租金

　　B. 丁有权请求丙腾退房屋，丙有权要求丁退还剩余租金

　　C. 丙有权要求丁继续履行租赁合同

　　D. 甲与丙之间的租赁合同无效

32. 2024 年 5 月 30 日，甲造船厂向乙农商行借款 500 万元并以本厂现有及将有的生产设备、原材料、半成品、产品为债务提供浮动抵押担保且办理了抵押登记。2024 年 6 月 6 日，洪某与甲造船厂约定，洪某以 80 万元购买甲造船厂的一条渔船，同时以该渔船作为洪某支付购船款的抵押物，洪某先支付了购船款 20 万元。同年 6 月 15 日，甲造船厂向洪某交付了渔船。6 月 20 日，甲造船厂为该渔船办理了抵押登记，后洪某一直未支付剩余款项。下列选项正确的是（　　）。

　　A. 乙农商行抵押权优于甲造船厂抵押权

　　B. 甲造船厂抵押权优于乙农商行的抵押权

　　C. 乙农商行的抵押权可以对抗洪某

　　D. 洪某已取得渔船所有权

33. 肖某驾车发生意外死亡，其唯一的继承人侯某将车送至高某的修理店维修。修好后，侯某因手头拮据而无力支付维修款，高某留置该车。留置期间，高某将车随意停在维修店外的公路旁，且未锁车。某日夜里，该车被陆某盗走。对此，下列哪些说法是正确的？（　　）

　　A. 高某的留置权消灭　　　　　　　　B. 高某未尽到妥善保管义务

　　C. 侯某丧失了该车的所有权　　　　　D. 高某丧失了对该车的占有

34. 甲欠乙 25 万元，为担保债务履行，甲以自己价值 50 万元的汽车为乙设立了质权。后乙因生意所需向丙借款 40 万元，并在得到甲允许的情况下，将该汽车质押给了知情的丙，完成了交付。1 年后债务到期，因甲未清偿乙的债务，乙也没有向丙清偿，丙拍卖该汽车共得款 45 万元。对此，下列说法正确的是（　　）。

　　A. 对于该汽车拍卖款，丙的债权应当优先于乙的债权得到清偿

　　B. 丙有权优先受偿 40 万元

　　C. 丙有权优先受偿 25 万元

　　D. 若乙未经甲同意而转质，乙应承担汽车意外毁损的赔偿责任

35. 根据我国法律，下列哪些选项中关于留置权的表述是错误的？（   ）
A. 留置权是一种债权，不具有物权的效力
B. 留置权的行使必须以债务人届期未履行债务为前提
C. 留置权可以对任何类型的动产行使
D. 留置权的行使不受任何限制，债权人可以随意处置留置物

✗ 不定项选择题

1. 李祥与银行签订借款抵押担保合同，以一幢价格为 20 万元的房屋作抵押，借款 15 万元，并办理抵押登记；后李祥从袁某处借款 7 万元，仍以该房屋抵押担保，并办理了登记。李祥又以家中冰箱、电视等总计 2.5 万元作抵押，向蒋某借款 3 万元，写了借条和抵押担保书；后李祥从沈某处借款 2 万元，仍以上述财产作抵押，签订了借款抵押协议书。李祥还向张某借款 3 万元，未提供担保。李祥利用借得的款项购买了价值 7 万元的东风货车一辆并办理了财产保险。在经营过程中，因为周转资金需要，用该货车作抵押向韩某借款 4 万元，并办理了抵押登记。李祥在各项借款到期后均无力还款。某日，李祥驾车从甲地返回其住所乙地，途经丙地时遇到山体滑坡，车被严重损坏。由于无力偿还债务，只好将房屋拍卖进行清偿。下列表述正确的是（   ）。
A. 先就银行的债权进行清偿，若该房屋价值尚有余额，再清偿袁某的债权
B. 应先就袁某的债权进行清偿，若该房屋价值尚有余额，再清偿银行的债权
C. 应按房屋价值对银行和袁某进行等额清偿
D. 应将该房屋价值按李祥的贷款与袁某的债权的比例对银行和袁某清偿

2. 李洋有房屋一间，2024 年 7 月 20 日，李洋与薛兵签订了一份期限为 2 年的租赁合同，由薛兵承租该房屋。同年 10 月 8 日，张浩向李洋提出愿意购买该房屋，李洋将欲出卖房屋的情况告诉了薛兵，到 12 月 18 日，薛兵无任何答复，李洋遂与张浩签订了买卖合同，将该房屋以 5 万元的价格卖给张浩。张浩随后支付了全部价款。在双方准备办理房产变更登记的前几天，薛兵找到李洋，愿意以 6 万元购买此房，李洋遂又与薛兵签订了买卖合同，并当即办理了房产变更登记。不久后，薛兵以该房设定抵押向银行贷款。就房屋租赁关系而言，下列表述正确的是（   ）。
A. 该房屋为私房，李洋出租后，有权自由转让，无须通知承租人
B. 房屋租金由李洋与薛兵协商决定，法律无最高数额限制
C. 李洋将该房屋卖给他人后，如新房主不愿意继续出租，则新房主有权终止租赁合同
D. 该合同既可以是书面形式，也可以是口头形式

3. 甲因个人购买房屋向乙借款 20 万元。由丙作为保证人，未约定保证范围。甲还提供了丁的一辆价值 10 万元的奥迪轿车作为抵押，双方办理了抵押登记。若甲到期不能清偿借款，则乙可以（   ）。
A. 直接向丙要求清偿全部债务
B. 先要求丁以其奥迪车变价清偿 10 万元借款，不足部分再向丙要求清偿
C. 只有丙无力清偿全部债务时，才可以向丁要求以其奥迪车变价清偿
D. 请求丙清偿债务，或请求丁以其奥迪车变价清偿

4. 甲向乙借款 500 元，将自己的一辆自行车和一只鸡质押给乙，具备形式要件。则：在质权存续期间（   ）。
A. 乙对自行车享有使用权　　　　　　B. 乙对自行车享有出租权
C. 乙对母鸡下的蛋享有收取权　　　　D. 乙对母鸡下的蛋享有所有权

5. 甲与乙签订一借款合同，同时将自己的车抵押给乙，并签订了抵押合同，甲向乙交付了该车的权利凭证。双方欲办理抵押登记，却因当地没有开办这种登记业务，未果。后甲又从丙处租

来一辆车，并将此车质押给乙，具备形式要件。在抵押期间，甲将自己的车转让给丁，并办理了过户手续。则：甲与乙之间的抵押合同（　　）。

　　A. 有效
　　B. 无效，因未办理登记
　　C. 有效，但未生效
　　D. 效力未定

6. 陈某向贺某借款 20 万元，借期为 2 年。张某为该借款合同提供保证担保，担保条款约定，张某在陈某不能履行债务时承担保证责任，但未约定保证期间。陈某同时以自己的房屋提供抵押担保并办理了登记。请回答（1）~（2）题。

（1）如果贺某打算放弃对陈某的抵押权，并将这一情况通知了张某，张某表示反对，下列选项正确的是（　　）。

　　A. 贺某不得放弃抵押权，因为张某不同意
　　B. 若贺某放弃抵押权，张某仍应对全部债务承担保证责任
　　C. 若贺某放弃抵押权，则张某对全部债务免除保证责任
　　D. 若贺某放弃抵押权，则张某在贺某放弃权利的范围内免除保证责任

（2）关于贺某的抵押权存续期间及张某的保证期间的说法，下列选项正确的是（　　）。

　　A. 贺某应当在主债权诉讼时效期间行使抵押权
　　B. 贺某在主债权诉讼时效结束后的两年内仍可行使抵押权
　　C. 张某的保证期间为主债务履行期届满之日起六个月
　　D. 张某的保证期间为主债务履行期届满之日起二年

7. 顺风电器租赁公司将一台电脑出租给张某，租期为 2 年。在租赁期间内，张某谎称电脑是自己的，分别以市价与甲、乙、丙签订了三份电脑买卖合同并收取了三份价款，但张某把电脑实际交付给了乙。后乙的这台电脑丢失并被李某拾得，因暂时找不到失主，李某将电脑出租给王某获得很高收益。王某租用该电脑时出了故障，遂将电脑交给康成电脑维修公司维修。王某和李某就维修费的承担发生争执。康成公司因未收到修理费而将电脑留置，并告知王某如 7 天内不交费，将变卖电脑抵债。李某听闻后，于当日潜入康成公司偷回电脑。关于康成公司的民事权利，下列说法正确的是（　　）。

　　A. 王某在 7 日内未交费，康成公司可变卖电脑并自己买下电脑
　　B. 康成公司曾享有留置权，但当电脑被偷走后，丧失留置权
　　C. 康成公司可请求李某返还电脑
　　D. 康成公司可请求李某支付电脑维修费

8. 甲、乙双方于 2023 年 5 月 6 日签订水泥供应合同，乙以自己的土地使用权为其价款支付提供了最高额抵押，约定 2024 年 5 月 5 日为债权确定日，并办理了登记。丙为担保乙的债务，也于 2023 年 5 月 6 日与甲订立最高额保证合同，保证期间为一年，自债权确定日开始计算。请回答第（1）~（3）题。

（1）水泥供应合同约定，将 2023 年 5 月 6 日前乙欠甲的货款纳入了最高额抵押的担保范围。下列说法正确的是（　　）。

　　A. 该约定无效
　　B. 该约定合法有效
　　C. 如最高额保证合同未约定将 2023 年 5 月 6 日前乙欠甲的货款纳入最高额保证的担保范围，则丙对此不承担责任
　　D. 丙有权主张减轻其保证责任

（2）甲在 2023 年 11 月将自己对乙已取得的债权全部转让给丁。下列说法正确的是（　　）。

　　A. 甲的行为将导致其最高额抵押权消灭

B. 甲将上述债权转让给丁后，丁取得最高额抵押权
C. 甲将上述债权转让给丁后，最高额抵押权不随之转让
D. 2024年5月5日前，甲对乙的任何债权均不得转让

（3）乙于2024年1月被法院宣告破产，下列说法正确的是（　　）。
A. 甲的债权确定期届至
B. 甲应先就抵押物优先受偿，不足部分再要求丙承担保证责任
C. 甲可先要求丙承担保证责任
D. 如甲未申报债权，丙可参加破产财产分配，预先行使追偿权

9. 甲服装公司与乙银行订立合同，约定甲公司向乙银行借款300万元，用于购买进口面料。同时，双方订立抵押合同，约定甲公司以其现有的以及将有的生产设备、原材料、产品为前述借款设立抵押。借款合同和抵押合同订立后，乙银行向甲公司发放了贷款，但未办理抵押登记。之后，根据乙银行要求，丙为此项贷款提供连带责任保证，丁以一台大型挖掘机作质押并交付。请回答第（1）~（2）题。

（1）关于甲公司的抵押，下列选项正确的是（　　）。
A. 该抵押合同为最高额抵押合同
B. 乙银行自抵押合同生效时取得抵押权
C. 乙银行自抵押登记完成时取得抵押权
D. 乙银行的抵押权不得对抗在正常经营活动中已支付合理价款并取得抵押财产的买受人

（2）如甲公司未按期还款，乙银行欲行使担保权利，当事人未约定行使担保权利顺序，下列选项正确的是（　　）。
A. 乙银行应先就甲公司的抵押实现债权
B. 乙银行应先就丁的质押实现债权
C. 乙银行可选择就甲公司的抵押或丙的保证实现债权
D. 乙银行可选择就甲公司的抵押或丁的质押实现债权

10. 5月7日，甲向乙借款100万元，以一台设备抵押，但未办理抵押登记。6月7日，甲向丙借款60万元，以同一台设备抵押，双方办理了抵押登记，但丙对乙享有抵押权的事实知情。7月7日，甲向丁借款40万元，亦以同一台设备抵押，双方办理了抵押登记，丁对乙享有抵押权的事实不知情。对此，下列说法错误的是（　　）。
A. 乙的抵押权优先于丙　　　　　　B. 丁的抵押权优先于乙
C. 丙的抵押权优先于丁　　　　　　D. 丁的抵押权自登记时设立

11. 张三对李四负有10万元债务，为担保此债务，2024年5月1日，两人约定："张三以其拥有的一辆汽车为李四设立质权，李四自此日起对该车享有质权，但张三继续使用该汽车2个月。"使用期届满后，李四于7月2日请求张三交付汽车被拒。7月10日，李四潜入张三家中将汽车开回。8月1日，汽车遭雷击起火烧毁（该车已经办理有效的财产保险）。下列表述错误的是（　　）。
A. 5月1日，李四可依"占有改定"方式取得对汽车的质权
B. 7月2日，因使用期届满李四取得对汽车的质权
C. 7月10日，李四因占有汽车而取得对汽车的质权
D. 8月1日，李四对汽车的质权消灭

名词解释

1. 担保物权
2. 抵押权

3. 质权
4. 留置权

简答题

1. 简述担保物权的特征与分类。
2. 简述动产质权人的权利。

论述题

试述留置权取得的要件。

案例分析题

1. 大华贸易公司为筹措资金，向某银行贷款 400 万元，银行要求大华公司就贷款提供担保，大华公司即以本公司办公楼为抵押物设定抵押（该楼价值 300 万元），又由吉利商场（法人单位）与来顺公司为其提供保证。在保证合同中未提及保证方式及各保证人所应承担的保证份额。

请依案情摘要回答下列问题：

（1）吉利商场与来顺公司应如何承担保证责任？为什么？

（2）因经营不善，大华公司与银行协议，把还贷期限推迟一年，吉利商场与来顺公司考虑到与大华公司长期以来的良好关系，口头同意了该协议。变更后的履行期届满后，大华公司仍不能偿还贷款本息共 600 万元，在就办公大楼拍卖优先受偿后，银行还有 300 万元债权未受清偿。银行能否向保证人请求承担保证责任？如能，应怎样承担？如不能，为什么？

2. 2023 年 7 月，大发公司与和顺公司签订了一份合同。该合同约定和顺公司为大发公司加工特种空调机 50 台，每台加工费 5000 元，由大发公司提供原材料，交货时间为次年 6 月底，交货的同时交付加工费。和顺公司于次年 6 月中旬完成了该批空调机的加工，就通知大发公司取货付款。大发公司直到 7 月 10 日才派一辆货车来和顺公司取空调机，并请求和顺公司同意延期付款。和顺公司见大发公司未能付款，就拒绝让大发公司的汽车取货，为了保证大发公司能付款，同时将大发公司的货车也予以扣留，并通知大发公司必须在 50 天内将加工费交齐，否则将空调机连同货车一并处理以抵加工费。

请依案情摘要回答下列问题：

（1）和顺公司是否可以在大发公司不交加工费的 50 天后处理留置物？

（2）如在和顺公司扣留空调机与汽车期间发生意外火灾，空调机全部被毁，和顺公司是否还有权要求大发公司偿还加工费？

3. 王强到一修理部将自己的一辆旧自行车让人维修。3 天后，王强来取车，修理部让其支付修车费 20 元，王强认为价格太高，拒绝付款。修理部出示了维修价目表并声明如不付款将扣留其自行车。双方争执不下，王强遂表示不要自行车，从此也就不了了之。一月后，王强骑摩托车经过此地，恰巧其摩托车坏了，不得已只好到此修理；修理完毕，修理部要求付款 50 元，加上上次修自行车费 20 元，共是 70 元。王强认为上次费用已用自行车抵了，于是不付上次费用；修理部人员说旧自行车他们不要，要求王强一次付清费用；否则，连摩托车一起扣留。

请依案情摘要回答下列问题：

（1）修理部两次扣留是否合法？为什么？

（2）若修理部第一次将自行车变卖得款 50 元应如何处理？

（3）本案应如何处理？为什么？

第十五章 占 有

基础知识图解

- 占有的概念
- 占有的分类
  - 自主占有、他主占有
  - 有权占有、无权占有
  - 善意占有、恶意占有
  - 直接占有、间接占有
- 占有的效力：状态推定效力，权利推定效力
- 占有人的权利与义务
- 占有的保护
  - 物权法上保护
  - 债权法上保护
- 占有的消灭

配套测试

单项选择题

1. 下列哪种情况不属于占有？（　　）

A. 甲从乙处捡到手表一块

B. 丙从商店买到手机一部

C. 乙的自行车存放在戊家中

D. 丁帮别人提包，但不知道包内有毒品，丁对包内毒品

2. 承租人对承租物的占有属于（　　）。

A. 自主占有　　　B. 他主占有　　　C. 善意占有　　　D. 恶意占有

3. 刘小五将自己的电脑交由小赵保管，刘小五是（　　）占有人，小赵是（　　）占有人。

A. 直接，间接　　B. 间接，直接　　C. 直接，直接　　D. 间接，间接

4. 下列占有人属于间接占有人的是（　　）。

A. 质权人　　　　B. 承租人　　　　C. 出质人　　　　D. 留置权人

5. 以下属于自主占有的是（　　）。

A. 甲占有其现有房产

B. 乙占有甲出质的电视

C. 甲受委托负责保管乙的财产而形成的占有

D. 承租人占有房屋及设施

6. 甲搬家时将一台电视遗落在路边，被乙拾得。一个月后，乙把电视借给其好友丙使用，丙

私下了解到此电视实际上是乙拾得的。一个星期后,丙以自己的名义将该电视在旧货市场卖给了丁,丁当场付清价款并将电视运回家。后来甲在知悉情况后的次日即向丁提出主张,要求丁返还电视。以下说法正确的是( )。

(1) 电视为遗失物,不适用善意取得制度,故丁必须将电视返还给甲;

(2) 电视虽然是遗失物,但适用善意取得制度,丁已经支付完价款并实际占有电视,取得了电视的所有权,甲无权追回;

(3) 电视为遗失物,虽然丁是在旧货市场上合法购买,但在法律规定的期限内甲仍然有权向丁追回;

(4) 丁对电视的占有属于有权占有;

(5) 丁对电视的占有属于无权占有;

(6) 丁对电视的占有属于善意占有;

(7) 丁对电视的占有属于无瑕疵占有。

A. (1)(5)(6)　　B. (2)(4)　　C. (3)(6)(7)　　D. (3)(4)

7. 下列关于占有的说法,正确的是( )。

A. 占有是物权的一种

B. 占有动产是善意取得动产的必要条件

C. 占有是动产所有权移转的标志

D. 占有只是一种状态,不受法律保护

8. 某日,甲刚耕完田回家,邻村的村民乙来到他家,说甲的耕牛是他的,应当返还给他。如果不还,就要起诉。甲申辩,自己的耕牛是买来的。经证实:此牛原为乙所有,但一年前不慎走丢。捡到耕牛的人当天将此牛卖给了丙。因丙知道此牛是拾得物,只花掉500元价款。此牛在丙家饲养了不到一个月便再次丢失。后来丁拾得此牛,饲养了12天,又将此牛卖给了甲。则甲对耕牛的占有是( )。

A. 恶意占有　　B. 自己占有　　C. 他主占有　　D. 有过失占有

9. 甲将其所有的耕牛借给乙使用,时间约定为一年,乙称此牛为其所有将其交给丙保管,此后该牛产下一牛犊,不久被甲发现,要求丙返还,则下列说法正确的是( )。

A. 丙无须返还牛犊

B. 丙应当将耕牛和牛犊全部返还给甲

C. 丙应当支付相应的使用费

D. 甲应当支付给丙饲料费等费用

10. 甲去朋友乙家做客,不慎将手机遗忘在乙家,乙发现后没有通知甲,而是自用,一周后该手机丢失,后来甲得知此事,要求乙返还手机。乙称自己是替甲保管手机,不愿意赔偿。以下说法正确的是( )。

A. 甲无权要求赔偿,因为乙的行为是无因管理

B. 甲无权要求赔偿,因为乙是善意占有人

C. 甲有权要求赔偿,因为乙是恶意占有人

D. 甲有权要求赔偿,赔偿的数额为手机的价值减去乙的保管费用

11. 以下关于占有的说法正确的是( )。

A. 甲散步时拾得一个小包,拿回家后,发现里面装的是手枪,甲获得对手枪的占有

B. 甲善意占有一台电视,后将电视移转于乙,乙如果主张占有,必须合并占有

C. 甲将自己偷来的电脑放在家中,一个月后,转手给乙,乙如果主张合并占有,可以承受甲占有时的瑕疵,也可以不承受

D. 乙通过继受取得方式获得对房屋的占有,其前手甲的占有有瑕疵,如果乙要合并占有,必须承受其瑕疵

12. 以下选项中甲的占有为恶意占有的是（　　）。
   A. 甲和乙出去玩，乙托甲照看自己的行李
   B. 甲拾到一个钱包，于是坐在附近等候失主
   C. 甲喜欢乙的钢笔，趁乙不在，甲拿了乙的钢笔
   D. 妈妈甲收拾孩子乙的房间，发现了乙借同学的一本书，以为是乙自己买的，便放在自己房间里

13. 张某拾得王某的一只小羊拒不归还，李某将小羊从张某羊圈中抱走交给王某。下列哪一表述是正确的？（　　）
   A. 张某拾得小羊后因占有而取得所有权
   B. 张某有权要求王某返还占有
   C. 张某有权要求李某返还占有
   D. 李某侵犯了张某的占有

14. 甲、乙就乙手中的一枚宝石戒指的归属发生争议。甲称该戒指是其在 2024 年 10 月 1 日外出旅游时让乙保管，属甲所有，现要求乙返还。乙称该戒指为自己所有，拒绝返还。甲无法证明对该戒指拥有所有权，但能够证明在 2024 年 10 月 1 日前一直合法占有该戒指，乙则拒绝提供自 2024 年 10 月 1 日后从甲处合法取得戒指的任何证据。对此，下列哪一说法是正确的？（　　）
   A. 应推定乙对戒指享有合法权利，因占有具有权利公示性
   B. 应当认定甲对戒指享有合法权利，因其证明了自己的先前占有
   C. 应当由甲、乙证明自己拥有所有权，否则应判决归国家所有
   D. 应当认定由甲、乙共同共有

15. 2 月 1 日，甲与乙约定，将一台设备租给乙，租期半年。2 月 5 日，甲将该设备卖给丙，所有权直接移转，但约定由甲再继续租用该设备一个月。2 月 7 日，甲将该设备交付乙使用。3 月 10 日，关于设备的返还，各方产生争议。对此，下列哪一说法是正确的？（　　）
   A. 2 月 7 日，丙为该设备的所有权人
   B. 3 月 10 日，乙有权拒绝丙的设备返还请求
   C. 3 月 10 日，乙无权拒绝甲的设备返还请求
   D. 2 月 8 日，甲对设备的占有为自主的间接占有

多项选择题

1. 质权人对质物的占有属于（　　）。
   A. 有权占有　　B. 无权占有　　C. 自主占有　　D. 他主占有

2. 下列占有属于间接占有的有（　　）。
   A. 保管人对保管物的占有
   B. 寄托人对寄托物的占有
   C. 质权人对质物的占有
   D. 出质人对质物的占有

3. 袁某的一头牛从牛圈中跑出，被刘某发现。刘某将牛牵回家关进自家的牛圈，打算第二天再寻找失主，但是一直未找到。一年后老牛生了一头小牛，之后老牛却在一次台风中被吹倒的大树压死。刘某卖牛肉得款 200 元，花费人工费 50 元。此时袁某得知牛在刘某处遂过来要牛。以下选项正确的有（　　）。
   A. 袁某有权要求刘某赔偿损失
   B. 袁某有权要求刘某偿还牛肉款及小牛
   C. 袁某有义务偿还刘某支出的人工费用 50 元及饲养费
   D. 袁某有权拒绝给付刘某饲养费

4. 可以成立占有关系的有（　　）。
   A. 专利权　　B. 没收的赃物　　C. 地役权　　D. 汇票

5. 以下甲属于直接占有的有（　　）。

A. 甲将买来的电视一台置于乙家后甲对电视的占有

B. 出租人甲将房屋出租给乙后甲对房屋的占有

C. 质权人甲对质物的占有

D. 甲负责保管乙的财产

6. 有关占有制度下列说法正确的有（　　）。

A. 占有只是一种事实状态

B. 占有人无须对占有的事实负举证责任

C. 法律推定占有人对占有物行使的权利合法

D. 推定占有人是以所有人的意思而占有

7. 甲、乙是夫妻，拥有一处多余的房屋，甲（丈夫）擅自将该房出租给丙，并向丙出示了房屋产权证（登记名为夫妻双方）和他们两人的身份证。对此，丙深信不疑，遂与甲签订了为期一年的租赁合同。从占有的角度看以下选项正确的是（　　）。

A. 丙是善意占有人

B. 丙的占有为直接占有

C. 甲、乙双方共同占有房屋

D. 丙是辅助占有人

8. 乙受甲的委托，暂时保管甲的财物，但被丙强行夺走。下列说法正确的有（　　）。

A. 甲有权要求丙将财物返还给自己

B. 甲只能要求丙把财物返还给乙，而不能直接给自己

C. 乙可以占有为基础要求丙向其返还财物

D. 乙无权要求丙返还财物给甲

9. 丙找甲借自行车，甲的自行车与乙的很相像，均放于楼下车棚。丙错认乙车为甲车，遂把乙车骑走。甲告知丙骑错车，丙未理睬。某日，丙骑车购物，将车放在商店楼下，因墙体倒塌将车砸坏。下列哪些表述是正确的？（　　）

A. 丙错认乙车为甲车而占有，属于无权占有人

B. 甲告知丙骑错车前，丙修车的必要费用，乙应当偿还

C. 无论丙是否知道骑错车，乙均有权对其行使占有返还请求权

D. 对于乙车的毁损，丙应当承担赔偿责任

10. 某小区徐某未获得规划许可证和施工许可证便在自住房前扩建一个门面房，挤占小区人行通道。小区其他业主多次要求徐某拆除未果后，将该门面房强行拆除，毁坏了徐某自住房屋的墙砖。关于拆除行为，下列哪些表述是正确的？（　　）

A. 侵犯了徐某门面房的所有权

B. 侵犯了徐某的占有

C. 其他业主应恢复原状

D. 其他业主应赔偿徐某自住房屋墙砖毁坏的损失

11. 甲将自己祖传的价值10万元的古董交给乙保管。双方约定保管期限为1年，保管费为1000元，期满取古董时给付保管费。如果因为乙违约造成保管物损坏或灭失，乙要向甲承担11万元的赔偿责任。其间乙将该古董以13万元的价格卖给不知情的丙，双方钱货两清。下列说法中正确的是（　　）。

A. 甲有权要求乙承担11万元的违约赔偿责任

B. 甲有权要求乙承担侵权损害赔偿责任

C. 甲有权要求乙承担不当得利返还责任
D. 甲有权要求丙返还古董

不定项选择题

1. 甲喜好字画，家中也收藏了很多字画。后来甲因为出国留学而将所有字画交由其好友乙负责保管，并约定乙只限于保管，不得进行任何非保管必需的使用、处分和收益，乙应允。五年后，甲学成归国，到乙处索要字画，发现乙在一年前就已经因车祸死亡。乙的儿子丙长期在外地工作，对父亲的财产状况并不清楚。父亲死后，丙继承了父亲所有的财产，其中包括甲委托乙保管的字画。由于丙对字画没有兴趣，又转手卖给了丁。那么：

（1）乙的占有是（　　）。
A. 有权占有　　　B. 自主占有　　　C. 直接占有　　　D. 善意占有

（2）甲的占有是（　　）。
A. 直接占有　　　B. 有权占有　　　C. 间接占有　　　D. 自己占有

2. 甲、乙系邻居，一天，乙得知甲要出远门，半年后才回来。乙于是在晚上破门而入，强占了该屋，但对外声称是受了甲的委托。一个月后，乙将房屋出租给丙，并按月收取房租。半年后，甲如期回来，发现丙住在自己家中，并声称房屋是从房东那里租来的。甲找到乙，要求乙把房还给他，并马上让丙搬出去。乙说收取的房租只剩下一半，愿意将这部分返还。则下列说法正确的是（　　）。

A. 丙的占有事实不能对抗甲的所有权
B. 乙应当将所有的租金交给甲，而不是只返还一半的房租
C. 乙有权只将剩余的租金给甲
D. 丙的占有事实可以对抗甲的所有权

3. 甲善意占有乙的房屋两年，在占有期间，甲不仅对房屋作了必要的修缮，而且将房屋重新装潢了一番，大大提高了房屋的价值。两年后，乙要求甲搬离房屋，支付两年的租金并支付利息；甲要求乙支付相应的费用作为装潢房屋的补偿，但乙认为房屋是自己的，甲未经允许就进行装潢，是对原有结构的破坏，自己无须支付给甲任何费用，相反，甲应当为此支付一定的赔偿金。应当如何处理？（　　）

A. 甲支付给乙两年的房租，但不必支付利息
B. 乙支付给甲一定的修缮费用和装潢费用
C. 乙应当支付给甲修缮费用，但不必支付装潢费用
D. 甲应当支付给乙两年的房租和相应的利息

案例分析题

1. 甲将自有房屋出租给乙，在乙承租期间，该地发生地震，房屋受到损毁。乙及时与房主甲联系，但是甲正巧出差在外，赶不回来，但他告诉乙他有一批建材堆放在出租房屋的附近，乙可以使用。乙发现该房附近确有一堆建材，数量不少。于是就叫人用这些材料将房屋修缮了一番。由于乙觉得甲的房屋布局不是很合理，趁此机会，让修理人员对房屋格局也作了局部变动。房屋修缮完数月后，甲办完事返回家中，发现乙改变了房屋格局。第二天，邻居丙找到甲说乙使用的建材是他的，而不是甲的，要求甲赔偿他因此而遭受的损失。

请依案情摘要回答下列问题：

（1）甲、乙分别以何种方式占有这间出租房屋？
（2）乙使用的丙的建材现在应当归谁所有？

2. 2024年3月，甲公司与乙公司签订了一个买卖合同，根据合同，甲公司出售给乙公司1万吨钢材，分两批交付，分别在7月、8月发货。6月市场上钢材供不应求，价格提高。丙公司急需钢材，遂找到甲公司，要求以高价买下甲库存的5000吨钢材，并约定即时付款。甲公司见有利可图，就与丙公司签订了买卖合同，并在7月初发货完毕。7月，乙公司催着甲公司交货，甲公司声称货源紧张，无法按期供货，要求解除合同。乙公司经多方打听，得知甲公司已经将钢材转卖给丙公司，要求甲公司承担违约责任。

请依案情摘要回答下列问题：

（1）丙公司是否有权占有这批钢材？

（2）乙公司能否依据它与甲公司之间的买卖合同向丙公司主张对那5000吨钢材的占有？

第三编 合 同

第十六章 债的概述

基础知识图解

- 债的概念：债是指特定当事人之间请求为特定行为的法律关系
- 债的特征
  - 债反映财产流转关系
  - 债的主体双方只能是特定的
  - 债以债务人应为的特定行为为客体
  - 债须通过债务人的特定行为才能实现其目的
  - 债的发生具有任意性、多样性
  - 债具有平等性和相容性、相对性
- 债的要素
  - 主体
  - 内容
    - 债权
    - 债务
  - 客体，又称债的标的，是指债权债务所指向的事物
    - 合法性
    - 可能性
    - 确定性
    - 财产性
- 债的发生原因
  - 合同
  - 缔约上的过失
  - 无因管理
  - 单独行为
  - 不当得利
  - 侵权行为
  - 其他原因

配套测试

单项选择题

1. 甲公司要运送一批货物给收货人乙公司，甲公司的法定代表人丙电话联系并委托某汽车运

输公司运输。汽车运输公司安排本公司司机刘某驾车运输。在运输过程中，因刘某的过失发生交通事故，致货物受损。乙公司因未能及时收到货物而发生损失。问：乙公司应向谁要求承担损失？（　　）

　　A. 甲公司　　　　　　B. 丙　　　　　　C. 刘某　　　　　　D. 汽车运输公司

2. 某日晚，甲拾得熟人乙的自行车，就给乙打电话告诉了他。因已经很晚，甲想将车放在小区的车棚里，但车棚已上锁。不过，甲所在小区由于安保措施到位，从未发生过盗窃事件，因此，甲将自行车推到自己住的单元楼下。第二天一早，乙来取自行车，发现车被盗，乙要求甲赔偿。应如何处理？（　　）

　　A. 由乙自己承担损失

　　B. 由甲赔偿

　　C. 由甲承担主要责任，乙承担次要责任

　　D. 由乙承担主要责任，甲承担次要责任

3. 下列各项不属于债的发生原因的是（　　）。

　　A. 小白猫超市为吸引顾客，每月最后一天在该商场举行抽奖活动

　　B. 甲与市福利院签订协议，收养了一个孤儿乙

　　C. 佳味食品公司未经他人允许，擅自把他人的肖像用在本公司食品包装上

　　D. 丙将代丁保管的自行车擅自卖给了戊，得款600元

4. 甲、乙与丙就交通事故在交管部门的主持下达成《调解协议书》，由甲、乙分别赔偿丙5万元，甲当即履行。乙赔了1万元，余下4万元给丙打了欠条。乙到期后未履行，丙多次催讨未果，遂持《调解协议书》与欠条向法院起诉。下列哪一表述是正确的？（　　）

　　A. 本案属侵权之债

　　B. 本案属合同之债

　　C. 如丙获得工伤补偿，乙可主张相应免责

　　D. 丙可要求甲继续赔偿4万元

5. 下列哪一情形产生了不当得利之债？（　　）

　　A. 甲欠乙款超过诉讼时效后，甲向乙还款

　　B. 甲欠乙款，提前支付全部利息后又在借期届满前提前还款

　　C. 甲向乙支付因前晚打麻将输掉的2000元现金

　　D. 甲在乙银行的存款账户因银行电脑故障多出1万元

6. 下列哪一情形会引起无因管理之债？（　　）

　　A. 甲向乙借款，丙在明知诉讼时效已过后擅自代甲向乙还本付息

　　B. 甲在自家门口扫雪，顺便将邻居乙的小轿车上的积雪清扫干净

　　C. 甲与乙结婚后，乙生育一子丙，甲抚养丙5年后才得知丙是乙和丁所生

　　D. 甲拾得乙遗失的牛，寻找失主未果后牵回暂养。因地震致屋塌牛死，甲出卖牛皮、牛肉获价款若干

7. 薛某驾车撞死一个行人，交警大队确定薛某负全责。鉴于找不到死者亲属，交警大队调处后代权利人向薛某预收了6万元赔偿费，商定待找到权利人后再行转交。因一直未找到权利人，薛某诉请交警大队返还6万元。根据相关法律规定，下列哪一表述是正确的？（　　）

　　A. 薛某是义务人，但无对应权利人，让薛某承担赔偿义务，违反了权利义务相一致的原则

　　B. 交警大队未受损失而保有6万元，形成不当得利，应予退还

　　C. 交警大队代收6万元，依法行使行政职权，与薛某形成合法有效的行政法律关系，无须退还

D. 如确实未找到权利人，交警大队代收的 6 万元为无主财产，应收归国库

8. 甲的房屋与乙的房屋相邻。乙把房屋出租给丙居住，并为该房屋在 A 公司买了火灾保险。某日甲见乙的房屋起火，唯恐大火蔓延自家受损，遂率家人救火，火势得到及时控制，但甲被烧伤住院治疗。下列哪一表述是正确的？（　　）

A. 甲主观上为避免自家房屋受损，不构成无因管理，应自行承担医疗费用
B. 甲依据无因管理只能向乙主张医疗费赔偿，因乙是房屋所有人
C. 甲依据无因管理只能向丙主张医疗费赔偿，因丙是房屋实际使用人
D. 甲依据无因管理不能向 A 公司主张医疗费赔偿，因甲欠缺为 A 公司的利益实施管理的主观意思

9. 甲经乙公司股东丙介绍购买乙公司矿粉，甲依约预付了 100 万元货款，乙公司仅交付部分矿粉，经结算欠甲 50 万元货款。乙公司与丙商议，由乙公司和丙以欠款人的身份向甲出具欠条。其后，乙公司未按期支付。关于丙在欠条上签名的行为，下列哪一选项是正确的？（　　）

A. 构成第三人代为清偿　　　　　　　B. 构成免责的债务承担
C. 构成并存的债务承担　　　　　　　D. 构成无因管理

多项选择题

甲是某山区的农民。某晚，一头牛犊闯入甲家院内，并到院中牲口食槽内吃草。甲第二天发现后将牛犊喂养起来。过了 1 个月不见有人来寻找，便于夜晚将牛犊牵往几十公里外的牲口集市卖掉，得款 700 元。当甲与买主正准备离开时，被失主发现。甲开始时谎称该牛是自己所有，后经失主提出证据，不得不承认自己拾得的。买主见牛犊不是甲所有，遂不愿购买，甲将钱退还给买主，但仍不肯将牛犊返还失主。经集市管理部门调解无效，失主向人民法院起诉要求返还牛犊。甲辩称自己并非偷盗，而且已经将牛犊喂养 1 个月，即使返还，失主也应赔偿自己的损失。选项中正确的是（　　）。

A. 甲的行为开始时属于拾得遗失物
B. 其后甲拒不返还牛犊，应作为侵权行为处理
C. 甲必须返还牛犊
D. 甲不得要求补偿饲养费用和付出的劳务

不定项选择题

甲厂因急需柴油，与乙厂签订了一份买卖合同。双方商定，乙厂在一个月内筹集 0 号或 10 号柴油 20 吨供给甲厂，每吨单价为 1300 元；合同生效后，甲厂按合同约定支付了 1 万元定金。乙厂也在合同生效后的第 20 天，依约定向甲厂发运了 0 号柴油 20 吨。因当时气温下降，0 号柴油无法投入使用。故甲厂要求乙厂改供 10 号柴油，或者退货。乙厂认为其所供 0 号柴油符合国家质量标准和合同规定，既不应换货，也无货可换；同时要求甲厂依约支付货款，不能退货。

（1）本案合同所生之债应为（　　）。

A. 简单之债，因为乙厂只向甲厂发运了 0 号柴油
B. 简单之债，因为债权人甲厂有选择权
C. 选择之债，因为当事人约定了两种柴油种类
D. 选择之债，因为债务人可以选择 0 号或 10 号柴油供给甲厂

（2）关于本案合同之债的说法，正确的有（　　）。

A. 本案合同之债可以通过甲厂和乙厂签订合同而确定应供应 0 号或 10 号柴油
B. 本案中，合同之债可以通过债务人的选择而确定应供应 0 号或 10 号柴油

C. 本案中，合同当事人可以约定选择权行使的期限
D. 若由于国家政策限制，禁止出售 10 号柴油，则只能以 0 号柴油为履行标的

名词解释

1. 债
2. 债的要素

简答题

何谓债的标的？简述其要件及形态。

论述题

论债权的性质及其一般效力。

第十七章 债的类型

基础知识图解

意定之债与法定之债
种类之债：给付以其种类中的一定数量指示的债（相对于特定之债）
货币之债：是以给付一定数额的货币为标的的债，也称金钱之债
利息之债：
　约定利息之债与法定利息之债
　基本权利息之债与支分权利息之债
　单利之债与复利之债
选择之债与简单之债（不可选择之债）
复数主体之债：按份之债、可分之债、不可分之债、连带之债（债的主体一方为多数人，多数人一方的各个当事人之间存在连带关系的债）

配套测试

单项选择题

1. 以债务的标的是否能够由当事人选择为标准，债可分为（　　）。
　A. 特定之债和种类之债　　　　　　B. 简单之债和选择之债
　C. 单一之债和多数人之债　　　　　D. 财务之债和劳务之债

2. 某演出公司与"黑胡子"四人演唱组合订立演出合同，约定由该组合在某晚会上演唱自创歌曲 2~3 首，每首酬金 2 万元。由此成立的债的关系属何种类型？（　　）
　A. 特定之债　　　B. 单一之债　　　C. 选择之债　　　D. 法定之债

3. 甲、乙双方签订买卖合同，由甲方卖给乙方一匹非凡的赛马。乙方为有字号的个人合伙。下述判断错误的是（　　）。
　A. 甲、乙双方实施的是双方法律行为　　B. 甲、乙的合同之债是简单之债
　C. 甲、乙的合同之债是单一之债　　　　D. 甲、乙的合同之债是多数人之债

4. 甲对乙说：如果你在三年内考上公务员，我愿将自己的一套住房或者一辆宝马轿车相赠。乙同意。两年后，乙考取某国家机关职位。关于甲与乙的约定，下列哪一说法是正确的？（　　）
　A. 属于种类之债　　B. 属于选择之债　　C. 属于连带之债　　D. 属于劳务之债

多项选择题

1. 上海甲厂和上海乙厂都需要汽油，两厂与某石油公司签订了一份合同，约定石油公司在 3 个月内供给汽油 2400 吨，每吨价格为 1900 元。在汽油运到后，甲厂与乙厂再按 4∶6 分配。该合

同之债是（　　）。

  A. 多数人之债 B. 按份之债 C. 选择之债 D. 种类之债

2. 甲、乙夫妻与丙签订买卖合同，约定将丙的一幢房屋以 30 万元的价格卖给甲和乙。该合同所产生的债属于（　　）。

  A. 单一之债 B. 简单之债 C. 按份之债 D. 连带之债

3. 甲、乙与丙签订了一份购销合同，约定丙供给甲、乙原油 3000 吨，每吨价格为 2500 元，原油运到甲、乙所在地车站后，甲和乙按 4∶6 比例分配并按该比例付款。关于该合同之债的种类，下列哪些选项是正确的？（　　）

  A. 多数人之债 B. 按份之债 C. 简单之债 D. 特定之债

4. 选择之债因下列哪些原因变为简单之债？（　　）

  A. 可供选择的标的只余下一种可以履行

  B. 当事人一方提出变更

  C. 有选择权的一方行使了选择权

  D. 没有选择权的当事人一方只同意以数种标的中的一种履行

简答题

1. 简述按份之债和连带之债的区别。

2. 简述特定之债和种类之债的区分及其意义。

论述题

试论选择之债的履行。

第十八章　合同概述

基础知识图解

合同的概念和特征
- 合同是一种民事行为
- 合同是两方以上当事人的意思表示一致的民事行为
- 合同是以设立、变更、终止民事权利义务关系为目的的民事行为
- 合同是当事人各方在平等、自愿的基础上实施的民事行为

合同关系
- 相对性：主体相对性，内容相对性，责任相对性
- 合同的分类
  - 双务合同和单务合同
  - 有偿合同和无偿合同
  - 有名合同和无名合同
  - 诺成性合同与实践性合同
  - 要式合同与不要式合同
  - 为订约人自己利益订立的合同与为第三人利益订立的合同
  - 实定合同与射幸合同
  - 本约与预约
  - 格式合同与非格式合同

配套测试

单项选择题

1. 在甲、乙签订了一份分期交货的设备买卖合同后，由于双方均未预见到的政策调整因素，制作设备的主要原材料市场价格暴涨，超过签约时价格近4倍，如果仍按原合同履行，则卖方甲方将承受近90万元的损失。故甲提出修改合同，提高供货价格，乙不允，甲遂中止供货。后乙诉至法院。根据上述情况，承办法官认为，本案应将设备价格适当提高，或者解除合同。这一分析所依据的合同法律原理是下列哪一原则？（　　）

A. 情势变更原则　　　　　　　　B. 诚信原则
C. 公平互利原则　　　　　　　　D. 等价有偿原则

2. 某市汽贸公司因业务需要急需一笔资金，向银行贷款，银行要求其提供担保，但该公司无可供抵押的财产，亦无人愿做保证人，后市政府决定：鉴于该公司在我市经济中的重要作用，以及该项业务对于繁荣我市经济有良好的促进作用，特要求市电力公司为其保证人。随即，市电力公司与银行间签订了连带保证合同。此合同违背了（　　）原则。

A. 平等　　　　B. 诚信　　　　C. 自愿　　　　D. 公平

3. 某县政府与某建筑公司就县政府家属楼建设签订了一份建设工程合同，合同标的额为 300 万元，工程进行到一半时，县政府告知建筑公司：工程总量不变，但价款减少 50 万元，并且不容建筑公司提出异议。这一做法违背了（　　）原则。

  A. 平等   B. 诚信   C. 自愿   D. 公平

4. 某宾馆筹备处以宾馆名义与某公司签订客户租赁合同，规定自开业时起出租 15 套客房给该公司。此合同（　　）。

  A. 内容违法   B. 行为人主体不合格

  C. 意思表示不真实   D. 超出经营范围

5. 飞跃公司开发某杀毒软件，在安装程序中作了"本软件可能存在风险，继续安装视为同意自己承担一切风险"的声明。黄某购买正版软件，安装时同意了该声明。该软件误将操作系统视为病毒而删除，导致黄某电脑瘫痪并丢失其所有的文件。下列哪一选项是正确的？（　　）

  A. 因黄某同意飞跃公司的免责声明，可免除飞跃公司的赔偿责任

  B. 黄某有权要求飞跃公司承担赔偿责任

  C. 黄某有权依据《消费者权益保护法》获得双倍赔偿

  D. 黄某可同时提起侵权之诉和违约之诉

6. 下列各项中属于无名合同的是（　　）。

  A. 借款合同 B. 借用合同 C. 中介合同 D. 建设工程合同

7. 根据我国《民法典》，当事人约定由债务人向第三人履行债务的，债务人未向第三人履行债务或者履行债务不符合约定的，谁有权主张违约责任？（　　）

  A. 该第三人   B. 债权人

  C. 该第三人或债务人   D. 该第三人和债权人

8. 甲欲购买乙所有的机器设备一台，双方就价款已达成一致。因乙已将该设备出租于丙，故双方约定待租期届满由丙负责交付。租期届满后，丙未交付，则甲应向谁请求给付？（　　）

  A. 乙

  B. 丙

  C. 乙或丙，二者承担连带责任

  D. 甲不得向任何人请求，因为该种合同无效

9. 2024 年春天，甲收购站与乙苹果园签订订购苹果 5 万公斤的合同。签约时，乙方考虑到苹果生长受天气影响很大，于是主张在合同中附"苹果收成达到七成以上，才能如数供应苹果"的条款，对此甲方亦表示同意。这种附条款属于（　　）。

  A. 附否定延缓条件   B. 附肯定延缓条件

  C. 附否定解除条件   D. 附肯定解除条件

10. 下列哪项协议为民法上的合同？（　　）

  A. 甲厂与所在街道居委会签订的卫生三包协议

  B. 甲厂与职工签订的关于计划生育协议

  C. 甲厂与乙厂的联营协议

  D. 甲厂与丙公司签订的投资意向协议

11. 甲、乙同为儿童玩具生产商。六一儿童节前夕，丙与甲商谈进货事宜。乙知道后向丙提出更优惠条件，并指使丁假借订货与甲接洽，报价高于丙以阻止甲与丙签约。丙经比较与乙签约，丁随即终止与甲的谈判，甲因此遭受损失。对此，下列哪一说法是正确的？（　　）

  A. 乙应对甲承担缔约过失责任

  B. 丙应对甲承担缔约过失责任

C. 丁应对甲承担缔约过失责任

D. 乙、丙、丁无须对甲承担缔约过失责任

12. 甲手机专卖店门口立有一块木板，上书"假一罚十"四个醒目大字。乙从该店购买了一部手机，后经有关部门鉴定，该手机属于假冒产品，乙遂要求甲履行其"假一罚十"的承诺。关于本案，下列哪一选项是正确的？（　　）

A. "假一罚十"过分加重了甲的负担，属于无效的格式条款

B. "假一罚十"没有被订入合同之中，故对甲没有约束力

C. "假一罚十"显失公平，甲有权请求法院予以变更或者撤销

D. "假一罚十"是甲自愿作出的真实意思表示，应当认定为有效

13. 甲公司在2022年至2024年连续与乙公司签订了三份煤炭买卖合同，并按照合同的约定分别向乙公司的六个子公司发运了货物，但乙公司及其六个子公司至今未支付货款。关于本案，下列哪一选项是正确的？（　　）

A. 甲公司只能要求乙公司付款，无权要求乙公司的六个子公司付款

B. 甲公司只能要求乙公司的六个子公司付款，无权要求乙公司付款

C. 甲公司有权要求乙公司及其六个子公司对所欠货款承担连带责任

D. 甲公司只能选择乙公司付款，但可要求其六个子公司承担补充付款责任

14. 刘某提前两周以600元订购了海鸥航空公司全价1000元的六折机票，后因临时改变行程，刘某于航班起飞前一小时前往售票处办理退票手续，海鸥航空公司规定起飞前两小时内退票按机票价格收取30%的手续费。下列哪一选项是正确的？（　　）

A. 退票手续费的规定是无效格式条款

B. 刘某应当支付300元的退票手续费

C. 刘某应当支付180元的退票手续费

D. 海鸥航空公司只能收取退票的成本费而不能收取手续费

☑ 多项选择题

1. 合同可以采取口头形式，也可以采取书面形式，下面所列各项哪些属于合同的书面形式？（　　）

A. 合同书　　　　　　　　　　　　B. 电报、电传、传真

C. 电话　　　　　　　　　　　　　D. 电子数据交换和电子邮件

2. 2024年甲向乙借款3000元，借据中有"借期一年，明年十月十五前还款"字样，落款时间为"甲辰年九月二十日"。后来二人就还款期限问题发生争执，法院查明"甲辰年九月二十日"即公元2024年10月22日，故认定还款期限为2025年10月22日。法院运用了哪几种合同解释规则？（　　）

A. 文义解释　　　B. 整体解释　　　C. 目的解释　　　D. 习惯解释

3. 无偿合同与有偿合同的区别在于（　　）。

A. 在撤销权中，若被撤销的是有偿合同，须受让人知道或者应当知道对债权人造成损害为要件；无偿合同则否

B. 对于纯获利益的无偿合同，无民事行为能力人和限制民事行为能力人得独立为之；有偿合同则须法定代理人同意或追认

C. 有偿合同一般有同时履行抗辩权问题，无偿合同一般无

D. 两者注意义务的程度不同，有偿合同注意义务较重

4. 死亡保险合同属于（　　）。

A. 要式合同 B. 为第三人利益合同
C. 射幸合同 D. 格式合同

5. 下列射幸合同中有效的有（　　）。
A. 参加足球彩票抽奖，获奖 500 万元
B. 参加抽奖式的有奖销售，获特等奖 2 万元
C. 与保险公司签订人寿保险合同
D. 与赌友赌博，赢 3 万元

6. 下列合同中，属于要物合同的是（　　）。
A. 租赁合同 B. 自然人之间的借款合同
C. 互易合同 D. 保管合同

7. 下列合同中，既可以是有偿合同也可以是无偿合同的有哪些？（　　）
A. 保管合同　　　B. 委托合同　　　C. 借款合同　　　D. 互易合同

8. 孙女士于 2024 年 5 月 1 日从某商场购买一套化妆品，使用后皮肤红肿出疹，就医不愈花费巨大。2025 年 4 月，孙女士多次交涉无果将商场诉至法院。下列哪些说法是正确的？（　　）
A. 孙女士可以要求商场承担违约责任
B. 孙女士可以要求商场承担侵权责任
C. 孙女士可以要求商场承担缔约过失责任
D. 孙女士可以要求撤销合同

9. 甲在某大学摆设饮料自动贩卖机，乙投入两枚硬币购买了一罐咖啡，咖啡出来后，两枚硬币因机器故障跳出。乙见四下无人，便取走了两枚硬币。这一场景恰好被甲发现，遂产生纠纷。关于本案，下列哪些说法是正确的？（　　）
A. 甲摆设自动贩卖机的行为属于要约
B. 乙投币购买咖啡的行为属于承诺
C. 乙将两枚硬币放入口袋的行为构成不当得利
D. 甲有权请求乙返还该两枚硬币

名词解释

1. 合同
2. 实践性合同

简答题

1. 简述有偿合同与无偿合同的区别。
2. 简述诺成性合同与实践性合同的区别。

第十九章　合同的成立

基础知识图解

- 合同成立的概念与要件
  - 存在双方当事人
  - 对主要条款达成合意
  - 具备要约和承诺两个阶段

- 要约
  - 要件
    - 由特定人作出意思表示
    - 具有订立合同的意图
    - 向受要约人发出
    - 要约的内容必须具体明确
  - 要约邀请
    - 概念与要约的区别
    - 典型要约邀请：价目表、拍卖公告、招标公告、招股说明书、商业广告
  - 特殊形式的要约
  - 要约的法律效力
    - 要约生效的时间
    - 要约存续期间
    - 要约对受约人和要约人的拘束力
  - 要约的撤回和撤销
  - 要约失效

- 承诺
  - 要件
    - 由受要约人作出
    - 向要约人作出
    - 必须在要约的存续期间内作出
    - 内容与要约的内容一致
  - 承诺生效的标准
  - 承诺迟延和承诺撤回

- 合同的内容与解释
  - 合同的内容
    - 主要条款
    - 普通条款
  - 合同的解释
    - 定义
    - 原则
    - 规则

- 合同效力
  - 有效的合同
  - 无效的合同
  - 效力待定的合同
  - 可撤销、可变更合同

配套测试

单项选择题

1. 承诺应当在要约确定的期限内到达要约人。要约是以电报或者载明日期的信件作出的，承诺期限自（　　）开始计算。
　A. 电报或信件为受要约人接收的日期
　B. 电报交发之日或者信件载明的日期
　C. 电报发出之日或者信件的邮戳日期
　D. 电报到达受要约人的日期或者信件的邮戳日期

2. 承诺对要约的内容作出非实质性变更的，除要约人及时表示反对或者要约表明承诺不得对要约的内容作出任何变更的外，该承诺有效，合同的内容以（　　）为准。
　A. 要约的内容
　B. 承诺的内容
　C. 双方当事人对非实质性条款协商的内容
　D. 口头协商的内容

3. 教授甲举办学术讲座时，在礼堂外的张贴栏中公告其一部新著的书名及价格，告知有意购买者在门口的签字簿上签名。学生乙未留意该公告，以为签字簿是为签到而设，遂在上面签名。对乙的行为应如何认定？（　　）
　A. 乙的行为可推定为购买甲新著的意思表示
　B. 乙的行为构成重大误解，在此基础上成立的买卖合同可撤销
　C. 甲的行为属于要约，乙的行为属于附条件承诺，二者之间成立买卖合同，但需乙最后确认
　D. 乙的行为并非意思表示，在甲、乙之间并未成立买卖合同

4. 下列要约中可以撤销的是（　　）。
　A. "某规格水泥10吨，单价100元，请于15日内与我厂联系，过时不候"
　B. "……本要约为不可撤销之要约"
　C. "现有高档衬衫一批，单价150元，交款即购，数量不多，欲购从速"
　D. 某公司给某运输公司发来传真，称："有小麦100吨需运往南京，请贵公司必为我公司安排5吨卡车20辆，切记！"运输公司遂立即取消了部分零担货运，腾出车辆供该公司使用

5. 要约须撤回时，应使撤回要约的通知（　　）。
　A. 在受要约人发出承诺通知之前到达受要约人
　B. 在受要约人充分了解该要约之意义之前到达
　C. 在受要约人看到要约之前或同时到达负责的人
　D. 在要约到达受要约人的人之前或与要约同时到达受要约人

6. 下列关于合同成立时间的说法，正确的是（　　）。
　A. 只要承诺生效，合同也即成立，所以各类合同其成立时间也就是承诺生效时间
　B. 当事人采用合同书形式订立合同的，自双方就合同主要条款达成一致时合同即告成立
　C. 当事人采用信件、数据电文等形式订立合同的，可在合同成立之前要求签订确认书，合同以签订确认书的时间为成立时间
　D. 采用合同书形式订立合同，在签字或盖章之前，当事人一方已经履行主要义务，对方接受的，也须待双方签字盖章后，合同方成立

7. 甲厂向乙大学发函表示："我厂生产的 X 形电教室耳机，每副 30 元。如果贵校需要，请与我厂联系。"乙大学回函："我校愿向贵厂订购 X 形耳机 1000 副，每副单价 30 元，但需在耳机上附加一个音量调节器。"两个月后，乙大学收到甲厂发来的 1000 副耳机，但这批耳机上没有音量调节器，于是拒收。在这一过程中，（ ）。

   A. 乙大学违约，因其表示同意购买，合同即已成立
   B. 甲厂违约，因为乙大学同意购买的是附有音量调节器的耳机
   C. 双方当事人均违约，因为双方均未履行已生效的合同
   D. 双方当事人均未违约，因为合同还未成立。乙大学附条件地接受甲厂的要约，是一种新要约而非承诺

8. 甲公司为建职工宿舍楼以公告方式进行招标。乙建筑公司根据招标公告制定了一份完整的投标书投标。甲公司拒绝了这份投标书。对这一招标下列说法哪项正确？（ ）

   A. 乙建筑公司投标甲公司时合同成立
   B. 乙建筑公司制定投标书后合同成立
   C. 在甲公司同意该投标书前，有一效力待定合同
   D. 合同没有成立

9. 甲、乙间相互作出以下行为：（1）甲给乙去函，指出本厂生产的电视为国家名牌，现在有存货，可以出售；（2）乙回函询问价格，并表示愿意买 1000 台；（3）甲回复：价格为 1500 元，仅有 500 台。上列行为中（ ）。

   A.（1）为要约   B.（2）为要约   C.（3）为要约   D.（3）为要约邀请

10. 受要约人拒绝要约后在承诺期限内又表示同意的，应视为（ ）。

    A. 要约引诱   B. 变更承诺   C. 承诺有效   D. 发出新的要约

11. 下列承诺有效的是（ ）。

    A. 对要约的内容作了实质性变更
    B. 撤回承诺的通知与承诺同时到达要约人
    C. 撤回承诺的通知先于承诺到达要约人
    D. 承诺通知因为意外事件而迟到，但要约人怠于及时通知承诺人

12. 我国甲公司与国外乙公司互相通过电传达成一份大豆买卖协议，双方约定应签订合同确认书。甲公司在未签订确认书时，即向乙公司发货，乙公司拒收。根据有关法律规定下列哪项正确？（ ）

    A. 双方的合同无效   B. 双方的合同未成立
    C. 双方的合同效力待定   D. 以上都不对

13. 依照《民法典》规定，采用格式条款订立合同时，当事人对格式条款的理解发生争议时，应当如何处理？（ ）

    A. 作出不利于提供格式条款的一方的解释
    B. 作出不利于提供格式条款的一方的对方当事人的解释
    C. 按照公平合理的原则作出解释
    D. 按照诚信原则作出解释

14. 甲于 8 月 1 日向乙发出一要约，后又反悔欲撤回，于 8 月 3 日发出撤回通知。要约于 8 月 5 日至乙处，因乙外出，未能拆阅。撤回通知则于 8 月 6 日到达乙处，乙于 8 月 7 日返回家中，则此要约（ ）。

    A. 有效，因为要约已先于撤回通知到达乙
    B. 有效，因为要约发出后不得任意撤回

C. 无效，因为撤回通知和要约同时到达乙
D. 无效，因为要约可任意撤回

15. 甲公司于6月5日以传真方式向乙公司求购一台机床，要求"立即回复"。乙公司当日回复"收到传真"。6月10日，甲公司电话催问，乙公司表示同意按甲公司报价出售，要其于6月15日来人签订合同书。6月15日，甲公司前往签约，乙公司要求加价，未获同意，乙公司遂拒绝签约。对此，下列哪一种说法是正确的？（   ）

A. 买卖合同于6月5日成立
B. 买卖合同于6月10日成立
C. 买卖合同于6月15日成立
D. 甲公司有权要求乙公司承担缔约过失责任

16. 北京甲公司与上海乙公司订立了一份书面合同，甲公司签字、盖章后邮寄给乙公司签字、盖章；该合同成立的时间是（   ）。

A. 甲公司与乙公司口头协商一致时
B. 乙公司签字、盖章时
C. 甲公司将签字、盖章的合同交付邮寄时
D. 乙公司签字、盖章并送达甲公司时

17. 某大师带着自己的三层镂空作品，参加电视台节目，说没人能做出更高的。主持人笑问，如果有人能做出来呢？大师开玩笑说："不可能的，做出来，就把自己的作品赠送给他。"节目播出后，有人做出了5层镂空作品。对于某大师的行为应如何定性？（   ）

A. 戏谑行为
B. 显失公平的合同
C. 赠与合同，大师可随时撤销
D. 悬赏广告，大师应交付作品

18. 法人或者非法人组织的法定代表人、负责人超越权限订立合同的行为，一般情况下，该代表行为（   ）。

A. 有效   B. 视为有效   C. 无效   D. 经追认有效

19. 甲公司业务经理乙长期在丙餐厅签单招待客户，餐费由公司按月结清。后乙因故辞职，月底餐厅前去结账时，甲公司认为，乙当月的几次用餐都是招待私人朋友，因而拒付乙所签单的餐费。下列哪一选项是正确的？（   ）

A. 甲公司应当付款
B. 甲公司应当付款，乙承担连带责任
C. 甲公司有权拒绝付款
D. 甲公司应当承担补充责任

20. 小刚现年10岁，某日逛商场时看到某品牌55英寸4K智能液晶电视正举行优惠展销，想起父母曾提起过要买电视的事。就赶回家告诉父母，但家中没人，父母都没联系上。但优惠的电视数量有限，他便拿出自己的积蓄，以3900元的价格买了一台，因购电视还附赠奖券，小刚随便就抽了一张，其父母得知此事后夸奖了他。三天后，奖券中奖结果揭晓，小刚的奖券获一等奖——富康轿车一辆。商场遂主张小刚中奖无效，则（   ）。

A. 小刚中奖合法有效
B. 小刚中奖无效
C. 商场有权撤销小刚购买电视的行为，从而收回奖券
D. 商场有权催告小刚的父母予以追认，若小刚的父母未作表示的，则小刚购买电视的行为无效，商场有权收回奖券

21. 合同中的下列免责条款，有效的是（   ）。

A. 在本合同履行过程中所致人身伤害，本公司概不负责
B. 因意外事故致乙方不能履行或不能完全履行合同的，对因此所造成的财产损害，乙方不负

赔偿责任

C. 依本合同所进行的手术，全部风险，由患者承担

D. 因产品质量问题所致一切损害，仅由本公司承担该产品价格的价值损失

22. 甲、乙两公司签订一项以国有土地使用权为担保物的抵押合同，该抵押合同于6月17日签订，6月19日进行抵押登记，担保主债权发生时间为8月5日，约定付款时间为10月15日，则该抵押合同生效日为（　　）。

　　A. 6月19日　　　　B. 6月17日　　　　C. 8月5日　　　　D. 10月15日

23. 甲公司主张乙公司违约，乙公司则主张合同未成立，其理由是自己向甲公司发出的要约已经撤销。在甲公司可能提出的以下理由中，哪种情形下法院可以认定乙公司撤销要约成立？（　　）

　　A. 乙公司在要约中确定了承诺期限

　　B. 尽管乙公司在要约中未定承诺期限，但甲公司接到要约后已在考虑是否要给对方承诺

　　C. 乙公司在要约中明确表示等待甲公司的答复

　　D. 甲公司发出承诺以后才收到乙公司撤销要约的通知

24. 下列合同中，须经主管机关批准才能生效的合同为（　　）。

　　A. 技术开发合同

　　B. 转让全部国有资产的国有资产转让协议

　　C. 商标使用许可合同

　　D. 房屋买卖合同

25. 下列哪种情形视为承诺？（　　）

　　A. 甲向乙发出要约，要求1个月内给予答复，过期不回复视为承诺，乙未能如期作出答复

　　B. 甲向乙发出要约，丙得知后表示接受甲的条件

　　C. 甲向乙发出要约，乙经过考虑后向丁作出同意甲的要约的表示

　　D. 刘某依广告上刊登的价格，给某厂汇款购买其产品，该厂向刘某汇出指定的产品

26. 有关为第三人利益订立合同的下列说法，错误的是（　　）。

　　A. 为第三人利益订立合同不需要事先通知第三人或征得他的同意

　　B. 在真正第三人利益合同中，第三人在合同债务人不履行合同时，可以直接向债务人行使权利

　　C. 第三人可以接受合同为其设定的权利，也可以拒绝接受该权利

　　D. 当第三人表示不接受合同权利时，该合同无效

27. 甲企业因基建需要竹签，与乙厂签订了一供货合同，合同约定，乙供应甲竹签100捆，每根竹签价格1元，未约定总价。乙如约按惯例供应竹签100捆，每捆100根。甲企业以自己认为每捆竹签为10根，现每捆竹签为100根为由，主张变更合同，遭乙企业反对，双方发生纠纷。对此纠纷应如何处理？（　　）

　　A. 按重大误解处理

　　B. 按合同解释处理

　　C. 或按无效合同处理，或按合同解释处理

　　D. 按无效合同处理

28. 甲将300册藏书送给乙，并约定乙不得转让给第三人，否则甲有权收回藏书。其后甲向乙交付了300册藏书。下列哪一说法是正确的？（　　）

　　A. 甲与乙的赠与合同无效，乙不能取得藏书的所有权

　　B. 甲与乙的赠与合同无效，乙取得了藏书的所有权

C. 甲与乙的赠与合同为附条件的合同，乙不能取得藏书的所有权
D. 甲与乙的赠与合同有效，乙取得了藏书的所有权

29. 2020年5月，贾某以一套房屋作为投资，与几位朋友设立一家普通合伙企业，从事软件开发。2024年6月，贾某举家移民至国外，故打算自合伙企业中退出。对此，下列哪一选项是正确的？（　　）
A. 在合伙协议未约定合伙期限时，贾某向其他合伙人发出退伙通知后，即发生退伙效力
B. 因贾某的退伙，合伙企业须进行清算
C. 退伙后贾某可向合伙企业要求返还该房屋
D. 贾某对退伙前合伙企业的债务仍须承担无限连带责任

30. 方某、李某、刘某和张某签订借款合同，约定："方某向李某借款100万元，刘某提供房屋抵押，张某提供保证。"除李某外其他人都签了字。刘某先把房本交给了李某，承诺过几天再作抵押登记。李某交付100万元后，方某到期未还款。下列哪一选项是正确的？（　　）
A. 借款合同不成立　　　　　　　　B. 方某应返还不当得利
C. 张某应承担保证责任　　　　　　D. 刘某无义务办理房屋抵押登记

31. 陈老伯考察郊区某新楼盘时，听销售经理介绍周边有轨道交通19号线，出行方便，便与开发商订立了商品房预售合同。后经了解，轨道交通19号线属市域铁路，并非地铁，无法使用老年卡，出行成本较高；此外，铁路房的升值空间小于地铁房。陈老伯深感懊悔。关于陈老伯可否反悔，下列哪一说法是正确的？（　　）
A. 属认识错误，可主张撤销该预售合同
B. 属重大误解，可主张撤销该预售合同
C. 该预售合同显失公平，陈老伯可主张撤销该合同
D. 开发商并未欺诈陈老伯，该预售合同不能被撤销

32. 甲旅游公司的员工郑某去大理考察民宿，发现松茸正值上市期，遂以公司的名义和乙公司签订了团购合同，并且用自己的钱支付了松茸采购款。甲公司了解情况后，打算将该批松茸作为员工福利发放。对此，下列哪一说法是正确的？（　　）
A. 郑某无权代理，该买卖合同效力待定
B. 郑某可要求公司归还松茸采购款
C. 郑某可要求公司归还松茸
D. 如甲公司主张郑某欺诈，可撤销该合同

33. 某日，王某在古玩街花费数万元购买了一对青铜烛台，疑为明代真品。后经鉴定，该烛台为现代仿品，仅值数百元。关于王某的救济，下列哪一说法是正确的？（　　）
A. 可主张存在重大误解，请求撤销合同
B. 意思表示真实有效，无权请求撤销合同
C. 可主张存在显失公平，请求撤销合同
D. 可主张其被出卖人欺诈，请求撤销合同

☑ 多项选择题

1. 要约具有下列哪些情形之一的，不得撤销？（　　）
A. 要约中确定了承诺期限的
B. 要约人以明示方式表示要约不可撤销的
C. 要约的内容明确具体，且只向一个特定受要约人发出的
D. 受要约人有理由认为要约是不可撤销的，并且已经为履行合同作了准备工作

2. 当事人甲、乙采用数据电文形式订立合同时，下列表述正确的是（   ）。

A. 甲收到乙发来的电子邮件，甲的主营业地为 A 市，则 A 市为合同成立地点

B. 甲收到乙发来的电子邮件，甲无主营业地，但其在 B 市已居住两年，则 B 市为合同成立地点

C. 甲、乙可以约定以 D 市为合同成立地点

D. 甲、乙可以约定乙所在地 C 市为合同成立地点

3. 下列选项中，哪些属于导致承诺不生效的事由？（   ）

A. 受要约人实质性地改变了要约中的价格条款

B. 受要约人改变了要约人要求承诺的特定形式

C. 承诺人在要约有效期限内作出，但在期限届满后到达要约人

D. 撤回承诺的通知先于承诺到达要约人

4. 承诺对要约内容作出实质性变更的，可以视为新要约。下面所列各项，哪些属于对要约内容作出实质性变更？（   ）

A. 有关合同标的数量的变更

B. 有关合同的履行期限和履行地点的变更

C. 有关合同违约责任的变更

D. 有关合同解决争议方法的变更

5. 承诺对要约的内容作出非实质性变更的，除下列哪些情形外，该承诺有效？（   ）

A. 要约人没有明确表示反对的

B. 要约人及时表示反对的

C. 要约表明承诺不得对要约的内容作出任何变更的

D. 要约人没有对承诺明确表示同意的

6. 下列要约已失效的有（   ）。

A. 受要约人已将拒绝要约的通知投入邮箱

B. 受要约人表示"同意贵公司条件，但交货地点由北京改为广州"

C. 甲在电话中称自己有电脑一台，配置如何，欲以 5000 元转让，问乙是否愿意要，乙未作答复

D. 某商品贴出告示："本店新到红豆衬衫一批，每件 50 元，数量有限，欲购从速。"甲未带钱，次日带钱经过该店欲去购买时，看到告示已撤下，并被告知：货已售完

7. 下列承诺不能发生效力的有（   ）。

A. 某建筑公司向某沙场求购 20 吨沙，沙场即依双方长期以来的交易习惯为其装运 20 吨沙，送往指定的建筑之地

B. 甲公司函告乙公司："我公司有某规格电冰箱 50 台，单价 1500 元。若要，请在半月内与我公司联系。"一月后，乙公司复函同意，甲公司接到通知后未予答复

C. 甲给乙发去传真，称"有惠普某型号复印机一台，价格 5400 元，若要请告知"。次日乙传真告知甲"同意购买，价格 5000 元"。

D. 甲打电话告诉乙自己想把摩托车以 4000 元价格卖掉，乙当时未表态。次日乙打电话告诉甲自己愿以 4000 元买下该摩托车

8. 下列承诺中有效的有（   ）。

A. 某贸易公司以信件发出承诺通知，又立即以传真向要约人表明撤回该承诺，传真先于信件到达

B. 甲告知乙，因儿子考上大学，欲将其居住的房间租出，月租价 750 元；问乙是否愿意住，

乙称自己再考虑一下，甲随即称：可以，但要在一个月内给我答复。一周后，乙向甲发出一封邮件，表示愿意租甲的房子，但因网络故障，一个月后邮件才到达甲的邮箱，甲看到后过了两个月才告诉乙此事并称房已租出

C. 甲公司向乙公司发出传真，称"现有某型号轿车100辆，单价15万元。若需要请于三日内告知"。乙公司次日传真称"同意。若本合同出现纠纷，由北京市仲裁委员会仲裁"

D. 李某到冷饮店拿出5元钱，说："一杯可乐。"服务员遂接过钱，把一杯冰镇可乐递过去

9. 下列合同，已成立的有（　　）。

A. 甲发邮件告知乙自己有《民商法论丛》一套，欲以八折价格转让；乙立即给甲发邮件表示同意，并要求签订确认书，现甲尚未签订确认书

B. 当事人双方在合同上签字并盖章

C. 甲向乙发出要约，向乙求购水泥100吨，乙同意甲的全部条件，但要求双方签订合同书，乙在合同书上签字后将合同书寄给甲，随即向甲发货，甲接受了货物，此时因合同书尚未寄到，甲尚未在合同书上签字

D. 甲向乙发出要约，乙同意甲的要约，但乙之承诺于要约规定的承诺期限届满后才发出，甲收到后没有表态

10. 合同成立地点应以下述（　　）确定。

A. 承诺发出的地点为合同成立的地点

B. 以合同书、确认书形式订立合同的，双方当事人签字盖章地为合同成立地；签字盖章不在同一地点的，最后签字盖章地为合同成立地

C. 以数据电文形式订立合同的，收件人的主营业地为合同成立地；没有主营业地的，其经常居住地为合同成立的地点

D. 当事人对合同成立地有特别约定的，以其约定地点为准

11. 通过（　　）方式达成的协议，一方当事人要求签订确认书的，签订确认书时方为合同的成立时间。

A. 信件　　　　　　　B. 电报　　　　　　　C. 电传　　　　　　　D. 电话

12. 甲厂向乙公司和丙公司发出内容相同的两封电报，称："本厂急需空调机20台，价格每台3000元，若有意，请3天内发货，货到付款。"乙公司收到电报后，立即给甲公司回电一封，称："有货，立即发货。"甲公司按照乙公司要求将60000元货款电汇给了乙公司。丙公司收到电报后，立即按照甲公司的要求将货发出。几天后，甲公司同时收到了乙公司和丙公司发来的货，但甲公司拒绝接受丙公司的货物，为此发生纠纷。对此事的判断，不正确的有（　　）。

A. 甲厂的求购电报属于要约邀请

B. 乙公司的回电属于承诺

C. 甲厂与乙公司间的合同成立

D. 甲厂与丙公司的合同不成立

13. 甲向乙发出要约，"愿意以2000元价格出卖我的电脑，一手交钱，一手交货。请于本周星期五之前答复"。下列说法中正确的是（　　）。

A. 甲的要约在到达乙之后，甲不得撤回

B. 甲的要约到达乙之后，甲仍可撤销该要约，但撤销要约的通知必须在受要约人乙发出承诺通知之前到达乙

C. 甲的要约可以撤回，但撤回通知必须先于或与要约同时到达乙

D. 如果乙未作出承诺，甲的要约在本周五后失效

14. 下列哪些承诺行为必然不发生承诺的效力？（　　）

A. 附条件地接受要约
B. 撤回承诺的通知与承诺同时到达要约人
C. 撤回承诺的通知先于承诺到达要约人
D. 承诺因送达的原因于要约有效期限届满后到达要约人，要约人及时将该情况通知了承诺人并表示不接受该承诺

15. 当事人在订立合同过程中给对方造成损失，应当承担损害赔偿责任的法定情形有（　　）。
A. 借订立合同，恶意进行磋商
B. 故意提供虚假情况
C. 故意隐瞒与订立合同有关的重要事实
D. 违背诚信原则的行为

16. 某房地产公司甲为了缓解资金压力，隐瞒其预售商品房已抵押给银行的事实而与乙公司洽谈商品房预售事宜。经过 3 个月的磋商，甲、乙达成了总价达 1200 万元的商品房预售意向书，在正式签订合同的前一天，乙公司得知该商品房抵押事实，遂终止签订事宜；与之同时，商品房市价上涨 20%。对此（　　）。
A. 合同尚未成立，甲不负任何民事责任
B. 合同已成立，但未生效
C. 甲的行为违背诚信原则
D. 合同虽未成立，但甲应负缔约过失责任

17. 甲企业与乙企业就电视购销协议进行洽谈，其间，乙采取了保密措施的市场开发计划被甲得知。甲遂推迟与乙签约，开始有针对性地吸引乙的潜在客户，导致乙的市场份额锐减。下列说法中哪些是正确的？（　　）
A. 甲的行为属于正常的商业竞争行为
B. 甲的行为违反了先合同义务
C. 甲的行为侵犯了乙的商业秘密
D. 甲应承担缔约过失责任

18. 合同生效后，就一些主要内容约定不明确或没有约定时，应（　　）。
A. 因合同不具备主要条款，法院应依职权或当事人申请直接宣告合同不成立或无效
B. 由当事人协议补充
C. 不能达成补充协议的，依合同有关条款或交易习惯确定
D. 不能达成补充协议，且按照合同有关条款或交易习惯仍不能确定的，应依据法律的有关规定加以补充

19. 甲、乙约定在某事实发生时，乙有权解除合同，则（　　）。
A. 该事实发生时，合同解除
B. 该事实发生后，经甲催告，乙在 3 日内未行使权利的，权利消灭
C. 该事实发生时，合同解除权发生
D. 甲、乙可再议取消这一约定

20. 甲公司意欲出卖一栋商品房，于 2024 年 3 月与乙公司签订了房屋买卖合同的意向书。同年 5 月，丙公司以更高的价金向甲公司提出购买此楼，甲公司便将此楼卖给丙公司，双方办理了房屋过户登记手续。后乙公司要求甲公司与其签订正式的房屋买卖合同，发现甲公司已经将房卖给了丙公司，便诉至法院，对本案的下列表述哪项是正确的？（　　）
A. 甲公司与丙公司已经签订了房屋买卖合同并办理了房屋过户登记手续，该楼应归丙公司

所有

B. 甲公司与乙公司签订的意向书有效，乙公司可以要求甲公司履行合同责任

C. 甲公司应当对乙公司承担违约责任

D. 甲公司应当对乙公司承担缔约过失责任

不定项选择题

1. 阅读案例，回答下列问题：甲，某市华康娱乐有限公司；乙，某市副食品加工厂。甲因业务的需要，欲购进一批锅巴和方便面。甲的公关部经理杨某得知后，即介绍了乙。甲委托杨某办理此事。杨某打电话给乙，称：甲需要方便面100箱（每箱40包）、锅巴500箱（每箱30包），每包价格分别为0.30元和0.45元，近几天内送货，货到即付款。乙方回话称：因粮食提价，每包价格应为0.32元和0.50元。另外，附加100箱饼干，共2000包，单价为2.5元。如有违约，应承担10%违约金。杨某表示同意。几天后，乙将货送到，甲的法定代表人亲自查收。由于客观原因，乙未领到货款而返回。后因饼干不好销售，甲拒付货款。乙遂诉至人民法院。甲表示，饼干是杨某擅自做主购回的，方便面、锅巴价格太高，此事应由杨某负责。

（1）根据上述案情，结合合同法律的有关规定，下列说法中正确的是（　　）。

A. 合同成立，杨某有合法的代理权

B. 合同成立，杨某超越代理的行为得到追认

C. 合同部分有效，部分无效

D. 合同无效的部分的民事责任由杨某承担

（2）如果甲并未追认杨某购买饼干的代理权，那么合同（　　）。

A. 仍然有效　　　　　　　　　　B. 无效

C. 效力未定　　　　　　　　　　D. 部分有效，部分无效

（3）如果甲并未委托杨某签订合同，那么（　　）。

A. 合同无效，应追究杨某的违约责任

B. 合同有效，应追究杨某的违约责任

C. 合同无效，不应追究杨某的违约责任

D. 合同无效，杨某和乙各自承担相应的责任

（4）无权代理的法定理由有（　　）。

A. 未经授权　　　B. 超越代理权　　　C. 双方代理　　　D. 代理权消灭

2. 以下构成缔约过失责任的有（　　）。

A. 房地产开发公司在售楼广告中宣传房主入住后将提供免费的班车，后来虽然开通了，但是只维持了三个月就取消了

B. 下雨天，顾客因为饭店地滑，摔倒在餐桌旁

C. 甲、乙合作办公司，合同约定甲在三个月内获得相应土地的使用权，乙负责筹集资金；三个月后，甲拿到了土地使用权，而乙不愿意继续合作

D. 甲公司与乙工厂签订了水果买卖合同，后来甲公司的供货地遭受了自然灾害，甲公司要求解除合同

3. 甲公司与乙公司约定，由甲公司向乙公司交付100吨苹果，乙公司付款100万元。乙公司将苹果转卖给丙公司，并约定由甲公司向丙公司交付，丙公司收货后3日内应向乙支付价款120万元。张某以自有汽车为乙公司的债权提供抵押担保，已办理抵押登记。抵押合同约定："在丙公司不付款时，乙公司有权就出卖该汽车的价款清偿自己的债权。"李某为这笔货款出具担保函："在丙公司不付款时，由李某承担保证责任。"丙公司收到苹果后未依约向乙公司支付120万元，

乙公司向张某主张实现抵押权，同时要求李某承担保证责任。张某见状，便将其汽车出卖交付给刘某，并通知了乙公司。关于乙公司与丙公司签订合同的效力，下列表述正确的是（　　）。

A. 效力待定　　　　　　　　　　B. 为甲公司设定义务的约定无效

C. 有效　　　　　　　　　　　　D. 无效

4. 下列情形中，甲公司应承担民事责任是（　　）。

A. 甲公司董事乙与丙公司签订保证合同，乙擅自在合同上加盖甲公司公章和法定代表人丁的印章

B. 甲公司与乙公司签订借款合同，甲公司未盖公章，但乙公司已付款，且该款用于甲公司项目建设

C. 甲公司法定代表人乙委托员工丙与丁签订合同，借用丁的存款单办理质押贷款用于经营

D. 甲公司与乙约定，乙向甲公司交纳保证金，甲公司为乙贷款购买设备提供担保。甲公司法定代表人丙以个人名义收取该保证金并转交甲公司出纳员入账

名词解释

1. 合同的订立
2. 要约的撤回
3. 要约的撤销

简答题

1. 简述要约应具备的要件。
2. 简述要约的撤回与要约的撤销的区别。

案例分析题

1. 2024 年 4 月 30 日，A 钢材厂在报纸上刊登一则广告：本厂现有 1.2mm 韩国产薄钢板 400 吨，拟以低于市场定价 200 元/吨的优惠价格出售，5 日内保证现货供应，先来先买，款到后本厂立即负责送货，过期广告作废。甲公司见后认为有利可图，遂于当日即给 A 厂发去一份订单写明购买 100 吨，并进一步明确最迟 5 月 10 日必须送到，并按 7800 元/吨的价格将款项通过银行汇给 A 厂。A 厂于 5 月 1 日收到订单，5 月 2 日收到银行汇款，A 立即发传真给甲公司：钢板以 8000 元/吨计价，请补清余款，款到 5 日内将货送到。甲公司收到传真后认为：由于当前的钢材市场定价为 8000 元/吨，因此 A 厂 8000 元/吨的价格并无优惠，就于 5 月 3 日以传真回复："价格与广告所载不符，当前市场定价为 8000 元/吨，请依 7800 元/吨送货。"但是由于 A 厂职员疏忽，未将传真及时送达 A 厂厂长。5 月 4 日，乙公司派人买走钢板 60 吨后，A 厂还剩 90 吨钢板待售。5 月 5 日 A 厂厂长才看到甲公司 5 月 3 日发来的传真，立即告知甲公司，同意其提出价格，但只能先送去 90 吨，余货 15 日送到，同时派车将 90 吨钢材给甲公司送去。该车钢材于 5 月 9 日送到。甲公司认为 A 厂未按约定数量送货因而拒收货物并要求 A 厂承担损害赔偿责任。

请依案情摘要回答下列问题：

（1）4 月 30 日 A 厂广告及甲公司订单是什么性质？为什么？

（2）A 厂与甲公司是否成立了合同关系？若已成立，其成立及生效的时间为哪一天？

（3）5 月 2 日和 5 月 3 日 A 厂与甲公司双方的传真产生什么法律效果？

（4）甲公司可否拒绝接收货物，为什么？

（5）假设甲公司 5 月 3 日传真还有以下内容："可以延长送货期限至 5 月 15 日。" 5 月 4 日薄

板的市场价涨至 8200 元/吨，甲公司立即于 5 月 5 日又发出一份传真："现收回 5 月 3 日的传真，同意你厂 5 月 2 日传真内容。"A 厂厂长于 5 月 5 日先后看到这两份传真。甲公司 5 月 5 日的传真具有什么性质？

2. 甲公司与乙公司就一批高档西服的买卖合同以电子邮件的形式进行磋商。5 月 8 日甲公司首先提出该批西服的数量、质量、价格等内容，询问乙公司能否提供。乙公司接受了甲公司的要求，并就履行地点、期限等内容提出了若干补充意见，且提出采用合同书形式订立合同，并于 5 月 10 日将上述内容告知甲公司。甲公司收到后于 5 月 11 日发出电子邮件表示完全同意，乙公司遂以双方往来电子邮件之内容为基础草拟了合同书。5 月 12 日，乙公司董事长在位于 A 地的乙公司大楼内，在合同书上签字，并将合同书寄往甲公司所在地 B 地，同日，鉴于履行期限较紧，乙公司将合同中所约定的西服迅速交丙公司装车运往甲公司。因甲公司董事长在 C 地出差，甲公司遂派专人将收到的合同书送往 C 地，5 月 15 日，甲公司董事长在合同书上签字。此前，5 月 13 日，乙公司提供的西服由丙公司运抵甲公司所在地 B 地，甲公司于当日接收货物完毕。

请依案情摘要回答下列问题：

(1) 合同于何时成立？

(2) 若乙公司之西服于 5 月 16 日运到并由甲公司接收，则：①合同于何地成立？②合同于何时成立？

(3) 若当事人对交付地点未作约定，应如何处理？

(4) 本案中，若丙公司在运输途中因山洪暴发，汽车连同西服一并卷入洪水，就这批灭失的西服，损失应由谁承担？

3. 甲公司向乙公司发出传真①，称："现有某品牌高标号水泥一批，价格优惠，每吨仅 200 元；存货不多，欲购从速。"乙公司随即回电"需水泥 50 吨，于 7 月 9 日在贵公司处提货"（传真②）。甲公司立即回复"同意，但 7 月 9 日为周末，请于 7 月 10 日来提货"（传真③）。但是，由于通信线路故障，该传真被延误了一周于 7 月 16 日方到达乙公司，乙公司收到后未再与甲公司联系。7 月 10 日，甲公司将 50 吨水泥从位于外地的库房拉到公司院内，但始终未见乙公司派人来提货。7 月 11 日，突然天降暴雨，堆放在院内的水泥虽经努力遮掩但仍被雨淋泡变质，不能使用。

请依案情摘要回答下列问题：

(1) 三个传真的法律性质是什么？

(2) 甲、乙公司间的合同是否成立？应自何时成立？为什么？

(3) 水泥毁损所受的损失应由谁负担？为什么应由其负担？

(4) 本案中，若传真②称"我公司急需 50 吨水泥，于三日后赴你处提货"，甲公司收到后立即组织人员将 50 吨水泥包装完毕，并做好装车准备，但在甲公司次日回电承诺前，乙公司传真告知："已从他处购得水泥，原要约撤销。"则此撤销效力如何？为什么？若此撤销有效，则发生什么法律后果？

4. 李某赴外地出差，晚间前往旅馆投宿。办理住宿手续时，服务员拿出一张印制好的"住宿须知"请李某过目，而后请李某签字同意，其中一条写明"除日用必需品外的贵重物品，请交由总服务台统一保管，否则，若遗失本店概不负责"。李某签字后，便立即回房休息，因旅途疲惫，李某用手机向本单位领导简单汇报了一下工作进展，并将一些重要内容输入随身携带的笔记本电脑后，便立即睡下，直至次日早晨八点方醒。醒来后，李某发现自己房间的窗户被人打开，房门也大开，手机与笔记本电脑不翼而飞。李某遂以旅店未尽到保护义务为由，诉至法院，要求旅店赔偿损失，旅店则以李某签字同意的"住宿须知"为由，申请免责。经查实：李某睡前已关好窗子和门，且其电脑、手机被盗属实，另外，当地治安状况不佳，常有入室盗窃案件发生，但该旅店未聘有保安人员。

请依案情摘要回答下列问题：

（1）本案中的"住宿须知"是否为合同的一部分？

（2）"住宿须知"中的免责条款的效力如何？为什么？

（3）双方就"住宿须知"中的"除日用必需品外的贵重物品"一句的理解发生争议，应如何予以解释？

（4）本案应如何处理？

5. 某照相器材商店购进一批新型相机，每部定价为2998元。售货员在制作标价牌时，误将2998元标为1998元。某日，顾客A入店，发现在别处卖近3000元的相机在这里只卖1998元，遂一下买了两部。事后，当售货员再次去库房取货时，才发现每部少收了1000元。商店经多方查找，终于找到A，要求退货或补足差价。A称，自己买回两部相机是付了钱的，买卖已成交，岂有退货之理；再说，其中一部相机已以2600元卖给了同事B，还要看B是否愿意退货。商店按A所指找到B，B也拒绝了商店的要求。商店遂以A、B为被告诉至法院，要求退货或补足差价。

请依案情摘要回答下列问题：

（1）商店与A之间民事行为的性质及法律后果如何？

（2）商店对A、B的诉讼请求能否成立？为什么？

第二十章 合同的履行

基础知识图解

- 合同履行概述
  - 概念：指债务人依据法律规定和合同约定作出给付的行为
  - 原则
    - 全面履行原则
    - 诚信履行原则
    - 节约资源、保护生态原则
- 合同履行的基本规则
  - 履行主体
  - 履行标的
  - 履行地点
  - 履行期限
  - 履行方式
  - 履行费用
- 合同履行中的抗辩权
- 情势变更

配套测试

单项选择题

1. 甲超市与乙运输公司订立运输合同：由乙公司将1000辆摩托车一次运到甲超市所在地。由于乙公司的运输车辆临时有其他任务无法一次运完，遂与甲超市协商，分三次运输，多余的费用由甲超市和乙公司分别承担，遭到甲超市拒绝。后来经过乙公司调查，甲超市在摩托车运到后，并未马上出售，而是先用于展览。下列说法正确的是（　　）。

　　A. 甲超市可以拒绝乙公司的要求，因为这是合同的约定
　　B. 甲超市无权拒绝乙公司的要求，因为拒绝分期履行对其没有利益损害
　　C. 如果乙公司承担分期履行的多余费用，则甲超市不能拒绝
　　D. 即使乙公司承担分期履行的多余费用，甲超市也可以拒绝

2. 甲公司和乙公司签订了一份春茶买卖合同，双方约定在乙公司所在地交货，但是双方对合同中茶叶交付的时间约定不明，仅规定甲公司应于2024年交付1000公斤的茶叶，则（　　）。

　　A. 茶叶交付的期限由债权人乙公司确定
　　B. 茶叶交付的期限由债务人甲公司确定
　　C. 茶叶交付的期限应依茶叶的性质来确定
　　D. 由于合同没有履行期限条款，该合同之债视为没有成立

3. 甲、乙签订一房屋买卖合同，甲已支付 20 万元房款，尚欠 5000 元未付，此时，若甲请求乙交付房屋并办理过户手续，则（　　）。

　　A. 乙得对甲主张同时履行抗辩
　　B. 依诚信原则，乙不得主张同时履行抗辩
　　C. 甲违约在先，乙得解除合同
　　D. 买卖合同中无同时履行抗辩问题，故乙须履行

4. 甲、乙签订一苹果买卖合同，双方约定：甲卖给乙 2000 公斤苹果，价格为 1.20 元/公斤。双方就履行顺序未作约定，甲已向乙供应了 500 公斤苹果，现向乙提出付款请求，则乙（　　）。

　　A. 不得主张同时履行抗辩，须给付全部价款
　　B. 就已给付的 500 公斤苹果的价款不得主张同时履行抗辩，就未给付部分则可
　　C. 得就全部价款主张同时履行抗辩
　　D. 得主张甲履行不完全从而解除合同

5. 甲演出公司与当红歌星乙签订演出合同。双方约定，甲公司应于 12 月 30 日向乙支付出场费 2 万元，乙须于元旦晚上为甲公司举办的新年晚会演唱歌曲。12 月 29 日，乙因车祸需立即手术，预计住院 3 个月。则甲公司（　　）。

　　A. 有权解除合同　　　　　　　　B. 不得解除合同但可中止履行
　　C. 可解除合同或中止履行　　　　D. 须于 12 月 30 日向乙支付出场费

6. 关于附随义务，下列说法错误的是（　　）。

　　A. 其内容包括通知、协助、保密等　　B. 仅存续于合同有效期内
　　C. 由法律直接规定　　　　　　　　　D. 乃诚信原则的具体体现

7. 依照我国民事法律规范，交付货物履行地点不明确的，履行地应为（　　）。

　　A. 供货方所在地　　　　　　　　　B. 需货方所在地
　　C. 供货方或需货方所在地　　　　　D. 供货方和需货方之间的中间地

✅ 多项选择题

1. 当事人双方对债的履行地点没有约定的，可采取下列哪些方式补救？（　　）

　　A. 履行地点在法律上有特别规定时，依其规定
　　B. 履行地点可以由习惯确定
　　C. 履行地点可以由债的性质确定
　　D. 履行地点由债权人确定

2. 债务人代物清偿应具备下列哪些条件？（　　）

　　A. 必须有原债务存在
　　B. 必须以当事人约定的他种给付代替原定给付
　　C. 必须有双方当事人关于代物清偿的合意
　　D. 必须债权人等有受领权的人现实地受领给付

3. 属于第三人代为履行的有（　　）。

　　A. 甲的货物存在丙的仓库，甲与乙订立买卖合同后，由丙直接将甲应交付的货物交给乙
　　B. 甲向乙订购一批机器，甲指定乙将这批机器交付丙厂
　　C. 甲为丙的利益而与乙订立了合同，合同成立后，丙接受乙的履行
　　D. 在多数人之债中，连带债权人或者连带债务人中的一人代为履行的

4. 应当先履行债务的当事人，如果有确切证据证明对方无偿转让财产，导致可能丧失履约能力，当事人可以（　　）。

A. 中止履行 B. 请求对方提供担保
C. 解除合同 D. 请求法院撤销该行为

5. 合同规定甲公司应当在 8 月 30 日向乙公司交付一批货物。8 月中旬，甲公司把货物运送到乙公司。此时乙公司有权如何处理？（　　）

A. 拒绝接收货物 B. 不接收货物并要求对方承担违约责任
C. 接收货物并要求对方承担违约责任 D. 接收货物并要求对方支付增加的费用

6. 合同对履行地点没有约定或者约定的地点不明确的，依下列相应情形确定的合同履行地，正确的有（　　）。

A. 给付货币的，在接受货币一方所在地履行
B. 交付不动产的，在不动产所在地履行
C. 交付动产的，在接受义务履行一方所在地履行
D. 履行标的是行为的，在履行义务一方所在地履行

7. 当事人履行合同义务时，根据合同的性质、目的和交易习惯应当履行下列哪些义务？（　　）

A. 及时通知 B. 提供必要的条件
C. 防止损失扩大 D. 协助、保密

8. 甲公司向乙公司订购一批燃气热水器，但合同中对质量未作规定，则（　　）。

A. 先由双方协议补充
B. 无法达成补充协议且依照合同有关条款或交易习惯无法确定的，按国家标准、行业标准履行
C. 没有国家标准、行业标准的，按照通常标准或符合合同目的的特定标准履行
D. 买卖合同中欠缺质量这一主要条款，合同不成立

9. 合同中价款或报酬不明确，依《民法典》第 510 条仍不能确定的，应（　　）。

A. 按合同履行时订立地的市场价格履行
B. 按合同生效时履行地的市场价格履行
C. 按合同订立时履行地的市场价格履行
D. 依法应执行政府定价或者政府指导价的，按照规定履行

10. 王某向丁某借款 100 万元，后无力清偿，遂提出以自己所有的一幅古画抵债，双方约定第二天交付。对此，下列哪些说法是正确的？（　　）

A. 双方约定以古画抵债，等同于签订了另一份买卖合同，原借款合同失效，王某只能以交付古画履行债务
B. 双方交付古画的行为属于履行借款合同义务
C. 王某有权在交付古画前反悔，提出继续以现金偿付借款本息方式履行债务
D. 古画交付后，如果被鉴定为赝品，则王某应承担瑕疵担保责任

名词解释

情势变更

简答题

简述代物清偿的要件。

第二十一章　合同履行中的抗辩权

基础知识图解

- 概述
- 同时履行抗辩权
  - 须由同一双务合同互负债务
  - 须双方互负的债务均已届清偿期
  - 须对方未履行债务或者未提出履行债务
  - 须对方的对待给付是可能给付
  - 当事人一方违约与同时履行抗辩
- 不当履行
  - 迟延履行
  - 受领迟延
  - 部分履行
  - 瑕疵履行
- 不安抗辩权
  - 因同一双务合同而互负债务
  - 后给付义务人的履行能力明显降低
    - 经营状况恶化
    - 转移财产或抽逃资金以逃避债务
    - 丧失商业信誉
    - 有丧失或可能丧失偿债能力的其他情形
  - 不安抗辩权行使及效力
- 先履行抗辩权
  - 互负债务
  - 有先后履行顺序
  - 先履行一方不符合债的本旨
  - 先履行抗辩权的行使和效力

配套测试

单项选择题

1. 甲一日在乙处看到一条名贵狗，双方商定价金 5 万元。现乙已向甲交付该狗，但未交付该狗的血统证明书。若乙请求甲付款，则甲（　　）。

A. 不得主张同时履行抗辩，因为交付证书义务为从给付义务

B. 不得主张同时履行抗辩，因为付款与交付证书不具有对待给付关系

C. 得主张同时履行抗辩，因为从给付义务不妨碍抗辩权的成立
D. 得主张同时履行抗辩，因为从给付义务虽通常不得成立该抗辩，但本案从给付义务与合同目的实现关系密切

2. 合同约定：甲公司于 7 月 5 日前将 200 台电视交付给乙公司，乙公司于收货后一周内将全部货款 40 万元交给甲公司，则下列说法中正确的是（　　）。
A. 甲公司在履行其义务前，得要求乙公司给付货款
B. 双方均享有同时履行抗辩权
C. 若甲公司仅交付 100 台电视，乙公司有权拒付一半货款
D. 甲公司逾期未交付，乙公司以此为由拒绝给付货款，则构成双方违约，各自承担自己的责任

3. 债务人要求提前履行债务的，（　　）。
A. 债权人应予准许
B. 债权人应予拒绝
C. 债权人有权拒绝，但提前履行不损害债权人利益的除外
D. 提前履行债务给债权人增加的费用，由债权人负担

4. 甲在乙经营的酒店进餐时饮酒过度，离去时拒付餐费，乙不知甲的身份和去向。甲酒醒后回酒店欲取回遗忘的外衣，乙以甲未付餐费为由拒绝交还。对乙的行为应如何定性？（　　）
A. 是行使同时履行抗辩权　　　　　　B. 是行使不安抗辩权
C. 是自助行为　　　　　　　　　　　D. 是侵权行为

5. 甲、乙订立一份价款为 10 万元的图书买卖合同，约定甲先支付书款，乙两个月后交付图书。甲由于资金周转困难只交付 5 万元，答应余款尽快支付，但乙不同意。两个月后甲要求乙交付图书，遭乙拒绝。对此，下列哪一表述是正确的？（　　）
A. 乙对甲享有同时履行抗辩权
B. 乙对甲享有不安抗辩权
C. 乙有权拒绝交付全部图书
D. 乙有权拒绝交付与 5 万元书款价值相当的图书

6. 2024 年 5 月 6 日，甲公司与乙公司签约，约定甲公司于 6 月 1 日付款，乙公司 6 月 15 日交付"连升"牌自动扶梯。合同签订后 10 日，乙公司销售给他人的"连升"牌自动扶梯发生重大安全事故，市场监督管理局介入调查。合同签订后 20 日，甲、乙、丙公司三方合意，由丙公司承担付款义务。丙公司 6 月 1 日未付款。下列哪一表述是正确的？（　　）
A. 甲公司有权要求乙公司交付自动扶梯
B. 丙公司有权要求乙公司交付自动扶梯
C. 丙公司有权行使不安抗辩权
D. 乙公司有权要求甲公司和丙公司承担连带债务

7. 2024 年 2 月 1 日，乙公司向甲公司订购短袖 T 恤 1 万件，约定：乙公司应在 4 月 5 日前支付 30 万元首期价款，甲公司从 5 月 1 日起分批交付 T 恤，交付完毕后乙公司付清余款。4 月 4 日，乙公司准备按约支付首期价款，甲公司的竞争对手告知乙公司，甲公司生产经营严重恶化，将要破产。乙公司随即暂停付款，并告知甲公司暂停付款的原因，要求甲公司提供担保。甲公司告知乙公司：本公司经营正常，T 恤生产原料马上准备到位，正准备安排从 4 月 10 日起生产，乙公司应尽快履行合同，否则将不交货并追究违约责任。但乙公司坚持要求甲公司提供担保，甲公司不同意。乙没有按期支付首期价款，并于 4 月 7 日发出通知，解除甲、乙之间的合同，取消交易。关于甲、乙之间的关系，表述正确的是（　　）。

A. 乙公司虽然在 4 月 5 日前没有支付首期价款，但不应承担违约责任
B. 甲公司 4 月 4 日电话中关于将不交货的表示构成违约
C. 甲公司拒绝提供担保，乙公司有权解除合同
D. 乙公司无权解除合同，取消交易

8. 甲与乙订立买卖合同，约定甲于 10 月 10 日交货，乙在收货后 10 天内付款。交货期届满时，甲发现乙有转移资金以逃避债务的行为。对此，甲可依法行使的权利是（　　）。
A. 先履行抗辩权　　　　　　　　　B. 同时履行抗辩权
C. 先诉抗辩权　　　　　　　　　　D. 不安抗辩权

多项选择题

1. 下列哪些合同可适用同时履行抗辩权？（　　）
A. 行政合同
B. 买卖合同
C. 未约定利息的自然人之间的借贷合同
D. 互易合同

2. 同时履行抗辩权与留置权非常相似。关于它们的区别，以下说法正确的是（　　）。
A. 前者是抗辩权，后者是物权
B. 前者适用范围较广，后者只适用于几种特殊合同
C. 前者有不可分性，后者则无之
D. 前者仅能消极阻止对方请求，后者对标的物得优先受偿

3. 甲于 2 月 3 日向乙借用一台电视，乙于 2 月 6 日向甲借用了一部手机。到期后，甲未向乙归还电视，乙因此也拒绝向甲归还手机。关于乙的行为，下列哪些说法是错误的？（　　）
A. 是行使同时履行抗辩权　　　　　B. 是行使不安抗辩权
C. 是行使留置权　　　　　　　　　D. 是行使抵销权

4. 甲将其随身听交乙修理，双方就履行期无约定，乙修好后，甲请求乙交付，此时乙得主张（　　）。
A. 同时履行抗辩权　　　　　　　　B. 不安抗辩权
C. 后履行抗辩权　　　　　　　　　D. 留置权

5. 应当先履行债务的当事人，有证据证明对方有下列哪些情形之一的，可以中止履行？（　　）
A. 经营状况严重恶化的
B. 转移资产、抽逃资金，以逃避债务的
C. 丧失商业信誉的
D. 有其他丧失或者可能丧失履行债务能力情形的

6. 下列哪些情况下，当事人一方不履行非金钱债务或者履行非金钱债务不符合约定的，对方不可以请求强制履行？（　　）
A. 法律上或事实上不能履行的
B. 债务的标的物在市场上不难获得的
C. 债务的标的不适于强制履行的或者履行费用过高的
D. 债权人在合理期限内未请求履行的

7. 中止履行的法律后果包括（　　）。
A. 中止履行无确切证据证明法定事由出现的，应承担违约责任

B. 中止履行后应及时通知对方
C. 在对方提供适当担保时，应恢复履行
D. 中止履行后，对方在合理期限内未恢复履行能力且未提供适当担保的，中止履行方可以解除合同，并追究其违约责任

8. 某热电厂从某煤矿购煤 200 吨，约定交货期限为 2024 年 9 月 30 日，付款期限为 2024 年 10 月 31 日。9 月底，煤矿交付 200 吨煤，热电厂经检验发现煤的含硫量远远超过约定标准，根据政府规定不能在该厂区燃烧。基于上述情况，热电厂的哪些主张有法律依据？（　　）
A. 行使顺序履行抗辩权　　　　　　B. 要求煤矿承担违约责任
C. 行使不安抗辩权　　　　　　　　D. 解除合同

不定项选择题

某市 A 乡农户甲于 3 月 1 日与乙公司订立合同，出售自己饲养的活鸡 1 万只，乙公司应在 3 月 21 日前支付 5 万元的首期价款，甲从 4 月 1 日起分批交付，交付完毕后乙公司付清余款。3 月 20 日，乙公司得知该市的 B 乡发现了鸡瘟，即致电向甲询问。甲称，尽管 B 乡临近 A 乡，但是应当不会传播过来。乙公司表示等到事情比较明朗后再付款，甲坚持要求其按时付款，否则将不交货并追究责任。3 月 25 日，因失火导致鸡棚倒塌，致甲所饲养的大部分鸡毁于一旦，甲当即将此事通知了乙。3 月 10 日，甲向丙公司订购了一批饲料，约定 4 月 10 日至 20 日送货上门，甲验收后 10 日内付款。甲在 3 月 26 日把鸡的死亡情况通知了丙公司，要求取消交易。丙公司称：货物已经备好，不同意解约，除非甲赔偿其损失。请回答（1）~（3）题。

（1）关于甲与乙公司之间的关系，表述正确的是（　　）。
A. 乙公司虽在 3 月 21 日没有付款，但不应承担违约责任
B. 甲 3 月 20 日电话中关于将不交货的表示构成违约
C. 甲不需承担不能交付标的物的违约责任
D. 乙公司有权解除合同

（2）关于甲与丙公司之间的关系，表述正确的是（　　）。
A. 由于甲所养殖的鸡于 3 月 25 日已经大部分灭失，合同自动解除
B. 甲取消交易构成违约，应对丙承担违约责任
C. 甲有权单方解除合同，但是应赔偿丙公司的损失
D. 丙有权要求甲继续履行合同

（3）假设甲所养的鸡并未因失火导致鸡棚倒塌所灭，但当地政府为防止鸡瘟暴发，自 3 月 21 日起对甲的养殖场实行管制，禁止鸡鸭外运，一旦发现鸡瘟即全部扑杀，乙知情后没有支付首期价款，关于甲、乙之间的关系，表述正确的是（　　）。
A. 虽然乙公司在 3 月 21 日前没有付款，但不应承担违约责任
B. 甲有权以乙未付首期价款为由拒绝履行相应的交货义务
C. 如果双方协商解除合同，甲应当适当赔偿乙公司的损失
D. 如果双方协商解除合同，乙公司应当适当赔偿甲的损失

名词解释

1. 双务合同履行中的抗辩权
2. 先履行抗辩权

简答题

1. 简述双务合同履行中的不安抗辩权。
2. 简述同时履行抗辩权的构成要件。
3. 简述同时履行抗辩权的法律效力。
4. 简述预期违约和不安抗辩权的主要区别。

第二十二章 合同的保全

基础知识图解

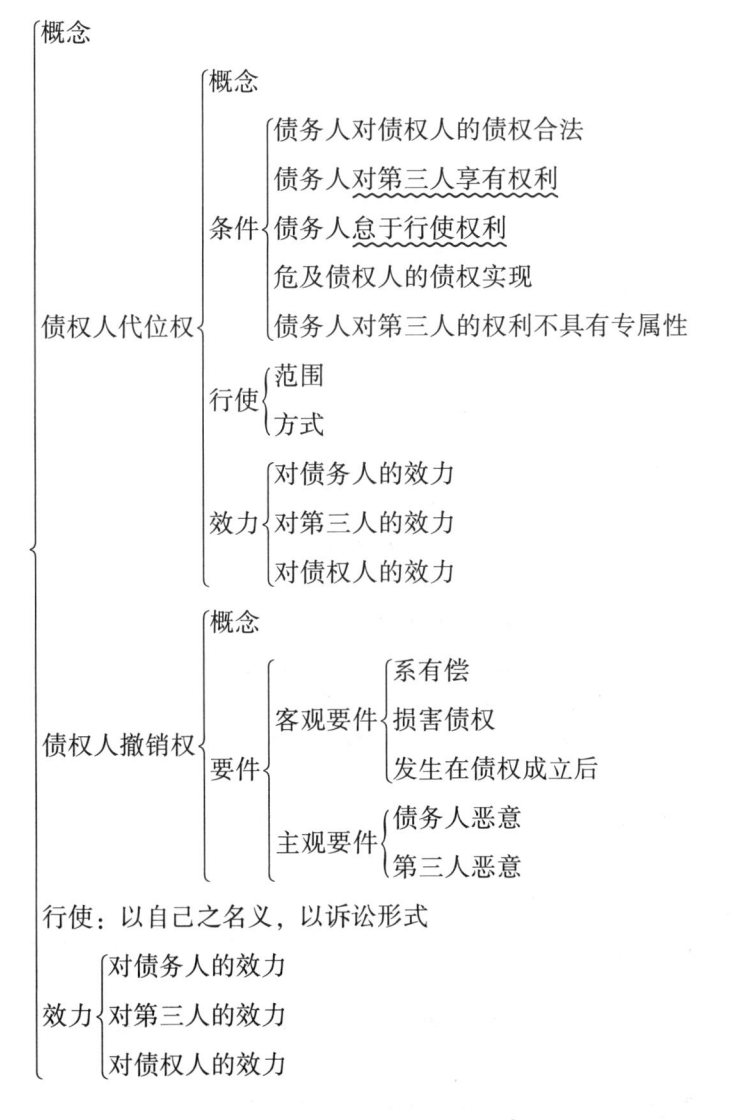

```
概念
债权人代位权
  ├─ 概念
  ├─ 条件
  │   ├─ 债务人对债权人的债权合法
  │   ├─ 债务人对第三人享有权利
  │   ├─ 债务人怠于行使权利
  │   ├─ 危及债权人的债权实现
  │   └─ 债务人对第三人的权利不具有专属性
  ├─ 行使
  │   ├─ 范围
  │   └─ 方式
  └─ 效力
      ├─ 对债务人的效力
      ├─ 对第三人的效力
      └─ 对债权人的效力

债权人撤销权
  ├─ 概念
  ├─ 要件
  │   ├─ 客观要件
  │   │   ├─ 系有偿
  │   │   ├─ 损害债权
  │   │   └─ 发生在债权成立后
  │   └─ 主观要件
  │       ├─ 债务人恶意
  │       └─ 第三人恶意
  ├─ 行使：以自己之名义，以诉讼形式
  └─ 效力
      ├─ 对债务人的效力
      ├─ 对第三人的效力
      └─ 对债权人的效力
```

配套测试

单项选择题

1. 甲于 2022 年 10 月 10 日向乙借款 1 万元，双方约定借款期限为 2 年。2024 年 10 月 16 日，甲仍未还款。经调查，乙发现甲家里除了一台黑白电视机没有什么值钱的东西。但甲帮丙运输百货，丙欠甲 2 万元运输费未付，已到期 7 个多月。由于丙是甲的亲戚，甲不好意思向丙要钱，就一直拖着。下列说法中正确的是（　　）。

  A. 乙可以以甲的名义向丙要回这欠款 2 万元，其中，1 万元用于偿还自己的债款
  B. 乙可以扣押甲的电视机来行使其代位权，代位权就是只要还钱就行
  C. 乙可以直接行使代位权请求丙偿还所欠甲的运输费，以便偿还自己的债款
  D. 乙可以直接享有债权人的代位权，而无须甲的同意或与甲协商

2. 甲公司对乙公司享有 10 万元债权，乙公司对丙公司享有 20 万元债权。甲公司将其债权转让给丁公司并通知了乙公司，丙公司未经乙公司同意，将其债务转移给戊公司。如丁公司对戊公司提起代位权诉讼，戊公司下列哪一抗辩理由能够成立？（　　）

  A. 甲公司转让债权未获乙公司同意
  B. 丙公司转移债务未经乙公司同意
  C. 乙公司已经要求戊公司偿还债务
  D. 乙公司、丙公司之间的债务纠纷有仲裁条款约束

3. 甲欠乙 30 万元到期后，乙多次催要未果。甲与丙结婚数日后即办理离婚手续，在《离婚协议书》中约定将甲婚前的一处住房赠与知悉甲欠乙债务的丙，并办理了所有权变更登记。乙认为甲侵害了自己的权益，聘请律师向法院起诉，请求撤销甲的赠与行为，为此向律师支付代理费 2 万元。下列哪一选项是错误的？（　　）

  A. 《离婚协议书》因恶意串通损害第三人利益而无效
  B. 如甲证明自己有稳定工资收入及汽车等财产可供还债，法院应驳回乙的诉讼请求
  C. 如乙仅以甲为被告，法院应追加丙为被告
  D. 如法院认定乙的撤销权成立，应一并支持乙提出的由甲承担律师代理费的请求

4. 甲为乙的债务担保，根据约定，取得担保费 3 万元。该 3 万元取得的依据是（　　）。

  A. 保证合同   B. 委托合同
  C. 保证合同或委托合同   D. 保证合同和委托合同

5. 李某向信用社贷款 2 万元，请在县人民检察院做出纳的朋友王某在保证人栏目盖上人民检察院印章，而此事人民检察院领导并不知道，李某在经营中亏损无力还贷，信用社要人民检察院归还，人民检察院经查知系王某所为，故拒绝清偿。下列说法中正确的是（　　）。

  A. 人民检察院应依保证合同的约定负保证责任
  B. 虽然人民检察院领导不知情，但从保护善意第三人角度看，应认定该保证合同已成立
  C. 该保证合同不成立，由当事人按照各自过错承担责任
  D. 保证合同成立，由人民检察院和王某承担连带保证责任

6. 甲与乙订立一买卖合同。甲又与丙订立一保证合同，约定丙对乙履行债务承担连带保证责任。下列表述正确的是（　　）。

  A. 在买卖合同纠纷未经审判或者仲裁，并就乙的财产依法强制执行仍不能履行债务前，丙对甲可拒绝承担保证责任
  B. 买卖合同履行期限届满，乙不履行债务，甲即可以请求丙承担保证责任
  C. 此保证合同属于共同保证
  D. 此保证属于对将来债务的保证

7. 甲（17 周岁）每月工资 3000 元，以工资作为主要生活来源，家中并无积蓄，也无贵重财产。其好友乙与丙订立了一货物买卖合同，总价款 20 万元，乙请甲为其提供担保，甲同意，并与丙订立了保证合同，约定甲承担连带保证责任。后乙不能履行债务，丙要求甲承担保证责任。下列表述正确的是（　　）。

A. 甲没有完全代偿能力，因此，保证合同无效，甲不必承担保证责任
B. 甲是限制民事行为能力人，因此，保证合同无效，甲不必承担保证责任
C. 甲是完全民事行为能力人，虽无完全代偿能力，但不能以此为由要求免除保证责任
D. 甲是限制民事行为能力人，因此，保证合同效力待定，如果甲的法定代理人同意追认，则甲承担保证责任，如果甲的法定代理人不追认，保证合同自始无效，甲不必依保证合同承担保证责任

8. 甲借款给乙2万元，丙对乙承诺提供保证。后丙与乙之间签订保证合同，未通知甲。后乙与甲协商变更借款数额为3万元。借款到期后，乙无力偿还该借款，为此发生纠纷。对此，（ ）。

A. 丙应承担2万元的保证债务　　　　B. 丙应承担3万元的保证债务
C. 丙不应承担保证债务　　　　　　　D. 丙承担保证债务后有权向乙追偿

9. 甲、乙签订买卖合同，约定甲方于2024年8月10日向乙方预付定金10万元，合同成立；9月10日前，乙方向甲方交付全部货物；甲方验收合格后，余款90万元甲方一次性付给乙方，另约定违约金2万元。8月10日，甲方依约定向乙方交付定金10万元。但截至9月20日，虽经甲方多次催告，乙方仍未能向甲方交付货物。下列表述不正确的是（ ）。

A. 甲方有权要求乙方双倍返还定金，即给付20万元人民币
B. 甲方有权要求乙方双倍返还定金或支付违约金
C. 甲方有权请求法院判令乙方支付违约金，返还定金10万元
D. 设甲方在8月10日未向乙方预付定金，则甲、乙双方互有过错，都应承担违约责任

10. 甲、乙二人签订买卖合同，合同总标的为10万元，合同约定违约金为2万元，同时，甲向乙支付定金5000元。后乙违约，造成甲的经济损失2.1万元。现甲向人民法院起诉，问：甲最多可以向乙要求支付（ ）。

A. 2万元　　　　　B. 2.6万元　　　　　C. 3万元　　　　　D. 3.1万元

11. 甲装修公司欠乙建材商场货款5万元，乙商场应支付甲公司装修费2万元。现甲公司欠款已到期，乙商场欠款已过诉讼时效，甲公司欲以装修费充抵货款。下列哪一种说法是正确的？（ ）

A. 甲公司有权主张抵销
B. 甲公司主张抵销，须经乙商场同意
C. 双方债务性质不同，不得抵销
D. 乙商场债务已过诉讼时效，不得抵销

12. 甲公司在2024年6月1日欠乙公司货款500万元，届期无力清偿。2023年12月1日，甲公司向丙公司赠送一套价值50万元的机器设备。2024年3月1日，甲公司向丁基金会捐赠50万元现金。2024年12月1日，甲公司向戊希望学校捐赠价值100万元的电脑。甲公司的3项赠与行为均尚未履行。下列哪一选项是正确的？（ ）

A. 乙公司有权撤销甲公司对丙公司的赠与
B. 乙公司有权撤销甲公司对丁基金会的捐赠
C. 乙公司有权撤销甲公司对戊希望学校的捐赠
D. 甲公司有权撤销对戊希望学校的捐赠

13. 甲欠乙货款30万元，丙、丁为保证人，没有约定各自的担保范围和担保方式。因甲到期无力向乙还款，丙根据甲的要求承担了20万元的保证责任。关于丙承担保证责任以后的求偿权，下列表述正确的是（ ）。

A. 丙可向甲请求偿还20万元

B. 丙作为一般保证的保证人放弃先诉抗辩权，自愿承担保证担保责任，不得追偿

C. 丙只能分别向甲、丁请求偿还 10 万元

D. 丙最多只能向丁请求偿还 5 万元

14. 甲公司与乙公司签订为期 3 年的供货合同，丙公司表示，在该供货合同期限内，对甲公司产生的货款债务愿意提供保证。后因甲公司经营不善，无力清偿，与乙公司协商终止该供货合同，尚有 2022 万元货款未支付，乙公司表示免除 22 万元尾款，并同意甲公司将 500 万元债务转至丁公司承担，以上均未通知丙公司，下列说法正确的是（　　）。

A. 丙公司应对 2022 万元承担保证责任

B. 丙公司应对 1500 万元承担保证责任

C. 丙公司应对 2000 万元承担保证责任

D. 丙公司应对甲公司产生的债务承担连带责任

☑ 多项选择题

1. 甲欠乙 1.6 万元无力偿还，经乙查证：丙欠甲 2.5 万元，履行期已届满 6 个月，甲从未向丙要求返还；甲的退休金 600 元，抚恤金 2000 元，有关单位已拖延 1 个月未发放，甲亦未追要，下列陈述正确的是（　　）。

A. 乙只能向法院请求以甲的名义要求丙归还 2.5 万元

B. 乙可以向法院请求以乙的名义要求丙归还 2.5 万元，有关单位发放退休金 600 元，抚恤金 2000 元

C. 乙可以向法院请求以乙的名义要求丙归还 1.6 万元

D. 即使丙仅交付 1 万元，乙也不能要求有关部门发放甲的退休金、抚恤金

2. 债务人有下列情形之一的，债权人可以向人民法院提起撤销权诉讼：（　　）。

A. 债务人放弃或者延长其到期债权，以致不能清偿其债务，对债权人造成损害的

B. 债务人无偿转让财产，对债权人造成损害的

C. 债务人放弃其未到期债权，又无其他财产清偿到期债权，可能影响债权人实现其债权的

D. 债务人将自己的财产出售，却又允许买受人欠债的

3. 担保物权的不可分性表现在（　　）。

A. 部分债权因清偿或让与消灭的，债权人仍可就未清偿债权部分对担保财产全体行使权利

B. 担保物一部分灭失，残存部分仍担保债权全部

C. 分期履行的债权，已届履行期的部分未履行时，债权人就全部担保财产有优先受偿权

D. 抵押权不得与主债权分离而单独转让

4. 担保合同失效后，当事人应当承担相应的民事责任，下列关于当事人民事责任承担的陈述哪些是正确的？（　　）

A. 主合同有效而担保合同无效，担保人有过错而债权人无过错的，担保人对债务人不能清偿的部分承担赔偿责任

B. 主合同无效而导致担保合同无效，债权人有过错而担保人无过错的，担保人不承担责任

C. 主合同有效而担保合同无效，债权人、担保人均有过错的，担保人承担民事责任的部分，不应超过债务人未清偿部分的二分之一

D. 主合同无效而导致担保合同无效，担保人有过错的，担保人承担民事责任的部分，不应超过债务人不能清偿部分的三分之一

5. 钱某向赵某借款 9 万元，孙某、李某、周某三人为连带保证人，借款期届满，钱某无力偿还债务，孙某代为偿还了该 9 万元，则孙某取得哪些权利？（　　）

A. 可以请求钱某偿还 9 万元

B. 可以请求李某、周某偿还其各自应承担的 3 万元

C. 可以先请求钱某偿还，向钱某不能追偿的部分再向李某、周某按各自比例请求偿还

D. 可以请求李某、周某偿还其各自应承担的 3 万元，并可同时请求钱某偿还 3 万元

6. A 公司与自然人 B 签订一份借款协议，向 B 借款 50 万元，月利率 10%，期限为 2023 年 1 月 5 日至 7 月 5 日。A 公司请 C 公司担保，C 公司出具的担保书规定：借款人到期不能清偿的，保证人负责清偿，担保期至借款人全部本息还清时止。事后 A 公司无力偿还，B 于 2024 年 9 月 5 日向债务人 A 公司提起诉讼。下列说法中错误的是（   ）。

A. 由于 B 只是向债务人提起诉讼，没有向保证人 C 公司主张权利，因此，C 公司不承担保证责任

B. 由于 B 直到 2024 年 9 月才主张权利，已经超过了 6 个月的保证期间，所以，保证人 C 公司不承担责任

C. 由于借款利率高于同期银行贷款利率，因此，主合同无效，故 C 公司不承担保证责任

D. C 公司承担的保证责任为一般保证

7. 下列选项中，构成共同保证的有（   ）。

A. 甲对乙的债务承担保证责任，丙对丁的债务承担保证责任

B. 甲、乙与丁订立一保证合同，二人共同为丙欠丁的债务提供担保

C. 甲、乙分别与丙订立保证合同，但都是为丁欠丙的债务提供保证

D. 甲对乙的债务提供保证，乙对丙的债务提供保证

8. 甲公司与乙公司签订了一份联营协议，规定甲公司与乙公司联营期限为 2 年，期限届满时甲公司一次性支付乙公司联营出资的全部资金，并按 40% 支付利润。同时，丙公司明知这一情况而与乙公司签订保证协议，对联营协议提供担保。下列说法正确的是（   ）。

A. 甲公司与乙公司之间的联营协议无效

B. 丙公司与乙公司之间的保证合同无效

C. 丙公司根据其过错承担相应的赔偿责任

D. 丙公司、甲公司共同对乙公司承担返还本金的责任，同时对甲、乙、丙公司规避法律的行为予以处罚

9. 赵某欠孙某 10 万元，田某欠赵某 10 万元，赵某同时还欠周某和郑某 10 万元。孙某代替赵某对田某行使了代位权，要回了 10 万元。下列说法中不正确的是（   ）。

A. 孙某不能以自己的名义行使代位权

B. 周某和郑某知道孙某行使了代位权后，即使债权未到期，也可以主张同时受偿

C. 设置代位权的目的在于督促债务人自动履行债务

D. 孙某可以直接向田某主张代位行使 10 万元债权

10. 保证人对主债务人的求偿权的行使条件包括（   ）。

A. 保证人已经对债权人承担了保证责任

B. 主债务人对债权人因保证人承担了保证责任而免责

C. 保证人没有赠与的意思

D. 第三人没有为保证人提供反担保

11. 甲向乙借款人民币 5 万元，由丙做保证人，丙与乙签订了保证合同。对此保证合同的性质，下列说法正确的有（   ）。

A. 是单务合同

B. 是无偿合同

C. 是甲与乙之间的借款合同的从合同

D. 是诺成性合同

12. 甲向乙借款 5 万元，乙要求甲提供担保，甲分别找到友人丙、丁、戊、己，他们各自作出以下表示，其中哪些构成保证？（　　）

A. 丙在甲向乙出具的借据上签署"保证人丙"

B. 丁向乙出具字据称"如甲到期不向乙还款，本人愿代还 3 万元"

C. 戊向乙出具字据称"如甲到期不向乙还款，由本人负责"

D. 己向乙出具字据称"如甲到期不向乙还款，由本人以某处私房抵债"

13. 甲向乙借款 10 万元，由丙作为保证人，约定"如果甲到期不能偿还该债务，由丙承担保证责任，直至甲的债务本息还清为止"。下列哪些选项是正确的？（　　）

A. 该保证为一般保证

B. 该保证为连带责任保证

C. 保证期间为主债务履行期届满之日起 2 年

D. 保证期间为主债务履行期届满之日起 6 个月

14. 于某因公司周转向银行借款 50 万元，姜某做连带保证人。两个月后又追加借款 20 万元。告知姜某，姜某未置可否。关于姜某的保证责任，下列说法正确的是（　　）。

A. 姜某可以向银行行使先诉抗辩权

B. 于某对银行的抗辩权，姜某也可以对银行主张

C. 姜某应为于某 70 万元承担保证责任

D. 姜某应为于某 50 万元承担保证责任

不定项选择题

1. 甲对于乙享有 100 万元的债权，乙对于丙享有 100 万元的债权。因到期乙无力偿还甲的债权，又不及时行使对于丙的债权，甲提起代位权诉讼。

（1）甲行使代位权应具备的条件是（　　）。

A. 甲对乙的债权需合法或不属于自然债权

B. 乙对丙的债权到期

C. 甲对乙的债权可到期可不到期

D. 乙怠于行使对丙的债权影响到甲对乙的债权实现

（2）在该诉讼中，可以行使的权利有（　　）。

A. 丙可行使乙对甲的抗辩权

B. 甲可行使自己对乙的抗辩权

C. 丙可行使对甲的抵销权

D. 丙可对甲行使自己对乙的抵销权

2. 甲欠乙 400 万元，甲将自己的房屋无偿为戊向己借款的合同提供担保，该担保符合形式要件。甲又将该房屋以极低价格转让给了丙，该买卖也符合形式要件。后因甲无力清偿乙的债权，戊无力清偿其债权人己的债权，己欲行使对甲之房屋的抵押权。

（1）下列选项正确的是（　　）。

A. 己的抵押权无效

B. 乙可依法撤销己的抵押权

C. 乙可对己的抵押权行使抗辩权

D. 乙可对己的抵押权主张抵销权

(2) 乙行使对己的抵押权的撤销权，则（　　）。
   A. 应向法院提出　　　　　　　　　B. 通知己即发生此种效力
   C. 或向法院或通知己　　　　　　　D. 根据具体情况而定
(3) 乙撤销甲与丙之间的低价转让行为，则丙应当（　　）主张权利。
   A. 向甲　　　　　　　　　　　　　B. 向乙
   C. 或向甲或向乙　　　　　　　　　D. 既可向甲又可向乙
(4) 设甲除欠乙 400 万元外，还欠庚 400 万元，庚此时向甲提起返还之诉，则 400 万元应（　　）。
   A. 向乙清偿
   B. 扣除乙行使撤销权的费用
   C. 所得款项由乙、庚按相同比例受偿
   D. 应先还乙，但根据公平原则，应向庚清偿一小部分

3. 张某与王某签订了一份加工合同，张某提供原料，王某提供制成品。为保证王某履约，赵某为王某提供保证，保证合同未约定保证责任的范围、保证的期间和保证责任的性质。为保险起见，张某要求王某提供财产质押，王某提供了质押。张某按合同要求提供原料后，将其债权转让给其弟弟，此转让未经保证人赵某同意。王某在履约过程中，将其承担任务的一半转让给李某承担，此转让经过张某的弟弟同意，但未经保证人赵某的同意。之后，李某完成的任务不符合要求，张某的弟弟要求赵某、王某和李某承担连带责任，赵某和王某均拒绝承担责任。张某的弟弟随即向人民法院起诉。现回答下列问题。

(1) 赵某的保证期间为（　　）。
   A. 保证合同成立之日起 6 个月
   B. 主债务履行期届满之日起 6 个月
   C. 保证合同成立之日起 3 个月
   D. 主债务履行期届满之日起 3 个月
(2) 赵某的保证责任的性质属于（　　）。
   A. 一般保证责任　　　　　　　　　B. 特殊保证责任
   C. 连带保证责任　　　　　　　　　D. 任意保证责任

4. 材料①：2024 年 2 月，甲公司与其全资子公司乙公司签订了《协议一》，约定甲公司将其建设用地使用权用于抵偿其欠乙公司的 2000 万元债务，并约定了仲裁条款。但甲公司未依约将该用地使用权过户到乙公司名下，而是将之抵押给不知情的银行以获贷款，办理了抵押登记。材料②：同年 4 月，甲公司、丙公司与丁公司签订了《协议二》，约定甲公司欠丁公司的 5000 万元债务由丙公司承担，且甲公司法定代表人张某为该笔债务提供保证，但未约定保证方式和期间。曾为该 5000 万元负债提供房产抵押担保的李某对《协议二》并不知情。同年 5 月，丁公司债权到期。材料③：同年 6 月，丙公司丧失偿债能力。丁公司查知乙公司作为丙公司的股东（非发起人），对丙公司出资不实，尚有 3000 万元未注入丙公司。同年 8 月，乙公司既不承担出资不实的赔偿责任，又怠于向甲公司主张权利。请回答（1）~（2）题。

(1) 根据材料①，关于甲公司、乙公司与银行的法律关系，下列表述正确的是（　　）。
   A. 甲公司欠乙公司 2000 万元债务没有消灭
   B. 甲公司抵押建设用地使用权的行为属于无权处分
   C. 银行因善意取得而享有抵押权
   D. 甲公司用建设用地使用权抵偿债务的行为属于代为清偿
(2) 根据材料②和材料③，关于乙公司、丙公司与丁公司的法律关系，下列表述正确的

是（　　）。

A. 乙公司应对丙公司对丁公司的债务承担无限责任
B. 乙公司应对丙公司对丁公司的债务承担连带责任
C. 乙公司应对丙公司对丁公司的债务承担全部责任
D. 乙公司应对丙公司对丁公司的债务在未出资本息范围内承担补充责任

名词解释

1. 撤销权
2. 一般保证
3. 先诉抗辩权

简答题

简述定金合同的成立要件。

论述题

1. 论债权人的代位权。
2. 论债权人撤销权的成立要件。

案例分析题

1. 甲公司向乙公司购买价值50万元的电视，合同约定甲公司先预付20万元货款，其余30万元货款在提货后3个月内付清，并由丙公司提供连带保证担保，但未约定保证范围。提货1个月后，甲公司在征得乙公司同意后，将30万元债务转移给尚欠其30万元货款的丁公司。对此，丙公司完全不知情。至债务清偿期届满时，乙公司要求丁公司偿还30万元货款及其利息，而丁公司因违法经营被依法查处，法定代表人不知去向，公司的账户被冻结。于是，乙公司找到丙公司，要求其承担保证责任，丙公司至此才知道甲公司已将其债务转让给丁公司，遂以此为由拒绝承担责任。双方为此发生争议，乙公司诉至法院。

请问：甲公司转让债务的行为是否有效？为什么？

2. 2022年11月19日，某银行与某市东方工贸公司签订一份借款合同。双方约定：某银行借给东方工贸公司300万元，借款期限自2022年11月20日至2024年5月20日，利率按月息9.24‰计算。同时，某银行与某市新型建材公司签订一份担保合同，合同规定，由新型建材公司为上述借款合同承担一般担保责任。两份合同签订后，某银行履行了出借300万元的义务，可到期后，东方工贸公司却未能如约履行还本付息的义务。为此，某银行诉至某人民法院，请求判令借款方东方工贸公司还本付息。

经人民法院调解，某银行、东方工贸公司、新型建材公司达成了于2024年8月30日前偿还借款本息的协议。之后，因东方工贸公司没有按期履行调解协议，某银行便向人民法院递交了执行申请书。可是，此时东方工贸公司早已人去楼空。在此情形下，某银行请求新型建材公司承担还本付息的责任。

请依案情摘要回答下列问题：

（1）新型建材公司的担保是一种什么样的担保方式？
（2）新型建材公司应否承担担保责任，为什么？

3. A公司计划开发一个新项目，筹集资金后尚缺300万元。2023年5月，A公司与某银行签订了借款 300 万元的合同;并由 B 公司提供了担保;但 B 公司感到 300 万元的担保不是一个小数字,要求 A 公司再找一方提供反担保。于是 A 公司找到 C 公司向 B 公司作了反担保,并签订了合同。A 公司计划投产后,效益不佳,一直处于亏损状态。2024 年 8 月,银行在催债未果的情况下通过法院强制执行,从 B 公司账户划走资金 170 万元;B 公司就此向法院起诉了 A 公司与 C 公司。

请问:法院应该如何审理此案?试用有关担保法律原理进行分析。

第二十三章　合同的变更、转让和权利义务终止

基础知识图解

- 合同的变更和转让
  - 合同的变更
    - 合同变更的概念和特征
    - 合同变更的要件
    - 合同变更的效力
  - 合同债权的转让
    - 合同债权转让的概念和特征
    - 合同债权转让的条件
    - 合同债权转让的法律效力
    - 禁止转让特约的效力
  - 合同债务的转移
    - 合同债务转移的概念和特征
    - 合同债务转移的类型
    - 合同债务转移的条件
    - 合同债务转移的效力
  - 合同权利和义务的概括转让
    - 合同权利和义务概括转让的概念和特征
    - 合同权利和义务概括转让的类型
    - 合同权利和义务概括转让的效力

- 合同的权利义务终止
  - 合同的权利义务终止概述
    - 合同权利义务终止的概念和特征
    - 合同终止的效力
  - 清偿
    - 清偿的概念和构成要件
    - 清偿的主体、标的和期限
    - 清偿抵充
  - 合同的解除
    - 合同解除的概念和特征
    - 合同解除的种类
    - 合同解除的程序
    - 合同解除的法律后果
  - 合同的司法终止
    - 司法终止的概念和特征
    - 司法终止的条件
    - 司法终止的效果
  - 抵销
    - 抵销的概念
    - 法定抵销
    - 合意抵销
  - 提存
    - 提存的概念和特征
    - 提存的条件
    - 提存的效力
  - 免除
    - 免除的概念和特征
    - 免除的要件
    - 免除的效力
  - 混同
    - 混同的概念
    - 混同的效力

配套测试

单项选择题

1. 债务人根据《民法典》相关规定，将标的物提存的，债权人领取提存物的权利，自提存之日起（　　）内不行使而消灭，提存物扣除提存费用后（　　）。
　A. 一年，归国家所有　　　　　　B. 二年，交还债务人
　C. 二年，交还债权人　　　　　　D. 五年，归国家所有

2. 甲公司与乙公司签订合同，由甲公司供应木材，乙公司负责加工成家具，后由于甲公司收购木材出现困难，决定将合同所规定的义务转让给丙公司，对此，下列哪种转让行为有效？（　　）
　A. 将合同所规定的供应木材的义务全部转让给丙公司
　B. 将合同所规定的供应木材的义务部分转让给丙公司
　C. 将合同所规定的供应木材的义务全部转让给丙公司，但需征得乙公司的同意
　D. 将合同所规定的供应木材的义务全部转让给丙公司，无须征得乙公司的同意

3. 债权让与在让与人与受让人间须满足何种要件方可发生效力？（　　）
　A. 双方达成让与合意
　B. 将双方的让与合意通知债务人
　C. 双方达成合意，并经债务人同意
　D. 双方达成合意，经债务人同意且不得牟利

4. 债权让与对债务人生效的要件是（　　）。
　A. 让与人与受让人达成合意
　B. 债务人同意
　C. 债权人和受让人向债务人发出让与通知
　D. 让与通知到达债务人

5. 以下关于债权让与效力的论述不正确的是（　　）。
　A. 债权转让后，从权利随同移转于受让人
　B. 债权转让后，债务人原有的抗辩不受影响
　C. 债权让与通知发出后，债务人对债权人的给付无效
　D. 债权转让后，债务人就在此前成立的对债权人的抵销权仍得对受让人主张

6. 关于抵销，下列说法不正确的是（　　）。
　A. 抵销以当事人互负债务为前提
　B. 在互负到期债务，且债务标的物种类、品质相同的，且依法律规定或合同性质可以抵销的，任何一方均无须取得对方同意，可单方主张抵销
　C. 当事人单方主张抵销的，应取得对方的同意
　D. 当事人互负债务，标的物种类、品质不同的，也可以双方协议而抵销

7. 下列情形中，难以履行债务，但债务人不可提存的是（　　）。
　A. 债权人无正当理由拒绝受领
　B. 债权人下落不明
　C. 债权人死亡已确定继承人
　D. 债权人丧失民事行为能力未确定监护人

8. 标的物提存后（　　）。
A. 毁损、灭失的风险由债务人负担
B. 合同权利义务终止，债务人不再负有任何义务
C. 提存费用由债权人负担
D. 债权人自提存之日起五年内不领取的，提存物归提存部门所有

9. 下列关于企业法人对其法定代表人行为承担民事责任的哪一表述是正确的？（　　）
A. 仅对其合法的经营行为承担民事责任
B. 仅对其符合法人章程的经营行为承担民事责任
C. 仅对其以法人名义从事的经营行为承担民事责任
D. 仅对其符合法人登记经营范围的经营行为承担民事责任

10. 关于合同转让，下列说法正确的是（　　）。
A. 合同权利转让，债权人应取得债务人之同意
B. 合同中的从权利与从义务应随合同主权利主义务一并转移，但专属于让与人自身的除外
C. 合同义务转让，债务人应通知债权人，但无须取得债权人同意
D. 合同权利、义务一并转让给第三人的，应通知另一方，但无须另一方同意

11. 甲和乙之间有借贷关系，后二人结婚。此时，甲、乙之间的债权债务可以因下列哪一情形消灭？（　　）
A. 因混同而消灭　B. 因混合而消灭　　C. 因结婚而消灭　　D. 因免除而消灭

12. 甲将其对乙享有的10万元货款债权转让给丙，丙再转让给丁，乙均不知情。乙将债务转让给戊，得到了甲的同意。丁要求乙履行债务，乙以其不知情为由抗辩。下列哪一表述是正确的？（　　）
A. 甲将债权转让给丙的行为无效
B. 丙将债权转让给丁的行为无效
C. 乙将债务转让给戊的行为无效
D. 如乙清偿10万元债务，则享有对戊的求偿权

13. 乙在甲提存机构办好提存手续并通知债权人丙后，将2台专业相机、2台天文望远镜交给甲提存。后乙另行向丙履行了提存之债，要求取回提存物。但甲机构工作人员在检修自来水管道时因操作不当引起大水，致乙交存的物品严重毁损。下列哪一选项是错误的？（　　）
A. 甲机构的行为构成违约行为　　B. 甲机构应承担赔偿责任
C. 乙有权主张赔偿财产损失　　　D. 丙有权主张赔偿财产损失

14. 甲、乙两公司签订协议，约定甲公司向乙公司采购面包券。双方交割完毕，面包券上载明"不记名、不挂失，凭券提货"。甲公司将面包券转让给张某，后张某因未付款等原因被判处合同诈骗罪。面包券全部流入市场。关于协议和面包券的法律性质，下列哪一表述是正确的？（　　）
A. 面包券是一种物权凭证
B. 甲公司有权解除与乙公司的协议
C. 如甲公司通知乙公司停止兑付面包券，乙公司应停止兑付
D. 如某顾客以合理价格从张某处受让面包券，该顾客有权请求乙公司兑付

15. 甲公司对乙公司负有交付葡萄酒的合同义务。丙公司和乙公司约定，由丙公司代甲公司履行，甲公司对此全不知情。下列哪一表述是正确的？（　　）
A. 虽然甲公司不知情，丙公司的履行仍然有法律效力
B. 因甲公司不知情，故丙公司代为履行后对甲公司不得追偿代为履行的必要费用
C. 虽然甲公司不知情，但如丙公司履行有瑕疵的，甲公司需就此对乙公司承担违约责任

D. 虽然甲公司不知情，但如丙公司履行有瑕疵从而承担违约责任的，丙公司可就该违约赔偿金向甲公司追偿

多项选择题

1. 在下列情况下，债务人可以提存方式终止合同的是（　　）。
A. 债权人下落不明
B. 债务人继续履行会增加负担
C. 债权人死亡，又未确定继承人
D. 债权人无正当理由拒不接受债务人的履行

2. 根据《民法典》的规定，合同债务的法定抵销，双方债务应该（　　）。
A. 数额相同　　B. 标的种类相同　　C. 债务均到期　　D. 债权均须合法

3. 债权人不得移转其权利的情形包括（　　）。
A. 根据合同性质不得转让的　　　　B. 未经债务人同意的
C. 按当事人约定不得转让的　　　　D. 依照法律规定不得转让的

4. 甲向乙购买两头牛，钱已交付，约定一星期后由乙将牛交付甲，一星期后，乙交牛时，甲以牛比一星期前瘦了为由拒绝接受，并要求乙返还其已支付的牛钱。乙不答应，将牛交有关部门提存。以下说法正确的是（　　）。
A. 乙的行为应认定为已履行了债务
B. 乙的行为不应认定为履行了债务
C. 该牛在有关部门提存期间支出的费用，应由甲承担
D. 该牛在有关部门提存期间支出的费用，应由乙承担

5. 债权人转让债权，（　　）。
A. 应取得债务人的同意
B. 应通知债务人
C. 与债权有关的从权利，除专属于债权人自身外，应一并转让给受让人
D. 应与债务人协商一致后方可为之

6. 乙公司欠甲公司 30 万元，同时甲公司须在 2024 年 9 月 20 日清偿对乙公司的 20 万元货款。甲公司在同年 9 月 18 日与丙公司签订书面协议，转让其对乙公司的 30 万元债权。同年 9 月 24 日，乙公司接到甲公司关于转让债权的通知后，便主张 20 万元的抵销权。下列说法哪些是正确的？（　　）
A. 甲公司与丙公司之间的债权转让合同于 9 月 24 日生效
B. 乙公司接到债权转让通知后，即负有向丙公司清偿 30 万元的义务
C. 乙公司于 9 月 24 日取得 20 万元的抵销权
D. 丙公司可以就 30 万元债务的清偿，要求甲公司和乙公司承担连带责任

7. 甲对乙享有 10 万元到期债权，乙对丙也享有 10 万元到期债权，三方书面约定，由丙直接向甲清偿。下列哪些说法是正确的？（　　）
A. 丙可以向甲主张其对乙享有的抗辩权
B. 丙可以向甲主张乙对甲享有的抗辩权
C. 若丙不对甲清偿，甲可以要求乙清偿
D. 若乙对甲清偿，则构成代为清偿

8. 一般情况下，当事人主张债权债务抵销必须具备下列哪些条件？（　　）
A. 当事人双方互负债务　　　　B. 标的物种类相同
C. 标的物品质相同　　　　　　D. 不违反合同性质与法律规定

9. 关于单方主张即可抵销债务的条件，下列说法正确的是（　　）。
   A. 须当事人互负债务，且债务已到期
   B. 债务的标的物种类与品质相同
   C. 抵销只需以通知的方式告知对方即可
   D. 依法律规定、合同性质不得抵销的，当事人不得主张抵销

10. 依我国《民法典》的有关规定，下列关于提存的陈述中，正确的是（　　）。
   A. 甲将标的物提存，三周后，债权人乙前来领取提存物，提存机关拒绝给予，理由是，据该提存机关了解，乙欠甲 5000 元贷款，履行期限届满，乙既未向甲归还，也未向甲提供担保
   B. 甲向乙交付 5 万斤荔枝，但乙下落不明，甲将 5 万斤荔枝变卖得 20 万元，甲即将 20 万元交给有关部门提存
   C. 甲于 2024 年 3 月 1 日将标的物提存，至 2024 年 3 月 5 日，该提存机关决定在扣除相应的提存费用后，将标的物上缴国家
   D. 在 B 项条件下，如乙被法院宣告失踪，甲应当及时通知乙的财产代管人

简答题

何谓抵销？简述法定抵销应具备什么条件？

案例分析题

1. 乙公司欠甲公司 200 万元，甲公司欠丙公司 180 万元，丁公司欠乙公司 200 万元。现乙、丁两公司达成协议，由丁公司向甲公司清偿乙公司的 200 万元债务，乙、丁间债权债务关系消灭。该协议经甲公司同意。后甲公司又与丙公司达成协议由丁公司向丙公司清偿 200 万元，甲、丙间的 180 万元债权债务消灭。

请依案情摘要回答下列问题：

（1）乙、丁间协议的性质是什么？该协议是否生效？

（2）甲、丙间协议的性质是什么？丙公司因此获利 20 万元，是否违法？若甲公司未将此事通知丁公司，该协议是否已生效？

（3）若甲公司未将此事通知丁公司，丁公司向甲公司清偿，甲公司接受，该种清偿是否有效？此时应如何救济丙公司？

（4）若甲公司已通知丁公司，但丁公司忘记此事，仍向甲公司清偿，甲公司接受，该种清偿是否有效？此时应如何救济丙公司？甲、丁间为何种法律关系？

（5）如果丁公司不能清偿债务，丙公司能否要求乙公司承担连带责任？

2. 甲木材公司与乙家具公司签订了一份木材买卖合同。合同约定，合同总价款 50 万元。乙家具公司先支付 10% 的货款即 5 万元，甲木材公司送货后 15 日内，乙家具公司付清全部货款。乙家具公司先支付了 5 万元，甲木材公司送货后，由于乙家具公司销路不畅，遂与甲木材公司协商，由丙公司承担 20 万元的债务，甲木材公司同意了。

请依案情摘要回答下列问题：

（1）丙公司的地位为何？其加入债务人，如果没有取得甲木材公司的同意，而只是通知甲木材公司，是否发生效力？

（2）设丙公司加入后，以其前次购买木材时支付了预付款而甲木材公司没有给付木材为由主张债务抵销，应具备什么条件？

（3）若合同履行期限届至，而甲木材公司突然从其住所地消失，则乙、丙两个公司应如何履行自己的义务？

第二十四章 合同的解除

基础知识图解

- 合同解除的概念
- 合同解除的分类
  - 单方解除与协议解除
  - 法定解除与约定解除
- 合同解除的条件
  - 不可抗力致使合同目的不能实现
  - 迟延履行
    - 经催告仍不履行
    - 致使合同目的不能实现
  - 拒绝履行、预期违约
  - 不完全履行
  - 债务人的过错造成合同不能履行
- 合同解除的程序
  - 协议解除的程序
  - 行使解除权的程序
- 合同解除的效力
  - 合同解除与溯及力
  - 合同解除与恢复原状
  - 尚未履行的债务免除与不当得利返还

配套测试

单项选择题

1. 合同有效成立后至履行期限届满前，一方当事人可以解除合同的情形是（　　）。
A. 当事人一方明确表示迟延履行债务的
B. 当事人一方明确表示不履行一部分债务的
C. 当事人一方以自己的行为表明不履行债务的
D. 当事人一方以自己的行为表明不履行主要债务的

2. 下列说法不正确的是（　　）。
A. 合同可因当事人协商一致而变更
B. 合同解除权人可选择单方解除或变更合同
C. 当事人对合同变更的内容约定不明确的，推定为未变更
D. 法律、行政法规规定变更合同应办理批准、登记等手续的，应依照其规定

3. 甲公司欠银行 200 万元贷款，现该公司将一部分资产分离出去，成立乙公司。在公司分立后，应由谁对这笔债务承担清偿责任？（　　）

A. 甲公司

B. 乙公司

C. 甲公司和乙公司连带清偿

D. 甲公司和乙公司按约定比例清偿

4. 甲超市与乙食品厂签订买卖合同。约定：乙食品厂应在农历八月十五前两周，向甲超市交付各类月饼 1 万盒。依照我国《民法典》有关规定，下列陈述错误的是（　　）。

A. 如乙食品厂发生重大火灾，致乙食品厂机器及全部成品、原料烧毁，则甲超市有权解除合同

B. 如乙食品厂发生重大火灾，致乙食品厂机器严重损坏，乙食品厂要推迟 1 个月履行合同，甲超市有权解除合同

C. 如乙食品厂发生重大火灾，致乙食品厂不能按时交货，甲超市有权解除合同，但因该损失系不可抗力所致，故甲超市无权要求乙食品厂赔偿损失

D. 如乙食品厂发生重大火灾，致乙食品厂机器及产品严重受损，乙食品厂仅能按时交付 6000 盒各色月饼，甲超市应当接受，不得解除合同

5. 某区政府工业主管部门作出决定，把所属的 A 公司的两个业务部分立出去再设 B 公司和 C 公司，并在决定中明确该公司以前所负的债务由新设的 B 公司承担。A 公司原欠李某货款 5 万元，现李某要求偿还，你认为该债务应当如何处理？（　　）

A. 由 B 公司承担债务

B. 由 A、B、C 三个公司分别承担债务

C. 由 A 公司承担债务

D. 由 A、B、C 三个公司连带承担债务

6. 下列情形中，（　　）不属于合同权利义务终止。

A. 合同解除　　　　　　　　　　B. 合同被撤销

C. 债务人依法将标的物提存　　　D. 混同

7. 关于合同解除，下列说法正确的是（　　）。

A. 合同解除，只能由一方以意思表示为之

B. 合同解除仅适用于合同履行期限届满之后

C. 以一方当事人违约为前提

D. 有一定的存续期间

8. 合同解除后（　　）。

A. 尚未履行的，应继续履行

B. 已履行的，当事人可根据履行情况和合同性质，要求恢复原状，采取其他补救措施，但不得再要求赔偿损失

C. 合同自始无效

D. 不影响合同中结算和清理条款的效力

9. 甲将其收藏的一件字画卖给乙，价金 10 万元。甲将价金债权转让给丙并通知了乙。履行期届至前，该画意外灭失。则乙（　　）。

A. 可解除合同并拒绝丙的给付请求

B. 不得解除合同并不得拒绝丙的给付请求

C. 可对甲主张解除合同但不得拒绝丙的给付请求

D. 不得解除合同但得拒绝丙的给付请求

10. 在法律没有规定且合同没有约定时，当事人一方有权解除合同的情形是（　　）。

A. 相对方履行迟延
B. 发生不可抗力，致相对方履行不能
C. 相对方经营状况恶化
D. 以种类物为标的物的合同标的物部分灭失

11. 王某因多年未育前往某医院就医，经医院介绍 A 和 B 两种人工辅助生育技术后，王某选定了 A 技术并交纳了相应的费用，但医院实际按照 B 技术进行治疗。后治疗失败，王某要求医院返还全部医疗费用。下列哪一选项是正确的？（　　）

A. 医院应当返还所收取的全部医疗费
B. 医院应当返还所收取的医疗费，但可以扣除 B 技术的收费额
C. 王某无权请求医院返还医疗费或赔偿损失
D. 王某无权请求医院返还医疗费，但是有权请求医院赔偿损失

12. 关于合同解除的表述，下列哪一选项是正确的？（　　）

A. 赠与合同的赠与人享有任意解除权
B. 承揽合同的承揽人享有任意解除权
C. 没有约定保管期间保管合同的保管人享有任意解除权
D. 中介合同的中介人享有任意解除权

13. 孙某与李某签订房屋租赁合同，李某承租后与陈某签订了转租合同，孙某表示同意。但是，孙某在与李某签订租赁合同之前，已经把该房租给了王某并已交付。李某、陈某、王某均要求继续租赁该房屋。下列哪一表述是正确的？（　　）

A. 李某有权要求王某搬离房屋
B. 陈某有权要求王某搬离房屋
C. 李某有权解除合同，要求孙某承担赔偿责任
D. 陈某有权解除合同，要求孙某承担赔偿责任

14. 甲与乙公司订立美容服务协议，约定服务期为半年，服务费预收后逐次计扣，乙公司提供的协议格式条款中载明"如甲单方放弃服务，余款不退"（并注明该条款不得更改）。协议订立后，甲依约支付 5 万元服务费。在接受服务 1 个月并发生费用 8000 元后，甲感觉美容效果不明显，单方放弃服务并要求退款，乙公司不同意。甲起诉乙公司要求返还余款。下列哪一选项是正确的？（　　）

A. 美容服务协议无效
B. "如甲单方放弃服务，余款不退"的条款无效
C. 甲单方放弃服务无须承担违约责任
D. 甲单方放弃服务应承担继续履行的违约责任

☑ 多项选择题

1. 甲公司与乙公司签订了一份买卖合同，合同订立后，甲公司分立为丙公司与丁公司，则就该合同（　　）。

A. 债权人与债务人有约定的，从约定
B. 无约定的，由丙、丁公司根据各自资产份额各自享受债权，承担债务
C. 无约定的，就合同债权，丙、丁公司享有连带债权
D. 无约定的，就合同债务，丙、丁公司承担连带债务

2. 广义的合同变更包括（　　）。

A. 合同内容的变更　　　　　　　　B. 合同债权的转让

C. 合同债务的承担 　　　　　　　　D. 合同的概括承受

3. 乙欠甲 5 万元，丙又欠乙 5 万元，经协商丙直接向甲清偿。则下列表述中正确的是（　　）。

A. 如果甲、乙间协商一致，再通知丙，为债权转移

B. 如果乙、丙间协商一致，再得到甲同意，为债务承担

C. 如果甲、丙间协商一致，再通知乙，为债务承担

D. 如果甲、乙、丙订立一个协议，在甲、乙间为债权转让，在甲、丙及乙、丙间为债务承担

4. 以下关于债务承担合同生效时间的说法正确的是（　　）。

A. 若该合同由债务人与承担人订立，自债权人同意时生效

B. 若该合同由债务人与承担人订立，自通知债权人时生效

C. 若该合同由债权人与承担人订立，一般自双方达成合意时生效

D. 若该合同由债权人与承担人订立，自债务人同意时生效

5. 在下列哪些情形下，当事人可以解除合同？（　　）

A. 因不可抗力致使不能实现合同目的的

B. 在履行期限届满前，当事人一方以自己的行为表明不履行主要债务的

C. 当事人一方迟延履行主要债务的

D. 当事人一方明确表示不履行主要债务的

6. 下列说法中，正确的是（　　）。

A. 合同义务，仅存在于合同生效之后终止之前

B. 合同义务，不仅包括当事人约定的义务，还包括法定义务

C. 附随义务存在于合同订立、履行及终止后的各阶段

D. 合同订立前与终止后，当事人基于诚信原则之要求，应负通知、协助、保密等义务

7. 关于合同解除，下列说法正确的是（　　）。

A. 应以通知的方式或当事人协商一致而为之

B. 须通过人民法院或仲裁机构向对方当事人作出

C. 对方有异议的，可请求法院或仲裁机构确认解除合同的效力

D. 自解除通知发出之时起合同解除

8. 合同解除的法律后果是（　　）。

A. 尚未履行的，终止履行

B. 当事人应当恢复原状

C. 当事人可以采取各种补救措施

D. 当事人有权要求赔偿损失

9. 下列关于合同解除的说法哪些是正确的？（　　）

A. 委托人或者受托人都可以随时解除委托合同

B. 不定期租赁合同的双方当事人可以随时解除合同

C. 承揽合同中，在承揽人完成工作前，定作人可以随时解除合同

D. 在承运人将货物交付收货人之前，托运人可以解除运输合同

10. 甲食品厂与乙超市签订一份食品买卖合同，约定甲于 2024 年 9 月 20 日前 10 日向乙交付食品。下列选项中正确的有（　　）。

A. 若甲食品厂所在地洪水泛滥成灾致合同不能履行，则甲得解除合同

B. 若甲食品厂所在地洪水泛滥，致甲须推迟 1 个月交货，则乙得解除合同

C. 若甲食品厂所在地洪水泛滥，致甲只能如期交付 80% 的食品，则乙得解除合同

D. 若甲食品厂迟延至约定期限前一周尚未交货，则乙得解除合同并要求赔偿损失

名词解释

合同的解除

简答题

简述单方解除合同的条件和程序。

案例分析题

甲，某市中外合资化工公司。乙，某市物资公司。甲、乙于 2024 年 10 月 30 日签订了购销合同。合同规定，由乙供应甲聚丙烯 200 吨，每吨 4000 元，货款共计 800000 元，同年 12 月 30 日钱款到即发货，供方无法交货时处以总额 10% 的罚金，逾期交货或有其他违约事项处以总额 8% 的罚金，质量标准以封存样品为准。在合同履行期间，甲分两次向乙支付货款。乙在收到第一笔货款后即发运 100 吨聚丙烯。甲在收货后，认为部分货物达不到生产要求，但未及时向对方提出异议，并将大部分货物投产使用，致使一些产品不合格。加之乙在收到第二笔货款后，经催告在合理期限内仍迟迟不交货，甲便要求其承担违约金并赔偿损失，同时还提出解除合同，乙不同意。甲便诉至人民法院。

请依案情摘要回答下列问题：

（1）假设聚丙烯为通用产品，本案如何处理？
（2）本案合同标的质量应如何确定？
（3）本案合同能否解除？为什么？

第二十五章 缔约过失责任与违约责任

基础知识图解

缔约过失责任
- 概念：合同不成立、无效、被撤销或者不被追认，当事人一方因此受有损失，对方当事人对此有过错时，应赔偿受害人的损失的责任
- 构成要件
  - 当事人一方违反先合同义务
    - 恶意磋商
    - 虚假陈述
    - 未尽通知、协助义务
    - 侵犯商业秘密
  - 对方当事人受有损失
  - 违反先合同义务与该损失之间有因果联系
  - 违反先合同义务的一方有过错
- 内容：主要内容是损害赔偿，赔偿的范围包括信赖利益的损失，且有法定性

违约责任
- 构成要件
  - 违约行为
    - 概念：合同当事人不履行或者不适当履行合同义务的行为
    - 形态：不能履行、迟延履行、不完全履行、拒绝履行、债权人迟延
  - 主观过错：是指合同当事人通过其违约行为所表现出来的在法律和道德上应受非难的故意和过失状态
- 归责原则
  - 严格责任原则
  - 过错责任原则
- 免责事由
  - 不可抗力
  - 债权人的过错
  - 免责条款
- 内容
  - 赔偿损失
  - 违约金
  - 强制履行
  - 修理、更换等

配套测试

✓ 单项选择题

1. 某公司由于工作失误，将应交下级工厂甲的任务发至下级工厂乙。乙即据此与建筑单位丙签订合同。该合同在执行过程中，公司发现有误，决定纠正错误，通知乙停止执行合同。乙与丙

因此遭受损失。在这种情况下，（　　）。

　　A. 原合同无效，乙与丙各自承担损失

　　B. 乙应赔偿丙的损失，再请求该公司负责处理

　　C. 乙应赔偿丙的损失，不应请求该公司负责处理

　　D. 乙应采取其他补救措施，不应请求该公司负责处理

2. 甲、乙签订一合同，约定甲向乙供应水泥2000袋，每袋50公斤，甲负责送货，甲、乙任何一方违约均应向对方支付违约金8000元。甲委托丙运输，丙因业务繁忙，将其中的1000袋按期运到乙方，另1000袋逾期运达且在运输中遭雨淋而致货物变质。根据上述案情，下列表述中，哪项是错误的？（　　）

　　A. 乙有权主张拒收全部货物

　　B. 甲方应向乙方支付违约金

　　C. 对丙方的违约应由甲方提出索赔

　　D. 丙方应承担货物变质的赔偿责任和逾期送货的违约责任

3. 当事人在合同中没有约定违约金或者损失赔偿额的计算方法的，损失赔偿额应当相当于因违约所造成的损失，包括合同履行后可以获得的利益，但不得超过（　　）。

　　A. 违反合同一方违反合同后所实际获得的利益

　　B. 没有违反合同一方在合同得到履行时能获得的全部利益

　　C. 没有违反合同一方在订立合同时所能预见到的全部收益

　　D. 违反合同一方订立合同时应当预见到的因违反合同可能造成的损失

4. 甲、乙两企业达成一项非专利技术转让协议，约定甲向乙转让一种化工原料配方，乙承担保密义务，不得将配方公开，也不得擅自允许第三者使用或向第三者转让。乙获得配方后，违反协议，将配方允许其联营单位丙使用。丙为了牟利，将配方向多家企业转让，导致该配方在社会上公开，甲的产品从此滞销，致其蒙受了重大经济损失。根据法律规定，下列哪一选项中的意见是正确的？（　　）

　　A. 甲有权要求乙赔偿因其擅自允许他人使用配方，导致该配方泄密，而给甲造成的损失

　　B. 甲只能要求乙支付违约金或赔偿损失，它对丙没有任何法律上的请求权

　　C. 甲可以要求工商行政管理部门进行处理或诉至人民法院，由工商行政管理部门或人民法院制止所有因乙和丙泄密而得知配方者利用该配方生产产品

　　D. 甲可以选择乙或者丙要求其赔偿损失

5. 甲、乙双方约定，由丙每月代乙向甲偿还债务500元，期限2年。丙履行5个月后，以自己并不对甲负有债务为由拒绝继续履行。甲遂向法院起诉，要求乙、丙承担违约责任。法院应如何处理？（　　）

　　A. 判决乙承担违约责任　　　　　　　　B. 判决丙承担违约责任

　　C. 判决乙、丙连带承担违约责任　　　　D. 判决乙、丙分担违约责任

6. 甲、乙在火车上相识，甲怕自己到站时未醒，请求乙在A站唤醒自己下车，乙欣然同意。火车到达A站时，甲沉睡，乙也未醒。甲未能在A站及时下车，为此支出了额外费用。甲要求乙赔偿损失。对此，应如何处理？（　　）

　　A. 由乙承担违约责任　　　　　　　　　B. 由乙承担侵权责任

　　C. 由乙承担缔约过失责任　　　　　　　D. 由甲自己承担损失

7. 甲公司通过电视发布广告，称其有100辆某型号汽车，每辆价格15万元，广告有效期10天，先到先得。乙公司于该则广告发布后第5天自带汇票去甲公司买车，但此时车已全部售完，无货可供。下列哪一选项是正确的？（　　）

A. 甲构成违约　　　　　　　　　　B. 甲应承担缔约过失责任
C. 甲应承担侵权责任　　　　　　　D. 甲不应承担民事责任

8. 甲、乙双方约定，由乙以每吨1500元的价格向甲出售100吨大米，乙直接把这批大米交给丙公司。但因乙在收购后储存不当，该批大米在交付时已发霉变质，丙公司遂拒绝接受履行，则（　　）。

A. 甲与乙应对丙承担连带违约责任
B. 乙应向甲承担违约责任
C. 乙应直接向丙承担违约责任
D. 丙公司可直接追究乙之违约责任

9. 甲公司与乙公司签订了一份买卖合同，合同订立后，甲公司分立为丙公司与丁公司，则下列说法不正确的是（　　）。

A. 原合同因一方当事人消灭而效力自然终止
B. 乙公司因甲公司分立，履行发生困难的，可中止履行
C. 若非另有约定，就合同权利，丙、丁公司享有连带债权
D. 除非另有约定，由丙公司和丁公司对合同义务承担连带债务

10. 下列债务，一方不履行，对方当事人可申请强制履行的有（　　）。

A. 某作家与某省文联签订合同，一年内完成一部50万字的小说
B. 甲、乙二人约定，甲将祖传王献之真迹一幅以100万元的价格转让给乙，款到交货，乙取款领画前，甲已将该画转让给了善意第三人丙
C. 甲、乙二人约定，甲将大米100斤以每斤1.1元的价格卖给乙
D. 丁某与王某约定，丁某将宋代瓷瓶一个卖给王某，该瓶为独一无二的稀世珍宝，但在交付前，丁某不慎将之打碎，无法修复

11. 关于违约责任，下列说法正确的是（　　）。

A. 违约金与损害赔偿金可并用，未履行合同的违约方赔偿对方之损失后，还需支付违约金
B. 当事人因对方违约而解除合同后，不得再要求赔偿损失
C. 违约金与定金都约定的，一方违约时，既应适用定金罚则又要支付违约金
D. 我国《民法典》所规定的违约金具有浓厚的补偿性

12. 甲公司与乙公司签订了一份纺织品买卖合同，约定甲公司于5月1日前向乙公司交货10吨，每吨价格10万元。但因棉花价格上涨，该纺织品价格迅速上涨，5月1日，甲公司表示无意履行该合同，此时同类产品市场价格为每吨12万元，乙公司未予理睬。6月1日，乙公司以甲公司违约为由诉至法院，此时市场价格已涨至每吨14万元，乙公司遂要求甲公司赔偿因此所承担的40万元损失。7月1日，该产品市场价格已达16万元/吨，乙公司遂追加请求，要求赔偿60万元，则甲公司应赔偿多少钱？（　　）

A. 20万元　　　　　B. 40万元　　　　　C. 60万元
D. 20万元及5月1日乙公司在市场上采购该产品所需的合理费用

13. 甲从乙公司购得燃气热水器一台，因该热水器质量不合格，致甲在使用时一氧化碳中毒，经抢救方脱离危险，则下列说法中不正确的是（　　）。

A. 乙公司未完全履行合同义务
B. 甲可向乙公司追究违约责任
C. 甲可向乙公司追究侵权责任
D. 甲可以同时向乙公司追究违约责任和侵权责任，乙公司均应予承担

14. 甲向乙出售房屋，约定甲应于2024年4月20日前向乙交付房屋并办理产权登记，乙应于

4月19日前付款。4月17日，甲又将该房屋出售于丙，双方并办理了产权登记，但未交付房屋。根据《民法典》的规定，在4月20日前，乙（　　）。

    A. 不得向甲主张违约责任，因为履行期没有届满，不构成违约
    B. 不得向甲主张违约责任，因为房屋所有权尚未移转，甲仍得履行
    C. 得向甲主张缔约过失责任，因为合同因标的不能而无效
    D. 得向甲主张默示预期违约的责任

15. 明星甲与大华剧院签订一演出合同，约定甲于元旦晚上在该剧院举办个人演唱会，出场费18万元。但到时甲却无故擅自取消了该场演出，观众强烈要求退票。此时，剧院应怎么办？（　　）

    A. 请求法院强制甲履行合同
    B. 甲因不可抗力不履行合同，不构成违约，剧院应自负损失
    C. 请求甲赔偿损失
    D. 甲不构成违约，但根据公平原则，剧院可请求甲承担部分责任

16. 甲、乙订立一份买卖古董的合同，履行期届满后，甲未交付该古董。后发生地震，该古董灭失。甲应否对此承担责任？（　　）

    A. 地震是不可抗力，不可抗力可以免责，因此甲不应承担责任
    B. 虽然甲因不可抗力可以免责，但根据公平原则，仍应承担一定的责任
    C. 甲应承担责任，因为迟延履行后发生的不可抗力不得免责
    D. 即使甲能证明即使不迟延，古董仍会因地震而灭失，也不能免除其责任

17. 甲与乙订立了一份苹果购销合同，约定甲向乙交付20万公斤苹果，货款为40万元，乙向甲支付定金4万元；如任何一方不履行合同应支付违约金6万元。甲因将苹果卖给丙而无法向乙交付苹果，在乙提出的如下诉讼请求中，既能最大限度保护自己的利益，又能获得法院支持的诉讼请求是什么？（　　）

    A. 请求甲双倍返还定金8万元
    B. 请求甲双倍返还定金8万元，同时请求甲支付违约金6万元
    C. 请求甲支付违约金6万元，同时请求返还支付的定金4万元
    D. 请求甲支付违约金6万元

18. 甲公司要运送一批货物给收货人乙公司，甲公司的法定代表人丙电话联系并委托某汽车运输公司运输。汽车运输公司安排本公司司机刘某驾车运输。在运输过程中，因刘某的过失发生交通事故，致货物受损。乙公司因未能及时收到货物而发生损失。问：乙公司应向谁要求承担损失？（　　）

    A. 甲公司   B. 丙   C. 刘某   D. 汽车运输公司

19. 甲、乙签订货物买卖合同，约定由甲代办托运。甲遂与丙签订运输合同，合同中载明乙为收货人。运输途中，因丙的驾驶员丁的重大过失发生交通事故，致货物受损，无法向乙按约交货。下列哪种说法是正确的？（　　）

    A. 乙有权请求甲承担违约责任   B. 乙应当向丙要求赔偿损失
    C. 乙尚未取得货物所有权   D. 丁应对甲承担责任

20. 甲、乙签订买卖合同，甲向乙支付全部价款，约定乙应于2022年12月30日前交付货物。12月25日，甲得知乙近期将出国，并已将库存全部货物及其他财产卖给他人。于是，甲要求乙承担违约责任，乙拒绝。下列表述正确的是（　　）。

    A. 未到交付期限，甲无权要求乙承担违约责任
    B. 甲有权要求乙承担违约责任

C. 甲有权行使撤销权
D. 甲只能在 12 月 30 日后要求乙承担违约责任

21. 甲公司与乙公司依法订立一份总货款为 20 万元的购销合同。合同约定违约金为货款总值的 5%。后乙公司违约，给甲公司造成损失 2 万元。乙公司应依法向甲公司偿付（　　）。
A. 2 万元　　　B. 1 万元　　　C. 2.5 万元　　　D. 3 万元

22. 甲公司与乙公司签订服装加工合同，约定乙公司支付预付款 1 万元，甲公司加工服装 1000 套，3 月 10 日交货，乙公司 3 月 15 日支付余款 9 万元。3 月 10 日，甲公司仅加工服装 900 套，乙公司此时因濒临破产致函甲公司表示无力履行合同。下列哪一说法是正确的？（　　）
A. 因乙公司已支付预付款，甲公司无权中止履行合同
B. 乙公司有权以甲公司仅交付 900 套服装为由，拒绝支付任何货款
C. 甲公司有权以乙公司已不可能履行合同为由，请求乙公司承担违约责任
D. 因乙公司丧失履行能力，甲公司可行使顺序履行抗辩权

23. 甲公司向乙公司转让了一项技术秘密。技术转让合同履行完毕后，经查该技术秘密是甲公司通过不正当手段从丙公司获得的，但乙公司对此并不知情，且支付了合理对价。下列哪一表述是正确的？（　　）
A. 技术转让合同有效，但甲公司应向丙公司承担侵权责任
B. 技术转让合同无效，甲公司和乙公司应向丙公司承担连带责任
C. 乙公司可在其取得时的范围内继续使用该技术秘密，但应向丙公司支付合理的使用费
D. 乙公司有权要求甲公司返还其支付的对价，但不能要求甲公司赔偿其因此受到的损失

24. 张某与李某共有一台机器，各占 50% 份额。双方共同将机器转卖获得 10 万元，约定张某和李某分别享有 6 万元和 4 万元。同时约定该 10 万元暂存李某账户，由其在 3 个月后返还给张某 6 万元。后该账户全部款项均被李某债权人王某申请法院查封并执行，致李某不能按期返还张某款项。下列哪一表述是正确的？（　　）
A. 李某构成违约，张某可请求李某返还 5 万元
B. 李某构成违约，张某可请求李某返还 6 万元
C. 李某构成侵权，张某可请求李某返还 5 万元
D. 李某构成侵权，张某可请求李某返还 6 万元

25. 方某为送汤某生日礼物，特向余某定制一件玉器。订货单上，方某指示余某将玉器交给汤某，并将订货情况告知汤某。玉器制好后，余某委托朱某将玉器交给汤某，朱某不慎将玉器碰坏。下列哪一表述是正确的？（　　）
A. 汤某有权要求余某承担违约责任
B. 汤某有权要求朱某承担侵权责任
C. 方某有权要求朱某承担侵权责任
D. 方某有权要求余某承担违约责任

26. 德凯公司拟为新三板上市造势，在无真实交易意图的情况下，短期内以业务合作为由邀请多家公司来其主要办公地点洽谈。其中，真诚公司安排授权代表往返十余次，每次都准备了详尽可操作性的合作方案，德凯公司佯装感兴趣并屡次表达将签署合同的意愿，但均在最后一刻拒签。其间，德凯公司还将知悉的真诚公司的部分商业秘密不当泄露。对此，下列哪一说法是正确的？（　　）
A. 未缔结合同，则德凯公司就磋商事宜无须承担责任
B. 虽未缔结合同，但德凯公司构成恶意磋商，应赔偿损失
C. 未缔结合同，则商业秘密属于真诚公司自愿披露，不应禁止外泄

D. 德凯公司也付出了大量的工作成本，如被对方主张赔偿，则据此可主张抵销

27. 李某以 1 万元的价格向刘某购买清代鼻烟壶一个，约定三日后交付，并支付了定金 5000 元。合同签订后，李某得知胡某正在以 10 万元的价格收购清代鼻烟壶，遂与胡某以该价格签订了买卖合同，约定 3 日后交付，胡某支付了定金 1 万元。两日后，刘某不慎将鼻烟壶摔碎。对此，下列哪一说法是正确的？（　　）

A. 李某有权请求刘某支付双倍定金 1 万元
B. 胡某有权请求李某支付双倍定金 2 万元
C. 胡某有权请求刘某赔偿损失
D. 胡某请求李某双倍返还定金时，李某有权请求减少定金

28. 甲公司向乙公司购买小轿车，约定 7 月 1 日预付 10 万元，10 月 1 日预付 20 万元，12 月 1 日乙公司交车时付清尾款。甲公司按时预付第一笔款。乙公司于 9 月 30 日发函称因原材料价格上涨，需提高小轿车价格。甲公司于 10 月 1 日拒绝，等待乙公司答复未果后于 10 月 3 日向乙公司汇去 20 万元。乙公司当即拒收，并称甲公司迟延付款构成违约，要求解除合同，甲公司则要求乙公司继续履行。下列哪一表述是正确的？（　　）

A. 甲公司不构成违约
B. 乙公司有权解除合同
C. 乙公司可行使先履行抗辩权
D. 乙公司可要求提高合同价格

多项选择题

1. 以下订立合同过程中的行为，应当承担损害赔偿责任的有（　　）。
A. 假借订立合同，恶意进行磋商，但没有给对方造成损失的
B. 假借订立合同，恶意进行磋商，并给对方造成损失的
C. 故意隐瞒与订立合同相关的重要事实，并给对方造成损失的
D. 故意提供与订立合同相关的虚假信息，并给对方造成损失的

2. 以下订立合同的过程中要承担缔约过失责任的情形包括（　　）。
A. 一方违反自己发出的要约，给对方造成损害的
B. 甲、乙双方草签合同，事后甲方违反该协议的内容
C. 一方承诺对方交付货款 10% 作为定金后，即与对方签订正式的购货合同，但接到定金后，不愿意签订合同
D. 甲公司和乙公司签订合同未果，甲公司将从中知悉的情报透露给丙公司

3. 甲公司与乙公司签订一份买卖合同，约定甲公司向乙公司支付价款，而乙公司则直接把货物交付给丙公司。但乙公司按期交付后，丙公司发现质量不符合合同约定标准，则（　　）。
A. 甲公司向乙公司追究违约责任
B. 丙公司向乙公司追究违约责任
C. 乙公司向甲公司承担违约责任
D. 乙公司向丙公司承担违约责任

4. 关于违约责任，下列说法正确的是（　　）。
A. 违约责任的承担，不必以当事人实际上已经不履行义务或不完全履行合同义务为前提
B. 履行期限届满前，当事人一方明确表示或以自己的行为表明不履行合同义务的，也可被对方追究违约责任
C. 违约责任以过错责任为其归责原则
D. 因意外事件致一方不能履行合同的，根据意外事件的影响，部分或全部免除责任，但法律另有规定或当事人另有约定的除外

5. 某作家与某出版社签订出版合同，但该作家一直拖延，不愿履行该合同，则出版社有权（　　）。

A. 请求强制履行
B. 在合同约定有违约金的情况下，要求其支付违约金
C. 请求其赔偿因此而受到的损失
D. 索回已支付的报酬

6. 甲公司与乙公司约定，甲公司向乙公司出售100台电视，总标的额30万元，乙公司向甲公司预先支付了6万元定金。同时约定，不履行合同的，应支付10%的违约金。现因为丙公司违约未向甲公司供货，致甲公司不能履行，则应当（　　）。

A. 甲公司双倍返还定金及支付违约金共计15万元
B. 乙公司可选择要求双倍返还定金共计12万元，或返还定金及支付违约金共计9万元
C. 由丙公司向乙公司承担违约责任
D. 由甲公司向乙公司承担违约责任

7. 当事人一方不履行非金钱债务或者履行非金钱债务不符合约定的，在下列哪些情形下，对方不得要求履行？（　　）

A. 履行不能
B. 债务标的不适于强制履行
C. 履行费用过高
D. 债权人在合理期限内未要求履行

8. 甲因购买股票而借乙1万元，约定1年还本，逾期不还支付违约金1000元。1年后甲未还款。对此乙可请求甲返还哪些费用？（　　）

A. 1万元本金
B. 1000元违约金
C. 1万元本金1年的利息
D. 1万元本金的逾期利息

9. 以下关于《民法典》所确定的违约损害赔偿范围的说法正确的是（　　）。

A. 该范围应相当于因违约所造成的损失，但不包括可得利益的损失
B. 该范围包括可得利益的损失
C. 该范围应以违约方可预见的范围为限
D. 若特别法对损害赔偿范围有特殊规定，则排除《民法典》的适用

10. 以下关于违约金和其他违约责任形式关系的表述正确的是（　　）。

A. 只有在迟延履行情况下，违约方支付违约金后，仍须履行债务
B. 违约方支付违约金后，仍应履行债务
C. 当事人既约定违约金，又约定定金的，当事人可以选择适用
D. 当事人既约定违约金，又约定定金的，当事人可以合并适用

11. 以下对违约的救济形式中可以并存的是（　　）。

A. 违约金与定金责任
B. 损害赔偿与合同解除
C. 损害赔偿与继续履行
D. 违约金责任与继续履行

12. 甲自幼失去双亲，对父母没有任何印象。一次偶然的机会，甲得到一张父母的遗照。遂到某照相馆做技术处理。但照相馆却将其照片丢失。根据《民法典》的规定，甲得要求照相馆承担哪些责任？（　　）

A. 甲对于该照片具有特殊的精神利益，故甲可请求精神损害赔偿
B. 甲的精神损害，照相馆无从预知，故不应赔偿
C. 双方就损失赔偿额有特别约定，照相馆应承担约定赔偿责任
D. 双方有特别约定，因为精神损害《民法典》不予调整，照相馆也不承担责任

13. 甲公司一直在乙公司订餐，以往都是通过电子邮件沟通；乙公司看到邮件后，若无异议

便开始准备；有意见时才会回复。某日，甲公司发送了订餐邮件，但用餐时间已过却未见送餐，不得已比平时多花了 2000 元向另一公司订餐。后询问得知，乙公司换了新员工负责与甲公司对接，新员工看到邮件觉得价格不合适就没有回复。对此，下列哪些说法是正确的？（　　）

A. 乙公司应基于缔约过失责任赔偿甲公司 2000 元损失

B. 因乙公司未回复，合同未成立

C. 乙公司应基于违约责任赔偿甲公司 2000 元损失

D. 尽管乙公司未回复，但合同已经成立并生效

不定项选择题

1. 关于缔约过失责任，以下说法不正确的是（　　）。

A. 缔约过失责任是过错责任

B. 缔约过失责任是违约责任的一种具体表现形式

C. 缔约过失责任赔偿范围包括直接损失和间接损失

D. 缔约过失责任是违反先合同义务而承担的责任

2. 2024 年 2 月，甲贸易公司急需购买某钢铁厂生产的中型钢材（线材），正巧员工王某回家乡探亲，甲便将盖有公章的空白合同书交给王某，让其代办。不久，王某用该空白合同书，与乙钢铁厂签订购买 JJ 10 线材的合同。王某将签好的合同书交给甲后，甲未表示异议。此后，乙按合同规定的交货条件发货，甲在提货单上签字盖章，将货提走。在试用过程中，甲发现 JJ 10 线材不符合要求（符合要求的是 JJ 9.5 线材）。甲遂将此批货物交给王某处理，并拒付货款。乙只好诉至人民法院，要求甲给付货款、运费并偿付逾期付款的违约金。甲表示，该合同是王某自作主张确定的型号，是越权代理，且货已交他处理，甲概不负责。

（1）下列说法错误的是（　　）。

A. 如果乙没有在合同约定的期限内交货，甲催告后乙仍未交货的，甲可以单方解除合同

B. 如果甲已提前从别处购得 JJ 9.5 线材，可以依实际情况请求变更或者解除合同

C. 如果合同履行前，王某与甲的法定代表人均调离该公司，合同则自动解除

D. 双方同意变更或者解除合同的，不存在赔偿问题

（2）本案中，甲构成违约责任的条件有（　　）。

A. 主观故意　　　　　　　　　　B. 主观过失

C. 完全不履行合同　　　　　　　D. 不完全履行合同

（3）如果由于自然灾害的影响，甲不能履行合同，那么可以（　　）。

A. 延期履行、部分履行，并全部或者部分免除违约责任

B. 不履行，但不能免除违约责任

C. 不履行，可以部分或全部免除违约责任

D. 延期履行、部分履行，但不能免除违约责任

（4）如果合同有效，因为乙违约给甲造成了一定经济损失，而甲要求继续供货，那么（　　）。

A. 乙应向甲支付违约金、实际损失费，合同不再履行

B. 乙应向甲支付违约金、实际损失费，合同继续履行

C. 乙应向甲支付违约金、一定赔偿金，合同不再履行

D. 乙应向甲支付违约金、一定赔偿金，合同继续履行

（5）无效经济合同的双方都有过错，对返还财产后的损失赔偿，应各自承担相应责任。所谓"相应责任"是指（　　）。

A. 平均分担损失　　　　　　　　　　B. 各自承担自己的损失
C. 协商承担责任　　　　　　　　　　D. 按责任主次、轻重来分别承担责任

3. 甲公司与乙公司签订了一份手机买卖合同，约定：甲公司供给乙公司某型号手机 1000 部，每部价格 1000 元，乙公司支付定金 30 万元，任何一方违约应向对方支付合同总价款 30% 的违约金。合同签订后，乙公司向甲公司支付了 30 万元定金，并将该批手机转售给丙公司，每部价格 1100 元，指明由甲公司直接交付给丙公司。但甲公司未按约定期间交货。请回答（1）~（3）题。

（1）关于返还定金和支付违约金，乙公司向甲公司提出请求，下列表述正确的是（　　）。
A. 请求甲公司双倍返还定金 60 万元并支付违约金 30 万元
B. 请求甲公司双倍返还定金 40 万元并支付违约金 30 万元
C. 请求甲公司双倍返还定金 60 万元或者支付违约金 30 万元
D. 请求甲公司双倍返还定金 40 万元或者支付违约金 30 万元

（2）关于甲公司违约时继续履行债务，下列表述错误的是（　　）。
A. 乙公司在请求甲公司支付违约金以后，就不能请求其继续履行债务
B. 乙公司在请求甲公司支付违约金的同时，还可请求其继续履行债务
C. 乙公司在请求甲公司继续履行债务以后，就不能请求其支付违约金
D. 乙公司可选择请求甲公司支付违约金，或请求其继续履行债务

（3）关于甲、乙、丙公司间违约责任的承担，下列表述正确的是（　　）。
A. 如乙公司未向丙公司承担违约责任，则丙公司有权请求甲公司向自己承担违约责任
B. 如乙公司未向丙公司承担违约责任，则丙公司无权请求甲公司向自己承担违约责任
C. 如甲公司迟延向丙公司交货，则丙公司有权请求乙公司承担迟延交货的违约责任
D. 如甲公司迟延向丙公司交货，则丙公司无权请求乙公司承担迟延交货的违约责任

名词解释

1. 缔约过失责任
2. 违约责任
3. 根本违约

简答题

1. 简述违约责任的特征。
2. 简述违约责任的归责原则。

论述题

1. 试论合同责任与缔约过失责任、侵权责任的联系与区别。
2.《民法典》第 591 条规定："当事人一方违约后，对方应当采取适当措施防止损失的扩大；没有采取适当措施致使损失扩大的，不得就扩大的损失请求赔偿。当事人因防止损失扩大而支出的合理费用，由违约方负担。"试评析该规定。

案例分析题

1.A 市甲公司从 B 市乙公司购买电脑 100 台；由乙于 20 日后送货上门。甲欠同市丙公司债款，久欠不还。当此批电脑运至 A 市时，被丙所派人员以欺骗手段截留以抵债款。甲因未收到电

脑，请求乙继续履行，并赔偿相关损失。而乙则认为已依约履行完毕，双方发生争议。经查，乙的司机在未认真核实收货人身份的前提下即予交货。请根据民法原理评析本案，并阐明理由。

2. 2024 年 12 月，原告（某研究所）委托本单位职工张某（被告一）赴某石化厂（被告二）就承接原油电脱盐项目进行了多次磋商。为此合同的签订，原告做了资金、设备、人员的准备。但在与石化厂签订合同之前，张某调离了研究所。张某调离后以另一家工程研究所的名义与石化厂签订了承接原油电脱盐项目的合同，致使原告的经济利益受到了侵害。因此，原告诉至法院，要求两被告赔偿经济损失 30 万元。

法院经过审理后判决：（1）被告张某、某石化厂赔偿原告某研究所 30 万元；（2）两被告负连带赔偿责任。法院判决后，原、被告均未提起上诉，该判决业已生效。

根据此案，请你分析法院作出上述判决的法律依据和理论依据。

第二十六章　典型合同

基础知识图解

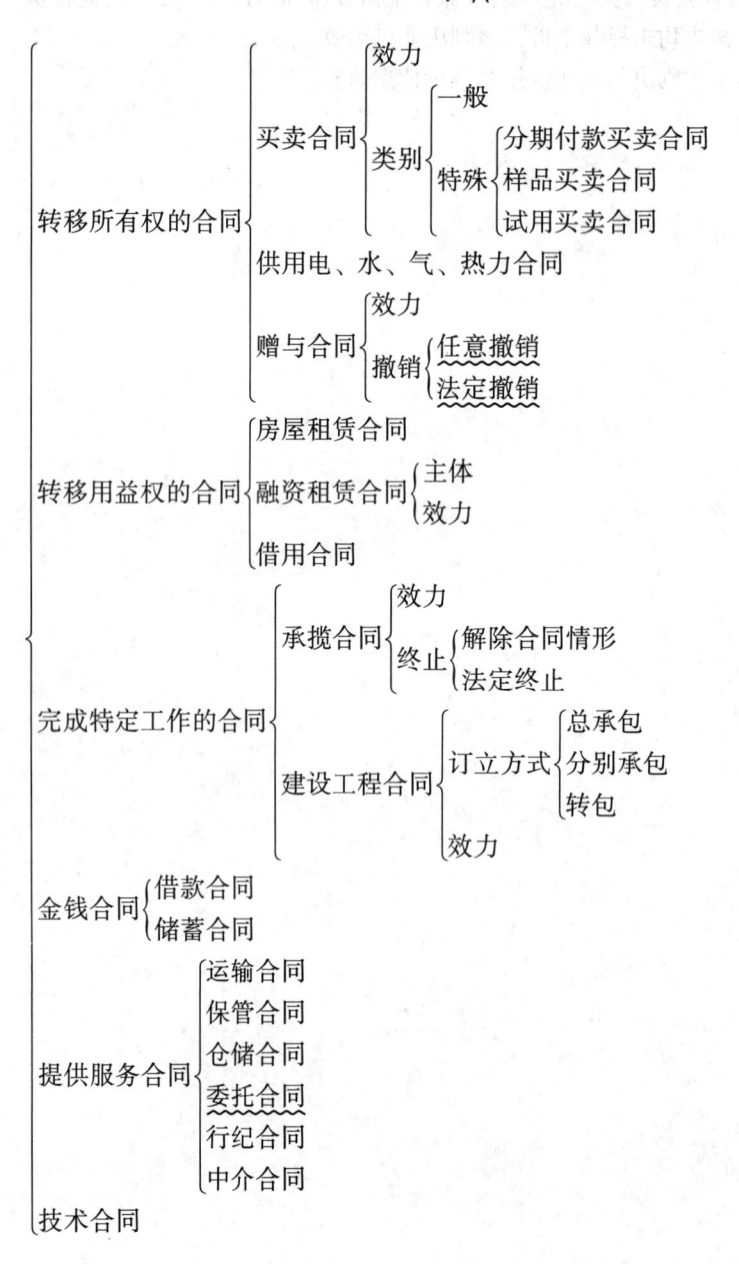

- 转移所有权的合同
  - 买卖合同
    - 效力
    - 类别
      - 一般
      - 特殊
        - 分期付款买卖合同
        - 样品买卖合同
        - 试用买卖合同
  - 供用电、水、气、热力合同
  - 赠与合同
    - 效力
    - 撤销
      - 任意撤销
      - 法定撤销
- 转移用益权的合同
  - 房屋租赁合同
  - 融资租赁合同
    - 主体
    - 效力
  - 借用合同
- 完成特定工作的合同
  - 承揽合同
    - 效力
    - 终止
      - 解除合同情形
      - 法定终止
  - 建设工程合同
    - 订立方式
      - 总承包
      - 分别承包
      - 转包
    - 效力
- 金钱合同
  - 借款合同
  - 储蓄合同
- 提供服务合同
  - 运输合同
  - 保管合同
  - 仓储合同
  - 委托合同
  - 行纪合同
  - 中介合同
- 技术合同

配套测试

单项选择题

1. 安徽省某超市向山东省某饲养公司购进了一批鲜活家禽,约定由饲养公司代办托运。超市支付价款后,饲养公司将 7000 只活鸡按约定交与某物流公司。当天物流公司将 7000 只活鸡装车后停放在公司车库准备第二天运送。不料当晚车库遭雷击失火,该批活鸡全部被烧死,超市因而无法销售。该批活鸡的损失应由谁承担?(　　)
   A. 饲养公司　　　　　　　　　　　　B. 物流公司
   C. 超市　　　　　　　　　　　　　　D. 按公平原则,买卖双方分担

2. 买卖合同中,出卖人出卖运输途中的标的物,除当事人另有约定的外,毁损、灭失风险自(　　)时起由买受人承担。
   A. 合同成立　　　B. 合同生效　　　C. 货物装运上车　　　D. 货物被卸下车或船

3. 买卖合同中,买受人应当在发现或者应当发现标的物的数量或者质量不符合约定的合理期间内通知出卖人。买受人怠于通知或者自标的物收取之日起(　　)内未通知出卖人的,视为标的物的数量或者质量符合约定。
   A. 三个月　　　B. 一年　　　C. 二年　　　D. 半年

4. 丁某与卜某约定于 6 月 1 日丁某将其一台电视机交付给卜某,卜某于 6 月 5 日将价款 3000 元交付给丁某。但适逢电视机价格上涨,丁某反悔,未于当日将电视机按约定交付,6 月 3 日,因地震,丁某所住房屋坍塌,电视机毁损,则此损失应(　　)。
   A. 由丁某承担
   B. 由卜某承担
   C. 由二人合理平均分担
   D. 由丁某承担大部分,卜某承担少部分

5. 甲、乙公司约定,甲公司向乙公司提供优质苹果 1000 吨,于 7 月 5 日在甲公司所在地交付,乙公司于 7 月 10 日付款。7 月 5 日,甲公司依约定将苹果交付,但因疏忽未提供约定的苹果的原产地证书,乙公司遂拒绝接受。当晚,天降暴雨,苹果被泡进水里,且交通断绝,苹果全部霉变,则(　　)。
   A. 甲公司未按约定履行义务,承担全部损失
   B. 乙公司承担全部损失
   C. 甲公司与乙公司平均分担损失
   D. 乙公司承担大部分损失,甲公司依其过错适当分担

6. 买卖合同对价款支付时间未作约定,应(　　)。
   A. 自订立合同时交付
   B. 自合同生效时交付
   C. 于收到标的物或提取标的物单证后立即支付
   D. 在收到标的物或提取标的物单证的同时支付

7. 关于买卖合同解除,下列说法错误的是(　　)。
   A. 因标的物的主物不符合约定而解除合同的,解除合同的效力及于从物
   B. 因标的物的从物不符合约定而解除合同的,解除合同的效力及于主物
   C. 标的物为数物,各物与他物分离不会使标的物的价值受到明显损害的,若其中一物不符合

约定的，买受人可就该物解除

D. 出卖人分批交付标的物的，出卖人对其中一批标的物不交付或交付不符合约定，致使该批标的物不能实现合同目的的，买受人可就该批标的物解除

8. 陈华将一汽车出租给刘丹，刘丹经过陈华允许后，又将该汽车租给其朋友王放，王放在一次行车中发生车祸，车被报废，则陈华应向谁主张赔偿损失？（　　）

A. 刘丹

B. 王放

C. 刘丹或王放

D. 向王放和刘丹同时主张，均可获得支持

9. 试用买卖中，（　　）。

A. 对试用期间没有约定或约定不明确的，且依《民法典》第510条之规定仍不能确定的，由买受人确定

B. 试用期满，买受人对是否购买标的物未作表示的，视为拒绝购买

C. 试用买卖的买受人在试用期内可以购买标的物，也可以拒绝购买

D. 标的物的试用期间，只可由出卖人决定

10. 乙买甲一套房屋，已经支付三分之一价款，双方约定余款待过户手续办理完毕后付清。后甲反悔，要求解除合同，乙不同意，起诉要求甲继续履行合同，转移房屋所有权。下列哪一选项是正确的？（　　）

A. 合同尚未生效，甲应返还所受领的价款并承担缔约过失责任

B. 合同无效，甲应返还所受领的价款

C. 合同有效，甲应继续履行合同

D. 合同有效，法院应当判决解除合同、甲赔偿乙的损失

11. 甲公司将一套计算机软件光盘卖给乙公司，则（　　）。

A. 乙公司自然拥有该软件的著作权

B. 甲公司应拥有该软件相关的知识产权

C. 即使乙公司明知该光盘为盗版光盘，甲公司也须保证该软件著作权人不会向乙公司主张任何权利

D. 乙公司猜测该光盘可能为盗版，即可中止支付相应价款

12. 某农业公司把10吨小麦出售给某食品厂，但双方对交付地点在合同中未作约定。农业公司的营业地在甲地；该小麦存放于乙地的仓库中，但在订立合同时，尚在位于丙地的临时储藏场存放，农业公司与食品厂的代理人一同前往该地看货；食品厂的营业地在丁地。现该批货物不需运输，则农业公司应在（　　）交货。

A. 甲地　　　　B. 乙地　　　　C. 丙地　　　　D. 丁地

13. 丁某把一批电视机卖给了外省的某贸易公司，双方未约定交付地点，则该批电视机毁损、灭失的风险自（　　）起由该贸易公司承担。

A. 合同成立时

B. 合同生效时

C. 某贸易公司从承运人处提取该批电视机时

D. 丁某将电视机交付给运送该批电视机的第一承运人时

14. 甲厂向乙厂出售机床一台，双方约定检验期间为一年，该机床之质量保证期为一年半，该类机床一般在使用后半年内可发现其质量是否合格，若乙厂发现该机床质量不符合合同约定，应在（　　）内将质量不符合约定的情形通知甲厂。

A. 一年 B. 一年半 C. 半年 D. 二年

15. 甲在某商场看中一辆自行车，意欲买下，但未带钱，遂与商场约定明天带钱取车，双方并在该车上作了记号。当晚，商场失窃，该车也被盗。商场要求甲付款，被甲拒绝，双方诉至法院。关于该案，以下说法正确的是（   ）。

A. 甲应付款，该车已特定化，应视为交付
B. 甲不应付款，因为该车被盗商场有过失
C. 甲不应付款，因为该车尚未交付，风险商场负担
D. 根据公平原则，双方各自承担一定的责任

16. 甲电器城为促销商品，在其营业大厅贴出醒目标语："本电器城商品试用期一律20天，期满后满意付款。"乙于8月2日从该电器城抬回一台冰箱。8月12日，因雷电该冰箱被烧坏。则以下说法正确的是（   ）。

A. 买卖合同已经成立 B. 乙应对损失承担责任
C. 甲电器城应对损失承担责任 D. 乙与甲电器城分担责任

17. 凭样品买卖的买受人不知道样品有隐蔽瑕疵，出卖人交付的标的物与样品相同，则根据《民法典》，买受人得主张（   ）。

A. 出卖人承担违约责任
B. 合同无效，但出卖人应负缔约过失责任
C. 不得为任何主张，因为出卖人的给付符合双方约定
D. 不得为任何主张，因为合同无效

18. 甲方购买一批货物，约定于6月15日提货，但其因没有安排好汽车而未能提货。当天傍晚，出卖人的仓库遭雷击起火，货物被烧。你认为应如何确定损失的承担？（   ）

A. 出卖人承担，因为货物是在其控制之下 B. 出卖人承担，因为货物所有权没有转移
C. 买受人承担，因为他未能按时提货 D. 双方分担，因为谁都没有过错

19. 甲向乙购进一批玉米，双方约定，合同履行地在乙所在的城市S市。5月1日乙为甲代办托运运往M县。在运输过程中，5月3日甲与丙签订协议，将该批玉米转让给丙，在M县火车站交货。5月4日由于遇山洪暴发，火车在运输途中出轨，玉米损失。该损失应由谁承担？（   ）

A. 甲承担 B. 乙承担 C. 丙承担 D. 甲与丙分担

20. 某工厂因生产需要购置了一批设备，用电负荷远远超出原先核定的标准，某市供电局未经通知，即拉闸断掉电源，导致该厂损失30万元，则（   ）。

A. 应由工厂承担全部责任 B. 应由供电局承担赔偿责任
C. 应由工厂自行承担后果 D. 供电局可以对工厂作适当补偿

21. 某地受台风侵袭，一条高压线断落，该地供电局因适逢周末，无人可调，故延误两天后方派人前往抢修，恢复通电比立即派人抢修迟两天，则（   ）。

A. 因台风致断电，属不可抗力，供电局对此不承担民事责任
B. 未及时抢修，应追究有关人员的行政责任，但不应追究供电局民事责任
C. 由有关人员负责赔偿因此而受到的损失，供电局作适当补偿
D. 对因未及时抢修而造成的用电人损失，应由供电局承担赔偿责任

22. 下列情形中，造成用电人损失的，供电人应承担损害赔偿责任的是（   ）。

A. 用电人逾期不交付电费，经催告仍不交付，供电人按照国家规定的程序中止供电
B. 供电人未按国家规定的供电质量标准和约定安全供电
C. 用电人违法用电，供电人经过通知，拉闸断电
D. 因暴风雨致线路中断无法供电，供电人及时组织抢修

23. 供用电合同对履行地点没有约定的，以（　　）为履行地点。
   A. 供电人所在地　　　　　　　　B. 用电人所在地
   C. 供电设施产权分界处　　　　　D. 以上答案均不正确

24. 赠与合同中，因受赠人的违法行为致使赠与人死亡或者丧失民事行为能力的，赠与人的继承人或者监护人可以撤销赠与。赠与人的继承人或者监护人的撤销权，应当自知道撤销原因之日起（　　）内行使。
   A. 六个月　　　B. 一年　　　C. 二年　　　D. 五年

25. 李某称：若其侄子（8周岁，已上小学二年级）在期末考试中获得班级第一，即赠与其电脑一台。其侄子欣然同意。但学期末其侄子获班级第一时，李某表示，该电脑自己正在使用，不愿再将之赠给他人，则（　　）。
   A. 赠与合同已成立，李某已构成违约，应承担违约责任
   B. 赠与物未交付，合同不成立，李某无须承担责任
   C. 合同已成立，但赠与物交付前，李某有权撤销之
   D. 合同已成立，且合同约定的条件已实现，李某应履行合同，无权单方撤销

26. 甲将其父去世时留下的毕业纪念册赠与其父之母校，赠与合同中约定该纪念册只能用于收藏和陈列，不得转让。但该大学在接受乙的捐款时，将该纪念册馈赠给乙。下列哪一选项是正确的？（　　）
   A. 该大学对乙的赠与无效，乙不能取得纪念册的所有权
   B. 该大学对乙的赠与无效，但乙已取得纪念册的所有权
   C. 只有经甲同意后，乙才能取得纪念册的所有权
   D. 该大学对乙的赠与有效，乙已取得纪念册的所有权

27. 丁某在地摊上购买电饭锅一个，回家后发现该锅在通电时有漏电现象，遂弃之不用，后同乡孙某来访，告知其刚从老家搬来，正欲购置各种家具及家用电器。丁某遂将电饭锅赠与孙某，但出于虚荣心，告知孙某是其"刚买的优良产品"，孙某将锅带回家，其妻在做饭时因该锅漏电，致触电身亡，则（　　）。
   A. 丁某与电饭锅质量不合格无关，就此事无法律责任可言
   B. 赠与为无偿合同，孙某为此并未支付对价，无权追究丁某的责任
   C. 丁某慷慨赠与，全是出于好心；虽有过失，但不应追究法律责任
   D. 丁某应承担损害赔偿责任

28. 某食品公司为帮助某地农民抗洪救灾，允诺捐款100万元及价值300万元的食品，但此后，其认为此事对该食品公司起的宣传效果不大，遂决定撤销该笔赠与，则（　　）。
   A. 赠与财产未交付，赠与人有权撤销
   B. 此合同食品公司耗资巨大，所得的宣传效果有限，合同显失公平，食品公司有权予以撤销或变更
   C. 赠与财产尚未交付，合同不成立，食品公司只需对受赠人为接受赠与所做的准备承担赔偿责任
   D. 食品公司无权撤销，受赠人可以要求交付

29. 下列哪类合同，必须采书面形式？（　　）
   A. 法人之间的借款合同　　　　　B. 货物买卖合同
   C. 供用电合同　　　　　　　　　D. 朋友之间的借款合同

30. 胡某向林某借款2万元，年息20%，期限一年，胡某预先扣去利息4000元，则一年期满后，林某应还（　　）（设该利息约定未违反国家有关限制借款利率的规定）。

A. 2万元　　　　B. 2.4万元　　　　C. 1.92万元　　　　D. 1.6万元

31. 丁某因炒股急需资金，遂以10%的年息（不违反当时利率规定）向王某借款10万元，期限二年，但仅一年，因股市大幅上扬，丁某赚回许多钱，遂要求提前还款，提前还款并不损害王某的利益，则（　　）。

A. 王某有权拒绝
B. 允许提前还款，归还本息共12万元
C. 允许提前还款，归还本息共11万元
D. 丁某的做法构成违约，应承担违约责任

32. 王某向丁某借款10万元，期限一年，年利率5%，双方遂签订了书面借款合同。但丁某感觉利率过低，要求修改合同，提高利率，王某不同意，合同规定的提供借款期限届满，丁某拒绝提供借款，则（　　）。

A. 丁某应承担违约责任
B. 合同已成立，但在提供借款前，丁某有权撤销
C. 合同已成立，但丁某可以以显失公平为由申请撤销
D. 合同尚未成立，丁某不承担违约责任

33. 周某向刘某借款10万元，年利率10%，期限为三年，但期限届满后，刘某未向周某收取借款，又过一年方收取，则应收取周某借款本息共计（　　）。

A. 10万元　　　　B. 11万元　　　　C. 13万元　　　　D. 14万元

34. 张某为办养猪场向王某借款1万元，没有约定利息。两年后，养猪场获利。张某归还借款时，王某要求其支付1万元利息，为此双方发生争议。张某应否支付利息？（　　）

A. 张某不必支付利息
B. 张某应按照当地民间利率支付利息
C. 张某应按照银行存款利率支付利息
D. 张某应在不超过银行存款利率4倍的范围内支付利息

35. 甲继承其祖父留给他的一幢房屋，甲有自己比较宽敞的住房，因此这幢私房一直闲置。后经人介绍，甲将这幢私房出租给乙使用，双方签订了租赁合同，规定租赁期限为两年。在此期间，甲的朋友丙拟与他人成立一家公司，急需办公用房，遂与甲商量欲购买其已出租给乙的那幢私房。甲同意将该房卖给丙，双方签订合同并办理了房屋所有权转让手续。丙与他人合办的公司注册成立后，命乙即刻从该房中搬出，而乙则以租赁期限未满，拒绝搬出。甲与乙签订的该房屋的租赁合同对该房屋的所有权人丙（　　）。

A. 无效
B. 双方有异议，必须重新修改合同，对丙才产生效力
C. 继续有效
D. 双方无异议，则继续有效

36. 租赁期限六个月以上，且未采用书面形式的租赁合同（　　）。

A. 无效
B. 可撤销
C. 视为不定期租赁
D. 效力未定

37. 丁某租用王某房屋三间居住。因屋顶漏雨，丁某要求王某予以维修，但王某一直拖延，丁某自己雇人将房屋修好，共花去4000元，维修期间，丁某搬出房屋另行住宿，则下列说法错误的是（　　）。

A. 王某有义务维修该房屋
B. 4000元维修费用由王某负责
C. 丁某未经王某同意自行维修，费用应自己负担
D. 因维修影响了丁某对房屋的使用，应相应减少租金或延长租期

38. 吴某将自有房屋一栋租给宋某，该房为危房，宋某看房后考虑到租价较低，仍与吴某签订了为期三年的租赁合同，现宋某已开始使用该房屋，则（　　）。

　　A. 合同已生效，当事人不得再以危房为由解除

　　B. 合同不成立

　　C. 合同为可撤销的合同

　　D. 合同已生效，但宋某有权随时解除该租赁合同

39. 丁军将房屋 2 间，租给陈威与陈宏两兄弟居住，约定的租赁期限是 5 年。在第三年的时候，丁军不幸去世，该间房屋由其子丁强继承。丁强（　　）。

　　A. 有权解除租赁合同收回房屋，因为丁强是房屋的新所有人

　　B. 有权解除租赁合同收回房屋，但应当给陈威兄弟以适当补偿

　　C. 无权解除租赁合同收回房屋，因为陈威兄弟依原租赁合同的承租使用权对新房主继续有效

　　D. 无权收回房屋，应当与陈威兄弟再签订房屋租赁合同

40. 甲将自有房屋 3 间租给乙，租期自 2023 年 6 月 1 日至 2024 年 6 月 1 日，租金每月 1 日支付，租金每月 1500 元。乙每月均按时交租。2024 年 4 月 1 日，乙因资金周转困难，未付上月租金。4 月 6 日，甲将房屋卖给丙并办理了过户手续，丙要求乙搬出房屋。下列说法正确的是（　　）。

　　A. 乙应搬出房屋，乙不得以与甲的租赁合同对抗新所有人丙

　　B. 乙应搬出房屋，因乙迟延交付租金已构成违约

　　C. 乙应搬出房屋，但可以要求甲承担违约责任

　　D. 乙不应搬出房屋，因为乙虽违约但租赁合同仍然有效，乙得以之对抗丙

41. 甲租赁乙的房屋居住，在租赁期间发生地震，房屋倒塌，已不适于居住，房屋倒塌砸毁甲的家具、电器数件。则甲（　　）。

　　A. 应承担房屋毁损的责任

　　B. 可以解除租赁合同，但不得请求损害赔偿

　　C. 可以解除租赁合同，并请求损害赔偿

　　D. 不得解除租赁合同，但得请求损害赔偿

42. 承租人在房屋租赁期间死亡，与其生前共同居住的人（　　）。

　　A. 可以按原租赁合同租赁该房屋

　　B. 若继续租赁房屋，须重新订立租赁合同

　　C. 原租赁合同终止，不得继续租赁该房屋

　　D. 必须按原租赁合同租赁该房屋

43. 张某于 1 月租住何某 1 套房屋，租期 1 年。半年后何某出国。租期届满，何某并未作任何表示。次年 3 月何某归来，要求张某立即搬出。下列选项哪个是正确的？（　　）

　　A. 双方没有续订合同，租赁关系消灭

　　B. 次年 1 月至 3 月，双方存在无偿合同关系

　　C. 次年 1 月起，原合同应视为续订 1 年

　　D. 次年 1 月起，该合同转变为不定期租赁

44. 关于财产租赁的转租问题，下列哪一说法是正确的？（　　）

　　A. 承租人在租赁的期限内不能将租赁物转租给第三人使用

　　B. 承租人在租赁期限内提前告知出租人即可以将租赁物转租给第三人使用

　　C. 承租人在租赁期限内经出租人同意将租赁物转租的，第三人造成租赁物损失的，出租人无权要求承租人赔偿

D. 如果出租人知道或者应当知道承租人转租，但是在六个月内未提出异议的，视为出租人同意转租

45. 在融资租赁合同中，关于出卖人不履行买卖合同义务时索赔权利的行使，下列说法正确的是（　　）。

A. 只能由出租人行使对出卖人的索赔权利

B. 只能由承租人行使对出卖人的索赔权利

C. 出租人、出卖人、承租人可以约定，出卖人不履行买卖合同义务的，由承租人行使索赔的权利，且承租人行使索赔权利时，出租人无须协助

D. 出租人、出卖人、承租人可以约定，出卖人不履行买卖合同义务的，由承租人行使索赔的权利，承租人行使索赔权利的，出租人应当协助

46. 融资租赁合同中，租赁期间届满，当事人对租赁物的归属没有约定，当事人又无法达成补充协议的，租赁物归（　　）所有。

A. 出租人　　　　　　　　　　　　B. 承租人

C. 出卖人　　　　　　　　　　　　D. 出租人和出卖人共有

47. 甲、乙公司签订了一份融资租赁合同，根据合同中承租人对出卖人、租赁物的选择，甲公司与丙公司订立了一份买卖合同，现出租人甲拟对合同作变更，则（　　）。

A. 只需通知承租人乙公司即可

B. 必须经过乙公司的同意

C. 就与乙公司有关的合同内容，应取得乙公司的同意

D. 是另一个合同关系，与乙公司无关

48. 某运输公司与某信托公司签订一份融资租赁合同，由信托公司根据运输公司的选择购买某牌号大客车十辆，则下列说法错误的是（　　）。

A. 出卖人应直接将客车交付运输公司

B. 在运输公司使用该客车运营时，发生车祸致人死亡，则应由运输公司承担损害赔偿责任

C. 在运输公司受领该批客车后，如果公司破产，则信托公司有权就该批客车优先受偿

D. 双方若未约定租赁期限届满后客车的所有权归属，该批客车应归信托公司所有

49. 甲、乙双方签订一份合同，合同约定：甲方按照乙方要求自丙处购买某型号设备，该设备由甲方所有，交乙方使用，乙方支付租金。则该合同性质为（　　）。

A. 租赁合同　　　B. 融资租赁合同　　　C. 买卖合同　　　D. 无名合同

50. 甲公司与某银行签订贷款合同，银行向甲公司提供800万元人民币，借款期限3年，借款用于甲公司设备改造。2024年2月1日，双方正式签订合同，2月6日，银行将800万元汇入甲公司账户，6月3日，甲公司将800万元贷款投资某房地产项目，下列陈述正确的是（　　）。

A. 在订立借款合同时，银行有权要求甲公司提供仅与借款有关的企业的业务活动和财务状况的真实情况

B. 银行无权要求甲公司依约定向银行定期提供有关财会报表等资料

C. 银行不可以提前收回贷款

D. 银行不可以解除合同

51. 在融资租赁合同中，承租人占有租赁物期间，租赁物造成第三人人身伤害或财产损害的，应由（　　）承担民事责任。

A. 承租人　　　　　　　　　　　　B. 出租人

C. 出租人和承租人连带　　　　　　D. 出租人和承租人按份

52. 关于承揽合同的解除，下列说法不正确的是（　　）。

A. 承揽人将其承揽的主要工作交由第三人完成，未经定作人同意的，定作人有权利解除合同

B. 定作人可以随时解除合同

C. 定作人不履行协助义务致承揽工作不能完成，经承揽人催告在合理期限内仍不履行的，承揽人可以解除合同

D. 定作人中途变更承揽工作的要求，造成承揽人损失的，承揽人有权解除合同

53. 以下合同中，不属于承揽合同的是（　　）。

　　A. 照相合同　　　　　　　　　　B. 汽车大修合同

　　C. 供用电合同　　　　　　　　　D. 服装加工合同

54. 承揽人可以将其承揽的辅助工作交由第三人完成。对第三人完成的工作成果，应由谁向定作人负责？（　　）

　　A. 承揽人和该第三人连带负责　　B. 承揽人和该第三人分担责任

　　C. 该第三人　　　　　　　　　　D. 承揽人

55. 甲想装修房屋，与乙装修公司签订装修合同。双方约定，甲应于7月1日前负责腾出房屋。但7月1日甲未腾出房屋，则乙可以（　　）。

　　A. 自行腾出房屋，并且腾屋的费用由甲承担

　　B. 只能请求甲腾出房屋

　　C. 自行解除合同

　　D. 催告甲在合理期限内腾屋，逾期不腾，可以解除合同

56. 甲、乙签订一服装加工合同，由乙负责为甲加工服装150套，面料由甲提供，双方约定了面料的质量标准。甲分两批提供面料，但第二批面料经乙检验，与约定不符。为赶时间，乙自行从市场上购买面料进行加工，但在交货时甲拒绝收货。经反复协商，甲同意另行提供100套衣服的面料。但因为乙的迟延交货，服装价格下跌，致甲损失1万元。该1万元损失应由谁承担？（　　）

　　A. 甲

　　B. 乙

　　C. 主要由乙承担，但根据公平原则，甲也应承担一部分

　　D. 甲、乙根据过失程度分担

57. 在共同承揽中，如果当事人没有约定，谁应对定作人承担责任？（　　）

　　A. 共同承揽人应平均分担责任　　B. 共同承揽人应承担连带责任

　　C. 有过失的承揽人按过失程度分担责任　　D. 有过失的承揽人承担连带责任

58. 甲百货公司和乙服装厂签订一份服装加工合同，由甲方负责提供样品，乙方提供面料并根据样品进行加工，7月10日交货。7月8日，乙服装厂因经营不善，资不抵债，陷于破产。该批加工的服装能否作为破产财产？（　　）

　　A. 能，但甲对其享有别除权

　　B. 能，因为乙享有所有权

　　C. 不能，因为甲享有所有权

　　D. 该批服装的一半可以作为破产财产，因为甲、乙共有

59. 承揽人履行承揽合同的下列行为中，构成违约行为的有（　　）。

　　A. 承揽人发现定作人提供的图纸不合格，立即停止工作并通知定作人，因此未能如期完成工作

　　B. 承揽人发现定作人提供的材料不合格，更换为自己确认合格的材料

　　C. 承揽人未征得定作人同意，将其承揽的辅助工作交由第三人完成

D. 因定作人未按期支付报酬，承揽人拒绝交付工作成果

60. 发包人擅自使用未经验收的建设工程，发现质量问题的，应当（　　）。

A. 由承包人负主要责任，发包人承担补充责任

B. 由发包人与承包人一起承担连带责任

C. 由发包人承担责任

D. 由发包人承担主要责任，承包人承担次要责任

61. 甲公司与某中学就建设该校教学楼签订了一份建筑工程承包合同。经该高校同意甲公司将其承包的部分工作转包给了乙公司承建。那么就乙公司完成的工作成果，（　　）。

A. 由甲公司向学校承担责任

B. 由乙公司向学校承担责任

C. 按转包工作的标的额，由甲、乙公司分别承担适当份额的责任

D. 由甲、乙公司承担连带责任

62. 甲方与乙方签订加工承揽合同，甲方为定作方，乙方为承揽方，双方约定由定作方甲方提供原材料，则承揽方乙方（　　）。

A. 对原材料不负检验责任

B. 如果发现不合格的原材料可以自行更换

C. 如果原材料不合格必须及时通知甲方

D. 即使发现原材料不合格仍然可以继续使用

63. 辽宁省某农场与某铁路局订立了货物联运合同，发运2000立方米木材。该批货物经铁路运至大连市，又由大连市某海运公司从海路运至厦门市，再由某汽车运输公司从厦门市运至终点站。当收货方到汽车运输公司提货时，发现缺少50立方米木材，收货方遂向发货方、铁路局、海运公司、汽车运输公司交涉，但有关单位互相推卸责任。收货方只得诉至法院。法院依法判决由（　　）赔偿收货方的损失。

A. 发货人　　　　B. 铁路局　　　　C. 海运公司　　　　D. 汽车运输公司

64. 客运合同自（　　）时成立。

A. 双方意思表示一致　　　　B. 旅客向承运人交付票款

C. 承运人向旅客交付客票　　D. 旅客向承运人作出要乘车的意思表示

65. A市甲加工厂与B市乙养鸡厂签订一份合同。双方约定：2024年9月15日前，乙向甲供应5万只活母鸡，以便甲将这批鸡制作成烧鸡，在国庆节投入市场。9月27日，乙厂才把5万只活母鸡送至甲厂，甲厂拒收。乙厂再三称自己在A市人生地不熟，母鸡拉回B市，自己损失太大，准备在A市卖出，请甲厂看在老客户的面子上，由甲厂暂时保管这批鸡，一旦乙厂找到买主立即拉走，并表示愿给甲厂一定好处，甲厂遂答应。10月3日，乙厂找到买主，即前来拉货。在此期间，甲厂为保管这批鸡共耗费饲料、人工费1000元，鸡共产蛋2万个。关于本案，下列陈述中不正确的是（　　）。

A. 鸡蛋2万个应归乙厂所有　　　　B. 乙厂应当向甲厂支付保管费

C. 甲厂有权拒收乙厂迟送的活母鸡　　D. 乙厂可以不向甲厂支付保管费

66. 在客运合同中，承运人擅自变更运输工具而提高服务标准的，（　　）。

A. 可以加收票款

B. 旅客不交付加收票款的，承运人可以拒绝运输

C. 不应当加收票款

D. 应根据旅客的要求退票

67. 下列哪种情况中，承运人对运输过程中旅客伤亡承担损害赔偿责任？（　　）

A. 伤亡因旅客自身健康原因造成

B. 伤亡因旅客的故意造成

C. 伤亡因旅客的重大过失造成

D. 伤亡虽非因旅客自身健康原因或其故意与重大过失造成，但承运人已尽到足够的注意义务仍不能避免伤亡的发生

68. 对运输过程中货物的毁损、灭失，下列哪种情况下承运人不能免责？（ ）

A. 货物之毁损、灭失是不可抗力所致

B. 货物之毁损、灭失是货物本身的自然属性或合理损耗造成

C. 货物之毁损、灭失是托运人、收货人的过错所致

D. 对货物之毁损、灭失，承运人已尽足够的注意义务，对之无过错的

69. 陈斌委托甲公司从 C 地运输一批货物去 A 地（公路运输）。甲公司先将货物运至 B 地，交由乙公司以汽车再运输至 A 地，下列说法错误的是（ ）。

A. 甲公司对 C 地到 B 地再到 A 地的全程运输承担责任

B. 如果能证明陈斌的货物损失发生在由 B 地至 A 地途中，则陈斌可以要求乙公司承担赔偿责任

C. 即使陈斌的货物损失发生在由 B 地至 A 地途中，陈斌也仅能向甲公司要求赔偿

D. 陈斌货物损失发生在由 B 地至 A 地途中，陈斌可以要求甲、乙公司承担连带赔偿责任

70. 甲有一中巴车，经营城乡短途运输业务。某日，甲在超速驾驶中，为避免与丙的客车相撞，紧急刹车致乘客乙的物品毁损。经查，乙尚未买车票。则乙的损失甲应否赔偿？（ ）

A. 不应赔偿，因为甲与乙的合同尚未成立

B. 不应赔偿，甲系紧急避险可以免责，应由丙赔偿

C. 应赔偿，合同虽未成立，但甲应负缔约过失责任

D. 应赔偿，运输合同已经成立，甲有过失

71. 甲有一台中央空调主机急欲出手，即委托乙寻找买主，并约定事后给乙 1000 元酬谢。不久，甲的朋友丙听说甲积压了一台中央空调主机急欲出手，即主动帮忙联系。很快丙即找到买主丁，以 30 万元买下甲的中央空调主机。丙为办此事花掉电话费、打车费等 600 元。不久，乙也找来买主欲购买甲的中央空调主机。但甲称已无货可卖，乙即要求甲支付报酬 1000 元，及为办此事支付各项费用 500 元，甲拒绝。下列陈述中，正确的是（ ）。

A. 甲应向乙支付 1000 元酬金 B. 甲无须向乙支付 1000 元酬金

C. 甲应向乙支付酬金加费用 1500 元 D. 甲无须向乙支付 500 元费用

72. 甲厂与乙运输公司签订货物运输合同，但货物在运输过程中因不可抗力灭失，则乙能否要求甲支付运费？（ ）

A. 能

B. 不能

C. 可要求甲支付一半运费

D. 根据公平原则，可要求甲适当支付运费

73. 在货物运输合同中，货物毁损、灭失的赔偿额当事人既无约定又不能达成补充协议的，应以何地的市场价格计算？（ ）

A. 订立合同时货物发运地 B. 订立合同时货物到达地

C. 交付或者应当交付时货物发运地 D. 交付或者应当交付时货物到达地

74. 甲运输公司与乙厂签订多式联运合同，根据乙的要求，甲向乙签发了可转让的多式联运单据。由于乙在托运时的过失造成甲一定损失。现乙已将多式联运单据转让于丙。则甲的损失应

由谁承担赔偿责任？（　　）

　　A. 甲自负　　　　　B. 乙　　　　　　C. 丙　　　　　　D. 乙、丙连带负责

75. 甲公司委托乙公司开发一种浓缩茶汁的技术秘密成果，未约定成果使用权、转让权以及利益分配办法。甲公司按约定支付了研究开发费用。乙公司按约定时间开发出该技术秘密成果后，在没有向甲公司交付之前，将其转让给丙公司。下列哪种说法是正确的？（　　）

　　A. 该技术秘密成果的使用权只能属于甲公司

　　B. 该技术秘密成果的转让权只能属于乙公司

　　C. 甲公司和乙公司均有该技术秘密成果的使用权和转让权

　　D. 乙公司与丙公司的转让合同无效

76. 保管合同中，未约定保管费或约定不明确，双方又未达成补充协议，按合同有关条款及交易习惯又无法确定的，应当（　　）。

　　A. 按合同订立时保管人所在地的市场价格确定保管费

　　B. 按合同履行时保管人所在地的市场价格确定保管费

　　C. 按国家定价执行

　　D. 推定为无偿保管

77. 保管合同，自（　　）时成立。

　　A. 双方意思表示一致　　　　　　　B. 保管物交付

　　C. 保管凭证给付　　　　　　　　　D. 双方签字或盖章

78. 寄存人寄存货币、有价证券或其他贵重物品的，应向保管人声明，未声明的，该物品毁损灭失的，（　　）。

　　A. 保管人不承担赔偿责任

　　B. 保管人应赔偿寄存人的全部损失

　　C. 保管人可按一般物品予以赔偿

　　D. 保管人应赔偿寄存人的直接损失

79. 关于保管物的领取，下列说法中错误的是（　　）。

　　A. 寄存人可以随时领取保管物

　　B. 当事人对保管期间没有约定或约定不明，保管人可随时要求寄存人领取保管物

　　C. 约定保管期间的，保管人无特别事由，不得要求寄存人提前领取保管物

　　D. 约定寄存期间的，无特别事由，寄存人不得提前领取寄存物

80. 贾某因装修房屋，把一批古书交朋友王某代为保管，王某将古书置于床下。一日，王某楼上住户水管被冻裂，水流至王某家，致贾某的古书严重受损。对此，下列说法哪一个是正确的？（　　）

　　A. 王某具有过失，应负全部赔偿责任

　　B. 王某具有过失，应给予适当赔偿

　　C. 此事对王某而言属不可抗力，王某不应赔偿

　　D. 王某系无偿保管且无重大过失，不应赔偿

81. 存货人或仓单持有人提前领取仓储物的，（　　）。

　　A. 保管人有权拒绝　　　　　　　　B. 应加收仓储费

　　C. 应减收仓储费　　　　　　　　　D. 应按合同约定的仓储费执行

82. 储存期间届满，存货人或仓单持有人不提取仓储物的，（　　）。

　　A. 保管人有权获得仓储物之所有权

　　B. 保管人有权将仓储物拍卖或折价变卖，所得价款扣除仓储费用后提存

C. 保管人可催告其在合理期限内提取，逾期不提取的，可提存仓储物
D. 解除合同

83. 甲、乙系好朋友，甲给乙500元钱，委托其代买照相机一部。在公共汽车上500元钱被小偷偷走。则500元钱的损失应由谁负担？（　　）

A. 甲
B. 乙
C. 甲、乙平均分担
D. 乙承担大部分，甲适当分担

84. 下列对于委托合同的说法错误的是（　　）。

A. 委托人可以概括委托受托人处理一切事务
B. 委托人可随时解除委托合同
C. 受托人可随时解除委托合同
D. 委托合同，因受托人之过错给委托人造成损失，委托人可要求赔偿

85. 下列说法中不正确的是（　　）。

A. 行纪人与第三人订立合同，由行纪人对该合同直接享有权利，承担义务
B. 受托人处理委托事务，须以委托人名义为之，否则不对委托人发生法律效力
C. 行纪人为委托人从事贸易活动，应以自己的名义进行
D. 行纪合同以有偿为原则

86. 乙公司受甲公司委托作为行纪人与丙公司订立合同。后丙公司违约不履行义务，致使甲公司受到损害。如果甲、乙公司未作特别约定，则（　　）。

A. 应当由乙公司承担损害赔偿责任
B. 应当由甲公司直接追究丙公司之违约责任
C. 应当由乙、丙公司向甲公司承担连带责任
D. 应当由丙公司向甲公司承担主要责任，乙公司若不能证明自己无过错，也应当分担部分责任，二者分别承担责任

87. 吴某与韩某签订委托合同，代韩某处理商业事务，但因吴某太忙，经韩某同意，转委托丁某代行，则（　　）。

A. 就委托事务，韩某须指示吴某并由其转达给丁某
B. 吴某须就丁某之一切行为承担责任
C. 就对丁某的选任，吴某应承担责任
D. 吴某不再就丁某的行为负责

88. 刘某和张某受朱某之委托共同处理事务，因刘某之过错，致朱某遭受损失，则（　　）。

A. 由刘某对朱某承担责任
B. 由刘某与张某共同对朱某承担连带责任
C. 由刘某承担主要责任，张某则可以自己无过错为由减轻责任，二人分别向朱某承担责任
D. 由三人根据过错程度分担损失

89. 甲委托乙购买一套机械设备，但要求以乙的名义签订合同，乙同意，遂与丙签订了设备购买合同。后由于甲的原因，乙不能按时向丙支付设备款。在乙向丙说明了自己是受甲委托向丙购买机械设备后，关于丙的权利，下列哪一选项是正确的？（　　）

A. 只能要求甲支付
B. 只能要求乙支付
C. 可选择要求甲或乙支付
D. 可要求甲和乙承担连带责任

90. 在委托合同中，受托人以自己的名义与第三人订立合同，第三人不知道委托人和受托人间的代理关系。如果受托人因委托人或第三人的原因不履行义务，则以下有关当事人的权利义务的表述中不正确的是（　　）。

A. 受托人有披露义务 B. 委托人有介入权
C. 第三人有选择权 D. 第三人有变更权

91. 甲委托乙为其购买木材，乙为此花去了一定的时间和精力，现甲不想要这批木材，于是电话告诉乙取消委托，乙不同意。下列哪项论述是正确的？（　　）
A. 甲无权单方取消委托，否则应赔偿乙的损失
B. 甲可以单方取消委托，但必须以书面形式进行
C. 甲可以单方取消委托，但需承担乙受到的损失
D. 甲可以单方取消委托，但仍需按合同约定支付乙报酬

92. 下列关于授权行为和委托合同的区别说法正确的是（　　）。
A. 授权行为必须采用书面形式，而委托合同可用书面形式，也可用口头形式
B. 授权行为可以事后追认，而委托合同必须事前订立
C. 授权行为是单方法律行为，而委托合同是双方法律行为
D. 授权行为是实践性法律行为，而委托合同是诺成性法律行为

93. 甲委托乙看管一批棉布。乙同意并接收棉布后，自己突然生病，又听天气预报说近日将有大暴雨，遂找甲联系，但无法联系上甲，乙便委托丙代为看管该批棉布，并在3日后将此事通知了甲，甲亦未表示反对。不久，丙因疏忽致该批棉布在仓库中被盗。下列表述中正确的是（　　）。
A. 甲应当直接向乙要求赔偿
B. 甲应当直接向丙要求赔偿
C. 甲可以要求乙、丙承担连带责任
D. 甲只能向乙、丙中一人提出赔偿要求，但甲有选择权

94. 甲公司（经批准有权经营行纪业务）受乙公司委托，为其购买某种产品，甲公司经考察后，与丙公司签订买卖合同，后丙公司违反合同约定的质量标准，以质量较低的该项产品交付，致使乙公司在以该产品为原料进行深加工时发生事故遭受财产损失10万元人民币。下列表述中错误的是（　　）。
A. 甲公司以自己的名义与丙公司签订合同
B. 对甲、丙公司之间的买卖合同，甲公司直接享有权利、承担义务
C. 乙公司的财产损失应由丙公司承担
D. 乙公司的财产损失应由甲公司承担

95. 在技术开发合同中，合作开发所完成的发明创造，除合同另有约定外，申请专利的权利应当（　　）。
A. 属于委托方 B. 属于研究开发方
C. 属于合作开发方共有 D. 属于委托方、受委托方

96. 在技术服务合同中，如果委托方违反合同，影响工作进度和质量，不接受或者逾期接受服务方的工作成果的，应当（　　）。
A. 按照约定支付报酬 B. 支付违约金和报酬
C. 支付违约金或者赔偿损失 D. 应当加倍赔偿

97. 法律上所称的技术开发合同履行中的风险是指（　　）。
A. 因不可抗力造成的科研设备和资料损失
B. 因无法克服的技术困难导致研究开发失败而产生的损失
C. 因合同不能履行而造成的委托方预期可得利润的损失
D. 上述三项损失之和

98. 张某从银行贷得 80 万元用于购买房屋，并以该房屋设定了抵押。在借款期间房屋被洪水冲毁。张某尽管生活艰难，仍想方设法还清了银行贷款。对此，周围多有议论。根据社会主义法治理念和民法有关规定，下列哪一观点可以成立？（　　）

　　A. 甲认为，房屋被洪水冲毁属于不可抗力，张某无须履行还款义务。坚持还贷是多此一举

　　B. 乙认为，张某已不具备还贷能力，无须履行还款义务。坚持还贷是为难自己

　　C. 丙认为，张某对房屋的毁损没有过错，且此情况不止一家，银行应将贷款作坏账处理。坚持还贷是一厢情愿

　　D. 丁认为，张某与银行的贷款合同并未因房屋被冲毁而消灭。坚持还贷是严守合约、诚信

99. 甲公司与乙公司签订一份专利实施许可合同，约定乙公司在专利有效期限内独占实施甲公司的专利技术，并特别约定乙公司不得擅自改进该专利技术。后乙公司根据消费者的反馈意见，在未经甲公司许可的情形下对专利技术做了改进，并对改进技术采取了保密措施。下列哪一说法是正确的？（　　）

　　A. 甲公司有权自己实施改进技术

　　B. 甲公司无权要求分享改进技术

　　C. 乙公司改进技术侵犯了甲公司的专利权

　　D. 乙公司改进技术属于违约行为

100. 甲与乙订立房屋租赁合同，约定租期为 5 年。半年后，甲将该出租房屋出售给丙，但未通知乙。不久，乙以其房屋优先购买权受侵害为由，请求法院判决甲、丙之间的房屋买卖合同无效。下列哪一表述是正确的？（　　）

　　A. 甲出售房屋无须通知乙

　　B. 丙有权根据善意取得规则取得房屋所有权

　　C. 甲侵害了乙的优先购买权，但甲、丙之间的合同有效

　　D. 甲出售房屋应当征得乙的同意

101. 宗某患尿毒症，其所在单位甲公司组织员工捐款 20 万元用于救治宗某。此 20 万元存放于专门设立的账户中。宗某医治无效死亡，花了 15 万元医疗费。关于余下的 5 万元，下列哪一表述是正确的？（　　）

　　A. 应归甲公司所有　　　　　　　　B. 应归宗某继承人所有

　　C. 应按比例退还员工　　　　　　　D. 应用于同类公益事业

102. 甲借用乙的山地自行车，刚出门就因莽撞骑行造成自行车链条断裂，甲将自行车交给丙修理，约定修理费 100 元。乙得知后立刻通知甲解除借用关系并告知丙，同时要求丙不得将自行车交给甲。丙向甲核实，甲承认。自行车修好后，甲、乙均请求丙返还。对此，下列哪一选项是正确的？（　　）

　　A. 甲有权请求丙返还自行车

　　B. 丙如将自行车返还给乙，必须经过甲当场同意

　　C. 乙有权要求丙返还自行车，但在修理费未支付前，丙就自行车享有留置权

　　D. 如乙要求丙返还自行车，即使修理费未付，丙也不得对乙主张留置权

103. 乙融资租赁公司根据甲公司的选择，以 100 万元的价格向生产厂商丙公司购买了一台大型医疗设备出租给甲公司使用，租期 2 年，每月租金 5 万元，租期届满后该设备归乙公司所有。后丙公司依据乙公司的指示直接将设备交付给甲公司。关于本案，下列哪一说法是正确的？（　　）

　　A. 如租期内医疗设备存在瑕疵，乙公司应减少租金

　　B. 如租期内医疗设备存在瑕疵，乙公司应承担维修义务

C. 租期内医疗设备毁损、灭失的风险应由乙公司承担

D. 租期内医疗设备毁损、灭失的风险应由甲公司承担

104. 2023年5月10日甲公司与方某签订房屋买卖合同,约定:2024年5月10日办理房屋过户登记手续,房屋价款分2次付清。2023年6月10日,甲公司将该套房屋再次以400万元出卖给韩某,双方约定2024年5月6日交房,交房后10天内办理房屋过户登记手续。2024年5月10日,甲公司未按约定与方某办理房屋过户登记手续。方某得知甲公司已于2024年5月6日将房屋交付韩某使用,遂产生纠纷。关于本案,下列哪一表述是错误的?(   )

A. 甲公司与方某签订的房屋买卖合同系分期付款买卖合同

B. 如方某举证证明甲公司与韩某构成恶意串通,则甲公司与韩某的购房合同无效

C. 2024年5月6日后,房屋毁损、灭失的风险由韩某承担

D. 方某可以催告甲公司在合理期限内办理房屋过户登记手续,逾期不履行的,方某可以解除合同

105. 4月20日,贺某因购买制造假酒的设备和原材料向宫某借款50万元,期限1年,月息2%,并告知借款用途,宫某当即同意,并于次日向贺某交付现金20万元,4月22日向贺某银行卡转账30万元。应宫某要求,董某以自己所持有某有限公司的股权为该笔借款提供担保,A为其办理了质押登记,下列哪一选项是正确的?(   )

A. 董某应承担担保责任　　　　　B. 借款合同部分无效

C. 借款合同无效　　　　　　　　D. 借款合同于4月20日成立

106. 甲将一辆汽车以10万元的价格卖给乙,双方约定在乙支付全部价款前,甲保留汽车的所有权。乙在支付了6万元后,未经甲同意,擅自将汽车以8万元的价格卖给了不知情的丙,并完成了交付。下列说法正确的是(   )。

A. 因为甲保留所有权,所以乙与丙的买卖合同无效

B. 丙不能取得汽车的所有权,因为甲才是汽车的所有权人

C. 丙可以取得汽车的所有权,乙的行为构成无权处分

D. 甲有权要求丙返还汽车

多项选择题

1. 王某与某房产公司签订了一份分期付款购房合同,合同总标的额为100万元,首期支付20万元,其余分五次交清,每年12月10日付款,一次付16万元。在交付两次后,王某因被单位解聘,暂无力交款,第四次付款期限业已超过,则(   )。

A. 房产公司有权要求王某支付所剩共计48万元价款

B. 房产公司仅有权要求王某支付所欠的32万元已到期价款

C. 房产公司有权解除合同

D. 房产公司解除合同后,有权要求王某支付其在该房屋居住几年所需的使用费

2. 2024年1月,甲以分期付款的方式向乙公司购买潜水设备一套,价值10万元。约定首付2万元,余款分三期付清,分别为2万元、3万元、3万元,全部付清前乙公司保留所有权。甲收货后付了首付和第一期款,第二期款迟迟未付。2024年8月,甲以2万元将该设备卖给职业潜水员丙。下列哪些选项是正确的?(   )

A. 乙可以解除合同,要求甲承担违约责任

B. 乙解除合同后可以要求甲支付设备的使用费

C. 乙可以请求丙返还原物,但须支付丙2万元购买费用

D. 丙返还潜水设备后可以要求甲承担违约责任

3. 买卖合同中，价款的支付地点未作约定的，应（　　）。

A. 双方协议补充

B. 达不成补充协议，应按合同有关条款或交易习惯确定

C. 依《民法典》第510条仍不能确定的，买受人应在出卖人营业地支付

D. 约定支付价款以交付标的物或交付提取标的物单证为条件的，在交付标的物或交付提取标的物单证的所在地支付

4. 在买卖合同中，当事人未约定检验期间的，买受人（　　）。

A. 应当及时检验

B. 应在发现或应当发现标的物的数量或质量不符合约定的合理期间内通知出卖人

C. 在约定期间或合理期间未通知或在标的物收到之日起两年内未通知出卖人的，视为标的物的数量或质量符合约定

D. 标的物有质量保证期的，适用质量保证期而不适用二年的除斥期间

5. 李某将其私营企业制作的一批高档衬衣出售给某商场，双方约定产品质量以样品为准，并封存了样品，则（　　）。

A. 李某交付的衬衣应与样品质量相同

B. 质量要求应按国家标准、行业标准履行

C. 没有国家标准、行业标准的，按通常标准履行

D. 若商场不知道样品有隐蔽瑕疵的，即使交付的衬衣与样品相同，该衬衣的质量仍应符合同种衬衣的通常标准

6. 以下所列合同中，哪些属于转移财产所有权性质的合同？（　　）

A. 买卖合同　　　B. 借款合同　　　C. 承揽合同　　　D. 赠与合同

7. 在买卖合同中，双方当事人就标的物交付地点没有约定，则以下关于标的物交付地点确定原则的表述正确的是（　　）。

A. 当事人能达成补充协议的，依协议

B. 若不能达成协议，标的物需运输的，以第一承运人承运地为交付地

C. 标的物不需运输，当事人均知道标的物所在地，达不成协议的，以标的物所在地为交付地

D. 标的物不需运输，当事人不知标的物所在地，达不成协议的，以出卖人订约时营业地为交付地

8. 在买卖合同中，双方当事人对标的物毁损灭失的风险负担问题没有特别约定，则下列表述中正确的有（　　）。

A. 在一般情形下，标的物风险自交付时起转移于买受人

B. 如果因为买受人原因不能按期交付，自买受人违反约定之日由其负担风险

C. 出卖由承运人运输的在途标的物的，自承运人交付于买受人时风险移转

D. 标的物需运输的，出卖人交付于第一承运人后，风险由该承运人负担；承运人交付于买受人后，风险移转于买受人

9. 甲有一台设备，先和乙签订买卖协议约定15日后交付，其后又和丙签订买卖协议，丙支付货款后约定以占有改定方式交付。然后甲又出租给丁，约定每月交付租金。以下选项哪些是正确的？（　　）

A. 该设备所有权人为丙　　　　　　B. 该设备所有权人为甲

C. 甲与丁之间的租赁协议合法有效　　D. 乙可以基于买卖协议请求甲赔偿

10. 甲向乙购买一台大型设备，由于疏忽在合同中未定检验期。设备运回后，甲即组织人员进行检验，未发现质量有问题，于是投入使用。至第3年，设备出现故障，经反复查找，发现设

备关键部位的质量瑕疵。按照该设备的说明书,其质量保证期为 5 年。下列判断中哪些是错误的?( )

A. 买受人在合理期限内未通知出卖人标的物质量不合格,故标的物质量应视为合格
B. 买受人在收到标的物之日起 2 年内未通知出卖人标的物有瑕疵,故标的物质量应视为合格
C. 该设备有质量保证期 5 年的规定,故出卖人仍应承担责任
D. 双方未约定质量检验期限,都存在过错,应分担责任

11. 甲与乙签订房屋买卖合同,将一幢房屋卖与乙。双方同时约定,一方违约应支付购房款 35% 的违约金。但在交房前甲又与丙签订合同,将该房卖与丙,并与丙办理房屋过户登记手续。下列说法中哪些是正确的?( )

A. 乙可以自己与甲签订的合同在先,主张甲与丙签订的合同无效
B. 乙有权要求甲收回房屋,实际履行合同
C. 乙不能要求甲实际交付该房屋,但可要求甲承担违约责任
D. 若乙要求甲支付约定的违约金,甲可以请求法院或仲裁机构予以适当减少

12. 九华公司在未接到任何事先通知的情况下突然被断电,遭受重大经济损失。下列哪些情况下供电公司应承担赔偿责任?( )

A. 因供电设施检修中断供电
B. 为保证居民生活用电而拉闸限电
C. 因九华公司违法用电而中断供电
D. 因电线被超高车辆挂断而断电

13. 甲将其自有房屋一幢赠与乙,在办理完产权登记后,二人在酒宴上发生冲突。甲被乙用酒瓶砸中后脑勺,致智力障碍,失去民事行为能力,则( )。

A. 甲的法定代理人可以撤销该项赠与
B. 赠与财产已交付,不可再行撤销
C. 撤销权的行使,应在甲之法定代理人得知此事后六个月内为之
D. 该项赠与,仅甲有权撤销,他人不得为之

14. 王力答应赠与失学孩子田岸(15 周岁)800 元,资助田岸上学。王力在给田岸 500 元以后,就不再给了,田岸认为王力答应赠与就应全部赠与,于是向王力索要另外 300 元。则下列说法不正确的是( )。

A. 王力应再给田岸 300 元,否则即违约
B. 王力不应再给,因田岸未成年,赠与合同无效
C. 王力可向田岸要求返还其已给的 500 元
D. 赠与 500 元的合同有效,另 300 元的赠与不成立

15. 甲、乙间签订赠与合同,甲已将标的物交付于乙。那么在哪些情况下,甲可以撤销赠与并请求乙返还财产?( )

A. 乙故意伤害甲的儿子,致甲的儿子残疾
B. 甲赠乙房子一套,约定乙在两年内应负责接送甲之幼子上学,乙未履行该义务
C. 甲、乙关系恶化
D. 乙对甲有赡养义务,乙未履行该义务

16. 甲公司与某希望小学乙签订赠与合同,决定捐赠给该小学价值 2 万元的钢琴两台,后甲公司的法定代表人更换,不愿履行赠与合同。下列哪些说法是错误的?( )

A. 赠与合同属于单务法律行为,故甲公司可以反悔,且不承担违约责任
B. 甲公司尚未交付设备,故可撤销赠与

C. 乙小学有权要求甲公司交付钢琴
D. 若甲公司以书面形式通知乙小学不予赠与，则甲公司不再承担责任

17. 甲与乙结婚后因无房居住，于 2020 年 8 月 1 日以个人名义向丙借 10 万元购房，约定 5 年后归还，未约定是否计算利息。后甲外出打工与人同居。2024 年 4 月 9 日，法院判决甲与乙离婚，家庭财产全部归乙。下列哪些说法是错误的？（　　）

A. 借期届满后，丙有权要求乙偿还 10 万元及利息
B. 借期届满后，丙只能要求甲偿还 10 万元
C. 借期届满后，丙只能要求甲和乙分别偿还 5 万元
D. 借期届满后，丙有权要求甲和乙连带清偿 10 万元及利息

18. 在租赁合同中，关于租赁物的维修义务以下表述正确的有（　　）。

A. 当事人可约定承租人负有维修义务
B. 若当事人无约定，维修义务由出租人承担
C. 若当事人无约定，维修义务由承租人承担
D. 若出租人不履行维修义务，承租人不得自行维修

19. 租赁合同中，承租人有下列哪些行为应经出租人同意？（　　）

A. 转租　　　　　　　　　　　B. 改善租赁物
C. 在租赁物上增设他物　　　　D. 对租赁物进行使用

20. 在租赁合同中，出现了下列哪些情况，租赁合同可以被解除？（　　）

A. 承租人未按约定方法使用租赁物致租赁物受损
B. 转租未经出租人同意
C. 承租人无正当理由迟延支付租金
D. 租赁物危及承租人安全，但承租人订约时明知租赁物质量不合格

21. 甲将自有房屋一间租赁给乙，现乙欲将房屋转租。以下说法中正确的有（　　）。

A. 乙应事先征得甲的同意
B. 转租合同生效后，承租人退出租赁关系
C. 乙不必征得甲的同意
D. 转租合同生效后，次承租人对租赁物造成损失，承租人仍应负赔偿责任

22. 下列合同中，应采用书面形式的有（　　）。

A. 何某去某商场购买空调一台
B. 王某向张某借款 5 万元
C. 某公司向银行借款 50 万元
D. 某公司与某信托投资公司签订融资租赁合同一份

23. 融资租赁合同中，租赁物不符合约定或不符合使用目的的，应（　　）。

A. 由出租人承担责任
B. 出租人概不负责
C. 一般出租人不承担责任
D. 承租人依赖出租人的技能确定租赁物或出租人干预选择租赁物的，出租人应承担责任

24. 甲根据乙的选择，向丙购买了一台大型设备，出租给乙使用。乙在该设备安装完毕后，发现不能正常运行。下列哪些判断是正确的？（　　）

A. 乙可以基于设备质量瑕疵而直接向丙索赔
B. 甲不对乙承担违约责任
C. 乙应当按照约定支付租金

D. 租赁期满后由乙取得该设备的所有权

25. 下列哪些不属于承揽合同行为范畴？（　　）
A. 为他人修理汽车　　　　　　　B. 为他人翻译小说
C. 法律事务咨询　　　　　　　　D. 货物运输

26. 定作人在承揽合同中负有的义务包括（　　）。
A. 协助的义务
B. 对承揽人就自己提供的图纸或技术要求不合理的通知，有及时答复的义务
C. 不因监督检验妨碍承揽人正常工作的义务
D. 支付报酬、价款的义务

27. 以下合同类型，属于完成工作成果的合同的是（　　）。
A. 委托合同　　　　　　　　　　B. 承揽合同
C. 建设工程合同　　　　　　　　D. 运输合同

28. 育才中学委托利达服装厂加工 500 套校服，约定材料由服装厂采购，学校提供样品，取货时付款。为赶时间，利达服装厂私自委托恒发服装厂加工 100 套。育才中学按时前来取货，发现恒发服装厂加工的 100 套校服不符合样品要求，遂拒绝付款。利达服装厂则拒绝交货。下列哪些说法是正确的？（　　）
A. 育才中学可以利达服装厂擅自外包为由解除合同
B. 如育才中学不支付酬金，利达服装厂可拒绝交付校服
C. 如育才中学不支付酬金，利达服装厂可对样品行使留置权
D. 育才中学有权要求恒发服装厂承担违约责任

29. 在承揽合同中，若承揽人交付的工作成果不符合质量要求，定作人可要求承揽人承担哪些形式的违约责任？（　　）
A. 修理　　　　B. 重作　　　　C. 减少报酬　　　　D. 赔偿损失

30. 以下关于承揽合同解除的说法中不正确的是（　　）。
A. 承揽人将承揽的主要工作交第三人完成，未经定作人同意，定作人可以解除合同
B. 承揽工作需定作人协助，定作人不履行协助义务，承揽人可以解除合同
C. 承揽人交付的工作成果不符合质量要求，定作人可以解除合同
D. 承揽人可以随时解除合同，即使因此对定作人造成损失亦无须负责

31. 甲房地产开发公司开发一个较大的花园公寓项目，作为发包人，甲公司将该项目的主体工程发包给了乙企业，签署了建设工程施工合同。乙企业一直未取得建筑施工企业资质。现该项目主体工程已封顶完工。就相关合同效力及工程价款，下列哪些说法是正确的？（　　）
A. 该建设工程施工合同无效
B. 因该项目主体工程已封顶完工，故该建设工程施工合同不应认定为无效
C. 该项目主体工程经竣工验收合格，则乙企业可以参照合同约定请求甲公司折价补偿
D. 该项目主体工程经竣工验收不合格，甲公司可以请求乙企业赔偿损失

32. 建设工程合同包括（　　）。
A. 勘察合同　　　B. 设计合同　　　C. 安装合同　　　D. 施工合同

33. 国家重大建设工程合同，应当根据（　　）订立。
A. 国家规定的程序　　　　　　　B. 国家批准的投资计划
C. 国家批准的可行性研究报告　　D. 设计部门的图纸

34. 甲厂准备兴建职工宿舍楼一处，乙建筑公司承包该项工程，下列哪些情形，乙公司可以顺延工程日期？（　　）

A. 隐蔽工程在隐蔽以前，乙公司通知甲厂派人检查，但甲厂接到通知后，过了 15 天，仍未派人检查

B. 甲方未依约定的规格及标准提供建筑材料

C. 施工期间，因阴雨连绵，致工程进度缓慢

D. 施工期间，乙公司某重要设备被小偷盗走

35. 甲大学与乙公司签订建设工程施工合同，由乙为甲承建新教学楼。经甲同意，乙将主体结构的施工分包给丙公司。后整个教学楼工程验收合格，甲向乙支付了部分工程款，但乙未向丙支付工程款。下列哪些表述是错误的？（ ）

A. 乙、丙之间分包合同有效

B. 甲可以撤销与乙之间的建设工程施工合同

C. 丙可以乙为被告诉请支付工程款

D. 丙可以甲为被告诉请支付工程款，但法院应当追加乙为第三人

36. A 市的甲厂将货物托运给 B 市的乙厂，与铁路运输部门办理了货物运输手续。现假设甲厂与乙厂的订货合同发生了变化，甲厂拟向承运人提出变更运输合同，甲可以提出哪些变更合同的请求？（ ）

A. 中止运输该批货物，返还给甲厂

B. 该批货物的中途站变更为最终到站

C. 先将货物到站变更为 C 市，后又变更为 D 市

D. 在运输终点站将该批货物全部交付给丁

37. 甲、乙、丙、丁四人均购买了某航班的机票。在机场，他们被告知飞机将推迟 3 个小时起飞。四人非常着急，纷纷向机场提出了自己的要求。以下要求中能够得到《民法典》支持的是（ ）。

A. 甲要求改乘其他班次

B. 乙要求退票

C. 丙称因飞机延误致其失去一次重要的订约机会，要求机场赔偿因订约所可得到的利益

D. 丁要求降低价款

38. 在货运合同中，属于承运人义务的选项有（ ）。

A. 货物运输需要办理审批、检验手续的，办理相关手续

B. 按照约定的方式包装货物

C. 安全运送货物至约定地点

D. 货物运输到达后，知道收货人的，应及时通知

39. 在货运合同中，承运人对运输过程中货物的毁损、灭失承担损害赔偿责任，但承运人证明货物的毁损、灭失是因下列原因造成的，不承担损害赔偿责任的情形是（ ）。

A. 不可抗力

B. 货物本身的自然性质、合理损耗

C. 托运人过错

D. 收货人过错

40. 根据《民法典》的规定，承运人对运输过程中发生的下列哪些旅客伤亡事件不承担赔偿责任？（ ）

A. 一旅客因制止扒窃行为被歹徒刺伤

B. 一旅客在客车正常行驶过程中突发心脏病身亡

C. 一失恋旅客在行车途中吞服安眠药过量致死

D. 一免票乘车婴儿在行车途中因急刹车受伤

41. 甲、乙签订水果购销合同，约定由甲方送货，甲与丙签订运输合同，如期发运价值10万元的水果一车。丙在送货途中，因洪水冲垮公路，被迫绕道，迟延到达，导致水果有轻微的腐烂现象。乙方以逾期交货和货物不符合合同约定为由，拒收货物且拒付货款。丙多次与乙交涉无果，发现水果腐烂迅速扩大，当即决定以6万元价格将水果就地处理。下列选项哪些是正确的？（　　）

A. 水果价值减少的损失应由甲承担
B. 水果价值减少的损失应由丙承担
C. 丙为就地处理水果的费用应向乙方要求偿付
D. 丙为就地处理水果的费用应向甲方要求偿付

42. 在当事人未另作约定的情况下，（　　）。

A. 保管合同自保管物交付时成立
B. 保管人不得将保管物转交第三人保管
C. 保管人不得使用或许可第三人使用保管物
D. 保管是无偿的

43. 甲欲和乙订立保管合同，以下说法中正确的有（　　）。

A. 当事人应以书面方式订立合同，否则合同无效
B. 若无特别约定，保管合同自保管物交付时成立
C. 当事人不得自行约定合同的成立方式
D. 当事人对保管费若无约定，视为无偿

44. 某工商个体户李某与某企业签订合同，由李某承做80套办公桌椅，于2025年3月底发货给某企业。由于李某施工地点狭小，故李某与某仓储保管单位又签订合同，由某仓储保管单位保管李某已做好的桌椅，并于3月底一次性将80套桌椅由保管方负责发往某企业。然而3月底已过，保管单位仍未将桌椅发出，在李某的催促下，保管单位才将桌椅发出，但又发错了到货地点。李某应该采取下列哪些措施？（　　）

A. 要求保管单位赔偿因逾期交货而遭受的损失
B. 由于逾期交货是保管单位造成的，因此李某无须采取任何措施进行补救
C. 要求保管单位将80套桌椅运到某企业，多支付的运费由保管单位承担
D. 要求保管单位将80套桌椅运到某企业，多支付的运费由李某自己承担

45. 以下关于保管合同和仓储合同区别的表述中正确的是（　　）。

A. 保管合同是无偿合同，仓储合同是有偿合同
B. 保管合同是要物合同，仓储合同是诺成合同
C. 保管合同保管人一般无验收义务，仓储合同保管人有验收义务
D. 保管合同中保管凭证一般不得转让，仓储合同中仓单一般可以转让

46. 在仓储合同中，存货人或仓单持有人提取仓储物的时间与仓储费增减的关系是（　　）。

A. 逾期提取仓储物，保管人得加收仓储费
B. 逾期提取仓储物，保管人不得加收仓储费
C. 提前提取仓储物，保管人不减收仓储费
D. 提前提取仓储物，保管人须减收仓储费

47. 受托人以自己的名义与第三人订立合同时，第三人不知道受托人与委托人间的代理关系的，受托人因委托人的原因对第三人不履行义务，第三人在受托人披露委托人后，（　　）

A. 应以委托人为相对人主张其权利

B. 仍应以受托人为相对人主张其权利
C. 可选择受托人或委托人作为相对人主张其权利
D. 不得变更选定的相对人

48. 甲、乙为好朋友，甲委托乙代其购买一批货物，乙明确表示不收取报酬。根据《民法典》，以下关于甲、乙权利义务的表述不正确的是（　　）。
A. 乙可以请求甲偿还为处理委托事务所垫付的必要费用，但不得请求该费用利息的支付
B. 乙可以转委托第三人处理委托事务，并就第三人选任及其对第三人的指示负责
C. 乙因过失对甲造成损害，应负责赔偿
D. 甲、乙均可以随时解除委托合同

49. 在委托合同中，受托人的义务主要包括（　　）。
A. 依委托人指示处理委托事务
B. 亲自处理委托事务
C. 按委托人要求，报告委托事务处理情况
D. 将因处理委托事务取得的财产，交还给委托人

50. 委托合同和行纪合同的区别有（　　）。
A. 前者既可为有偿，也可为无偿，后者均为有偿
B. 前者处理委托事务的费用由委托人支付，后者该费用由行纪人负担
C. 前者委托人一般得直接向第三人主张权利，后者委托人一般仅得向行纪人主张权利
D. 受托人和行纪人所负注意义务的程度有所不同

51. 甲公司指示乙公司为其购买铜粉，价格为每吨1000元，数量为2万吨，乙公司可以从中收取1%的中介费。合同签订后，甲公司因资金紧张，遂与丙公司订立合同，委托丙公司负责将这批货以每吨2000元价格卖出，中介费为1%。不久，乙公司以每吨800元的价格为甲公司购得铜粉，而丙公司与丁公司签订的铜粉买卖合同价格为每吨1800元。对此，下列陈述正确的是（　　）。
A. 实际买价800元/吨与甲公司指导价1000元/吨之间的差价利益归乙公司所有
B. 上述情形下，该差价利益归甲、乙公司共有
C. 上述情形下，该差价利益归甲公司所有
D. 丙公司与丁公司的合同对甲公司不发生效力

52. 下列行为应经委托人同意的有（　　）。
A. 行纪人低于委托人指定的价格买入的
B. 行纪人高于委托人指定的价格卖出的
C. 行纪人低于委托人指定的价格卖出的
D. 行纪人高于委托人指定的价格买入的

53. 中国某企业计划从日本引进一套化工设备生产技术，在与供方签订技术引进合同时，外方要求必须写明一些条件，我方律师在审查合同时，提出其中有些为违法条款，不能在合同中规定。请问下列说法中，哪些是违法条款？（　　）
A. 作为让步条件，受方应在引进技术的同时购进供方一部分库存汽车配件
B. 对供方提供的技术资料，受方有不可推卸的保密义务，在合同有效期内，不得把技术泄露给任何第三方
C. 受方作为供方提供技术的唯一受让人，不得再从其他途径获得类似技术或与之竞争的同类技术
D. 受方实施该技术所需的一切原材料、零部件和设备必须从供方或从供方提供的厂家购买

54. 技术开发合同包括（　　）。
A. 转让开发合同　　　　　　　　　　B. 许可开发合同
C. 委托开发合同　　　　　　　　　　D. 合作开发合同

55. 技术转让合同包括（　　）。
A. 专利申请权和专利权转让合同　　　B. 非专利技术转让合同
C. 专利实施许可合同　　　　　　　　D. 技术秘密转让合同

56. 技术咨询合同包括（　　）。
A. 就特定技术项目提供可行性论证而签订的合同
B. 就特定技术项目提供技术预测而签订的合同
C. 就特定技术项目提供专题技术调查而签订的合同
D. 就特定技术项目提供分析评价报告而签订的合同

57. 根据履行技术开发合同所完成的技术成果的归属和分享原则，委托开发所完成的发明创造，除合同另有约定外，申请专利的权利属于研究开发方。以下说法正确的是（　　）。
A. 研究开发方取得专利权的，委托方可以免费实施该项专利
B. 研究开发方取得专利权的，委托方不可免费实施该项专利
C. 研究开发方就其发明创造转让专利申请权的，委托方可以在同等条件下优先受让专利申请权
D. 未经委托方同意，研究开发方不得擅自转让其发明创造的专利申请权

58. 甲委托乙寄售行以该行名义将甲的一台仪器以 3000 元出售，除酬金外双方对其他事项未作约定。其后，乙将该仪器以 3500 元卖给了丙，为此乙多支付费用 100 元。对此，下列哪些选项是正确的？（　　）
A. 甲与乙订立的是中介合同
B. 高于约定价格卖得的 500 元属于甲
C. 如仪器出现质量问题，丙应向乙主张违约责任
D. 乙无权要求甲承担 100 元费用

59. 关于保管合同和仓储合同，下列哪些说法是错误的？（　　）
A. 二者都是有偿合同
B. 二者都是实践性合同
C. 寄存人和存货人均有权随时提取保管物或仓储物而无须承担责任
D. 因保管人保管不善造成保管物或仓储物毁损、灭失的，保管人承担严格责任

60. 丁某将其所有的房屋出租给方某，方某又将该房屋转租给唐某。下列哪些表述是正确的？（　　）
A. 丁某在租期内基于房屋所有权可以对方某主张返还请求权，方某可以基于其与丁某的合法的租赁关系主张抗辩权
B. 方某未经丁某同意将房屋转租，并已实际交付给唐某租用，则丁某无权请求唐某返还房屋
C. 如丁某与方某的租赁合同约定，方某未经丁某同意将房屋转租，丁某有权解除租赁合同，则在合同解除后，其有权请求唐某返还房屋
D. 如丁某与方某的租赁合同约定，方某未经丁某同意将房屋转租，丁某有权解除租赁合同，则在合同解除后，在丁某向唐某请求返还房屋时，唐某可以基于与方某的租赁关系进行有效的抗辩

61. 梁某与甲旅游公司签订合同，约定梁某参加甲公司组织的旅游团赴某地旅游。旅游出发前 15 日，梁某因出差通知甲公司，由韩某替代跟团旅游。旅游行程一半，甲公司不顾韩某反对，

将其旅游业务转给乙公司。乙公司组织游客参观某森林公园，该公园所属观光小火车司机操作失误致火车脱轨，韩某遭受重大损害。下列哪些表述是正确的？（　　）

A. 即使甲公司不同意，梁某仍有权将旅游合同转让给韩某
B. 韩某有权请求甲公司和乙公司承担连带责任
C. 韩某有权请求某森林公园承担赔偿责任
D. 韩某有权请求小火车司机承担赔偿责任

62. 某律师事务所指派吴律师担任某案件的一、二审委托代理人。第一次开庭后，吴律师感觉案件复杂，本人和该事务所均难以胜任，建议不再继续代理。但该事务所坚持代理。一审判决委托人败诉。下列哪些表述是正确的？（　　）

A. 律师事务所有权单方解除委托合同，但须承担赔偿责任
B. 律师事务所在委托人一审败诉后不能单方解除合同
C. 即使一审胜诉，委托人也可解除委托合同，但须承担赔偿责任
D. 只有存在故意或者重大过失时，该律师事务所才对败诉承担赔偿责任

63. 甲、乙约定卖方甲负责将所卖货物运送至买方乙指定的仓库。甲如约交货，乙验收收货，但甲未将产品合格证和原产地证明文件交给乙。乙已经支付80%的货款。交货当晚，因山洪暴发，乙仓库内的货物全部毁损。下列哪些表述是正确的？（　　）

A. 乙应当支付剩余20%的货款
B. 甲未交付产品合格证与原产地证明，构成违约，但货物损失由乙承担
C. 乙有权要求解除合同，并要求甲返还已支付的80%货款
D. 甲有权要求乙支付剩余的20%货款，但应补交已经毁损的货物

64. 刘某欠何某100万元货款届期未还且刘某不知所终。刘某之子小刘为替父还债，与何某签订书面房屋租赁合同，未约定租期，仅约定："月租金1万元，用租金抵货款，如刘某出现并还清货款，本合同终止，双方再行结算。"下列哪些表述是错误的？（　　）

A. 小刘有权随时解除合同　　　　　B. 何某有权随时解除合同
C. 房屋租赁合同是附条件的合同　　D. 房屋租赁合同是附期限的合同

65. 甲参加乙旅行社组织的旅游活动。未经甲和其他旅游者同意，乙旅行社将本次业务转让给当地的丙旅行社。丙旅行社聘请丁公司提供大巴运输服务。途中，由于丁公司司机黄某酒后驾驶与迎面违章变道的个体运输户刘某货车相撞，造成甲受伤。甲的下列哪些请求能够获得法院的支持？（　　）

A. 请求丁公司和黄某承担连带赔偿责任
B. 请求黄某与刘某承担连带赔偿责任
C. 请求乙旅行社和丙旅行社承担连带赔偿责任
D. 请求刘某承担赔偿责任

66. 甲将其临街房屋和院子出租给乙作为汽车修理场所。经甲同意，乙先后两次自费扩建多间房屋作为烤漆车间。乙在又一次扩建报批过程中发现，甲出租的全部房屋均未经过城市规划部门批准，属于违章建筑。下列哪些选项是正确的？（　　）

A. 租赁合同无效
B. 因甲、乙对于扩建房屋都有过错，应分担扩建房屋的费用
C. 因甲未告知乙租赁物为违章建筑，乙可解除租赁合同
D. 乙可继续履行合同，待违章建筑被有关部门确认并影响租赁物使用时，再向甲主张违约责任

67. 2023年8月8日，玄武公司向朱雀公司订购了一辆小型客用汽车。2023年8月28日，玄

武公司按照当地政策取得本市小客车更新指标，有效期至 2024 年 2 月 28 日。2023 年年底，朱雀公司依约向玄武公司交付了该小客车，但未同时交付机动车销售统一发票、合格证等有关单证资料，致使玄武公司无法办理车辆所有权登记和牌照。关于上述购车行为，下列哪些说法是正确的？（　　）

A. 玄武公司已取得该小客车的所有权

B. 玄武公司有权要求朱雀公司交付有关单证资料

C. 如朱雀公司一直拒绝交付有关单证资料，玄武公司可主张购车合同解除

D. 朱雀公司未交付有关单证资料，属于从给付义务的违反，玄武公司可主张违约责任，但不得主张合同解除

68. 居民甲经主管部门批准修建了一排临时门面房，核准使用期限为 2 年，甲将其中一间租给乙开餐馆，租期 2 年。期满后未办理延长使用期限手续，甲又将该房出租给了丙，并签订了 1 年的租赁合同。因租金问题，发生争议。下列哪些选项是正确的？（　　）

A. 甲与乙的租赁合同无效　　　　B. 甲与丙的租赁合同无效

C. 甲无权将该房继续出租给丙　　D. 甲无权向丙收取该年租金

69. 甲为了女儿上学方便与乙签订了房屋租赁合同，租期 2 年，不得擅自转租。后甲因在学校旁购买了一套房屋，未经乙同意便将房屋转租给了丙，租期为 3 年。后乙因收水费发现房屋里住的不是甲，但未置可否。1 年后，乙将房屋卖给丁并办理了过户登记手续。关于本案，下列说法不正确的有？（　　）

A. 丁可以请求丙搬离房屋

B. 甲、丙之间的转租合同无效

C. 甲、丙的合同因超出原租赁合同期限而无效

D. 丁可以追究甲的违约责任

70. 柳某欲出租房屋，于 2023 年 5 月与孟某签订合同 A，租期 1 年，孟某随即入住。2024 年 7 月柳某又与马某签订合同 B，租期 1 年，柳某与马某办理了备案登记手续。请问下列哪些选项是正确的？（　　）

A. 孟某因合法占有而具有优先权

B. A 合同虽然未经备案登记，但仍然有效

C. A 合同因成立在先而有优先权

D. B 合同因备案而具有优先权

71. 乙借用有资质的丙建设施工企业的名义与甲签订建设工程施工合同，未约定工程质量保证金的返还期限。后建设工程质量合格，但甲因资金链断裂无法向乙支付工程价款。下列选项正确的是（　　）。

A. 若工程质量不合格，甲可请求乙、丙对出借资质造成的损失承担连带赔偿责任

B. 乙可自建设工程通过竣工验收之日起随时请求返还工程质量保证金

C. 乙可请求就工程折价或者拍卖的价款优先受偿

D. 乙行使建设工程价款优先受偿权的期限为 90 日

72. 甲与乙签订电脑买卖合同，约定 6 个月甲付清货款，每月支付 2000 元，付清货款前乙保留该电脑的所有权。在甲使用电脑期间，电脑闪屏，乙将电脑交给丙修理，但修好后丙以 10000 元的价格将该电脑出售给不知情的丁并交付。对此，下列说法正确的是（　　）。

A. 丁可以善意取得该电脑所有权

B. 如甲无力支付最后一个月的价款，乙可行使取回权

C. 如甲未支付到期货款达 3000 元，乙可要求解除合同，并要求甲支付一定的电脑使用费

D. 如甲未支付到期货款达 3000 元, 乙可要求其一次性支付剩余货款

73. 甲居住在高档小区, 小区实行严格的封闭管理, 每个人都得凭证件进出小区。甲与物业服务公司签订了物业服务合同, 合同中约定: 甲每月按建筑面积每平方米 13 元的标准缴纳物业费。物业公司在小区挂横幅称"24 小时巡逻, 打击流浪狗、严防偷盗, 给你一个安全温馨的家园"。根据《民法典》关于物业服务合同的有关规定, 下列说法正确的是（　　）。

A. 甲的汽车后备厢在小区内被撬, 通过监控录像可见小偷用时 5 小时, 前前后后出入三次, 偷走了一箱茅台白酒、汽车的备胎和车顶行李架, 总计价值 18000 元, 至今没有破案。对于甲的损失, 物业公司应当承担赔偿责任

B. 甲 7 周岁的儿子放学回家, 进小区后, 被五只流浪狗咬伤, 花去医疗费 1200 元, 事后流浪狗被警察打死。物业公司应当对甲的儿子的损害承担赔偿责任

C. 甲停放在楼下公共车棚的电动自行车丢失, 损失 2400 元, 物业公司应当承担赔偿责任

D. 甲在楼下乘凉时被邻居乙散养的大藏獒咬成重伤, 花去医疗费 32000 元, 物业公司应当承担相应的补充责任

74. 甲公司开发建设了某小区, 并签订了先期物业服务合同, 确定了物业服务公司。乙、丙等人购买了房屋。乙购买两套房屋以后, 业主大会召开会议, 经专有部分占建筑物总面积过半数的业主且占总人数过半数的业主同意, 决定一层的业主可以将房屋改为经营用房, 但每月应当向物业公司多交 1000 元物业费, 以抵充其他业主的物业费。业主大会将该项决定张贴在某小区入口处。乙在会上投了反对票。后乙因事务繁忙, 将自己的一层房屋卖给丙, 用于开设中餐馆。对此, 以下说法正确的是（　　）。

A. 业主大会作出该项决定的程序不合法, 应当经专有部分占建筑物总面积三分之二以上的业主且占总人数三分之二以上的业主同意才能作出该项决定

B. 若乙认为该项决定侵害其合法权益, 可以请求人民法院撤销该项决定

C. 因业主大会作出该项决定时丙不是业主, 所以该项决定对丙没有约束力

D. 若丙开设餐馆, 还应经有利害关系的业主同意

75. 甲公司作为应收账款债权人, 就同一笔 100 万元的应收账款, 先后与乙保理公司、丙保理公司、丁保理公司订立了保理合同。现乙、丙、丁三个保理公司均主张权利, 依据相关法律规定, 以下关于取得该应收账款的规则表述正确的有（　　）。

A. 若乙保理公司已进行登记, 而丙和丁未登记, 那么乙保理公司先于丙和丁取得应收账款

B. 若乙、丙、丁三个保理公司均已登记, 那么按照登记时间的先后顺序取得应收账款

C. 若乙、丙、丁三个保理公司均未登记, 那么由最先将转让通知送达甲公司债务人的保理公司取得应收账款

D. 若乙、丙、丁三个保理公司既未登记也未通知甲公司债务人, 那么按照各自保理融资款或者服务报酬的比例取得应收账款

76. 下列关于业主权利与义务的说法中, 正确的有（　　）。

A. 小区业主依照法定程序共同决定解聘某物业服务人, 可解除与该物业服务人的合同

B. 业主甲以自己长期在外地, 未实际接受物业服务为由, 拒绝支付物业费, 其做法不合法

C. 小区业主委员会在收集了超过一半业主口头同意的情况下, 决定解聘当前物业服务人并解除合同, 此行为符合规定

D. 物业服务人按约定及规定提供了服务, 业主乙以对服务质量不满意为由拒绝支付物业费, 此行为不符合法律规定

77. 关于中介合同的下列说法中, 正确的有（　　）。

A. 中介人促成合同成立的, 委托人应当按照约定支付报酬

B. 中介人未促成合同成立的，不得请求支付报酬，但可以要求委托人支付从事中介活动支出的必要费用
C. 委托人在接受中介人的服务后，利用中介人提供的交易机会或媒介服务，绕开中介人直接订立合同的，仍需向中介人支付报酬
D. 中介人故意隐瞒与订立合同有关的重要事实或者提供虚假情况，损害委托人利益的，不得请求支付报酬并应当承担赔偿责任

不定项选择题

1. 甲自有房屋1间，2024年5月1日与乙签订了一份为期3年的房屋租赁合同，由乙承租该房。同年8月6日丙向甲提出愿意购买该房屋，甲即将要出卖该房屋的情况告知了乙。到了11月7日乙没有任何答复，甲与丙协商以5万元的价格将该房卖给丙，双方签订了房屋买卖合同，丙支付了全部房款。但在双方准备办理房产变更登记前数日，甲遇丁，丁愿以6万元买下该房屋。甲遂与丁又签订了一份房屋买卖合同，且双方第二天即到房屋管理部门办理了变更登记。不久，丁向银行贷款，以该房设定抵押。现就本案例回答下列各题。

（1）就房屋租赁关系而言，下列表述中正确的是（　　）。
A. 该房为私房，甲有权自由出租，无须向房屋管理部门登记备案
B. 房屋租金由甲、乙自愿协商确定，法律并无最高数额限制
C. 甲将房屋卖给他人后，若新房主不继续出租，则其有权要求终止租赁合同
D. 甲、乙均为自然人，故该租赁合同可以采取书面形式，也可以采取口头形式

（2）就房屋买卖关系而言，下列表述中是正确的是（　　）。
A. 因甲已将房屋租与乙，甲若将房出售，应事先征得乙的同意
B. 因甲、丁之间已办理房产登记，故甲、丙之间的买卖合同即使签订在先，丙也无权主张对该房屋的所有权
C. 因甲、丙之间尚未办理房产变更登记，故甲、丙之间的合同不生效
D. 甲虽与丙签订了合同但在未办理变更登记的情况下有权再将房屋出售给丁

（3）就本案处理意见而言，下列表述中正确的是（　　）。
A. 丁对房屋的所有权应予保护
B. 丙有权要求甲承担赔偿其损失的责任
C. 乙有权继续租赁该房
D. 若丁不能清偿到期债务，欲变卖该房以还债，乙在同等条件下有优先购买权

2. 甲粮油贸易公司与乙食用油脂厂签订一份合同，双方约定由甲方提供毛糖油20吨，乙方负责加工成精糖油。乙方应以甲方提供的毛糖油酸价为基数，降低8个酸价，并脱色去杂，使其达到食用标准，加工费由甲方提货时付清。合同签订后。乙方对甲方提供的毛糖油按约定降低8个酸价。后甲方在提取糖精油时，经化验发现其高于食用标准2个酸价，当即要求乙方返工。双方对返工费的负担发生争议。根据上述案情，请回答下列各题。

（1）甲、乙所订合同属何性质的合同？（　　）
A. 承揽合同　　　　　　　　　B. 承揽和买卖的混合合同
C. 买卖合同　　　　　　　　　D. 委托合同

（2）若甲方提供的毛糖油不符合约定，本案中返工费应由（　　）。
A. 甲方负担
B. 乙方负担
C. 甲、乙方平均分担

D. 甲、乙均违约，应依过失程度承担责任

（3）若甲方提供的毛糖油符合约定，而乙方未能按合同约定质量完成工作，下列选项中正确的有（　　）。

A. 若甲在收货后合理期间内未提出异议，视为同意接收

B. 甲方可以要求乙方返工

C. 甲方可以径行解除合同

D. 甲方可以请求损害赔偿

（4）若在合同履行期间，发生泥石流，20吨糖油全被冲走。该损失应由（　　）。

A. 甲方负担　　　　　　　　　　B. 乙方负担

C. 甲、乙方平均分担　　　　　　D. 主要由甲承担，乙适当分担

（5）若甲方提供的毛糖油符合约定，但在乙交付甲精糖油前，甲破产，则乙方对该批糖油享有（　　）权利。

A. 与其他债权人平等受偿的权利　　B. 所有权

C. 别除权　　　　　　　　　　　　D. 优先受偿权

3. 甲公司将1台挖掘机出租给乙公司，为担保乙公司依约支付租金，丙公司担任保证人，丁公司以机器设备设置抵押。乙公司欠付10万元租金时，经甲公司、丙公司和丁公司口头同意，将6万元租金债务转让给戊公司。之后，乙公司为现金周转将挖掘机分别以45万元和50万元的价格先后出卖给丙公司和丁公司，丙公司和丁公司均已付款，但乙公司没有依约交付挖掘机。因乙公司一直未向甲公司支付租金，甲公司便将挖掘机以48万元的价格出卖给王某，约定由乙公司直接将挖掘机交付给王某，王某首期付款20万元，尾款28万元待收到挖掘机后支付。此事，甲公司通知了乙公司。王某未取得挖掘机便死亡。王某临终立遗嘱，其遗产由其子大王和小王继承，遗嘱还指定小王为遗嘱执行人。因大王一直在外地工作，同意王某遗产由小王保管，没有进行遗产分割。在此期间，小王将挖掘机出卖给方某，没有征得大王的同意。请回答下列各题。

（1）在乙公司将6万元租金债务转让给戊公司之前，关于丙公司和丁公司的担保责任，甲公司下列做法正确的是（　　）。

A. 可以要求丙公司承担保证责任

B. 可以要求丁公司承担抵押担保责任

C. 需先要求丙公司承担保证责任，后要求丁公司承担抵押担保责任

D. 需先要求丁公司承担抵押担保责任，后要求丙公司承担保证责任

（2）在乙公司将6万元租金债务转让给戊公司之后，关于丙公司和丁公司的担保责任，下列表述正确的是（　　）。

A. 丙公司仅需对乙公司剩余租金债务承担担保责任

B. 丁公司仅需对乙公司剩余租金债务承担担保责任

C. 丙公司仍应承担全部担保责任

D. 丁公司仍应承担全部担保责任

（3）甲公司与王某签订买卖合同之后，王某死亡之前，关于挖掘机所有权人，下列选项正确的是（　　）。

A. 甲公司　　　B. 丙公司　　　C. 丁公司　　　D. 王某

（4）王某死后，关于甲公司与王某的买卖合同，下列表述错误的是（　　）。

A. 甲公司有权解除该买卖合同

B. 大王和小王有权解除该买卖合同

C. 大王和小王对该买卖合同原王某承担的债务负连带责任

D. 大王和小王对该买卖合同原王某承担的债务按其继承份额负按份责任

(5) 关于小王将挖掘机卖给方某的行为，下列表述正确的是（   ）。

A. 小王尚未取得对挖掘机的占有，不得将其出卖给方某

B. 小王出卖挖掘机应当取得大王的同意

C. 大王对小王出卖挖掘机的行为可以追认

D. 小王是王某遗嘱的执行人，出卖挖掘机不需要大王的同意

4. 甲公司与乙公司约定，由甲公司向乙公司交付 1 吨药材，乙公司付款 100 万元。乙公司将药材转卖给丙公司，并约定由甲公司向丙公司交付，丙公司收货后 3 日内应向乙支付价款 120 万元。张某以自有汽车为乙公司的债权提供抵押担保，未办理抵押登记。抵押合同约定："在丙公司不付款时，乙公司有权就出卖该汽车的价款清偿自己的债权。"李某为这笔货款出具担保函："在丙公司不付款时，由李某承担保证责任。"丙公司收到药材后未依约向乙公司支付 120 万元，乙公司向张某主张实现抵押权，同时要求李某承担保证责任。张某见状，便将其汽车赠与刘某。刘某将该汽车作为出资，与钱某设立丁酒店有限责任公司，并办理完出资手续。丁公司员工方某驾驶该车在接送酒店客人时，为躲避一辆逆行摩托车，将行人赵某撞伤。方某自行决定以丁公司名义将该车放在戊公司维修，为获得维修费的八折优惠，方某以自己的名义在与戊公司相关的庚公司为该车购买一套全新坐垫。汽车修好后，方某将车取走交丁公司投入运营。戊公司要求丁公司支付维修费，否则对汽车行使留置权，丁公司回函请宽限一周。庚公司要求丁公司支付坐垫费，丁公司拒绝。请回答下列各题。

(1) 关于乙公司与丙公司签订合同的效力，下列表述正确的是（   ）。

A. 效力待定

B. 为甲公司设定义务的约定无效

C. 有效

D. 无效

(2) 关于乙公司要求担保人承担责任，下列表述正确的是（   ）。

A. 乙公司不得向丙公司和李某一并提起诉讼

B. 李某对乙公司享有先诉抗辩权

C. 乙公司应先向张某主张实现抵押权

D. 乙公司可以选择向张某主张实现抵押权或者向李某主张保证责任

(3) 在刘某办理出资手续后，关于汽车所有权人，下列选项正确的是（   ）。

A. 乙公司　　　　B. 张某　　　　C. 刘某　　　　D. 丁公司

(4) 关于对赵某的损害应承担侵权责任的主体，下列选项正确的是（   ）。

A. 方某　　　　B. 钱某和刘某　　　　C. 丁公司　　　　D. 摩托车车主

(5) 关于汽车维修合同，下列表述正确的是（   ）。

A. 方某构成无因管理　　　　　　B. 方某构成无权代理

C. 方某构成无权处分　　　　　　D. 方某构成表见代理

(6) 关于坐垫费和维修费，下列表述正确的是（   ）。

A. 方某应向庚公司支付坐垫费　　　　B. 丁公司应向庚公司支付坐垫费

C. 丁公司应向戊公司支付维修费　　　　D. 戊公司有权将汽车留置

5. 甲公司、乙公司签订的《合作开发协议》约定，合作开发的 A 区房屋归甲公司、B 区房屋归乙公司。乙公司与丙公司签订《委托书》，委托丙公司对外销售房屋。《委托书》中委托人签字盖章处有乙公司盖章和法定代表人王某签字，王某同时也是甲公司的法定代表人。张某查看《合作开发协议》和《委托书》后，与丙公司签订《房屋预订合同》，约定："张某向丙公司预付房款

30万元，购买A区房屋一套。待取得房屋预售许可证后，双方签订正式合同。"丙公司将房款用于项目投资，全部亏损。后王某向张某出具《承诺函》：如张某不采取纠缠、滋扰等不当行为，将协调甲公司卖房给张某。但甲公司取得房屋预售许可后，将A区房屋全部卖与他人。张某要求甲公司、乙公司和丙公司退回房款。张某与李某签订《债权转让协议》，将该债权转让给李某，通知了甲、乙、丙三公司。因李某未按时支付债权转让款，张某又将债权转让给方某，也通知了甲、乙、丙三公司。

（1）关于《委托书》和《承诺函》，下列说法正确的是（　　）。

A. 乙公司是委托人
B. 乙公司和王某是共同委托人
C. 甲公司、乙公司和王某是共同委托人
D. 《承诺函》不产生法律行为上的效果

（2）关于30万元预付房款，下列表述正确的是（　　）。

A. 由丙公司退给李某
B. 由乙公司和丙公司退给李某
C. 由丙公司退给方某
D. 由乙公司和丙公司退给方某

6. 甲、乙、丙三人签订合伙协议并开始经营，但未取字号，未登记，也未推举负责人。其间，合伙人与顺利融资租赁公司签订融资租赁合同，租赁淀粉加工设备一台，约定租赁期限届满后设备归承租人所有。合同签订后，出租人按照承租人的选择和要求向设备生产商丁公司支付了价款。如租赁期间因设备自身原因停机，造成承租人损失，下列说法正确的是（　　）。

A. 出租人应减少租金
B. 应由丁公司修理并赔偿损失
C. 承租人向丁公司请求承担责任时，出租人有协助义务
D. 出租人与丁公司承担连带责任

7. 甲开发商修建某小区，并与乙物业公司订立物业服务合同，期限三年。翌年，该小区成立业主大会并选举产生了业主委员会，业委会以该物业合同未经其同意为由，拒绝支付物业费。一个月后，业主委员会与丙物业公司订立了物业服务合同，期限为五年，丙物业公司接管小区后将全部物业管理工作转让给丁物业公司。随后经业主大会同意，业主委员会通知丙公司解除物业服务合同，丙公司收到通知后不予理睬。下列选项正确的是（　　）。

A. 小区业主有权拒绝缴纳物业费
B. 乙物业公司仍享有物业管理权
C. 丙物业公司与丁物业公司之间的合同无效
D. 业主委员会无权单方解除与丙物业公司之间的物业服务合同

8. 王某拥有数套某小学的学区房，同事李某为了孩子入学便利，请求王某转让一套。由于两人关系欠佳，王某予以拒绝。李某以公开王某的受贿隐情为要挟，最终使王某答应卖房，但合同价格明显高于一般房屋。合同签订不久，由于教育部门调整小学招生政策，李某小孩不可能在该小学入学。李某欲废止该房屋买卖。李某的下列诉由能得到法院支持的是（　　）。

A. 以显失公平为由，诉请撤销合同
B. 以胁迫为由，诉请撤销合同
C. 以情势变更为由，诉请变更或解除合同
D. 以不可抗力致使合同目的不能实现为由，诉请解除合同

9. 张三向李四借款10万元，王五与李四签订保证合同，为张三的该笔债务提供保证。根据《民法典》相关规定，回答以下问题。

（1）下列关于该保证合同的说法，正确的有（　　）。

A. 若保证合同未约定保证方式，王五承担连带责任保证
B. 若保证合同未约定保证方式，王五承担一般保证责任

C. 若王五与李四约定保证期间为借款到期后 3 个月，该约定有效，保证期间即为借款到期后 3 个月

D. 若保证合同未约定保证期间，保证期间为主债务履行期限届满之日起 1 年

（2）关于王五的保证责任，下列说法正确的是（　　）。

A. 若王五承担一般保证责任，则一般情况下，王五享有先诉抗辩权，在李四未对张三提起诉讼或仲裁，并就张三财产依法强制执行仍不能履行债务前，王五有权拒绝承担保证责任

B. 若王五承担连带责任保证，李四既可以要求张三还款，也可以要求王五在保证范围内还款

C. 若李四未经王五书面同意，允许张三将债务转让给第三人，王五对未经其同意转让的债务不再承担保证责任，除非债权人和保证人另有约定

D. 若王五承担保证责任后，有权在其承担保证责任的范围内向张三追偿，享有债权人对债务人的权利，但不得损害债权人的利益

名词解释

1. 买卖合同
2. 物的瑕疵担保责任
3. 权利瑕疵担保
4. 融资租赁合同
5. 多式联运合同
6. 租赁合同
7. 赠与合同中赠与人享有的权利
8. 一般保证人的先诉抗辩权
9. "买卖不破租赁"

简答题

1. 简述买卖合同的特征。
2. 简述承揽人的主要义务。
3. 简述行纪人的主要义务。
4. 简述买卖合同中双方当事人的主要义务。
5. 简述融资租赁合同与租赁合同的区别。
6. 简述委托合同中受托人的主要义务。
7. 简述中介合同中委托人的义务及其跳单的后果。
8. 简述自然人之间借款合同的法律特征。

论述题

1. 试论我国《民法典》关于买卖合同中标的物毁损、灭失的风险承担规则及其与违约构成的关系。
2. 请结合我国《民法典》中关于保证合同的规定，分析一般保证和连带责任保证的不同之处。

案例分析题

1. 甲商场与其下属各柜台签订了承包合同，各柜台可以以商场的名义对外开展业务，自主经

营、自负盈亏，其对外经营中发生的债权债务一概与商场无关。2006年11月1日，家电柜台以商场名义用公章与某电视机厂签订合同，购买500台电冰箱，合同签订前，电冰箱厂已把该批电冰箱交某汽车运输公司运往甲商场所在城市。在装货时，因装卸人失误多装了十台电冰箱，但电冰箱厂与运输公司人员均未发觉。11月2日，运送该批电冰箱的汽车在即将抵达目的地时，突遇山洪暴发，数辆卡车均被卷入洪水，不知去向。合同签订时，家电柜台已知晓该批电冰箱正运往本地的事实，且电冰箱厂已交付其提货单证。

请依案情摘要回答下列问题：

（1）谁为本合同中的买受人？

（2）电冰箱的价款，买受人是否还应交付？

（3）应交付多少台电冰箱的价款？为什么？

2. 李某与王某是同事。李某想买一台电视机，并请王某帮忙。刚好王某的弟弟有一台电视机想卖，王某告诉李某后，李某表示想买。当天下午，王某的弟弟便将电视机带给李某，李某看货后商定价格为1800元，并当即付给王某的弟弟1200元。剩下的600元王某的弟弟告诉李某交给王某代收，由王某转交给自己。李某将电视机搬回家以后，有人说该电视机型号太旧了，不值1800元，李某遂向王某提出退货还款，但王某的弟弟不同意，并说："你如果不想要，可以卖给别人嘛。"李某遂将该电视机交寄售商店出卖，得到价款1500元，比原价少300元。李某提出该300元差价应由王某的弟弟承担，双方争执不下。

请依案情摘要回答下列问题：

（1）李某与王某的弟弟间的买卖合同是否成立？电视机的所有权是否转移？为什么？

（2）王某与李某在该买卖活动中存在什么合同法律关系？王某在该合同法律关系中负有什么义务？

（3）李某将电视机交寄售商店出卖，李某与寄售商店之间是什么合同关系？寄售商店应以谁的名义办理出售电视机的事务？

（4）300元的差价应当由谁承担？为什么？

3. 甲、乙是夫妻，共同投资建房，后在房屋登记时，工作人员误将甲登记为所有权人。后甲与丙签订房屋买卖合同，丙以为甲就是所有人，丙搬入房屋，但没有办理房屋过户手续。丙为了确定，去查阅房屋登记，房屋确实是在甲的名下。半年后，乙起诉，要求确认甲、丙之间买卖合同无效。

请依案情摘要回答下列问题：

（1）甲、丙之间合同的效力如何？

（2）丙能否取得房屋所有权？

（3）在甲、乙、丙三方关系中，丙如何维护自己的利益？

4. 甲、乙夫妻是当地有名的富商，拥有多处房产，丙为做生意之便，同甲签订了房屋租赁合同，租下其中的一处房产，并办理了相应登记手续。其后数月，甲为解决资金短缺问题，向丁借款，并把该处房产作为担保抵押给了丁，双方也办理了抵押登记手续，而且双方还约定"如甲不能到期归还借款，该房产自动转归丁所有"。乙知道上述事宜，但未表示意见。

请依案情摘要回答下列问题：

（1）甲、丙之间的租赁关系是否有效？为什么？

（2）甲、丁之间的抵押关系是否有效？

（3）如甲到期不能清偿丁之欠款而出售其房产，丙与丁均主张优先购买权，应如何处理？

（4）甲、丁之间的"如甲不能到期归还借款，该房产自动转归丁所有"的约定是否有效？为什么？

（5）如果甲与丁之间并非抵押关系，而为买卖关系，而买卖合同生效时租赁合同仍未到期，则租赁合同是否仍有效？为什么？

（6）如果甲与丁之间存在买卖关系，且丁为善意且支付相应对价并办理相应登记手续，乙作为房屋共有人能否否认该买卖的效力？

5. 西部某开发公司与某教育局在一次公开募捐仪式上达成捐赠协议，由西部某开发公司向该组织捐赠某种健身器材100套，双方约定交货地点为该教育局所在地，但该教育局必须将该捐赠过程中的一些重要镜头在某电视台用专题形式播出。协议书面订立后，该开发公司又与当地一运输公司签订运输合同，由该运输公司将这批货运至该教育局所在地。

请依案情摘要回答下列问题：

（1）如果在运输途中因遇到百年不遇的水灾导致健身器材灭失，教育局能否要求该开发公司再次发货？

（2）如果健身器材灭失是由运输公司过错造成，应由谁作原告向运输公司提起诉讼？

（3）如果该批健身器材运到目的地，但因质量问题导致数十名儿童在运动时受到伤害，造成损害3万元，该开发公司应否承担相应责任？

（4）如果该教育局未作相应宣传，开发公司能否撤销该合同？

（5）如果在签订捐赠协议后，开发公司因经营状况极度恶化无法履行协议，能否请求不再履行？

（6）如无特殊理由，开发公司能否撤销该捐赠协议？

6. 李某从所居住的A地去B地出差，在汽车站购买了一张前往B地的汽车票，发车时间已到，仍不见车来。

请依案情摘要回答下列问题：

（1）李某有哪些权利？

李某又等了半小时，汽车才来，但上车后，李某发现：他购买的是不带空调的大客车的坐票，但开来的却是空调卧铺客车。售票员解释说，因原定的此班次客车出现故障，故车站调度室临时将这辆豪华客车调来。随后，售票员开始要求旅客补交豪华卧铺客车与一般客车票价之差额并缴纳空调费。

（2）对加收票款的要求，应否支持？

在即将到达目的地时，李某所在的上铺支架突然断裂，李某从上铺摔下，致肋骨骨折，李某事后向汽车运输公司要求赔偿，汽运公司辩称己方无过错，在出车前已进行了足够的安全检查。经查证，发车前汽车运输公司确实派人对车进行了全面检查。

（3）汽车运输公司是否应当承担损害赔偿责任？为什么？

（4）如果李某属于按规定免票的旅客，其所受损害，汽车运输公司是否还应承担责任？

7. 甲，某市糖业烟酒公司；乙，某铁路局。甲与乙填制了运送白糖六十吨的运单，运达地为甲所在地火车站。次日发车时，甲要乙将二十吨白糖卸在甲的前方站某县火车站（丙地），但乙未应允。白糖送达甲地火车站时，甲发现白糖在途中被同车水泥污染了三十六吨，而且六十吨白糖已全部卸下，甲与火车站多次交涉未遂其愿，便以乙为被告诉至某铁路运输法院。经查：甲、乙签订的运单基本内容齐全，甲对白糖实行了保价，白糖用麻袋包装，符合包捆要求。

请依案情摘要回答下列问题：

（1）甲、乙间只有运单而没有正规合同，是否合法？

（2）甲能否在运单填制后，改变部分货物的运送地？

（3）乙在本案中应承担什么责任？

8. 某钟表厂与某仪表厂签订了购买测压机一台的合同。仪表厂按合同规定将测压机交铁路运输，仪表厂发货后，多次向钟表厂催要货款，钟表厂以未收到货物为由，拒付货款，因此仪表厂起诉至法院，要求钟表厂支付货款并支付违约金。经查，货物到站后，火车站将货物错发给某电机厂，电机厂发现后通知了火车站，因火车站工作人员将此事忘记，使机器在露天存放生锈损坏。钟表厂认为，这一损失应由车站与电机厂共同赔偿。

请问：本案应如何处理？

9. 张华是某实业开发公司的总经理。一日张华了解到某产品在国内市场上是空白，在国际市场上也是量少价高，而且又了解到几个大公司也在研制此产品，但在研制过程中均遇到了技术难关，正在集中力量攻克。于是张华便找到北京某技术研究院，经过磋商，签订了一份技术开发合同，约定该技术研究院年底前研制出此产品，由张华所在实业开发公司一次性支付开发费 50 万元（其中预付 10 万元作为开发经费），并约定开发成功两年内，该研究院不得将该技术转让给他人，而是由张华的公司独家使用。后该研究院果然在年底前研制出此产品。张华的公司即着手生产，同时，由于张华的公司无出口自营权，便与乙外贸公司签订了一份合同，委托代为出口其产品。合同约定，张华的开发公司每月向乙公司交付一批产品，由乙公司以自己的名义出口销售，价格按国际市场价格自由掌握，销售后开发公司于 10 天内支付报酬，迟延支付要承担违约金责任。1年后的 9 月，该产品又进入销售淡季。乙公司便自己买下开发公司 9 月交来的产品（按国际市场价格），1 个月后，价格上扬，乙公司才将该批产品卖出，获得差价 20 万元。张华得知后，在送来 11 月的产品时向乙公司提出异议，认为乙公司的投机行为未经张华的公司同意，要求将这 20万元差价归属于自己，否则拒绝支付 10 月的报酬。根据《民法典》有关内容回答：

（1）假设在该研究院研制产品的过程中，张华从其他渠道得知，研制该产品的其他各大公司因无法克服的技术困难已先后开发失败，并已停止研究开发工作，张华却未将这一信息告知研究院。对此，张华有何过错？开发公司应承担何种责任？

（2）假设该研究院在成功开发的 1 年后，将该技术转让给丙公司，丙公司也实施该技术生产产品，张华可否选择研究院或丙公司中的任意一个作为被告向法院起诉？

（3）张华能否拒绝向乙外贸公司支付报酬？为什么？

（4）若张华逾期仍不支付报酬，乙公司有何救济手段？

10. 甲，某市经营农副产品的个体户；乙，某县物资储运站。甲在某县准备收购蒜头 5000 公斤，打算搭过往车一次运回。甲将大蒜按收购情况分三次存放在乙处。双方的仓储保管合同议定：最后一批货入库后第三天，货物全部出库。对大蒜按比例抽验。其他条款齐全，事后，双方抽验发现有 20%的蒜湿度大，不符合规定。由于蒜头自身质量问题，并且乙方仓库通风采光不足，蒜头大面积"发烧"，约 50%的蒜在储存期内发生不同程度的霉变，乙将情况告知了甲。合同期满时，甲拒绝提货并拒付保管费，要求乙赔偿全部损失，双方相持不下，诉至法院。

请依案情摘要回答下列问题：

（1）本案中哪一方违约？

（2）乙应如何赔偿损失？

（3）如果甲想修改合同，应如何做？

11. 甲，某市预制构件厂；乙，某市建筑设计院。由于市政建设的需要，甲打算用钢纤维砼为原料，研制城市下水道井盖的替代品，便委托乙研制。1993 年 1 月，双方签订了技术开发合同。合同约定：乙为甲开发 700 方 500×500 检查井、300×500 进水钢纤维砼井盖（座），甲支付所有开发经费和报酬，开发周期为一年。合同其他主要条款齐全。甲按合同约定如期支付了有关费用，提供了有关背景资料和原始数据。乙于 1993 年 9 月 1 日试制成功。同年 12 月底又以研究开发成果向国家专利局申请专利，并获专利局回函表示受理。1994 年 3 月 10 日，乙以甲在成果开发出后 6 个月仍未接受技术为由，拟将此项技术成果卖给丙厂，同时，乙的主管部门市建设局也拟将此成果在本行业中推广。在此期间，乙因申请专利的需要，一直未向甲交付成果。为此，甲与乙及其主管部门建设局发生纠纷。

请依案情摘要回答下列问题：
（1）乙能否单方向国家专利局申请专利？为什么？
（2）市建设局能否将乙的开发成果推广使用？为什么？
（3）乙是否有权将开发成果转给丙厂？

12. 大兴公司与全宇公司签订委托合同，委托全宇公司采购 500 台电视机，并预先支付购买电视机的费用 50 万元。全宇公司经考察发现甲市 W 区的天鹅公司有一批质优价廉的名牌电视机，遂以自己的名义与天鹅公司签订了一份电视机购买合同，双方约定：全宇公司从天鹅公司购进 500 台电视机，总价款 130 万元，全宇公司先行支付 30 万元定金；天鹅公司采取送货方式，将全部电视机运至乙市 S 区，货到验收后一周内全宇公司付清全部款项。天鹅公司在发货时，工作人员误发成 505 台。在运输途中，由于被一车追尾，20 台电视机遭到不同程度的损坏。全宇公司在 S 区合同约定地点接收了 505 台电视机，当即对发生损坏的 20 台电视机提出了质量异议，并将全部电视机交付大兴公司。由于电视机滞销，大兴公司拒付货款，致全宇公司一直无法向天鹅公司支付货款。交货 2 个星期后，全宇公司向天鹅公司披露了是受大兴公司委托代为购买电视机的情况。

请依案情摘要回答下列问题：
（1）天鹅公司事先并不知晓全宇公司系受大兴公司委托购买电视机，知悉这一情况后，天鹅公司能否要求大兴公司支付货款？为什么？
（2）全宇公司与天鹅公司订立的合同中的定金条款效力如何？为什么？
（3）大兴公司多收的 5 台电视机应如何处理？为什么？
（4）如追尾的肇事车辆逃逸，20 台受损电视机的损失应由谁承担？为什么？
（5）如天鹅公司以全宇公司为被告提起诉讼后，在诉讼过程中，天鹅公司认为要求大兴公司支付货款更为有利，能否改为主张由大兴公司履行合同义务？为什么？

13. 某服装加工厂因与外商签订了一份服装购销合同，急需一批特质布匹。经到多家纺织厂考察，选定跟星星纺织厂订立加工承揽合同。合同约定，由星星纺织厂为某服装加工厂生产特质布匹，分期分批送货到某服装厂，某服装厂见货付款。由于星星纺织厂当时生产任务不重，于是很快完成了加工任务。但为履行合同所规定的分期分批送货的义务，便将尚未送走的布匹存入仓库内。一天晚上，因雷雨引起电线走火，仓库内的所有货物全部化为灰烬。星星纺织厂要求某服装厂赔偿损失，理由是货已全部生产完毕，只是应服装厂的要求尚未全部送走，过错应在服装厂。既然生产完毕，货就是服装厂的，因此某服装厂应承担赔偿责任。某服装厂认为星星纺织厂的说法有理，于是赔偿了其生产这批布匹的原料费、加工费等。后某服装厂向某律师谈及此事，律师认为服装厂不应承担赔偿责任，现有权要求星星纺织厂返还损失赔偿费。

请依案情摘要回答下列问题：
（1）律师的看法对吗？为什么？
（2）本案应如何处理？
（3）假如星星纺织厂与某服装厂约定，布匹生产完毕后即归某服装厂所有，则布匹的风险责任由谁承担？

14. 信用卡在现代社会的运用越来越广泛。设甲为信用卡的持卡人，乙为发出信用卡的银行，丙为接受银行信用卡消费的百货公司。甲可以凭信用卡到丙处持卡消费，但应于下个月的 15 日前将其消费的款项支付给乙；丙应当接受甲的持卡消费，并于每月的 20 日请求乙支付甲消费的款项，丙不得请求甲支付其消费的款项。

2024年3月，甲消费了5万元，无力向乙还款。甲与乙达成协议，约定3个月内还款，甲将其1间铺面房抵押给乙，并作了抵押登记。应乙的要求，甲为抵押的铺面房向丁保险公司投了火灾险，并将其对丁保险公司的保险赔偿请求权转让给了己。

2024年4月，甲与张某签订借款意向书，约定甲以铺面房再作抵押向张某借款5万元，用于向乙还款。后因甲未办理抵押登记，张某拒绝提供借款。

2024年7月，因甲与邻居戊有矛盾，戊放火烧毁了甲的铺面房。在保险公司理赔期间，己的债权人庚向法院申请冻结了保险赔偿请求权。

请依案情摘要回答下列问题：

（1）2024年3月之前，甲与乙之间存在什么法律关系？乙与丙之间存在什么法律关系？甲与丙之间存在什么法律关系？

（2）丙有权请求乙支付甲消费的款项但不得请求甲支付其消费的款项，其法律含义是什么？乙可否以甲不支付其消费的款项为理由，拒绝向丙付款？为什么？

（3）如甲不向乙支付其消费的款项，乙可以主张什么权利？如乙不向丙支付甲消费的款项，丙可以主张什么权利？

（4）如丙拒绝接受甲持卡消费，应由谁主张权利？可以主张什么权利？为什么？

（5）张某拒绝向甲提供借款是否构成违约？为什么？

（6）甲的抵押铺面房被烧毁之后，届期无力还款，乙可以主张什么权利？

（7）甲将保险赔偿请求权转让给己，己的债权人庚向法院申请冻结该保险赔偿请求权，对乙的抵押权有什么影响？为什么？

15. 甲公司从某银行贷款1200万元，以自有房产设定抵押，并办理了抵押登记。经书面协议，乙公司以其价值200万元的现有的以及将有的生产设备、原材料、半成品、产品为甲公司的贷款设定抵押，没有办理抵押登记。后甲公司届期无力清偿贷款，某银行欲行使抵押权。法院拟拍卖甲公司的房产。甲公司为了留住房产，与丙公司达成备忘录，约定："由丙公司参与竞买，价款由甲公司支付，房产产权归甲公司。"丙公司依法参加竞买，以1000万元竞买成功。甲公司将从子公司筹得的1000万元交给丙公司，丙公司将这1000万元交给了法院。法院依据竞拍结果制作民事裁定书，甲公司据此将房产过户给丙公司。

法院裁定书下达次日，甲公司、丙公司与丁公司签约："甲公司把房产出卖给丁公司，丁公司向甲公司支付1400万元。合同签订后10日内，丁公司应先付给甲公司400万元，尾款待房产过户到丁公司名下之后支付。甲公司如果在合同签订之日起半年之内不能将房产过户到丁公司名下，则丁公司有权解除合同，并请求甲公司支付违约金700万元，甲公司和丙公司对合同的履行承担连带责任。"

在甲公司、丙公司与丁公司签订房产买卖合同的次日，丙公司与戊公司签订了房产买卖合同。丙公司以1500万元的价格将该房产卖给戊公司，尚未办理过户手续。丁公司见状，拒绝履行支付400万元首付款的义务，并请求甲公司先办理房产过户手续，将房产过户到丁公司名下。甲公司则要求丁公司按约定支付400万元房产购置首付款。鉴于各方僵持不下，半年后，丙公司索性把房产过户给戊公司，并拒绝向丁公司承担连带责任。经查，在甲公司、丙公司和丁公司签订合同后，当地房地产市场价格变化不大。

请依案情摘要回答下列问题：

（1）乙公司以其现有的及将有的生产设备等动产为甲公司的贷款设立的抵押是否成立？为什么？

（2）某银行是否必须先实现甲公司的房产的抵押权，后实现乙公司的现有的及将有的生产设备等动产的抵押权？为什么？

（3）甲公司与丙公司达成的备忘录效力如何？为什么？

(4) 丙公司与戊公司签订房产买卖合同效力如何？为什么？

(5) 丁公司是否有权拒绝履行支付400万元的义务？为什么？

(6) 丁公司是否有权请求甲公司在自己未支付400万元首付款的情况下先办理房产过户手续？为什么？

(7) 丁公司能否解除房产买卖合同？为什么？

(8) 丙公司能否以自己不是合同的真正当事人为由拒绝向丁公司承担连带责任？为什么？

(9) 甲公司可否请求法院减少违约金数额？为什么？

16. 大学生李某要去A市某会计师事务所实习。此前，李某通过某租房网站租房，明确租房位置和有淋浴热水器两个条件。张某承租了王某一套二居室，租赁合同中有允许张某转租的条款。张某与李某联系，说明该房屋的位置及房屋里配有高端热水器。李某同意承租张某的房屋，并通过网上银行预付了租金。

李某入住后发现，房屋的位置不错，卫生间也较大，但热水器老旧不堪，不能正常使用，屋内也没有空调。另外，李某了解到张某已拖欠王某1个月的租金，王某已表示，依租赁合同的约定要解除与张某的租赁合同。

李某要求张某修理热水器，修了几次都无法使用。再找张某，张某避而不见。李某只能用冷水洗澡并因此感冒，花了一笔医疗费。无奈之下，李某去B公司购买了全新的电热水器，B公司派其员工郝某去安装。在安装过程中，找不到登高用的梯子，李某将张某存放在储藏室的一只木箱搬进卫生间，供郝某安装时使用。安装后郝某因有急事未按要求试用便离开，走前向李某保证该热水器可以正常使用了。李某仅将该木箱挪至墙边而未搬出卫生间。李某电话告知张某，热水器已买来装好，张某未置可否。

另外，因暑热难当，李某经张某同意，买了一部空调安装在卧室。

当晚，同学黄某来A市探访李某。黄某去卫生间洗澡，按新装的热水器上的提示刚打开热水器，该热水器的接口处迸裂，热水喷溅不止，黄某受到惊吓，摔倒在地受伤，经鉴定为一级伤残。另外，木箱内装的贵重衣物，也被热水器喷出的水流浸泡毁损。

请依案情摘要回答下列问题：

(1) 由于张某拖欠租金，王某要解除与张某的租赁合同，李某想继续租用该房屋，可以采取什么措施以抗辩王某的合同解除权？

(2) 李某的医疗费应当由谁承担？为什么？

(3) 李某是否可以更换热水器？李某更换热水器的费用应当由谁承担？为什么？

(4) 李某购买空调的费用应当由谁承担？为什么？

(5) 对于黄某的损失，李某、张某是否应当承担赔偿责任？为什么？

(6) 对于黄某的损失，郝某、B公司是否应当承担赔偿责任？为什么？

(7) 对于张某木箱内衣物浸泡受损，李某、B公司是否应当承担赔偿责任？为什么？

17. 2月5日，甲与乙订立一份房屋买卖合同，约定乙购买甲的房屋一套（以下简称01号房），价格80万元。并约定，合同签订后一周内乙先付20万元，交付房屋后付30万元，办理过户登记后付30万元。

2月8日，丙得知甲欲将该房屋出卖，表示愿意购买。甲告其已与乙签订合同的事实，丙说愿出90万元。于是，甲与丙签订了房屋买卖合同，约定合同签订后3日内丙付清全部房款，同时办理过户登记。2月11日，丙付清了全部房款，并办理了过户登记。

2月12日，当乙支付第一笔房款时，甲说：房屋已卖掉，但同小区还有一套房屋（以下简称02号房），可作价100万元出卖。乙看后当即表示同意，但提出只能首付20万元，其余80万元向银行申请贷款。甲、乙在原合同文本上将房屋相关信息、价款和付款方式作了修改，其余条款未修改。

乙支付首付 20 万元后，恰逢国家出台房地产贷款调控政策，乙不再具备贷款资格。故乙表示仍然要买 01 号房，要求甲按原合同履行。甲表示 01 号房无法交付，并表示第二份合同已经生效，如乙不履行将要承担违约责任。乙认为甲违约在先。3 月中旬，乙诉请法院确认甲、丙之间的房屋买卖合同无效，甲应履行 2 月 5 日双方签订的合同，交付 01 号房，并承担迟延交付的违约责任。甲则要求乙继续履行购买 02 号房的义务。

3 月 20 日，丙聘请不具备装修资质的 A 公司装修 01 号房。装修期间，A 公司装修工张某因操作失误将水管砸坏，漏水导致邻居丁的家具等物件损坏，损失约 5000 元。

5 月 20 日，丙花 3000 元从商场购买 B 公司生产的热水器，B 公司派员工李某上门安装。5 月 30 日，李某从 B 公司离职，但经常到 B 公司派驻丙所住小区的维修处门前承揽维修业务。7 月 24 日，丙因热水器故障到该维修处要求 B 公司维修，碰到李某。丙对李某说：热水器是你装的，出了问题你得去修。维修处负责人因人手不够，便对李某说：那你就去帮忙修一下吧。李某便随丙去维修。李某在维修过程中因操作失误致热水器毁损。

请依案情摘要回答下列问题：

（1）01 号房屋的物权归属应当如何确定？为什么？
（2）甲、丙之间的房屋买卖合同效力如何？考察甲、丙之间合同效力时应当考虑本案中的哪些因素？
（3）2 月 12 日，甲、乙之间对原合同修改的行为的效力应当如何认定？为什么？
（4）乙的诉讼请求是否应当得到支持？为什么？
（5）针对甲要求乙履行购买 02 号房的义务，乙可主张什么权利？为什么？
（6）邻居丁所遭受的损失应当由谁赔偿？为什么？
（7）丙热水器的毁损，应由谁承担赔偿责任？为什么？

第二十七章　无因管理

基础知识图解

无因管理的概念与性质

无因管理的构成要件 { 管理他人事务 / 为他人谋利的意思 / 没有法定或者约定义务

无因管理的内容 { 管理人的义务：适当管理、通知、报告与计算 / 管理人的权利：主要是得请求本人偿付因管理事务所支出的必要费用

配套测试

单项选择题

1. 在下列情形中，（　　）属于无因管理。
A. 在加工合同中，承揽人管理定作人提供的原材料
B. 出卖人向买受人交付标的物，并转移标的物所有权
C. 甲拾得乙丢失的牛，在积极寻找失主的同时，对该牛进行管理
D. 超市对进入超市的顾客的皮包进行保管

2. 张某有水蜜桃树10余棵，果实成熟时，他生病住院。一天，气象台预报将有暴风雨来临。邻居李某请人及时代为抢收，得水蜜桃（果）300斤。运到集镇，售给小贩，得210元，支出抢收工资和运费30元。小贩卖出后，得400元。依照法律李某应该（　　）。
A. 归还张某400元　　　　　　　　B. 归还张某210元
C. 归还张某180元　　　　　　　　D. 与张某平分，各得90元

3. 甲捡到了一只母山羊后将其饲养起来，并在良种站花钱为母山羊配种，此后母山羊生了2只小山羊，后失主乙找到甲要羊。问：本案应如何处理？（　　）
A. 失主无权要回山羊
B. 母山羊归还失主，小山羊归甲
C. 大、小山羊全归还失主，失主付给甲饲养费和配种费
D. 大、小山羊全归还失主，失主付给甲配种费但不付饲养费

4. 陈某外出期间家中失火，邻居家10岁的女儿刘某呼叫邻居救火，并取自家衣物参与扑火。在救火过程中，刘某手部被烧伤，花去医疗费200元，衣物损失100元。下列哪种说法是正确的？（　　）
A. 陈某应偿付刘某100元　　　　　B. 陈某应偿付刘某200元
C. 陈某应偿付刘某300元　　　　　D. 陈某无须补偿刘某

5. 甲的一头牛走失，乙牵回后关入自家牛棚，准备次日寻找失主。当晚牛棚被台风刮倒，将牛压死。乙将牛肉和牛皮出售，各得款 500 元和 100 元。请人屠宰及销售，支出 100 元。下列哪一种说法是正确的？（　　）

A. 甲有权要求乙返还一头同样的牛

B. 甲有权要求乙返还 500 元

C. 甲有权要求乙返还 600 元

D. 甲有权要求乙按该牛的市价赔偿 1000 元

6. 外卖骑手张某见李某跳河，将手机交给路人王某便从十米高跳入湖中救李某，跳下去背部不慎划伤，李某不想被救拼命挣脱，张某因用力过大导致背部伤口撕扯，李某也因此胳膊骨折。王某因不小心将张某手机掉在地上，屏幕被摔碎。关于本案，下列说法正确的是（　　）。

A. 外卖骑手张某的手机损坏，保管人王某应当赔偿损失

B. 外卖骑手张某背部受伤，被救者李某应当适当补偿

C. 外卖骑手张某的手机损坏，保管人王某应当适当补偿

D. 被救者李某胳膊受伤，外卖骑手张某应当赔偿损失

7. 根据无因管理之债的构成要件，下列事实中，不构成无因管理之债的是（　　）。

A. 未受委托，雇人为邻居的危险房屋加固，以免遭台风袭击而损毁

B. 受委托，雇人为他人照看病人

C. 抢救溺水的儿童

D. 饲养他人失散的动物并寻找其主人

8. 张某外出，台风将至。邻居李某担心张某年久失修的房子被风刮倒，祸及自家，就雇人用几根木料支撑住张某的房子，但张某的房子仍然不敌台风，倒塌之际压死了李某养的数只鸡。下列哪一说法是正确的？（　　）

A. 李某初衷是为自己，故不构成无因管理

B. 房屋最终倒塌，未达到管理效果，故无因管理不成立

C. 李某的行为构成无因管理

D. 张某不需支付李某固房费用，但应赔偿房屋倒塌给李某造成的损失

9. 甲公司对乙公司负有交付葡萄酒的合同义务。丙公司和乙公司约定，由丙公司代甲公司履行，甲公司对此全不知情。下列哪一表述是正确的？（　　）

A. 虽然甲公司不知情，丙公司的履行仍然有法律效力

B. 因甲公司不知情，故丙公司代为履行后对甲公司不得追偿代为履行的必要费用

C. 虽然甲公司不知情，但如果丙公司履行有瑕疵的，甲公司需就此对乙公司承担违约责任

D. 虽然甲公司不知情，但如果丙公司履行有瑕疵从而承担违约责任的，丙公司可就该违约赔偿金向甲公司追偿

10. 吕某前往超市购物途中，恰逢孟某牵着自己的狗迎面走来。狗突然上前追咬吕某，吕某见此情形吓得狂奔。路人张某为救吕某，拿起旁边何某的伞与狗打起来。结果：吕某得救，张某被狗咬伤，花去医药费 2000 元。关于本案，下列哪一说法是错误的？（　　）

A. 张某的行为构成无因管理

B. 张某的行为不构成无因管理

C. 张某可以请求吕某支付 2000 元医药费

D. 张某可以请求孟某支付 2000 元医药费

☑ 多项选择题

1. 下列哪些情形不构成无因管理？（　　）

A. 下大雪清扫路面，避免行人跌伤
B. 路遇受伤者，主动送至医院治疗，并支付车费
C. 将自己的牛误认为是他人的牛而进行饲养
D. 在旅客运输合同中，司乘人员代管旅客物品

2. 甲发现一头牛在自家田里吃麦苗，便将此牛牵回进行喂养。过了 10 天，乙发现自家走失的牛在甲家牛圈，于是向甲要牛。甲让乙将牛牵回，但提出了一些请求，双方为此发生纠纷。现问：甲的如下诉讼请求哪些能够成立？（　　）
A. 甲请求乙支付麦苗损失费
B. 甲请求乙支付拾牛报酬
C. 甲请求乙支付饲料费
D. 甲请求乙支付误工损失费

3. 张某父子俩在一起生活。2025 年春天，张某父子出去打工，房屋无人看守。一天，气象台预报近期将有强台风。张家的邻居国某见张家无人，房子又年久失修，难以经受台风袭击。于是，就花钱请人对张家的房子进行了加固，共花费了 650 元。但台风过后，张家的房子还是倒塌了。国某（　　）。
A. 所做的行为是无因管理
B. 所做的行为是受托行为
C. 有权请求张家父子偿还所支出的费用
D. 无权请求张家父子偿还所支出的费用

4. 甲被一车撞倒昏迷在路旁，肇事车主驾车逃跑，乙路过见状将甲送往医院抢救，支出医疗费若干元。在救助过程中，乙身穿的名牌 T 恤被血染了，无法再使用。则乙可以向甲主张哪些权利？（　　）
A. 车费返还请求权
B. 医疗费返还请求权
C. 衣服的损害赔偿请求权
D. 报酬请求权

5. 下列行为中，哪些构成无因管理？（　　）
A. 甲错把他人的牛当成自家的而饲养
B. 乙见邻居家中失火恐殃及自己家，遂用自备的灭火器救火
C. 丙（15 周岁）租车将在体育课上昏倒的同学送往医院救治
D. 丁见门前马路下水道井盖被盗致路人跌伤，遂自购一井盖铺上

6. 甲正在市场卖鱼，突闻其父病危，急忙离去，邻摊菜贩乙见状遂自作主张代为叫卖，以比甲原每斤 10 元高出 5 元的价格卖出鲜鱼 200 斤，并将多卖的 1000 元收入自己囊中，后乙因急赴喜宴将余下的 100 斤鱼以每斤 3 元卖出。下列哪些选项是正确的？（　　）
A. 乙的行为构成不真正无因管理
B. 乙收取多卖的 1000 元构成不当得利
C. 乙低价销售 100 斤鱼构成不当管理，应承担赔偿责任
D. 乙可以要求甲支付一定报酬

不定项选择题

甲的邻居丙出国数年，委托甲代为照管房屋。甲联系乙拆卸自家空调，拆完后甲看到丙家的空调已十分老旧，就联系乙也把丙家的空调拆掉，并以旧空调折抵拆卸费。乙当下没有时间，遂向甲推荐了自己的老乡丁。丁在拆卸丙家空调时不慎从三楼摔下，致终身残疾。对此，下列说法错误的是（　　）。
A. 丙与丁之间成立承揽合同
B. 甲应完全承担丁的人身损害赔偿责任

C. 甲与丙之间成立无因管理之债
D. 甲与乙之间成立承揽合同

名词解释

无因管理

简答题

1. 如何理解无因管理的构成要件中"管理人需有为他人谋利益的意思"这一要件的含义？
2. 如何理解无因管理之债的效力？

案例分析题

1. 张某在一风景区旅游，爬到山顶后，见一女子孤身站在山顶悬崖边上，目光异样，即心生疑惑。该女子见有人来，便欲向悬崖下跳去，张某情急中拉住该女子衣服，将女子救上来，张某救人过程中，将随身携带的价值2000元的照相机碰坏，手臂被擦伤；女子的头也被碰伤，衣服被撕破。张某将女子送到山下医院，为其支付各种费用500元，并为包扎自己的伤口花去20元。当晚，张某住在医院招待所，但已身无分文，只好向服务员借了100元，用以支付食宿费。次日，轻生女子的家人赶到医院，向张某表示感谢。

请依案情摘要回答下列问题：
（1）张某与轻生女子之间存在何种民事法律关系？
（2）张某的照相机损坏以及治疗自己伤口的费用女子应否偿付？为什么？
（3）张某为女子支付的医疗费等费用能否请求女子偿付？为什么？
（4）张某向服务员借的100元，应当由谁偿付？为什么？
（5）张某能否请求女子给付一定的报酬？为什么？
（6）张某应否赔偿女子衣服损失？为什么？

2. 甲和乙为邻居，向来不和。一天，乙的住宅起火，甲视而不见。直至大火逼近甲的住宅，甲才奋力救火，并为此支出2000元的费用，并且甲的衣服在救火过程中被烧毁。另外，甲在救火过程中，由于不小心，将乙的花瓶撞碎。事后，甲和乙就以上事项发生争议，请给出你的意见并说明理由。

第二十八章 不当得利

基础知识图解

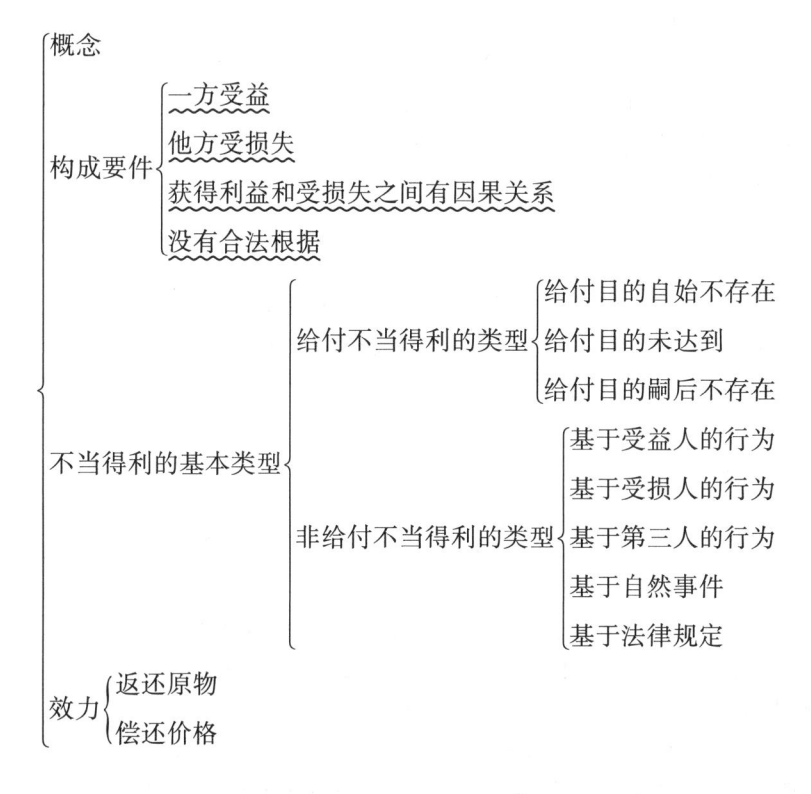

- 概念
- 构成要件
  - 一方受益
  - 他方受损失
  - 获得利益和受损失之间有因果关系
  - 没有合法根据
- 不当得利的基本类型
  - 给付不当得利的类型
    - 给付目的自始不存在
    - 给付目的未达到
    - 给付目的嗣后不存在
  - 非给付不当得利的类型
    - 基于受益人的行为
    - 基于受损人的行为
    - 基于第三人的行为
    - 基于自然事件
    - 基于法律规定
- 效力
  - 返还原物
  - 偿还价格

配套测试

单项选择题

1. 下列哪种事实会发生不当得利之债？（　　）

A. 给付因赌博而欠的债务

B. 向"第三者"给付生活费

C. 债务人清偿诉讼时效已过的债务

D. 在下大雨时，甲养鱼塘的鱼跳到乙养鱼塘

2. 养牛专业户蒋某的一头奶牛得了重病，蒋某恐此牛的病传染，便将其抛弃于野外。农民刘某经过此地，发现此牛并拉回家中，经过刘某的精心喂养，此牛竟成为一头高产奶牛。一年后，蒋某听说此事，要求刘某将牛还给他，刘某不允。依照法律，蒋某（　　）。

A. 有权请求刘某返还此牛，因为刘某取得此牛是不当得利

B. 有权请求刘某返还此牛，但应补偿刘某喂养病牛支出的费用及劳务费

C. 无权请求刘某返还此牛，因为蒋某的所有权已因抛弃而消灭

D. 无权请求刘某返还此牛，但有权要求刘某给予适当补偿

3. 甲在乡下的老房子年久失修，邻居乙曾多次催促其加固，但甲一直未采取措施。某日因暴雨甲家一面院墙倒塌了一半，砸到了乙家的摩托车。因甲在外地，乙雇人清理了院子里残砖废料，并修理了摩托车，另外半截墙也快要倒塌。关于本案，下列说法错误的是（　　）。

A. 乙可以请求甲支付摩托车修理费

B. 乙可以请求甲加固另一半未倒塌的墙

C. 乙不可以请求甲支付清理残砖废料的费用

D. 甲可以请求乙返还清理出来的残砖废料

4. 甲向银行取款时，银行工作人员因点钞失误多付给其1万元。甲以这1万元作本钱经商，获利5000元，其中2000元为其劳务管理费用成本。1个月后银行发现了多付款的事实，要求甲退回，甲不同意。问：下列有关该案的哪一表述是正确的？（　　）

A. 甲无须返还，因系银行自身失误所致

B. 甲应返还银行多付的1万元

C. 甲应返还银行多付的1万元，同时还应返还1个月的利息

D. 甲应返还银行多付的1万元，同时还应返还1个月的利息及3000元利润

5. 根据不当得利之债的构成要件，下列事实中，不构成不当得利之债的是（　　）。

A. 公民甲基于租赁合同应当向公民乙支付租金2万元，而实际支付3万元

B. 火车站将甲的货错发给乙

C. 因风灾甲的100匹马跑入乙的马群中

D. 甲因赌博输给乙5万元

6. 甲是乙公司的长期客户，于农历春节前，收到乙公司所寄5瓶瓶装茅台礼盒一份。甲以为是春节馈赠，取出2瓶与友人共饮后，接到乙公司的来函，称该礼盒为丙的订货，误送至甲处，要求甲付款或退货。甲拒绝，又开启1瓶，剩下2瓶被偷走。问当事人间法律关系如何？（　　）

A. 甲应返还5瓶酒的价款及利息　　　　B. 甲应返还3瓶酒的价款及利息

C. 甲应返还1瓶酒的价款及利息　　　　D. 甲不须返还

7. 一日清晨，甲发现一头牛趴在自家门前，便将其拴在自家院内，打探失主未果。时值春耕，甲用该牛耕种自家田地。其间，该牛因劳累过度得病，甲花费300元将其治好。两年后，牛的主人乙寻牛来到甲处，要求甲返还，甲拒绝返还。下列哪一说法是正确的？（　　）

A. 甲应返还牛，但有权要求乙支付300元

B. 甲应返还牛，无权要求乙支付300元

C. 甲不应返还牛，但乙有权要求甲赔偿损失

D. 甲不应返还牛，无权要求乙支付300元

8. 任某门前公路上有一泥沟。某日，一货车经过泥沟，由于颠簸掉落货物一件，被任某拾得据为己有。任某发现有利可图，遂将泥沟挖深半尺。次日，果然又拾得两袋车上颠落的货包。关于任某行为的性质，下列哪一选项是正确的？（　　）

A. 无因管理和侵权行为　　　　　　　　B. 不当得利

C. 无因管理和不当得利　　　　　　　　D. 不当得利和侵权行为

9. 甲将某物出售于乙，乙转售于丙，甲应乙的要求，将该物直接交付于丙。下列哪一说法是错误的？（　　）

A. 如仅甲、乙间买卖合同无效，则甲有权向乙主张不当得利返还请求权

B. 如仅乙、丙间买卖合同无效，则乙有权向丙主张不当得利返还请求权

C. 如甲、乙间以及乙、丙间买卖合同均无效，甲无权向丙主张不当得利返还请求权

D. 如甲、乙间以及乙、丙间买卖合同均无效，甲有权向乙、乙有权向丙主张不当得利返还请求权

10. 甲对乙享有 50 万元到期债权，2024 年 5 月 1 日，甲将该债权转让给丙，未通知乙。5 月 10 日，甲又将该债权转让给丁，并于当日通知乙。乙收到通知后，于 5 月 12 日向丁履行了 30 万元。下列说法正确的是（　　）。

A. 丁取得该债权，乙已履行的 30 万元有效，剩余 20 万元应向丁履行

B. 因甲先将债权转让给丙，该债权归丙所有，乙应向丙履行剩余债务

C. 由于甲未通知乙债权转让给丙，丙不能取得该债权

D. 甲第二次转让债权给丁的行为无效，乙应向甲履行全部债务

多项选择题

1. 返还的不当利益可以包括（　　）。

A. 原物　　　　　　　　　　　　B. 原物所生的孳息

C. 利用不当得利做生意取得的利润　　D. 利用不当得利赌博而取得的收入

2. 甲遗失其为乙保管的迪亚手表，为偿还乙，甲窃取丙的美茄手表和 4000 元现金。甲将美茄手表交与乙，因美茄手表比迪亚手表便宜 1000 元，甲又从 4000 元中补偿乙 1000 元。乙不知甲盗窃情节。乙将美茄手表赠与丁，又用该 1000 元的一半支付某自来水公司水费，另一半购得某商场一件衬衣。下列哪些说法是正确的？（　　）

A. 丙可请求丁返还手表

B. 丙可请求甲返还 3000 元、请求自来水公司和商场各返还 500 元

C. 丙可请求乙返还 1000 元不当得利

D. 丙可请求甲返还 4000 元不当得利

3. 下列选项中，属于不当得利构成要件的是（　　）。

A. 一方获得利益，他方受有损失　　B. 受损方不存在过错

C. 获益与受损之间有因果关系　　　D. 获益方获得利益没有合法根据

名词解释

不当得利

简答题

1. 简述不当得利的成立要件。

2. 如何理解不当得利之债的效力？

第四编 人格权

第二十九章 人格权

基础知识图解

```
                    ┌ 人格权的概念
       ┌ 人格权概述 ┤         ┌ 与生俱来
       │            │         │ 专属权
       │            └ 特征 ──┤ 绝对权
       │                      └ 具有开放性
       │           ┌ 生命权
       │           │ 身体权
       │           │ 健康权
       │           │ 姓名权
       │           │ 名称权
       └ 人格权的分类 ┤ 肖像权
                   │ 名誉权
                   │ 荣誉权
                   │ 个人信息
                   │ 隐私权
                   │ 其他人格权
                   └ 一般人格权
```

配套测试

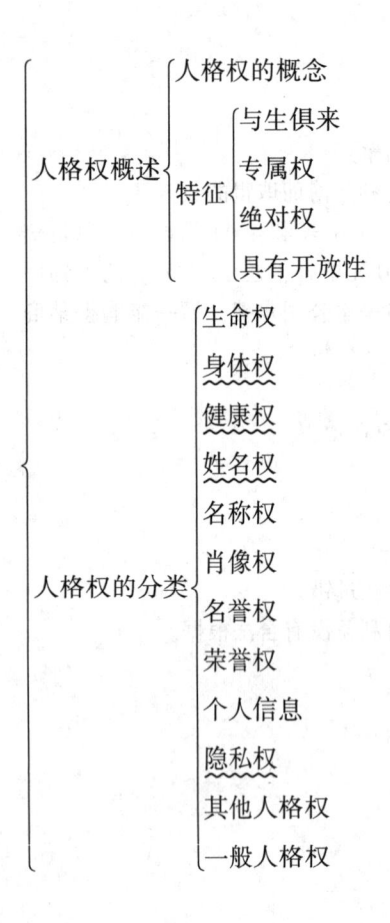

单项选择题

1. 关于隐私权的性质，下列说法错误的是（　　）。

A. 是我国法律所确认的一种人身权利

B. 我国法律对之并无明文规定，仅在学理上存在，暂不受保护

C. 凡侵犯公民隐私权的行为均应承担民事责任

D. 以书面或口头形式宣扬他人隐私，损害他人名誉并造成一定影响的，应承担民事责任

2. 在下列情况中，属于侵犯公民肖像权的是（　　）。

A. 为了寻找失散的亲友而在电视上播出的寻人启事中使用其照片

B. 为追捕逃犯而在通缉令上使用逃犯照片

C. 为新闻报道需要而使用他人的照片

D. 未经同意将获得福利彩票特等奖的获奖者照片用于广告宣传

3. 甲幼时父母离婚，随母亲乙生活，当甲年满18岁时，征得乙的同意，到户籍登记机关改随母姓。其父丙得知后，坚决不同意，托熟人到户籍机关将甲的姓名又改回，丙的行为侵犯了甲的何种权利？（　　）

A. 名称权　　　　　　　　　　B. 自由权

C. 姓名权　　　　　　　　　　D. 身份权

4. 甲为晚报报社记者，一日在拍摄街景时偶遇几位时尚少女，迅速按下快门，该照片作为其采写的新城报道《新城新人》的配图在报纸上发表。下列说法中正确的有（　　）。

A. 甲未经少女们的同意，擅自拍摄其照片，侵犯了她们的肖像权

B. 甲擅自拍摄照片的行为不构成侵犯肖像权，但在报纸上发表这些照片侵犯了她们的肖像权

C. 甲虽未经少女们的同意，擅自拍摄其照片，但不是以营利为目的，故不构成侵犯肖像权

D. 甲虽未经少女们的同意，擅自拍摄其照片，并在报纸上发表，但没有丑化少女们的形象，而是进行正面宣传，故不构成侵犯肖像权

5. 某报社在一篇新闻报道中披露未成年人甲是乙的私生子，致使甲备受同学的嘲讽和奚落，甲因精神痛苦，自残左手无名指，给甲的学习和生活造成重大影响。按照我国现有法律规定，对该报社的行为应如何认定？（　　）

A. 是如实报道，不构成侵权　　　B. 侵害了甲的隐私权

C. 侵害了甲的姓名权　　　　　　D. 侵害了甲的身体权

6. 下列权利属自然人专有的为（　　）。

A. 姓名权　　　B. 名誉权　　　C. 荣誉权　　　D. 商标权

7. 甲用其拾得的乙的身份证在丙银行办理了信用卡，并恶意透支，致使乙的姓名被列入银行不良信用记录名单。经查，丙银行在办理发放信用卡之前，曾通过甲在该行留下的乙的电话（实为甲的电话）核实乙是否申请办理了信用卡。根据我国现行法律规定，下列哪一表述是正确的？（　　）

A. 甲侵犯了乙的姓名权　　　　　B. 甲侵犯了乙的名誉权

C. 甲侵犯了乙的信用权　　　　　D. 丙银行不应承担责任

8. 关于荣誉权的表述，正确的是（　　）。

A. 荣誉权是身份权

B. 荣誉权就是名誉权

C. 荣誉权是自然人专有的权利

D. 荣誉权是人格权

多项选择题

1. 公民死亡后，民事权利能力消灭，但仍受保护的权利包括（　　）。

A. 名誉权　　　　　　　　　　B. 对作品的署名权

C. 生命健康权　　　　　　　　D. 财产所有权

2. 甲年过30未婚，暗恋同事乙。一日，甲在乙门外拾得一本相册，发现正是乙的影集，如获至宝，将其照片悬挂于室内鉴赏，并利用电脑合成技术，将自己的照片与乙的照片合成在一起，

制作成画册，题名为"爱的宣言"，向朋友炫耀。甲的行为（　　）。

  A. 侵犯了乙的财产所有权   B. 侵犯了乙的肖像权
  C. 侵犯了乙的名誉权   D. 侵犯了乙的隐私权

3. 2024年11月16日，顾某接到某商城销售经理詹某的电话，请其帮忙发送商城的销售广告，约定一条短信0.1元。后顾某在朋友的介绍下花1万元购买了伪基站设备，并驾驶面包车携带该设备在市区范围内群发广告。11月20日下午，顾某还没有拿到工钱就被公安机关抓获。经查，顾某已群发短信10万条，获取10万个手机用户信息，并将该信息出卖给了一家房地产开发公司，获益1万元。关于本案，下列哪些说法是正确的？（　　）

  A. 顾某和詹某之间的约定无效
  B. 顾某和詹某之间的约定效力待定
  C. 顾某可以请求詹某给付自己1万元报酬
  D. 顾某侵害了他人对个人信息享有的民事权益

4. 某培训机构未经知名培训师甲的同意，使用甲的照片作为封面印刷宣传手册。某晚报以一线培训名师甲加盟某培训机构为题进行报道，并配有甲的照片（仅面部马赛克处理）。关于本案，下列说法正确的有（　　）。

  A. 某培训机构侵犯了甲的肖像权   B. 某晚报未侵犯甲的肖像权
  C. 某培训机构侵犯了甲的姓名权   D. 某晚报侵犯了甲的肖像权

5. 彭某因车祸双腿截肢，安装了只能由专业人员拆卸的假肢。一日彭某与李某发生口角，李某一怒之下将其假肢打碎。关于本案哪些说法是正确的？（　　）

  A. 彭某的生命健康权受到了侵害
  B. 彭某可就假肢向李某主张精神损害赔偿
  C. 彭某的身体遭到了侵害
  D. 彭某可主张所有权遭受侵害

6. 甲于2021年2月死亡。乙因与甲生前不和，遂到处散布甲系因赌博欠下巨额高利贷无法偿还而自杀身亡，在社会上造成了较恶劣的影响。甲之子欲向法院起诉，要求追究乙的侵权责任。下列选项不正确的有（　　）。

  A. 甲已经死亡，不再具有民事主体资格，因而乙的行为不构成侵权
  B. 乙的行为侵害了甲的名誉，依法应当承担侵权责任
  C. 只有甲的配偶有权代表甲对乙提起诉讼
  D. 只有甲的子女有权对乙提起诉讼

7. 张某因交通肇事罪被判处有期徒刑2年，出狱后和家人搬到另一个小区生活。李某和张某素有仇怨，得知张某搬家后，在电梯里贴上告示，内容为："3号楼302室住进来一个罪犯，大家要小心。"该小区业主知晓后都对张某避而远之。对此，下列哪些说法是正确的？（　　）

  A. 李某侵犯了张某的名誉权
  B. 李某侵犯了张某的隐私权
  C. 李某侵犯了张某的个人信息权
  D. 张某请求消除影响的权利不适用诉讼时效的规定

8. 根据我国《民法典》的规定，（　　）等人身权受到侵犯时，受害人有权要求侵害人停止侵害、消除影响、恢复名誉、赔礼道歉，并可要求赔偿损失。

  A. 姓名权、名称权   B. 肖像权
  C. 名誉权、荣誉权   D. 生命权

9. 下列关于人格权的说法正确的有（　　）。

A. 人格权受到侵害的，权利人提出的停止侵害、排除妨碍、消除危险、消除影响、恢复名誉请求权，不适用诉讼时效的规定
B. 因当事人一方的违约行为，损害对方人格权并造成严重精神损害，受损害方选择请求其承担违约责任的，受损害方同时有权请求精神损害赔偿
C. 自然人生前未表示不同意捐献人体组织的，该自然人死亡后，其配偶、成年子女、父母可以共同决定捐献，决定捐献应当采用书面形式
D. 隐私是自然人的私人生活安宁和不愿为他人知晓的私密空间、私密活动及各种不为人知的私密信息

名词解释

1. 一般人格权
2. 生命权
3. 隐私权

简答题

1. 简述名誉权与隐私权的区别。
2. 简述法人的人格权。
3. 简述人格权的法定性及其意义。

案例分析题

甲、乙两人系某高校硕士生，同住一寝室合用电脑一台。甲向国外某大学申请奖学金，并将此事告知乙。国外该大学向甲发出电子邮件，邀请甲留学，恰巧甲不在，乙出于嫉妒擅自拒绝了校方的邀请。数日后，甲发电子邮件向校方询问，校方告知甲对其申请曾发函邀请但遭拒绝，故不再考虑。由此，甲、乙之间发生争执。请根据民法原理分析本案。

第三十章 人格权的保护

基础知识图解

- 侵害生命权、健康权与身体权的责任
- 侵害姓名权与名称权的责任
  - 侵害姓名权包括：干涉他人姓名权的行使；盗用、假冒他人姓名；对公众人物姓名权的侵害
  - 侵害名称权包括：盗用、假冒他人名称；对知名企业及其他民事主体名称权的侵害
- 侵害肖像权的责任
  - 未经允许擅自制作他人肖像
  - 未经允许使用他人肖像
  - 毁损或玷污他人肖像
- 侵害名誉权的责任：侮辱、诽谤、新闻报道失实
- 侵害隐私权的责任
  - 非法手段刺探、监视他人
  - 非法侵扰他人隐私领域
  - 擅自披露他人隐私
  - 非法利用他人隐私
- 侵害个人信息的责任

配套测试

单项选择题

1. 甲外出探亲，临时委托邻居乙照看房屋。一日，乙进入甲房，发现客厅一角放有一盆鲜花，因久未见阳光而开始发黄。乙遂将花盆移放窗外晒太阳。后一阵大风将花盆吹落，恰好砸在楼下与丙吵架的丁的头上，造成丁的各种损失 2000 元。该费用应当由谁承担？（　　）

A. 甲
B. 乙
C. 甲和乙
D. 甲、乙、丙

2. 张某和周某是邻居，一天，张某约周某来家里洗澡，张某从锅炉房提了两桶开水，一桶拿进浴室，另一桶让周某过一会儿洗澡用，周某将热水放在室外回家拿衣服。这时，张某的儿子（2 周岁）玩耍至此被周某放在此处的开水烫伤致死。（　　）

A. 本案属于意外事故
B. 周某应对事故的发生负主要责任
C. 张某应对事故的发生负主要责任
D. 应当按公平责任处理，由周某和张某共同分担责任

3. 下列哪一情形构成对生命权的侵犯？（　　）
  A. 甲女视其长发如生命，被情敌乙尽数剪去
  B. 丙应丁要求，协助丁完成自杀行为
  C. 戊为报复欲置己于死地，结果将己打成重伤
  D. 庚医生误诊导致辛出生时即患有先天性残疾

4. 田某突发重病神志不清，田父将其送至医院，医院使用进口医疗器械实施手术，手术失败，田某死亡。田父认为医院在诊疗过程中存在一系列违规操作，应对田某的死亡承担赔偿责任。关于本案，下列哪一选项是正确的？（　　）
  A. 医疗损害适用过错责任原则，由患方承担举证责任
  B. 医院实施该手术，无法取得田某的同意，可自主决定
  C. 如因医疗器械缺陷致损，患方只能向生产者主张赔偿
  D. 医院有权拒绝提供相关病历，且不会因此承担不利后果

5. 张小飞邀请关小羽来家中做客，关小羽进入张小飞所住小区后，突然从小区的高楼内抛出一方砚台，将关小羽砸伤。关于砸伤关小羽的责任承担，下列哪一选项是正确的？（　　）
  A. 张小飞违反安全保障义务，应承担侵权责任
  B. 顶层业主通过证明当日家中无人，可以免责
  C. 小区物业违反安全保障义务，应承担侵权责任
  D. 如查明砚台系从 10 层抛出，10 层以上业主仍应承担补充责任

6. 甲将自己的一辆旧捷达轿车作价 5 万元转让给乙（甲不知道乙没有取得驾驶证），未办理登记过户手续。乙在驾驶过程中将丙撞伤，丙为此花去医药费 2 万元。为此引起纠纷。下列表述不正确的是（　　）。
  A. 乙对丙的受伤承担无过错责任　　B. 丙的治疗费用首先由交强险赔付
  C. 甲对丙的受伤应承担连带责任　　D. 甲对丙的受伤不承担责任

多项选择题

1. 4 名行人正常经过北方牧场时跌入粪坑，1 人获救 3 人死亡。据查，当地牧民为养草放牧，储存牛羊粪便用于施肥，一家牧场往往挖有三四个粪坑，深者达三四米，之前也发生过同类事故。关于牧场的责任，下列哪些选项是正确的？（　　）
  A. 应当适用无过错责任原则
  B. 应当适用过错推定的方法
  C. 本案情形已经构成不可抗力
  D. 牧场管理人可通过证明自己尽到管理职责而免责

2. 甲到影楼拍摄了一套艺术写真照，影楼工作人员乙为炫耀自己高超的修图技术，未经甲允许，擅自将精修图和原图同时发到某平台，由于对比明显，甲的同学们看到后对甲进行了嘲讽和讥笑。关于本案，以下说法正确的有（　　）。
  A. 甲可以请求影楼承担侵权责任或违约责任
  B. 甲的肖像权被侵犯
  C. 甲可以请求乙和影楼承担连带侵权责任
  D. 甲的名誉权被侵犯

简答题

结合我国《民法典》关于人格权的规定，简述应当如何完善侵害人格权的精神损害赔偿制度。

第五编 婚姻家庭

第三十一章 婚姻家庭法概述

基础知识图解

- 婚姻家庭的特征和类型
  - 婚姻特征
    - 男女两性结合
    - 夫妻身份的结合
    - 当时社会制度所确认
  - 家庭特征
    - 亲属团体
    - 有共同经济
    - 家庭成员一般为亲属

- 婚姻家庭法的概念和特征
  - 概念
  - 特征
    - 广泛性
    - 伦理性
    - 强制性

- 婚姻家庭法的基本原则
  - 婚姻家庭受国家保护原则
  - 婚姻自由原则
  - 一夫一妻原则
  - 男女平等原则
  - 保护妇女、未成年人、老年人、残疾人的合法权益原则
  - 重视家庭文明建设原则

- 亲属制度
  - 特征
    - 法律性
    - 身份性
    - 原因性
  - 现代亲属分为
    - 配偶
    - 血亲
    - 姻亲
  - 亲系与亲等

配套测试

单项选择题

1. 下列哪项不属于被禁止的婚姻家庭行为？（　　）
A. 无配偶者与他人同居　　　　　　B. 重婚
C. 家庭暴力　　　　　　　　　　　D. 遗弃子女

2. 关于婚姻家庭，以下哪一行为是正确的？（　　）
A. 不得干涉他人婚姻自由　　　　　B. 重婚
C. 殴打妻子　　　　　　　　　　　D. 虐待、遗弃父母

3. 根据我国《民法典》规定，下列哪一选项不属于近亲属？（　　）
A. 配偶　　　　　　　　　　　　　B. 祖父母、外祖父母
C. 孙子女、外孙子女　　　　　　　D. 儿媳、女婿

多项选择题

1. 我国婚姻制度的内容是（　　）。
A. 婚姻自由　　　　　　　　　　　B. 一夫一妻
C. 男女平等　　　　　　　　　　　D. 晚婚晚育

2. 下列哪些行为符合民法关于婚姻家庭的行为规范？（　　）
A. 夫妻互相忠实　　　　　　　　　B. 家庭和睦
C. 敬老爱幼　　　　　　　　　　　D. 互相帮助

3. 下列哪些选项属于"家庭成员"？（　　）
A. 配偶　　　　　　　　　　　　　B. 共同生活的近亲属
C. 子女　　　　　　　　　　　　　D. 父母

简答题

1. 简述我国婚姻家庭关系的基本原则。
2. 简述我国婚姻家庭的禁止性规定。

第三十二章　结婚制度

基础知识图解

- 婚姻成立概述
  - 概念
  - 特征
    - 主体是男女双方
    - 符合法定条件
    - 确立夫妻关系和姻亲关系
- 结婚条件
  - 必备要件
  - 禁止要件
- 结婚程序——登记
- 婚姻的无效与撤销
  - 无效婚姻
    - 婚姻无效的情形
    - 婚姻无效的宣告
    - 婚姻无效的法律后果
  - 可撤销的婚姻
    - 法定情形
    - 撤销权期间
    - 法律后果
- 事实婚姻

配套测试

单项选择题

1. 下列哪一选项不违反结婚自愿原则？（　　）
A. 甲所在单位认为甲的结婚对象构成对单位的重大利益冲突，要求甲重新考虑结婚事宜
B. 乙与男方结婚是因为男方表示如果不和他登记他可能会自杀
C. 丙女的父亲召集亲友商量女儿婚事，并发表看法和建议
D. 丁女结婚前，其母亲向家境极度困难的男方家要求给付大量彩礼

2. 下列哪一选项不属于禁止结婚的亲属关系？（　　）
A. 堂兄妹
B. 姑表兄妹
C. 姨（舅）表兄妹
D. 无血缘关系的继兄妹

3. 下列关于结婚的说法，哪一选项是正确的？（　　）
A. 登记结婚后，女方即成为男方家庭的成员
B. 登记结婚后，男方即成为女方家庭的成员
C. 登记结婚后，按照男女双方约定，女方可以成为男方家庭的成员，男方可以成为女方家庭的成员

D. 登记结婚后，男女双方即互相成为对方家庭的成员

4. 下列哪一选项属于婚姻可撤销的情形？（　　）
A. 一方或双方重婚　　　　　　　　B. 因胁迫结婚
C. 一方或双方未到法定婚龄　　　　D. 双方有禁止结婚的亲属关系

5. 关于无效的或者被撤销的婚姻，下列哪一选项的说法错误？（　　）
A. 无效的婚姻自始没有法律约束力
B. 婚姻被撤销的，同居期间所得财产平均分配
C. 婚姻无效或者被撤销的，无过错方有权请求损害赔偿
D. 对重婚导致的无效婚姻的财产处理，不得侵害合法婚姻当事人的财产权益

6. 张某（60周岁）与余某（25周岁）是夫妻。二人在婚前约定：结婚后张某将自己的一套房屋赠与余某；在张某生活不能自理时，由余某承担扶养义务。婚后，张某将房屋过户到余某名下。婚后余某性情大变。后张某因患病生活不能自理，余某经常打骂张某，直至将其赶出家门。对此，以下说法哪一项是正确的？（　　）
A. 张某可以主张与余某的婚姻无效
B. 张某可以主张撤销与余某的婚姻
C. 张某可以主张赠与合同无效
D. 张某可以主张撤销赠与合同

7. 甲（60周岁）与乙（25周岁）约定：如乙好好照顾甲，婚后甲就将自己名下唯一一套住房赠送给乙。乙表示同意。婚后，甲如约将房屋过户到乙名下。乙对甲却态度冷漠，将甲赶出家门。下列哪项是正确的？（　　）
A. 甲可向法院主张撤销该婚姻
B. 甲和乙之间的婚姻无效
C. 甲可以撤销对乙的赠与
D. 甲的赠与是合法自愿的，不能撤销

8. 甲（28周岁）诉乙（22周岁）离婚，法院查明，两人感情关系已经彻底破裂，且得知乙结婚时不满20周岁，下列法院的做法正确的是（　　）。
A. 判决驳回离婚申请　　　　　　　B. 裁定驳回起诉
C. 判决婚姻无效　　　　　　　　　D. 判决两人离婚

多项选择题

1. 下列哪些人符合我国法定婚龄要求？（　　）
A. 小吕，男，22周岁　　　　　　　B. 小肖，女，19周岁
C. 小宣，女，25周岁　　　　　　　D. 小张，男，20周岁

2. 下列哪些行为不符合婚姻登记的有关规定？（　　）
A. 找他人代自己办理结婚登记　　　B. 表兄妹申请办理结婚登记
C. 未满18周岁的人申请办理结婚登记　D. 办完婚礼之后，一直未补办结婚登记

3. 下列哪些选项属于婚姻无效的情形？（　　）
A. 一方或双方重婚　　　　　　　　B. 双方有禁止结婚的亲属关系
C. 一方或双方未到法定婚龄　　　　D. 因胁迫结婚

4. 下列哪些选项属于婚姻可撤销的情形？（　　）
A. 委托他人办理结婚登记
B. 婚前患有重大疾病，在未告知对方的情况下，与对方登记结婚

C. 以公开对方隐私为由胁迫对方与自己办理结婚登记

D. 先后与两人办理结婚登记

5. 孙甲和孙乙系双胞胎兄弟，2024 年 3 月 10 日，弟弟孙乙拿着哥哥孙甲的身份证与哥哥的女友韩某前往民政部门办理了结婚登记手续。4 月 2 日，孙甲因病住院，其间爱上了照顾自己的护士马某，二人欲办理结婚登记手续。关于本案，下列哪些选项是错误的？（　　）

A. 韩某可以向法院提起民事诉讼主张撤销婚姻

B. 孙甲可以向法院提起民事诉讼主张撤销婚姻

C. 法院应当宣告孙乙和韩某的婚姻无效

D. 韩某可以向法院提起行政诉讼

6. 根据《民法典》的规定，下列关于婚姻的消灭的有关说法正确的是（　　）。

A. 一方患有重大疾病没有如实告知对方的，另一方可以自知道或者应当知道撤销事由之日起 1 年内向法院提出撤销婚姻

B. 婚姻无效或者被撤销的，无过错方有权请求过错方承担损害赔偿责任

C. 自婚姻登记机关收到离婚登记申请之日起 30 日内，任何一方不愿意离婚的，可以向婚姻登记机关撤回离婚登记申请；30 日期间届满后 30 日内，双方应当亲自到婚姻登记机关申请发给离婚证；未申请的，视为撤回离婚登记申请

D. 夫妻一方因抚育子女、照料老年人、协助另一方工作等负担较多义务的，离婚时有权向另一方请求补偿，另一方应当给予补偿

7. 甲（20 周岁）虚构身份信息与乙（21 周岁）登记结婚。一年之后，双方感情破裂，乙发现了甲虚构身份信息的事实。就乙有权采取的措施，下列哪些说法是正确的？（　　）

A. 请求法院确认婚姻无效

B. 以欺诈为由请求法院撤销婚姻

C. 就结婚登记申请行政复议

D. 以程序瑕疵为由请求法院撤销婚姻

不定项选择题

马某因丈夫王某婚内与第三人多次发生不正当关系，向法院起诉离婚。因马某起诉离婚，王某多次强行限制马某的人身自由，造成马某精神受损。2021 年 10 月 1 日，法院准予二人离婚。2024 年 10 月 1 日，马某发现王某在法院判决离婚当日隐瞒了双方拥有一套价值 200 万元的共有房产的事实。下列选项正确的是（　　）。

A. 仅凭王某与第三人多次发生不正当关系，法院应当准予离婚

B. 马某离婚时可请求精神损害赔偿

C. 因事逾 3 年，马某不得请求分割隐瞒的房产

D. 马某可请求王某少分或不分隐瞒的房产

简答题

1. 简述《民法典》中婚姻可撤销的情形。

2. 简述《民法典》中婚姻无效的情形。

第三十三章　家庭关系

基础知识图解

夫妻关系 { 人身关系；财产关系 { 夫妻共同财产、夫妻个人财产、约定财产制 }
父母子女关系
其他近亲属关系

配套测试

单项选择题

1. 关于夫妻之间的家事代理，表述错误的是（　　）。
A. 夫妻一方因家庭日常生活需要而实施的民事法律行为，原则上对夫妻双方发生效力
B. 夫妻一方因家庭日常生活需要而实施的民事法律行为，夫妻一方与相对人另有约定，按照约定
C. 夫妻之间对一方可以实施的民事法律行为范围的限制，不得对抗善意相对人
D. 夫妻之间对一方可以实施的民事法律行为范围的限制，不得对抗相对人

2. 下列财产中，属于夫妻共同财产的是哪一项？（　　）
A. 婚后双方的工资收入
B. 婚前男方全款购买的婚房
C. 婚前各方名下的存款
D. 婚后接受的赠与，且该赠与明确只归属于男方

3. 在婚姻关系存续期间，下列哪一债务不属于夫妻共同债务？（　　）
A. 夫妻一方以个人名义为家庭日常生活需要所负的债务
B. 夫妻一方以个人名义超出家庭日常生活需要所负的债务
C. 夫妻一方以个人名义超出家庭日常生活需要所负的债务，但债权人能证明该债务用于夫妻共同生活
D. 基于夫妻共同意思表示，夫妻一方以个人名义超出家庭日常生活需要所负的债务

4. 婚姻关系存续期间，在下列哪一情况下，夫妻一方不能向人民法院请求分割共同财产？（　　）
A. 一方隐藏夫妻共同财产
B. 一方毁损夫妻共同财产

C. 一方伪造夫妻共同债务

D. 一方朋友患有重大疾病，另一方不同意支付医疗费用

5. 关于父母与子女的关系，下列哪一说法是正确的？（　　）

A. 子女成年后，父母依然有教育、保护子女的权利和义务

B. 成年子女故意造成他人损害的，父母应当依法承担民事责任

C. 未成年子女造成他人损害的，父母应当依法承担责任

D. 未成年子女造成他人损害的，父母可以不承担责任

6. 关于父母与子女之间的继承关系，下列哪一说法是正确的？（　　）

A. 父母可以继承子女的遗产

B. 父母不可以继承子女的遗产

C. 继子女可以继承继父母的遗产

D. 继父母可以继承继子女的遗产

7. 关于继父母与继子女的关系，下列哪一说法是正确的？（　　）

A. 继父母与继子女之间，不得虐待或者歧视

B. 继父或继母没有义务抚养未成年的继子女

C. 继子女无权继承继父或继母的遗产

D. 没有独立生活能力的成年继子女，无权要求继父或继母给付抚养费

8. 关于祖父母、外祖父母对孙子女、外孙子女的抚养义务，下列哪一说法是正确的？（　　）

A. 祖父母对孙子女有抚养义务

B. 有负担能力的外祖父母对外孙子女有抚养义务

C. 祖父母对于父母已经死亡的未成年孙子女有抚养的义务

D. 有负担能力的外祖父母，对于父母无力抚养的未成年外孙子女，有抚养的义务

9. 老谭与妻子郭某一直居住在单位公租房内，郭某去世后，老谭雇用保姆赵某照料自己，后二人登记结婚。老谭用婚后领取的10万元退休金，购买了该公租房，并将房产所有权登记在自己名下。后老谭将该房屋出卖于他人，买方交付了房款。对此，下列哪一选项是正确的？（　　）

A. 房屋属老谭、郭某共有　　　　　　B. 房屋属老谭、赵某共有

C. 房屋属老谭所有　　　　　　　　　D. 房款属郭某所有

10. 甲与乙结婚后，甲承诺，在子女出生后，将其婚前所有的一间门面房，变更登记为夫妻共同财产。后女儿丙出生，但甲不愿兑现承诺，导致夫妻感情破裂离婚，女儿丙随乙一起生活。后甲又与丁结婚。未成年的丙因生重病住院急需医疗费20万元，甲与丁签订借款协议从夫妻共同财产中支取该20万元。下列哪一表述是错误的？（　　）

A. 甲与乙离婚时，乙无权请求将门面房作为夫妻共同财产分割

B. 甲与丁的协议应视为双方约定处分共同财产

C. 如甲、丁离婚，有关医疗费按借款协议约定处理

D. 如丁不同意甲支付医疗费，甲无权要求分割共有财产

11. 陈某从部队转业，半年后与李某结婚，婚后李某获得其父母明确只赠与李某的一套房产。婚后陈某创作长篇小说《征程》。李某得知陈某的姑妈去世遗留给陈某一套私房，一直由陈某的父母居住。根据以上情况，下列哪项是陈、李二人的夫妻共同财产？（　　）

A. 陈某的转业费　　　　　　　　　　B. 李某父母赠与李某的房产

C. 出版小说《征程》所得的稿费　　　D. 陈某姑妈遗留的房屋

✓ 多项选择题

1. 关于夫妻在婚姻家庭关系中的地位，下列哪些说法是正确的？（　　）

A. 夫妻双方平等享有对未成年子女抚养、教育和保护的权利
B. 夫妻在家庭中地位平等
C. 夫妻双方都有参加生产、工作、学习和社会活动的自由
D. 夫妻双方都有各自使用自己姓名的权利

2. 小吴在一次外出时不幸遇难，留下财产若干。下列哪些人有权继承小吴的遗产？（　　）
A. 小吴的父亲　　　　　　　　　B. 小吴的母亲
C. 小吴的妻子　　　　　　　　　D. 小吴的儿子

3. 下列哪些财产属于夫妻一方的个人财产？（　　）
A. 一方的婚前财产
B. 一方因受到人身损害获得的赔偿金、补偿金
C. 遗嘱中确定只归一方的财产
D. 双方共用的生活用品

4. 下列关于夫妻财产的约定，哪些选项符合法律规定？（　　）
A. 工资收入归夫妻共同所有
B. 股票投资所得收益归投资一方所有
C. 婚后一方所负个人债务，由该方以个人财产清偿
D. 婚前一方购买的房屋归夫妻共同所有

5. 下列关于父母与子女关系的说法，哪些是正确的？（　　）
A. 未成年子女可以要求父母给付抚养费
B. 成年子女不能独立生活的，可以要求父母给付抚养费
C. 生活困难的父母可以要求成年子女给付赡养费
D. 缺乏劳动能力的父母可以要求成年子女给付赡养费

6. 子女应当尊重父母的婚姻权利，不得从事下列哪些行为？（　　）
A. 干涉父母再婚　　　　　　　　B. 阻挠父母离婚
C. 扰乱父母再婚后的正常生活　　D. 让父母自由选择再婚对象

7. 下列关于遗产继承的说法，哪些是正确的？（　　）
A. 父母和子女有相互继承遗产的权利
B. 夫妻有相互继承遗产的权利
C. 妻子无权继承丈夫的遗产
D. 父母无权继承子女的遗产

8. 关于婚生子女和非婚生子女，下列哪些说法是正确的？（　　）
A. 父母只对其婚生子女负有教育、保护义务
B. 非婚生子女享有与婚生子女同等的权利
C. 不直接抚养非婚生子女的生父或生母，无须负担非婚生子女的抚养费
D. 不直接抚养非婚生子女的生父或者生母，应当负担未成年子女或者不能独立生活的成年子女的抚养费

9. 关于确认亲子关系，以下表述哪些是错误的？（　　）
A. 对亲子关系有异议且有正当理由的，母亲可以向人民法院提起诉讼，请求确认亲子关系
B. 对亲子关系有异议的，父亲可以向人民法院提起诉讼，请求否认亲子关系
C. 对亲子关系有异议的，子女可以向人民法院提起诉讼，请求确认亲子关系
D. 对亲子关系有异议且有正当理由的，成年子女可以向人民法院提起诉讼，请求否认亲子关系

10. 关于兄弟姐妹之间的扶养义务，下列哪些说法是正确的？（   ）

A. 兄、姐对未成年弟、妹有扶养的义务

B. 有负担能力的兄、姐，对于父母已经死亡或者父母无力抚养的未成年弟、妹，有扶养的义务

C. 弟、妹对兄、姐有扶养的义务

D. 由兄、姐扶养长大的有负担能力的弟、妹，对于缺乏劳动能力又缺乏生活来源的兄、姐，有扶养的义务

11. 关于父母与子女的关系，下列哪些说法是错误的？（   ）

A. 小川，26周岁，醉酒后撞伤打伤路人，其父母应当承担责任

B. 小明，16周岁，偷同学的手机，其父母应当承担责任

C. 小丽，12周岁，早恋被老师发现，其父母有责任对其进行教育、引导

D. 小壮，17周岁，打架斗殴致人轻伤，其父母无须承担责任

12. 陈某2023年5月以自己的名义首付100万元，借款100万元买房一套。6月1日与李某结婚。婚后两人共同还清了100万元借款。2025年3月两人离婚，此时该房屋的市场价格已经涨到400万元。关于该房屋的分割，下列说法不正确的是？（   ）

A. 判决房屋归陈某所有，但应当偿还李某55万元

B. 判决为陈某和李某的共同财产

C. 判决房屋归陈某个人所有，陈某补偿李某200万元

D. 判决房屋归陈某个人所有，陈某补偿李某100万元

不定项选择题

1. 钱某与孙某结婚后生下儿子小钱。次年，因发现钱某与他人发生"婚外情"，孙某要求钱某签写保证协议书，双方签字，孙某表示原谅。关于保证协议书内容，下列条款有效的是（   ）。

A. "钱某今后每出轨一次，向孙某支付1万元出轨费"

B. "钱某出轨导致离婚时，钱某须净身出户"

C. "离婚后小钱由孙某抚养，免除钱某对小钱的抚养费"

D. "钱某出轨导致离婚后，不得探望儿子小钱"

2. 下列属于夫妻共同财产的是（   ）。

A. 夫妻一方生日宴请后获得的礼金

B. 夫妻一方婚前创作的小说在婚后取得的版税

C. 男方给女方父母支付的彩礼在婚后被女方父母返还，但女方父母明示仅赠与女方

D. 夫妻一方婚前取得的破产安置补偿费

简答题

1. 根据我国《民法典》的规定，在婚姻关系存续期间，哪些财产为夫妻共同财产？

2. 简述我国《民法典》规定的夫妻一方所有财产的范围。

第三十四章 离婚制度

基础知识图解

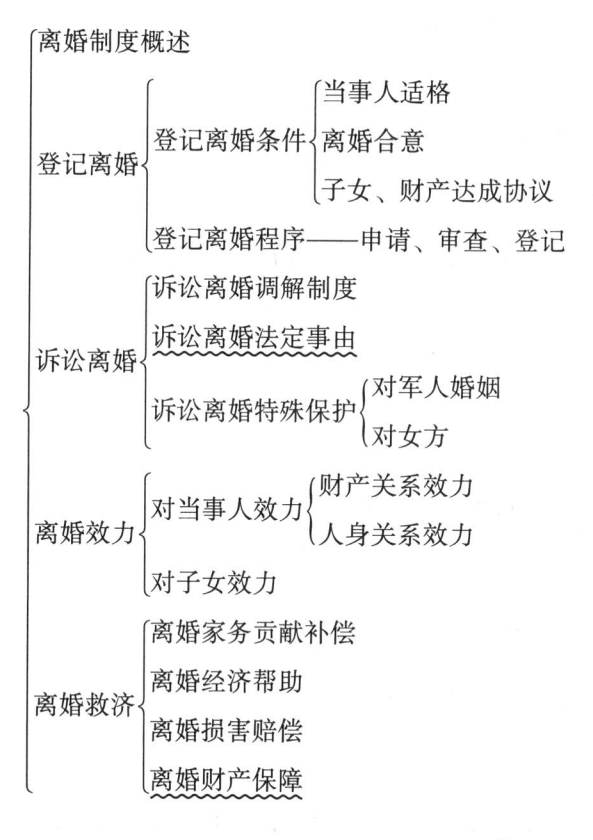

```
离婚制度概述
登记离婚 ┬ 登记离婚条件 ┬ 当事人适格
        │              ├ 离婚合意
        │              └ 子女、财产达成协议
        └ 登记离婚程序——申请、审查、登记
诉讼离婚 ┬ 诉讼离婚调解制度
        ├ 诉讼离婚法定事由
        └ 诉讼离婚特殊保护 ┬ 对军人婚姻
                          └ 对女方
离婚效力 ┬ 对当事人效力 ┬ 财产关系效力
        │              └ 人身关系效力
        └ 对子女效力
离婚救济 ┬ 离婚家务贡献补偿
        ├ 离婚经济帮助
        ├ 离婚损害赔偿
        └ 离婚财产保障
```

配套测试

单项选择题

1. 下列关于协议离婚的说法，哪一项是正确的？（   ）
A. 应当签订书面离婚协议
B. 可以委托代理律师到婚姻登记机关办理
C. 离婚协议写明自愿离婚即可
D. 离婚协议应当载明双方各自对财产以及债务处理的意见

2. 关于婚姻登记机关对离婚协议的审查处理，下列哪一做法是正确的？（   ）
A. 查明双方确实是自愿离婚，并已经对子女抚养、财产以及债务处理等事项协商一致的，予以登记，发给离婚证
B. 查明双方确属自愿离婚的，应当予以登记，发给离婚证

C. 查明双方已经对子女抚养协商一致的，应当予以登记，发给离婚证
D. 查明双方已经对财产及债务处理协商一致的，应当予以登记，发给离婚证

3. 下列哪一种情形，婚姻关系解除？（   ）
A. 双方分居
B. 双方完成离婚登记
C. 法院作出离婚判决
D. 法院作出离婚调解书

4. 下列哪一情形，男方不得提出离婚？（   ）
A. 女方怀孕期间
B. 女方分娩后 2 年内
C. 女方终止妊娠后 1 年内
D. 女方哺乳期间

5. 关于父母离婚后子女的抚养问题，下列哪一说法是正确的？（   ）
A. 未成年子女以由母亲直接抚养为原则
B. 已满 2 周岁的子女，由母亲直接抚养
C. 离婚后，父母对于子女仍有抚养、教育、保护的权利和义务
D. 父母与子女间的关系，因父母离婚而消除

6. 关于父或母的探望权，下列哪一说法错误？（   ）
A. 离婚后，不直接抚养子女的父或者母，有探望子女的权利，另一方有协助的义务
B. 行使探望权利的方式、时间由当事人协议；协议不成的，由人民法院判决
C. 父或者母探望子女，不利于子女身心健康的，由人民法院依法中止探望
D. 中止探望的事由消失后，可以恢复探望

7. 关于离婚时的补偿，下列哪一说法是错误的？（   ）
A. 收入较高一方应当给予收入较低一方适当补偿
B. 一方因抚育子女负担较多义务的，离婚时有权请求另一方给予补偿
C. 一方因照料老年人负担较多义务的，离婚时有权要求另一方给予补偿
D. 关于补偿达不成协议的，由人民法院判决

8. 关于离婚时的帮助义务，下列哪一说法是正确的？（   ）
A. 一方生活困难，另一方应当给予帮助
B. 一方生活困难，另一方有负担能力的，应当给予适当帮助
C. 具体的帮助办法，由实施帮助的一方决定
D. 具体的帮助办法，由接受帮助的一方决定

9. 离婚后，一方发现另一方有哪一行为时，可以向人民法院提起诉讼，请求再次分割夫妻共同财产？（   ）
A. 隐藏婚前个人财产
B. 转移夫妻共同财产
C. 离婚前与他人同居
D. 挥霍婚前个人财产

10. 甲、乙二人相识一个月后闪婚。一年后双方感情不和，共同前往婚姻登记机关办理离婚登记手续。一周后，男方反悔。对此，下列哪一说法是正确的？（   ）
A. 离婚冷静期从双方签订书面协议开始
B. 离婚冷静期过后，一方不同意离婚的，视为同意离婚
C. 离婚冷静期内，男方可以单独提出撤回离婚登记
D. 女方可以在离婚冷静期后单独申请离婚证

☑ 多项选择题

1. 下列关于"离婚冷静期"，哪些说法是错误的？（   ）
A. 任何一方不愿意离婚的，可以随时向婚姻登记机关撤回离婚登记申请

B. 自婚姻登记机关收到离婚登记申请之日起满60日，双方未到婚姻登记机关撤回离婚登记申请的，婚姻登记机关应当发给离婚证
C. 自婚姻登记机关收到离婚登记申请之日起30日内，任何一方不愿意离婚的，可以向婚姻登记机关撤回离婚登记申请
D. C项规定期限届满后15日内，双方应当亲自到婚姻登记机关申请发给离婚证；未申请的，视为撤回离婚登记申请

2. 人民法院审理离婚案件，在下列哪些情形下，经调解无效的，应当准予离婚？（　　）
   A. 重婚或者与他人同居
   B. 有赌博、吸毒等恶习屡教不改
   C. 因感情不和分居满2年
   D. 实施家庭暴力或者虐待、遗弃家庭成员

3. 关于现役军人离婚，下列哪些说法是错误的？（　　）
   A. 现役军人的配偶不能要求离婚
   B. 现役军人的配偶可以要求离婚
   C. 现役军人的配偶要求离婚，无须征得军人的同意
   D. 现役军人的配偶要求离婚，应当征得军人同意，但是军人一方有重大过错的除外

4. 关于离婚后子女的抚养问题，下列哪些说法是正确的？（　　）
   A. 双方可以就子女抚养费的分担达成协议，协议不成的，由法院判决
   B. 关于子女抚养费的分担，达不成协议的，由双方平均分担
   C. 子女不能向父或母提出超过协议或者判决原定数额的抚养费
   D. 子女在必要时可以向父母任何一方提出超过协议或者判决原定数额的合理要求

5. 关于离婚时的夫妻共同财产分配，下列哪些说法是正确的？（　　）
   A. 离婚时，夫妻的共同财产由双方协议处理
   B. 协议不成的，由人民法院根据财产的具体情况，按照照顾子女、女方和无过错方权益的原则判决
   C. 对夫或者妻在家庭土地承包经营中享有的权益等，应当依法予以保护
   D. 协议不成的，有过错方应当"净身出户"

6. 关于离婚时夫妻债务的清偿，下列哪些说法是正确的？（　　）
   A. 离婚时，夫妻共同债务应当共同偿还
   B. 离婚时，夫妻一方的个人债务也应当共同偿还
   C. 共同财产不足清偿或者财产归各自所有，协议不成的，由法院判决
   D. 共同财产不足清偿或者财产归各自所有，由法院直接判决

7. 在下列哪些情形下，离婚时，无过错方有权请求损害赔偿？（　　）
   A. 重婚
   B. 与他人同居
   C. 实施家庭暴力
   D. 虐待、遗弃家庭成员

8. 屈赞与曲玲协议离婚并约定婚生子屈曲由屈赞抚养，另口头约定曲玲按其能力给付抚养费并可随时探望屈曲。对此，下列哪些选项是正确的？（　　）
   A. 曲玲有探望权，屈赞应履行必要的协助义务
   B. 曲玲连续几年对屈曲不闻不问，违背了法定的探望义务
   C. 屈赞拒不履行协助曲玲探望的义务，经由裁判可依法对屈赞采取拘留、罚款等强制措施

D. 屈赞拒不履行协助曲玲探望的义务，经由裁判可依法强制从屈赞处接领屈曲与曲玲会面

9. 乙与甲婚后多年未生育，后甲发现乙因不愿生育曾数次擅自中止妊娠，为此甲多次殴打乙。乙在被打住院后诉至法院要求离婚并请求损害赔偿，甲以生育权被侵害为由提起反诉，请求乙赔偿其精神损害。法院经调解无效，拟判决双方离婚。下列哪些选项是正确的？（　　）

A. 法院应支持乙的赔偿请求

B. 乙侵害了甲的生育权

C. 乙侵害了甲的人格尊严

D. 法院不应支持甲的赔偿请求

10. 下列关于探望权的说法不正确的是（　　）。

A. 探望权的对象是未成年子女和成年子女

B. 探望权的主体除了父母之外还包括孩子的祖父母和外祖父母

C. 与子女共同生活的一方应当协助探望权的行使，如果拒绝履行协助义务的，可以对其强制执行

D. 生效的离婚判决中未涉及探望权的，当事人无权单独就探望权起诉

11. 甲与乙通过网聊恋爱，不久后办理了结婚登记。婚后两人因性格不合经常争吵。在孩子丙3岁的时候，甲、乙准备协议离婚，但对孩子抚养问题未能协商一致。乙擅自将丙的姓氏从随父姓改为随母姓，并进行了户口变更登记。关于甲、乙与丙的关系，下列说法正确的是（　　）。

A. 甲、乙可以约定甲放弃对丙的探望权，从而免除甲对丙的抚养义务

B. 甲、乙关于丙抚养费的约定，对丙的合理请求不具有对抗效力

C. 乙擅自更改丙的姓氏，侵害了丙的姓名权

D. 乙擅自更改丙的姓氏，构成对甲的合法权益的侵害

12. 甲与乙结婚时签订书面协议，约定婚后所得财产归各自所有。甲婚后即辞去工作在家奉养公婆，照顾两个小孩。乙长期在外地工作，后与丙长期同居并育有一子，甲得知后向法院起诉要求离婚。甲的下列请求能得到法院支持的是（　　）。

A. 由于自己为家庭生活付出较多义务，请求乙予以补偿

B. 由于自己专门为家庭生活操持，未参加工作，请求法院判决确认双方约定婚后所得归各自所有的协议显失公平，归于无效

C. 由于离婚后生活艰难，请求乙给予适当帮助

D. 乙与他人同居导致双方离婚，请求乙承担损害赔偿责任

13. 顾某欲与闫某离婚，下列情形中，顾某既可以作为起诉离婚的理由，又可请求损害赔偿的有（　　）。

A. 闫某变卖夫妻共同财产　　　　　　B. 闫某殴打顾某导致其残疾

C. 闫某与婚外异性同居　　　　　　　D. 闫某经常赌博且屡教不改

简答题

1. 简述我国《民法典》关于"离婚冷静期"的规定。

2. 简述我国《民法典》规定的离婚损害赔偿制度。

第三十五章 收养制度

基础知识图解

```
收养制度概述
收养关系成立 ┬ 一般条件 ┬ 被收养人条件
           │         ├ 收养人条件
           │         └ 送养人条件
           └ 特殊条件——放宽收养条件的法定情形
收养关系成立的程序——申请、审查、登记
收养的效力 ┬ 收养的拟制效力
         └ 收养的解消效力
收养关系的解除 ┬ 收养关系解除的法定情形
             ├ 收养关系解除的法定程序 ┬ 登记
             │                      └ 诉讼
             └ 收养关系解除的法律后果 ┬ 人身关系
                                    └ 财产关系
```

配套测试

单项选择题

1. 下列哪一个人或组织可以作送养人？（　　）
A. 医疗机构　　　　　　　　B. 儿童福利机构
C. 孤儿的近亲属　　　　　　D. 生父母

2. 下列关于监护人送养孤儿的表述，哪一项是正确的？（　　）
A. 送养孤儿应当征得其本人同意
B. 送养孤儿应当及时通知有抚养义务的人
C. 监护人不愿意继续履行监护职责的，应当另行确定监护人
D. 送养孤儿应当征得其近亲属的同意

3. 收养人应当具备的条件不包括（　　）。
A. 无子女或只有一名子女
B. 有抚养、教育和保护被收养人的能力
C. 未患有在医学上认为不应当收养子女的疾病
D. 年满40周岁

4. 下列关于收养子女数量的说法，哪一项是正确的？（　　）
A. 无子女的收养人只能收养 1 名子女
B. 有子女的收养人不能收养子女
C. 无子女的收养人可以收养 2 名子女
D. 有子女的收养人可以收养不超过 2 名子女

5. 无配偶者收养异性子女的，收养人与被收养人的年龄应当相差（　　）周岁以上。
A. 10　　　　B. 20　　　　C. 30　　　　D. 40

6. 下列关于收养自愿原则的表述，哪一项是正确的？（　　）
A. 收养应当收养人与被收养人双方自愿
B. 收养 6 周岁的未成年人的，应当征得其同意
C. 收养 8 周岁以上的未成年人的，应当征得其同意
D. 收养未成年人的，无须征得其同意

7. 下列关于收养的说法中，哪一项是正确的？（　　）
A. 收养关系成立后，民政部门应当为被收养人办理户口登记
B. 孤儿或者生父母无力抚养的子女，可以由生父母的亲属、朋友抚养
C. 由生父母的亲属、朋友抚养的，抚养人与被抚养人的关系适用民法关于收养的规定
D. 配偶一方死亡，另一方送养未成年子女的，双方父母有优先抚养的权利

8. 根据我国《民法典》规定，收养关系成立于（　　）。
A. 收养申请之日　　　　　　　B. 收养协议签订之日
C. 收养登记之日　　　　　　　D. 收养公证之日

9. 下列关于配偶一方死亡，另一方送养未成年子女的表述，正确的是（　　）。
A. 送养应征得双方父母同意
B. 送养应征得死亡一方父母同意
C. 双方父母平等享有抚养的权利
D. 死亡一方父母有优先抚养的权利

10. 关于养子女的姓氏，下列哪一说法是错误的？（　　）
A. 养子女可以随养父的姓氏
B. 养子女可以自己决定保留原姓氏，无须与养父母协商
C. 养子女可以随养母的姓氏
D. 经当事人协商一致，养子女可以保留原姓氏

11. 关于收养关系的解除，下列哪一说法是正确的？（　　）
A. 解除收养关系应当征得养子女的同意
B. 收养人在被收养人成年以前，一律不得解除收养关系
C. 送养人有权随时要求解除养父母与养子女的收养关系
D. 送养人、收养人不能达成解除收养关系协议的，可以向人民法院提起诉讼

12. 关于解除收养关系的程序，以下表述错误的是（　　）。
A. 当事人协议解除收养关系的，应当到民政部门办理解除收养关系登记
B. 当事人协议解除收养关系的，应当到公安机关办理解除收养关系登记
C. 送养人、收养人不能达成解除收养关系协议的，可以向人民法院提起诉讼
D. 养父母与成年养子女不能达成解除收养关系协议的，可以向人民法院提起诉讼

13. 收养关系解除后，关于养子女与养父母的关系，下列哪一说法是正确的？（　　）
A. 收养关系解除后，成年养子女无须给付养父母生活费

B. 收养关系解除后，成年养子女仍应当给付养父母生活费

C. 因养子女成年后虐待、遗弃养父母而解除收养关系的，养父母可以要求养子女补偿收养期间支出的抚养费

D. 生父母要求解除收养关系的，养父母不能主张生父母对其进行补偿

14. 张某和李某达成收养协议，约定由李某收养张某 6 岁的孩子小张；任何一方违反约定，应承担违约责任。双方办理了登记手续，张某依约向李某支付了 10 万元。李某收养小张 1 年后，因小张殴打他人赔偿了 1 万元，李某要求解除收养协议并要求张某赔偿该 1 万元。张某同意解除但要求李某返还 10 万元。下列哪一表述是正确的？（　　）

A. 李某、张某不得解除收养关系

B. 李某应对张某承担违约责任

C. 张某应赔偿李某 1 万元

D. 李某应返还不当得利

☑ 多项选择题

1. 下列哪些人可以作被收养人？（　　）

A. 丧失父母的孤儿

B. 查找不到生父母的未成年人

C. 生父母有特殊困难无力抚养的子女

D. 生父母因经济困难无力抚养的子女

2. 未成年人的监护人的送养，需同时满足下列哪些条件？（　　）

A. 未成年人的父亲不具备完全民事行为能力

B. 未成年人的母亲不具备完全民事行为能力

C. 未成年人的父母可能严重危害该未成年人

D. 未成年人的父母可能危害该未成年人

3. 关于生父母的送养方式，以下表述正确的是（　　）。

A. 应当双方共同送养

B. 生父母一方不明的，可以单方送养

C. 生父母一方查找不到的，可以单方送养

D. 生父母一方不明或者查找不到的，对方不得送养

4. 华侨收养三代以内旁系同辈血亲的子女，可以不受下列哪些条件的限制？（　　）

A. 生父母有特殊困难无力抚养子女

B. 无配偶者收养异性子女的，收养人与被收养人的年龄应当相差 40 周岁以上

C. 无子女或者只有一名子女

D. 年满 30 周岁

5. 下列关于收养子女的说法，正确的是（　　）。

A. 无配偶者收养子女的，收养人与被收养人的年龄应当相差 40 周岁以上

B. 无配偶者收养异性子女的，收养人与被收养人的年龄应当相差 40 周岁以上

C. 有配偶者收养子女，应当夫妻共同收养

D. 有子女的收养人只能收养一名子女

6. 继父或者继母收养继子女，可以不受下列哪些限制？（　　）

A. 生父母有特殊困难无力抚养的子女

B. 无子女或者只有一名子女

C. 有子女的收养人只能收养一名子女

D. 无子女的收养人可以收养两名子女

7. 下列关于收养的说法，正确的有（　　）。

A. 收养关系自登记之日起成立

B. 收养关系当事人愿意签订收养协议的，可以签订收养协议

C. 收养关系当事人各方或者一方要求办理收养公证的，应当办理收养公证

D. 县级以上人民政府民政部门应当依法进行收养评估

8. 关于收养，下列哪些说法是正确的？（　　）

A. 收养关系成立后，公安机关应当为被收养人办理户口登记

B. 收养关系成立后，民政部门应当为被收养人办理户口登记

C. 孤儿可以由生父母的亲属、朋友抚养

D. 生父母无力抚养的子女，可以由生父母的亲属、朋友抚养

9. 关于外国人在中华人民共和国收养子女，下列哪些说法是正确的？（　　）

A. 收养人愿意的，可以与送养人签订书面协议

B. 收养人与送养人应当签订书面协议，并亲自向省、自治区、直辖市人民政府民政部门登记

C. 收养人应当提供由其所在国有权机构出具的有关其年龄、婚姻、职业、财产、健康、有无受过刑事处罚等状况的证明材料

D. 收养人提供的证明材料应当经收养人所在国外交机关或者外交机关授权的机构认证，并经中华人民共和国驻该国使领馆认证，但是国家另有规定的除外

10. 关于养父母与养子女的关系，下列说法正确的是（　　）。

A. 养子女与生父母的权利义务关系，因收养关系的成立而消除

B. 自收养关系成立之日起，养父母与养子女间的权利义务关系，适用《民法典》关于父母子女关系的规定

C. 养子女与养父母的近亲属间的权利义务关系，适用《民法典》关于子女与父母的近亲属关系的规定

D. 养子女与其他近亲属间的权利义务关系，因收养关系的成立而消除

11. 关于收养的说法，下列哪些是正确的？（　　）

A. 无效的收养行为自始没有法律约束力

B. 收养8周岁以上未成年人的，应当征得被收养人的同意

C. 禁止借收养名义买卖未成年人

D. 养子女不能保留原姓氏

12. 关于收养关系的解除，下列哪些说法是正确的？（　　）

A. 养子女成年后，自动解除其与养父母的收养关系

B. 养父母与成年养子女关系恶化、无法共同生活的，可以协议解除收养关系

C. 送养人与收养人之间，或者养父母与成年养子女之间不能达成解除收养关系的协议的，可以向人民法院提起诉讼

D. 收养人在被收养人成年以前，不得解除收养关系，但是收养人、送养人双方协议解除的除外

13. 关于收养解除的效力，下列哪些说法是正确的？（　　）

A. 养子女与养父母以及其他近亲属间的权利义务关系自行消除

B. 养子女与生父母以及其他近亲属间的权利义务关系自行恢复

C. 成年养子女与生父母以及其他近亲属间的权利义务关系不能恢复

D. 成年养子女与生父母以及其他近亲属间的权利义务关系是否恢复，可以协商确定

14. 老张夫妇收养了 3 岁的豆豆，并依法办理了收养手续。关于豆豆与其亲生父母及老张夫妇之间的权利义务关系，下列说法哪些是正确的？（　　）

A. 豆豆与其亲生父母之间的权利义务关系仍适用法律关于父母子女关系的规定

B. 豆豆与老张夫妇之间的权利义务关系适用法律关于父母子女关系的规定

C. 豆豆与其亲生父母之间的权利义务关系由豆豆的亲生父母与老张夫妇协商确定

D. 豆豆可以随老张的姓氏，经当事人协商一致，也可以保留原姓氏

简答题

1. 简述被收养人和送养人的范围。

2. 简述收养人办理收养的条件。

3. 简述收养的效力。

第六编 继 承

第三十六章 继承概述

基础知识图解

继承的概念与特征

继承的基本原则
- 保护继承权原则
- 继承权平等原则
- 养老育幼原则
- 互谅互让、团结和睦原则

继承权的概念和特征

继承权的接受、放弃、丧失与保护
- 接受
- 放弃
- 丧失的法定事由
  - ①故意杀害被继承人
  - ②为争夺遗产而杀害其他继承人
  - ③遗弃被继承人或者虐待被继承人情节严重
  - ④伪造、篡改或销毁遗嘱，情节严重
  - ⑤以欺诈、胁迫手段迫使或者妨碍被继承人设立、变更或者撤回遗嘱，情节严重
- 保护

配套测试

单项选择题

1. 继承权的放弃是指在（　　），不接受被继承人遗产的意思表示。
   A. 继承开始后 B. 遗产分割前
   C. 被继承人死后 D. 继承开始后遗产分割前

2. 继承人放弃继承的，应当在遗产处理前提出表示。遗产分割后未实际取得遗产前表示放弃的，属于（　　）。
   A. 放弃继承权 B. 放弃财产所有权
   C. 赠与其他继承人 D. 没有效果

3. 张某的父亲70有余，退休后又获得一笔技术转让费，有数万元之多。张某的父亲将这笔

钱交给张某的哥哥保管。张某见父亲越来越不愿管事，担心父亲死后哥哥一人独吞这笔钱，便要求哥哥分一半给他。哥哥说，父亲的后事还没办，以后再说吧。张某就到法院起诉，要求提前解决其父的遗产分配问题，对于此案，你认为（　　）。

A. 法院预先防止纠纷的发生，是件好事
B. 张某与其兄预分家产，有利于社会安定
C. 其父未去世，此钱不是遗产，法院不予受理
D. 此事是家庭纠纷，可弟兄间协商预分

4. 依照《民法典》继承编的规定，享有继承权的主体只能是（　　）。

A. 公民　　　　　　　　　　　　B. 企业
C. 社会团体　　　　　　　　　　D. 事业单位

5. 下列哪一行为可引起放弃继承权的后果？（　　）

A. 张某书面放弃继承权
B. 王某在其父遗产分割后放弃继承权
C. 李某以不再赡养父母为前提，书面表示放弃其对父母的继承权
D. 赵某与父亲共同发表书面声明断绝父子关系

☑ 多项选择题

1. 下列选项哪些可以包括在死亡人的遗产中？（　　）

A. 公民的收入、房屋、储蓄、生活用品、林木、禽畜
B. 公民的文物、图书资料，允许私有的生产资料
C. 夫妻共有财产
D. 劳保抚恤金、保险赔偿金

2. 根据我国《民法典》继承编的规定，下列哪些财产可以继承？（　　）

A. 个人承包应得的个人收益　　　　B. 山林承包权抑或企业租赁权
C. 租赁企业应得的个人收益　　　　D. 股份制企业中的股权

3. 我国《民法典》规定父母和子女有相互继承遗产的权利。这里的"子女"包括（　　）。

A. 婚生子女　　　　　　　　　　B. 非婚生子女
C. 养子女　　　　　　　　　　　D. 形成扶养关系的继子女

4. 甲的妻子和父母均早已去世，有3个儿子，都已成家。老大有钱，但不孝顺；老二孝顺，但在外地工作，无法照料甲；老三长期与甲共同生活。甲死后，留有遗产18万元，应如何分割？（　　）

A. 首先由3人协商，按他们的协议处理
B. 如果协商不成，3人平分
C. 如果协商不成，三儿子可以多分
D. 如果协商不成，大儿子可以少分

5. 甲有4个女儿乙、丙、丁、戊，下列选项中哪几个人不享有继承权？（　　）

A. 乙故意杀害甲
B. 丁不尽赡养义务，经常虐待甲，有一次把甲赶出家门，几天不许甲进门
C. 丙为争夺遗产而杀害乙
D. 戊伪造遗嘱，将全部遗产归自己所有

6. 故意杀害被继承人的，不论是否（　　），都构成杀害被继承人的行为。

A. 既遂　　　　　　　　　　　　B. 未遂

C. 教唆他人杀害　　　　　　　　　　D. 间接杀害

7. 虐待被继承人是否情节严重可根据（　　）来具体分析。
A. 时间长短　　　　　　　　　　　　B. 手段是否恶劣
C. 主观恶意程度　　　　　　　　　　D. 客观结果

8. 实现继承权的法律事实有（　　）。
A. 被继承人死亡　　　　　　　　　　B. 被继承人被宣告死亡
C. 死者留有遗产　　　　　　　　　　D. 继承人有行为能力

9. 周某和吴某婚后多年未孕。2024 年 1 月，周某和吴某共同与医院签订了《人工授精协议书》，对吴某实施人工授精，后吴某怀孕。4 月，周某因患癌症住院，在住院期间，周某立下自书遗嘱：婚后所购房屋全部由其父母继承。5 月，周某去世。10 月，吴某产下一子。关于本案，下列表述不正确的是（　　）。
A. 《人工授精协议书》因违背公序良俗而无效
B. 周某所立遗嘱全部有效
C. 因吴某之子系人工授精，故该子并非周某和吴某的婚生子女
D. 在分割周某遗产时，应为吴某腹中的胎儿保留继承份额

名词解释

1. 继承
2. 继承权
3. 继承权的丧失

简答题

1. 根据我国《民法典》继承编的规定，简述被继承人的子女的法律地位及其特殊法律保护。
2. 简述继承既得权与继承期待权的区别。
3. 简述继承权的法律特征。
4. 简述继承权丧失的法定理由。

案例分析题

甲、丙两兄弟是孤儿，甲靠勤劳致富，修建价值 20 万元的楼房一栋。甲与乙结婚 6 个月后因心脏病发作死亡，乙此时已怀孕。丙无端生事挑衅，乙一气之下用斧头从丙身后将其砍成重伤，被判处有期徒刑 2 年，因怀孕暂予监外执行。乙生下一子，但几天后夭折。丙欲赶走乙占有甲修建的楼房，与乙争执起来。问：

（1）乙被判处有期徒刑后，是否仍享有继承权？为什么？
（2）出生后几天又夭折的婴儿是否享有继承权？为什么？

第三十七章　法定继承

基础知识图解

```
概念与适用范围

法定继承人的范围与继承顺序
  ├─ 范围
  │   ├─ 配偶
  │   ├─ 子女
  │   ├─ 父母
  │   ├─ 兄弟姐妹
  │   └─ 祖父母和外祖父母
  └─ 继承顺序
      ├─ 第一顺序：配偶、子女、父母
      └─ 第二顺序：兄弟姐妹、祖父母和外祖父母

转继承
  ├─ 发生时间
  ├─ 适用对象
  ├─ 范围
  └─ 效力

代位继承
  ├─ 概念
  └─ 特征
      ├─ 代位继承只能发生在法定继承中，遗嘱继承中无代位继承的适用
      ├─ 代位继承发生于被代位继承人先于被继承人死亡的情形
      └─ 代位继承人是被继承人的子女的直系晚辈血亲或者兄弟姐妹的子女

法定继承中的遗产处理
  ├─ 共有人取回权
  ├─ 清偿债务
  └─ 遗产分配
```

配套测试

单项选择题

1. 甲于1993年离家出走，2021年，其妻乙向法院申请宣告甲死亡，2022年，人民法院依法宣告甲死亡，其房屋由乙继承。乙改嫁他人，2024年，乙又与后夫离婚。甲离家后南下，做生意赚了200万元。2022年6月，甲和丙在教堂举行了婚礼，但没有办理结婚登记，2022年，生下丁。2024年，甲因病去世，甲留下的200万元遗产的法定继承人是（　　）。

A. 乙　　　　　　　　　　　　　　　　B. 丙

C. 丁　　　　　　　　　　　　　　　D. 以上都是

2. 张某1岁时被王某收养并一直共同生活。张某成年后，将年老多病的生父母接到自己家中悉心照顾。后王某、张某的生父母相继去世。下列哪种说法是正确的？（　　）

A. 张某有权作为第一顺序继承人继承生父母的财产
B. 张某有权作为第二顺序继承人继承生父母的财产
C. 张某无权继承养父王某的财产
D. 张某可适当分得生父母的财产

3. 李某5岁时其父母离婚，李某随父生活，后其父再婚，李某一直与父亲和继母生活。20年后，李某的生母、继母相继去世，则（　　）。

A. 李某有权继承其生母的遗产，但不能继承其继母的遗产
B. 李某有权继承其继母的遗产，但不能继承其生母的遗产
C. 李某对其生母、继母之遗产都有权继承
D. 李某对其生母、继母之遗产都无权继承

4. 李某、王某系夫妻，乘飞机旅游时因飞机失事一同遇难，现查明李某仅有其妹李乙一名近亲属，王某则无在世的近亲属。现二人留有遗产共计120万元，二人的具体死亡时间无法确认，则（　　）。

A. 全部遗产收归国有
B. 全部遗产均归李乙所有
C. 全部归二人原住所地集体组织所有
D. 60万元由李乙继承，60万元归国有

5. 甲的儿子乙先于甲死亡，下列哪些人有代位继承的权利？（　　）

A. 乙的配偶　　　　　　　　　　　　B. 乙的兄弟
C. 乙的儿子　　　　　　　　　　　　D. 乙的父母

6. 甲特别喜爱邻居乙家的小孩丙。2022年4月乙夫妻二人外出遇车祸双亡，丙成孤儿。甲将丙接到家中一起生活，供丙读书。2024年10月，甲因工死亡，丙能否参与遗产分配？（　　）

A. 不能参与遗产分配
B. 能够参与遗产分配，按具体情况可多于或少于继承人
C. 能够参与遗产分配，但只能少于继承人
D. 能够参与遗产分配，但只能与继承人相同

7. 甲早年丧夫，2024年10月在女儿陪同下到北京旅游，回家时因飞机失事与女儿遇难而亡。家中只留下儿子和女婿，甲和女儿各有遗产20万元。甲的儿子和女婿应继承的遗产为（　　）。

A. 各20万元　　　　　　　　　　　　B. 儿子30万元，女婿10万元
C. 儿子10万元，女婿30万元　　　　　D. 以上答案都错

8. 当几种继承方式发生冲突的时候，其效力（由高到低）的排列顺序是（　　）。

A. 法定继承，遗赠扶养协议，遗赠，遗嘱继承
B. 遗嘱继承，遗赠，遗赠扶养协议，法定继承
C. 遗赠，遗赠扶养协议，法定继承，遗嘱继承
D. 遗赠扶养协议，遗嘱继承，遗赠，法定继承

9. 孙老汉夫妇去世后，长子孙甲欲以自己尽义务最多为由独占全部遗产。四子孙丁起诉要求分割遗产，次子孙乙、三子孙丙既不参加诉讼，又不表示放弃实体权利，法院受理此案后，应（　　）。

A. 追加孙乙、孙丙为被告　　　　　　B. 追加孙乙、孙丙为原告

C. 推定孙乙、孙丙放弃继承权 D. 视为孙乙、孙丙放弃继承权

10. 王家三兄弟甲、乙、丙，丙幼年时被送给胡某作养子。丙结婚时，胡某为他盖新房，后因失火致使该屋被烧毁。丙的生母见此情况，就将自己住的房子腾出一间来，让丙夫妇及胡某暂住。不久丙的生母病故。甲、乙要收回房子，丙认为自己有权继承母亲的遗产，拒不搬出。依照法律的规定，死者的遗产应该由谁继承？（　　）
A. 甲和乙 B. 甲、乙和丙
C. 甲、乙和胡某 D. 甲、乙、丙及胡某

11. 李某、刘某婚后生有一子一女，女儿李甲、儿子李乙。李甲在与孙某结婚后不久因车祸而死，留下个人存款 4 万元。李甲的遗产应如何被继承（　　）。
A. 李某、刘某及李乙有权继承，3 人平分
B. 李某、刘某有继承权，2 人平分
C. 李某、刘某及孙某有继承权，3 人平分
D. 李某、刘某、李乙及孙某有继承权，4 人平分

12. 甲、乙为夫妻，无父母子女。甲只有一兄丙，乙只有一妹丁。丙、丁均独自生活，且与甲、乙往来较少。2024 年春节期间，甲、乙驾马车进城购买年货，回家途中因马受惊狂奔，甲、乙被摔下悬崖。戊路过时发现甲已死亡，乙尚存一点气息，乙在被送往医院途中也死亡。经查甲、乙共有房屋三间。各方对此三间房屋的继承发生了争议。该遗产房屋三间应如何处理？（　　）
A. 由丙独自继承 B. 由丁独自继承
C. 由丙、丁平分遗产 D. 由甲、乙所在村所有

13. 蔡永父母在共同遗嘱中表示，二人共有的某处房产由蔡永继承。蔡永父母去世前，该房由蔡永之姐蔡花借用，借用期未明确。2021 年上半年，蔡永父母先后去世，蔡永一直未办理该房屋所有权变更登记，也未要求蔡花腾退。2024 年下半年，蔡永因结婚要求蔡花腾退，蔡花拒绝搬出。对此，下列哪一选项是正确的？（　　）
A. 因未办理房屋所有权变更登记，蔡永无权要求蔡花搬出
B. 因诉讼时效期限届满，蔡永的房屋腾退请求不受法律保护
C. 蔡花系合法占有，蔡永无权要求其搬出
D. 蔡永对该房屋享有物权请求权

14. 徐某有一独生子英年早逝，儿媳与他共同生活并照顾他。后儿媳与田某再婚，三年前生下儿子小田，一年前儿媳不幸逝世，半年前田某也离世。若日后徐某死亡发生继承，则小田（　　）。
A. 可以代位继承 B. 可以转继承
C. 无继承权 D. 可适当分得遗产

15. 甲、乙、丙出去漂流，乙是甲的妹妹，丙是乙的儿子，漂流出事故，甲先死，然后乙死，丙最后死。甲未婚无子女，父母双亡，乙还有一个儿子丁，丙有一个儿子戊，甲的遗产怎么继承？（　　）
A. 甲没有继承人 B. 丙的儿子戊可以代位继承甲的遗产
C. 甲的死亡赔偿金不是遗产 D. 丁可以转继承甲的遗产

16. 李某为退休人员，其妻已去世。独生子李小明于 2017 年结婚。2020 年 1 月，李某经人介绍与刘甲登记结婚。刘甲只有妹妹刘乙一个亲人，刘乙与其二人共住。2024 年 2 月刘乙回家时发现李某夫妇煤气中毒，送往医院途中，李某死亡，刘甲也终因抢救无效于次日凌晨死亡。整理遗物时发现李某夫妇留有存款 30000 元。对这笔遗产，（　　）。
A. 李小明继承 30000 元，刘乙继承 0 元

B. 李小明继承 15000 元，刘乙继承 15000 元
C. 李小明继承 7500 元，刘乙继承 22500 元
D. 李小明继承 22500 元，刘乙继承 7500 元

多项选择题

1. 根据《民法典》的相关规定，有法定继承权的人包括（　　）。
A. 第一顺序：配偶、父母、子女；第二顺序：兄弟姐妹、祖父母、外祖父母
B. 对公、婆尽了主要赡养义务的丧偶儿媳或者对岳父、岳母尽了主要赡养义务的丧偶女婿和代位继承人
C. 缺乏劳动能力又没有生活来源的人继承
D. 继承人以外的对被继承人扶养较多的人

2. 2024 年 11 月，刘大户病逝，生前未立遗嘱。刘大户有一养子和两个亲生女儿，于 2022 年因飞机失事遇难。养子遗有一亲生儿子甲，大女儿遗有一孙女乙，二女儿遗有已形成扶养关系的继子女丙和一养子女丁。甲、乙、丙、丁四人中有继承权的是（　　）。
A. 甲　　　　　B. 乙　　　　　C. 丙　　　　　D. 丁

3. 甲在出差时意外死亡，留有价值 3 万元的遗产应由下列哪些人继承？（　　）
A. 甲的妻子
B. 甲的父母
C. 甲的女儿
D. 与甲一起生活近 10 年，并由甲供养的岳父岳母

4. 公民甲娶妻乙，育有一子一女，女儿丙已出嫁，儿子娶妻丁，生有一子戊。甲的儿子于 5 年前不幸遇车祸死亡。甲、乙均年老，无固定生活来源，女儿出嫁后，拒不赡养老人，并曾数度虐待甲、乙，甲、乙主要依靠儿媳丁供养。甲于 2022 年 3 月死亡，留下房屋 4 间。按照《民法典》继承编之规定，下列哪些人可以参加第一顺序继承？（　　）
A. 乙　　　　　B. 丙　　　　　C. 丁　　　　　D. 戊

5. 郭大爷女儿五年前病故，留下一子甲。女婿乙一直与郭大爷共同生活，尽了主要赡养义务。郭大爷继子丙虽然与其无扶养关系，但也不时从外地回来探望。郭大爷还有一个丧失劳动能力的养子丁。郭大爷病故，关于其遗产的继承，下列哪些选项是正确的？（　　）
A. 甲为第一顺序继承人　　　　　B. 乙在分配财产时，可多分
C. 丙无权继承遗产　　　　　　　D. 分配遗产时应该对丁予以照顾

6. 甲（男）与乙（女）结婚，其子小明 20 周岁时，甲与乙离婚。后甲与丙（女）再婚，丙子小亮 8 周岁，随甲、丙共同生活。小亮成家后，甲与丙甚感孤寂，收养孤儿小光为养子，视同己出，但未办理收养手续。丙去世，其遗产的第一顺序继承人有哪些？（　　）
A. 小明　　　　　　　　　　　B. 小亮
C. 甲　　　　　　　　　　　　D. 小光

7. 熊某与杨某结婚后，杨某与前夫所生之子小强一直由二人抚养，熊某死亡，未立遗嘱。熊某去世前杨某孕有一对龙凤胎，于熊某死后生产，产出时男婴为死体，女婴为活体但旋即死亡。关于对熊某遗产的继承，下列哪些选项是正确的？（　　）
A. 杨某、小强均是第一顺位的法定继承人
B. 女婴死亡后，应当发生法定的代位继承
C. 为男婴保留的遗产份额由杨某、小强继承
D. 为女婴保留的遗产份额由杨某继承

8. 黄某育有一子一女，黄甲和黄乙。黄乙和前夫赵某育有一女赵丙，与其一起生活。现在黄乙和卢某再婚，卢某和前妻育有一子卢丁，跟其生活。2022年1月，黄乙死亡。同年，黄某去世，留下3套房产，下列人物有资格继承的是（　　）。

A. 黄甲　　　　　　　　　　　　B. 赵丙
C. 卢某　　　　　　　　　　　　D. 卢丁

名词解释

1. 法定继承
2. 代位继承

简答题

1. 简述适用法定继承的几种情况。
2. 简述法定继承的法律特征。
3. 简述代位继承与转继承的区别。

案例分析题

王某与张某育有二子，长子王甲，次子王乙。王甲娶妻李某，并于2018年生有一子王小甲。王甲于2022年5月遇车祸身亡。王某于2023年10月病故，留有与张某婚后修建的面积相同的房屋6间。王某过世后张某随儿媳李某生活，该6间房屋暂时由次子王乙使用。

2023年11月，王乙与曹某签订售房协议，以12万元的价格将该6间房屋卖给曹某。张某和李某知悉后表示异议，后因王乙答应取得售房款后在所有继承人间合理分配，张某和李某方表示同意。王乙遂与曹某办理了过户登记手续，曹某当即支付购房款5万元，并答应6个月后付清余款。曹某取得房屋后，又与朱某签订房屋转让协议，约定以15万元的价格将房屋卖给朱某。在双方正式办理过户登记及付款前，曹某又与钱某签订了房屋转让协议，以18万元的价格将房屋卖给钱某，并办理了过户手续。

2024年5月，曹某应向王乙支付7万元的购房余款时，曹某因生意亏损，已无支付能力。但曹某有一笔可向赵某主张的到期货款5万元，因曹某与赵某系亲戚，曹某书面表示不再要求赵某支付该货款。另查明，曹某曾于2024年4月外出时遭遇车祸受伤，肇事司机孙某系曹某好友，曹某一直未向孙某提出车祸损害的赔偿请求。

请依案情摘要回答下列问题：

（1）王某过世后留下的6间房屋应由哪些人分配？各自应分得多少？为什么？
（2）曹某与朱某、钱某签订的房屋转让协议效力如何？
（3）如朱某要求履行与曹某签订的合同，取得该房屋，其要求能否得到支持？为什么？

第三十八章 遗嘱继承、遗赠与遗赠扶养协议

基础知识图解

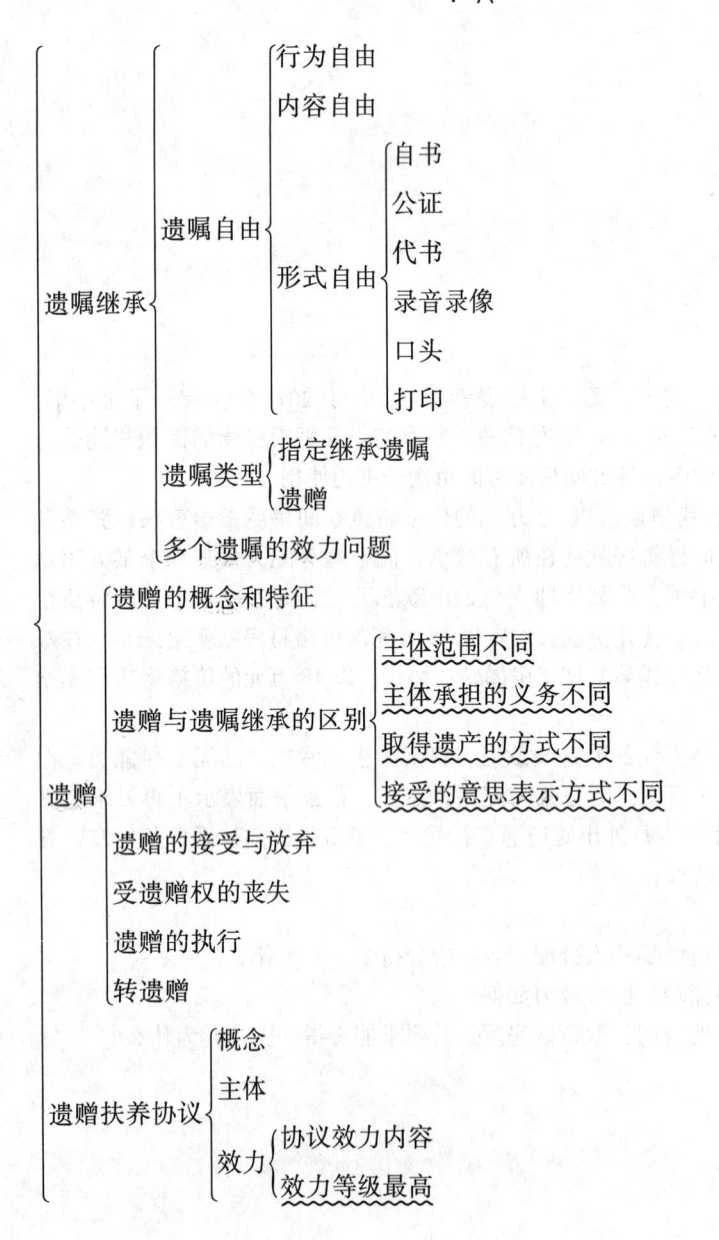

- 遗嘱继承
  - 遗嘱自由
    - 行为自由
    - 内容自由
    - 形式自由
      - 自书
      - 公证
      - 代书
      - 录音录像
      - 口头
      - 打印
  - 遗嘱类型
    - 指定继承遗嘱
    - 遗赠
  - 多个遗嘱的效力问题
- 遗赠
  - 遗赠的概念和特征
  - 遗赠与遗嘱继承的区别
    - 主体范围不同
    - 主体承担的义务不同
    - 取得遗产的方式不同
    - 接受的意思表示方式不同
  - 遗赠的接受与放弃
  - 受遗赠权的丧失
  - 遗赠的执行
  - 转遗赠
- 遗赠扶养协议
  - 概念
  - 主体
  - 效力
    - 协议效力内容
    - 效力等级最高

配套测试

单项选择题

1. 李甲有一子李乙、一女李丙。李甲妻子、李乙妻子均过世，李乙有孩子李丁，李丙结婚另过。2022 年，李甲向李乙、李丙宣读了一份经公证的遗嘱，指定李乙继承自己的全部遗产。2023 年，李乙患病住院，情况危急，故在住院期间也订立了一份遗嘱，内容为：死后自己所有的财产由儿子李丁继承；从李甲处继承的遗产由李丙继承。李甲看到该遗嘱后，在遗嘱上批注：如吾儿李乙不幸先我而去，按其遗愿由吾女李丙继承我的财产；但应先提出现金 10 万元作为孙子李丁的生活费用。2024 年，李乙死亡。1 个月后，李甲也死亡。李甲的遗产应当（　　）。

A. 全部由李丙继承

B. 全部由李丁继承

C. 李丁继承 10 万元，其余遗产由李丙继承

D. 李丁和李丙各继承遗产的二分之一

2. 王方生前与村委会签订了遗赠扶养协议，规定："村委会负责王方的生养死葬，死后其所有房屋四间、生活用品归村委会所有。"但在 2024 年 5 月王方又自书遗嘱："房屋两间给自己的长子继承，存款 1000 元给孙女。"下列说法正确的是（　　）。

A. 王方的自书遗嘱有效

B. 遗赠扶养协议和遗嘱均未涉及的遗产归村委会

C. 应按遗赠扶养协议处理遗产。因为遗赠扶养协议优先适用，王方的自书遗嘱无效

D. 遗赠扶养协议和遗嘱均未涉及的遗产归法定继承人

3. 李某有二子李甲、李乙，李甲、李乙各有未成年子一人。李某立有遗嘱，将全部遗产由李甲继承，但某日李甲因车祸英年早逝，李某闻讯后悲痛过度，遂于当晚心脏病发作去世，则（　　）。

A. 李某的全部遗产应由李甲之子继承

B. 李某的全部遗产应由李甲的继承人继承

C. 李某的遗产应由其配偶、李甲之子及李乙继承

D. 李某的遗产应由其配偶、李甲的继承人及李乙继承

4. 张某生前立遗嘱将其三间房屋赠给王某，张某死亡后王某表示接受遗赠，遗产分割前王某死亡，则（　　）。

A. 该房屋由张某的继承人继承

B. 该房屋由张某子女继承

C. 该房屋由王某的继承人继承

D. 该房屋应由张某、王某的继承人共同继承

5. 李某于 2023 年 1 月立自书遗嘱一份；2023 年 3 月因中风手足不能动弹，遂请秘书王某、刘某在场见证作录音遗嘱一份，2023 年 5 月，李某身体状况好转，遂由护士二人在场见证，秘书朱某代书遗嘱一份；2024 年 6 月 1 日，李某病危，在神志清醒的情况下立口头遗嘱一份，经抢救，6 月 2 日李某脱离危险，之后身体完全康复，6 月 20 日，李某在出院的路上因车祸死亡。若本案中各遗嘱均合乎法定条件且内容都有相互矛盾之处，则应以（　　）为准。

A. 自书遗嘱　　　　　　　　　　B. 录音遗嘱

C. 代书遗嘱　　　　　　　　　　D. 口头遗嘱

6. 无须有见证人在场见证的遗嘱形式有（　　）。
　　A. 自书遗嘱　　　　　　　　　　B. 代书遗嘱
　　C. 录音遗嘱　　　　　　　　　　D. 口头遗嘱

7. 遗嘱继承人不包括（　　）。
　　A. 代位继承人
　　B. 对岳父母尽了主要赡养义务的丧偶女婿
　　C. 对公婆尽了主要赡养义务的丧偶儿媳
　　D. 法定继承人以外的人

8. 甲死后留有房屋 1 套、存款 3 万元和古画 1 幅。甲生前立有遗嘱，将房屋分给儿子乙，存款分给女儿丙，古画赠与好友丁，并要求丁帮丙找份工作。下列哪种说法是正确的？（　　）
　　A. 甲的遗嘱部分无效
　　B. 若丁在知道受遗赠后 60 日内没有作出接受的意思表示，则视为接受遗赠
　　C. 如古画在交付丁前由乙代为保管，若意外灭失，丁无权要求乙赔偿
　　D. 如丁在作出了接受遗赠的意思表示后死亡，则其接受遗赠的权利归于消灭

9. 李某自书遗嘱如下（主文）："因长子已故，大儿媳身体不好，又带两个孩子，生活困难，次子及二儿媳均有工资收入，我百年之后，遗产全部由两个孙子继承。"李某签名后写上了"2024 年 12 月 11 日立"。该遗嘱（　　）。
　　A. 取消了次子继承权，应无效
　　B. 没有见证人见证，应无效
　　C. 没有经过公证，应无效
　　D. 符合继承法律规定，应有效

10. 甲与其父乙水火不相容，乙生前多次向邻居说甲无权继承自己的遗产，甲也多次口头申明自己不会继承乙的财产，但在乙死后甲反悔，而乙在死前未立下遗嘱，则（　　）。
　　A. 乙的口头表明无效，甲放弃继承的行为也无效
　　B. 因乙多次表明甲无权继承自己的遗产，因此甲无权继承遗产
　　C. 因甲多次申明自己不会继承乙的财产，应视为甲已经放弃了继承权
　　D. 以上说法都是错误的

11. 甲死后留有遗产 5 万元，其生前立有遗嘱：由大儿子继承 2 万元。甲尚有二儿子及未成年养子，问剩余的 3 万元遗产应由（　　）继承。
　　A. 未成年养子　　　　　　　　　　B. 二儿子
　　C. 三个儿子都有权　　　　　　　　D. 未成年养子和二儿子

12. 设立遗嘱的方式是（　　）。
　　A. 委托代理进行　　　　　　　　　B. 本人进行
　　C. 法定代理进行　　　　　　　　　D. 指定代理进行

13. 依照《民法典》继承编的规定，下列人员中能够作为遗嘱见证人的是（　　）。
　　A. 无民事行为能力人和限制民事行为能力人
　　B. 继承人
　　C. 受遗赠人
　　D. 与继承人、受遗赠人没有利害关系的人

14. 遗嘱附有义务的，继承人或受遗赠人应当履行义务，无正当理由不履行义务的，经有关人员申请，人民法院可以（　　）。
　　A. 强制其履行义务　　　　　　　　B. 取消其接受遗产的权利

C. 宣告遗嘱无效　　　　　　　　　　D. 判决履行了义务的人继承遗产

15. 甲画家生前立有遗嘱，死后将自己的3幅画送给在法国留学的乙，乙在甲去世后2年回国，才知道甲已死，又过了2年后，才知道甲曾经立过遗嘱。下列选项正确的是（　　）。

A. 如果乙是知道受遗赠后两个月内请求的，应当有权要求继承人给付

B. 乙没有在甲死亡后两个月内表示接受继承，已视为放弃继承

C. 乙向甲的继承人请求该画，已经过了2年的诉讼时效

D. 以上说法都不对

16. 邹某收养一子邹甲。邹甲上初中后开始与社会上一些不三不四的人鬼混，经常打架滋事。邹某曾对其多次教育，邹甲反而破口大骂，对身患重病的养父不闻不问。邹某的远亲牛某给予邹某周到的照顾。邹某由于对其养子失去了任何希望，遂立下遗嘱，把自己的全部财产赠与牛某。邹甲15岁时，邹某去世。下列有关此案的说法正确的是（　　）。

A. 邹甲未能尽一个养子的义务，邹某有权剥夺他的遗产继承权

B. 邹甲虽然道德败坏，但他年龄尚小，没有经济来源不能独立生活，有权争取遗产中必要的份额

C. 牛某应与邹甲平分遗产

D. 牛某可以接受邹某的全部遗产，但他应分给邹甲一部分财产

17. 公民甲于2024年12月12日去世，其死前曾与他人签有遗赠扶养协议，且被遗赠人也尽了扶养义务。甲临去世前1个月留有遗嘱。甲去世后，其两个儿子从国外回来，要求继承遗产。根据《民法典》继承编的规定，公民甲的遗产应按下列（　　）办法处理。

A. 遗赠扶养协议有效时，应先按遗赠扶养协议进行，然后再按遗嘱和法定继承进行

B. 遗赠扶养协议有效且遗嘱亦有效时，应遗嘱继承在先遗赠扶养协议继承在后，然后法定继承才开始

C. 应先法定继承，然后再按扶养协议和遗嘱进行

D. 应由当事人协商解决，协商不成的，由人民法院判决

18. 甲与乙签订协议，约定甲将其房屋赠与乙，乙承担甲生养死葬的义务。后乙拒绝扶养甲，并将房屋擅自用作经营活动，甲遂诉至法院要求乙返还房屋。下列哪一选项是正确的？（　　）

A. 该协议是附条件的赠与合同

B. 该协议在甲死亡后发生法律效力

C. 法院应判决乙向甲返还房屋

D. 法院应判决乙取得房屋所有权

19. 公民甲死后留有遗产房屋一间和存款若干，法定继承人为其子乙。甲生前立有遗嘱，将其存款赠与侄女丙。乙和丙被告知3个月后参与甲的遗产分割，但直到遗产分割时，乙与丙均未作出是否接受遗产的意思表示。下列选项哪项正确？（　　）

A. 乙、丙未作表示，视为放弃接受遗产

B. 乙未作表示视为接受继承，丙未作表示视为放弃受遗赠

C. 乙应视为放弃继承，丙应视为接受遗赠

D. 乙、丙均应视为接受遗产

20. 按我国《民法典》继承编之规定，下列哪种人不能作为受遗赠人？（　　）

A. 法定继承人　　　　　　　　　　　B. 法定继承人以外的人

C. 国家　　　　　　　　　　　　　　D. 集体经济组织

21. 梁某已80多岁，老伴儿和子女都已过世，其年老体弱，生活拮据，欲立一份遗赠扶养协议，死后将三间房屋送给在生活和经济上照顾自己的人。梁某的外孙子女、侄子、侄女及干儿子

等都争着要做扶养人。这些人中谁不应做遗赠扶养协议的扶养人?（　　）

　　A. 外孙子女　　　　　　　　B. 侄子

　　C. 侄女　　　　　　　　　　D. 干儿子

22. 甲妻病故，膝下无子女，养子乙成年后常年在外地工作。甲与村委会签订遗赠扶养协议，约定甲的生养死葬由村委会负责，死后遗产归村委会所有。后甲又自书一份遗嘱，将其全部财产赠与侄子丙。甲死后，乙就甲的遗产与村委会以及丙发生争议。对此，下列哪一选项是正确的?（　　）

　　A. 甲的遗产应归村委会所有

　　B. 甲所立遗嘱应予撤销

　　C. 村委会、乙和丙共同分割遗产，村委会可适当多分

　　D. 村委会和丙平分遗产，乙无权分得任何遗产

23. 甲与乙结婚，女儿丙3岁时，甲因医疗事故死亡，获得60万元赔款。甲生前留有遗书，载明其死亡后的全部财产由其母丁继承。经查，甲与乙婚后除共同购买了一套住房外，另有20万元存款。下列哪一说法是正确的?（　　）

　　A. 60万元赔款属于遗产

　　B. 甲的遗嘱未保留丙的遗产份额，遗嘱全部无效

　　C. 住房和存款的各一半属于遗产

　　D. 乙有权继承甲的遗产

24. 甲有乙、丙和丁三个女儿。甲于2024年1月1日亲笔书写一份遗嘱，写明其全部遗产由乙继承，并签名和注明年月日。同年3月2日，甲又请张律师代书一份遗嘱，写明其全部遗产由丙继承。同年5月3日，甲因病被丁送至医院急救，甲又立口头遗嘱一份，内容是其全部遗产由丁继承，在场的赵医生和李护士见证。甲病好转后出院休养，未立新遗嘱。如甲死亡，下列哪一选项是甲遗产的继承权人?（　　）

　　A. 乙　　　　　　　　　　　B. 丙

　　C. 丁　　　　　　　　　　　D. 乙、丙、丁

25. 2022年5月10日，张某和李某结婚，婚后生育一子张甲，后二人感情不和。张某结识何某，二人自2023年2月开始同居，并生育一子张乙。2024年1月，张某因病住院，于2月1日亲笔书写一份遗嘱称，死后将自己所有遗产留给何某，但未注明年月日。2024年10月，张某去世。关于本案，下列哪一表述是错误的?（　　）

　　A. 张某的遗嘱无效，何某不能继承张某的遗产

　　B. 李某有权继承张某的遗产

　　C. 张甲是张某的第一顺序的法定继承人

　　D. 张乙不能继承张某的遗产

☑ 多项选择题

1. 下列遗嘱中无效的有（　　）。

　　A. 李某脑出血发作，在神志不清的状态下设立的口头遗嘱

　　B. 王某之长子甲对王某谎称其弟乙阴谋杀害父亲，王某随即立遗嘱全部遗产由甲继承

　　C. 李某为获得全部遗产，伪造了其父的遗嘱而毁掉了真正的遗嘱

　　D. 赵某涂改掉了其父遗嘱中给其妹妹一栋房屋的内容，则被涂改的部分

2. 李某有一子二女，其中儿子甲于2024年死亡，当时甲有一子乙尚幼。不久，李某也患病，遂亲笔立下遗嘱，将其所有的4间房屋及存款2000元由两个女儿丙、丁继承。后李某死亡，丙、

丁分割了李某的房产和存款。李某的儿媳戊提出李某生前所作遗嘱无效,她和乙均有权继承房产和存款。李某所作的遗嘱(　　)。

  A. 具有法律效力,丙、丁应当继承分割遗产;乙、戊无权分割遗产
  B. 无效,应当按法定继承重新分割遗产,甲应继承的份额由乙、戊继承
  C. 部分无效,应给乙保留应继承份额然后再按遗嘱继承分割遗产
  D. 部分无效,但戊无权分割遗产,应由乙代甲继承遗产

3. 方某死亡,留下房屋 8 间,外欠医疗费等债务 1500 元。第三子于方某死后出示遗嘱,由他继承房屋 4 间,兄、姐各 2 间,遗嘱由三儿媳任某代书,有方某的手印,在场有三子方某及护士小钱作证。兄、姐认为遗嘱系伪造,应无效,遂向法院起诉。法院查明,手印确实是方某的。对此案,有以下四种意见,你赞同哪些意见?(　　)

  A. 遗嘱有效,遗产按遗嘱分割,债务按比例分担
  B. 遗嘱无效,遗产平均分配,债务也平均分摊
  C. 遗嘱有效,遗产按遗嘱分割,债务平均分担
  D. 遗嘱无效,遗产可先用于清偿债务后平均分割

4. 下列哪些遗嘱因为见证人不符合条件而无效?(　　)
  A. 甲有两个女儿,遗嘱由大女儿代书,二女儿作为见证人
  B. 乙在看守所发病,临死前所立的口头遗嘱由 4 名服刑犯作为见证人
  C. 丙在病危时立下口头遗嘱,当时只有 6 岁的外孙和一位医生在场
  D. 丁出差遭遇车祸,立下录音遗嘱,有一名公证员在场

5. 下列选项中正确的有(　　)。
  A. 遗嘱人立遗嘱时有行为能力,后来丧失了行为能力,遗嘱无效
  B. 执行遗赠不得妨碍清偿遗赠人依法应当缴纳的税款和债务
  C. 放弃继承的效力,追溯到继承开始的时间
  D. 应为胎儿保留的遗产份额没有保留的,应从继承人所继承的遗产中扣回

6. 马甲和姚某是好朋友,马甲生前留下遗嘱,将自己的 2 幢平房赠与姚某。马甲的侄子马乙非常生气,在马甲死后将其 1 间 8 平方米的厨房占为己有。姚某与其交涉,马乙拆除了厨房。姚某遂向法院起诉,要求马乙赔偿损失。下列选项正确的是(　　)。

  A. 姚某无权要求马乙赔偿损失,因为马甲遗嘱中并未明确将厨房赠与他
  B. 姚某有权要求马乙赔偿损失
  C. 由于我国法律无明确规定,所以,马乙不承担责任
  D. 按照民法原理,住房与附属于住房的厨房,是主物与从物的关系,主物的所有权转移时,从物的所有权也转移。所以,马乙应当赔偿损失

7. 甲在遗嘱中所立的下列内容,符合法律规定的有(　　)。
  A. 将自己收藏的古画赠给乙
  B. 自己所有的房屋由儿子继承
  C. 将自己的存款一部分捐赠给贵州一希望小学
  D. 自己生前写书的稿费由女儿享有

8. 甲生前亲笔书写一份遗嘱,表示死后所有存款由女儿乙继承,收藏的 10 幅名画由儿子丙继承。半年后,甲在同两位好友聊天过程中突发心脏病,于是由好友作证留下口头遗嘱:死后所有存款由乙、丙平分,收藏的 10 幅名画由乙继承。甲经抢救后恢复健康,此后未订立其他遗嘱。一年后,甲因心脏病再次发作去世。下列表述不正确的是(　　)。

  A. 甲的存款应当由乙、丙平分

B. 甲收藏的 10 幅名画由女儿乙继承

C. 甲收藏的 10 幅名画由儿子丙继承

D. 丙在遗产分割前未明确表示是否接受继承的，视为放弃继承

9. 甲育有儿子乙和丙，甲生前立下遗嘱，其个人所有的房屋死后由乙继承。乙与丁结婚，并有一女戊。乙因病先于甲死亡后，丁接替乙赡养甲。丙未婚，甲死亡后遗有房屋和现金。下列哪些表述是正确的？（　　）

A. 戊可代位继承
B. 戊、丁无权继承现金
C. 丙为第一顺序继承人
D. 丙无权继承房屋

不定项选择题

甲无亲生子女，20 年前收养一养子乙。2020 年养子到外地打工，甲担心以后生活无人照顾，与村委会订立了遗赠扶养协议，约定村委会负责其生养死葬；在其死后全部财产归村委会。2024 年 1 月甲病重，邻居丙热心帮助，将甲照料得非常好。甲感动不已，立下遗嘱，将遗产的一半分给丙。2024 年 10 月甲去世。村委会处理丧事后，丙拿着遗嘱找到村委会要求分一半的遗产，乙也回来要求继承遗产，遂起纠纷。

（1）下列说法中正确的有（　　）。

A. 甲的遗嘱有效
B. 甲的遗嘱部分有效
C. 甲的遗嘱无效
D. 以上说法都不正确

（2）乙是否有权继承甲的遗产？（　　）

A. 有权继承全部遗产
B. 有权继承部分遗产
C. 无权继承遗产
D. 需要法院确认

（3）如果村委会放弃受遗赠，下列说法正确的是（　　）。

A. 由丙和乙各继承一半遗产
B. 全部由养子继承
C. 遗产应收归国有
D. 遗产应收归集体所有

名词解释

1. 遗嘱继承
2. 遗赠扶养协议
3. 遗嘱能力

简答题

1. 简述遗嘱与遗赠扶养协议的区别。
2. 简述遗赠的法律特征。
3. 简述遗赠的有效要件。
4. 简述遗赠与遗嘱继承的区别。

论述题

试论遗嘱不生效的情形及其与无效遗嘱的区别。

案例分析题

1. 刘季南与赵玉芬于 1996 年结婚，生有一子刘裕和及一女刘兰兰。2008 年 5 月刘季南因与

赵玉芬发生争执而离家出走，一直未有音信。2016年赵玉芬向当地法院申请宣告刘季南死亡，法院于2016年8月作出刘季南死亡的宣告。赵玉芬及其子女对刘季南的遗产进行了继承。2017年赵玉芬再婚。刘裕和于2015年7月结婚后生有一子刘明江。2017年6月刘裕和外出遇车祸死亡。2024年12月赵玉芬接到某市公安局的通知，告知刘季南于2024年11月因心脏病死于该市。经查，刘季南2008年离家出走后，一直给人打工，生活非常困难。2017年开始经商并获得成功，积聚了财产200万元。在经商期间，刘季南与胡柔相识，并于2019年元旦举办了婚礼（未履行结婚登记手续）。2020年4月两人生有一女刘冬冬。刘季南于2023年亲笔写了一份遗嘱，指明自己的财产在其死后由胡柔、刘冬冬、赵玉芬和刘裕和四人均分。

请依案情摘要回答下列问题：

（1）刘季南的死亡时间如何确定？为什么？

（2）刘季南被宣告死亡后赵玉芬等对刘季南遗产的继承是否有效？为什么？

（3）如果刘季南2023年（被宣告死亡后）所立的遗嘱在内容及形式上均不违反法律的强制性规定，该遗嘱是否有效？为什么？

（4）刘季南2023年所立的遗嘱应如何执行？

2. 张某早年丧妻，有三子：张甲、张乙、张丙。在张某的精心抚育下，三子先后成年离家工作。张某一直随次子张乙生活，但也经常到张甲、张丙处小住。2019年5月20日，张某亲笔立下遗嘱，谓在其死后，老家的祖传房屋由张丙继承，并经公证机关公证。2022年年初，经体检发现张某身患癌症，住到长子张甲处治疗。因张甲伺候周到，张某便亲笔立下遗嘱，由张甲继承其祖传房屋，并有签名，注明时间是2023年1月15日。2024年9月，张某病情加重，由张乙护送回老家，路上张乙对张某照顾细致，体贴入微。张某让张乙将他抬至老家，口述遗嘱，由同村一村民作记录，并在其上签名，注明年、月、日。张某的遗嘱内容是将祖传房屋交由张乙继承。时隔不久，张某不治身亡。兄弟三人处理完后事后，各拿出遗嘱要求继承祖传房屋。

请问：张某的祖传房屋应由谁继承？为什么？

第三十九章　遗产的处理

基础知识图解

- 继承开始
  - 时间：从被继承人死亡时开始
  - 地点：一般为被继承人的生前最后的住所地
  - 通知：应当及时通知
- 遗产
  - 概念和特征
  - 遗产的范围
  - 遗产的保管
- 遗产的分割
  - 分割原则
    - 均等原则
    - 自由原则
    - 保留胎儿继承份额的原则
    - 互谅互让、协商分割原则
    - 物尽其用原则
  - 分割方式
    - 实物分割
    - 变价分割
    - 补偿分割
    - 保留共有

配套测试

单项选择题

1. 继承人在遗产处理前没有作出放弃或接受继承表示的，视为（　　）。

A. 放弃继承　　　　　　　　　　B. 接受继承

C. 丧失继承权　　　　　　　　　D. 转继承

2. 李某去世后留下联合收割机一台，其三个儿子继承了该收割机，则不应（　　）。

A. 实物分割　　　　　　　　　　B. 变价分割

C. 对该收割机共同共有　　　　　D. 作价补偿

3. 继承人有（　　）行为的，不丧失继承权。

A. 遗弃被继承人的

B. 虐待被继承人，情节严重的

C. 为争夺遗产故意杀害被继承人，未遂的

D. 因宅基地纠纷杀害其他继承人的

4. 王甲、王乙为丁某之子，丁某与二人之生父离婚后，二人随生父生活；丁与张某再婚，但无子女。2023 年张某病故，留下房屋一栋及存款 5 万元，2024 年丁病故，丁、张某并无其他近亲属，则张某的遗产（　　）。

A. 收归国有　　　　　　　　　　B. 归丁、张某所在集体组织
C. 归王甲、王乙　　　　　　　　D. 归王甲、王乙及二人之生父

5. 李某病逝，其遗产由其父母甲、乙及其妻丙继承，当时丙已怀孕，故为胎儿保留继承份额 3 万元，但婴儿出生后仅一个小时便夭折了，则此 3 万元应（　　）。

A. 由甲、乙、丙均分　　　　　　B. 由丙继承二分之一，甲、乙继承二分之一
C. 由丙继承　　　　　　　　　　D. 收归国有

6. 李某早年丧偶，有二子甲、乙远在外地工作，一远房侄子丙常来照料，李去世前立下遗嘱，将其 18 间房屋由甲、乙、丙三人平分，丙对此始终未表态，则（　　）。

A. 房屋由甲、乙、丙各得 6 间
B. 甲、乙每人继承 9 间
C. 甲、乙各得 6 间，其余收归国有
D. 甲、乙未尽赡养义务，18 间房屋归丙

7. 2024 年 5 月 4 日甲病逝，5 月 7 日安葬完毕，5 月 8 日继承人一起确定甲的遗产，5 月 9 日继承人之间确定继承的比例，5 月 10 日遗产分割完毕。请问继承是从哪一天开始的？（　　）

A. 5 月 4 日　　　　　　　　　　B. 5 月 7 日
C. 5 月 8 日　　　　　　　　　　D. 5 月 10 日

8. 甲与妻乙携 8 岁的儿子丙和 68 岁的母亲丁在国庆节驾车外出秋游，与一辆卡车相撞，无一人生还，无法确定他们死亡的先后顺序，若他们都有继承人，应推定谁先死亡？（　　）

A. 丙　　　　　B. 丁　　　　　C. 甲　　　　　D. 乙

9. 甲有一女乙，一子丙。甲死后留下房屋一套（价值 30 万元）、存款 60 万元。但甲在遗嘱中只说明房屋由丙继承，没有涉及存款的分配，下列说法中正确的是（　　）。

A. 丙继承房屋后无权再继承其他遗产
B. 丙继承房屋后有权继承其他遗产
C. 丙是否有权继承其他遗产取决于人民法院判决
D. 丙是否有权继承其他遗产取决于丙与乙的协议

10. 继承开始后，受遗赠人表示接受遗赠，并于遗产分割前死亡的，其妻子、儿女是否可以接受遗赠？（　　）

A. 不可以　　　　　　　　　　　B. 可以
C. 由其儿女代位继承　　　　　　D. 由其妻继承

11. 转继承适用的范围是（　　）。

A. 遗嘱继承　　　　　　　　　　B. 法定继承
C. 遗赠扶养协议　　　　　　　　D. 法定继承和遗嘱继承

12. 遗嘱继承人放弃继承，其放弃继承的遗产按（　　）。

A. 无人继承办理　　　　　　　　B. 代位继承办理
C. 转继承办理　　　　　　　　　D. 法定继承办理

13. 遗嘱人在遗嘱中应当为缺乏劳动能力又没有生活来源的继承人保留必要的遗产份额。继承人是否符合上述条件的确定时间为（　　）。

A. 立遗嘱时　　　　　　　　　　B. 遗嘱生效时

C. 执行遗嘱时　　　　　　　　　　D. 分割遗产时

14. 甲有二子乙、丙，甲于2016年立下遗嘱将其全部财产留给乙。甲于2024年4月死亡。经查，甲立遗嘱时乙17岁，丙14岁，现乙、丙均已工作。甲的遗产应如何处理？（　　）

A. 乙、丙各得二分之一　　　　　　B. 乙得三分之二，丙得三分之一
C. 乙获得全部遗产　　　　　　　　D. 丙获得全部遗产

15. 王某与李某是夫妻，两人在婚后约定财产分别所有。王某拥有存款400万元；李某拥有房屋三栋，存款200万元，两辆汽车。两人育有子女甲、乙、丙三人。后乙结婚，育有一子丁。王某生前立下遗嘱，自己的所有遗产均由乙继承。李某生前立下遗嘱，自己的遗产中三栋房屋归长子甲，存款归次子乙，汽车归女儿丙。乙在一次车祸中死亡。2024年10月10日，王某死亡。10月30日，李某死亡。对此，下列选项正确的是（　　）。

A. 因王某曾立下遗嘱，遗产由乙继承，后乙先于王某死亡，故根据遗嘱王某的遗产应当由乙的儿子丁代位继承
B. 王某的遗产由李某、甲、丙、丁继承
C. 甲最终继承的遗产包括三栋房屋、存款300万元
D. 丙最终继承的遗产包括两辆汽车、存款300万元

☑ 多项选择题

1. 下列可导致继承人丧失继承权的情形包括（　　）。

A. 李某怕其父以遗嘱方式将巨额遗产交给其弟继承，故购买砒霜让其妻放在其父的水杯里，其妻换成了白糖，其父安然无恙
B. 王某为防止其妹分得其父遗产，企图杀害其妹，后怕法律制裁而未付诸实施
C. 张某与其弟不和，一日发生口角后一时冲动，失手将其弟砍死
D. 丁某嫌恶其母，遂将其母背到村外的荒山上自己返回，后被邻居接回

2. 甲生前有10000元债务。甲遗嘱中规定其财产中5000元归幼子乙，5000元赠给侄子丙；甲留有遗产18000元，甲死后两个月，该遗产依遗嘱由乙、丙各得5000元，其余8000元由甲的妻子丁、长子、次子及女儿各得2000元，遗产分割后，债权人索债，则（　　）。

A. 甲的长子、次子各偿还2000元
B. 甲的妻子、女儿各偿还2000元
C. 乙、丙各偿还1000元
D. 丙偿还5000元，其他人各还1000元

3. 甲有2万元的债务，死后留下1万元的财产，其子乙欲继承。下列说法中正确的有（　　）。

A. 乙有权继承甲的遗产1万元，不承担偿还2万元债务的义务
B. 乙有权放弃继承权利，不承担偿还债务义务
C. 乙应当继承甲的遗产1万元，并偿还债务2万元
D. 乙可以继承甲的遗产1万元，并在继承的1万元范围内偿还债务

4. 唐某有甲、乙、丙成年子女三人，于2022年收养了孤儿丁，但未办理收养登记。甲生活条件较好但未对唐某尽赡养义务，乙丧失劳动能力，无经济来源，依靠唐某生活，丙长期和唐某共同生活。2024年5月唐某死亡，因分配遗产发生纠纷。下列哪些说法是正确的？（　　）

A. 甲应当不分或者少分遗产　　　　B. 乙应当多分遗产
C. 丙可以多分遗产　　　　　　　　D. 丁可以分得适当的遗产

5. 钱某与胡某婚后生有子女甲和乙，后钱某与胡某离婚，甲、乙归胡某抚养。胡某与吴某结

婚，当时甲已参加工作而乙尚未成年，乙跟随胡某与吴某居住，后胡某与吴某生下一女丙。吴某与前妻生有一子丁。钱某和吴某先后去世，下列哪些说法是正确的？（　　）

A. 胡某、甲、乙可以继承钱某的遗产
B. 甲和乙可以继承吴某的遗产
C. 胡某和丙可以继承吴某的遗产
D. 乙和丁可以继承吴某的遗产

不定项选择题

1. 余艺与齐华于1984年结婚，婚后育有二子一女：长子余海、次子余涛、女儿余萍。2014年后，三个子女陆续成家独立生活，余艺因掌握缝纫技术，退休后被一家服装厂聘为技术员，收入颇丰。2020年，齐华去世，余艺无心工作，遂以8万元变卖了自住的房屋，跟随长子余海生活。2021年，余艺亲自到公证处办理一份遗嘱，表示其死后，全部存款24万元（卖房款8万元，先前夫妻存款16万元）中的18万元由长子余海继承，6万元由次子余涛继承。2022年，余艺因突发脑出血造成半身不遂，长子余海照料不周，次子余涛见状便将父亲接到自己家中照料。由于余涛夫妇悉心照料，余艺觉得先前所立的遗嘱不妥，便重新书写一份遗嘱，表示死后存款24万元由次子继承16万元，长子和女儿各继承4万元。2023年6月，长子余海因车祸死亡。2024年8月，余艺病故。针对24万元存款，余艺的次子余涛、女儿余萍、长子之妻胡某及其子余明均提出继承要求。问：余艺死后，其法定继承人为（　　）。

A. 余海、余涛、余萍　　　　　　B. 余涛、余萍、余明
C. 余涛、余萍、胡某、余明　　　D. 余涛、余萍

2. 王某育有三子王大、王二、王三，其妻早亡。因王二平日尽孝较多，王某设立遗嘱载明：其死亡后财产由王二全部继承。后王二不幸在车祸中死亡（其妻子和独子王四幸免），王某悲伤过度，不久也去世。在分割王某遗产时，李某主张王某生前欠其8万元债务未偿还，后经查属实。据此，下列说法错误的是（　　）。

A. 因遗嘱继承人王二死亡，王某的遗产应由王二的继承人继承
B. 王某的遗产应当由王大、王三及王二的继承人共同继承
C. 若王某留下的遗产实际价值不足8万元，则其继承人无须向李某承担清偿责任
D. 对于王某8万元的债务，应由王大、王三以及王二的妻子共同承担清偿责任

名词解释

遗产

简答题

简述遗产的特征。

案例分析题

1. 甲有父母、妻子（机关干部）和一个儿子（工程师）、一个女儿（小学音乐教师）。甲去世，留有私房6间，存款5000元，古字画10件和钢琴1架，甲生前自书遗嘱指定：房产归妻子和儿女继承，古字画赠给文物部门。对存款和钢琴遗嘱未作处理。现甲的女儿提出要将钢琴留给自己；甲的父母皆年迈丧失劳动能力，且无独立生活来源，主张要2间房居住，其他继承人亦对继承份额发生争议，诉至法院。审理中又发现甲因购字画还有5000元债款未还。诉讼开始，甲的

儿子未表示放弃继承权，但以不愿伤害亲属关系为由，不愿参加诉讼。

请依案情摘要回答下列问题：

（1）甲的遗嘱是否有效？

（2）甲的女儿的要求是否合理？

（3）甲的债务如何清偿？

（4）甲的父母应否分得遗产？

（5）在诉讼中如何认定甲的儿子的地位？

2. 李树纲以捕鱼为生，有两层楼房一幢，共12间房。其女李玲出嫁多年，常有来往。长子李全喜，用自己经商收入建房4间，自成家庭；李全喜前妻早丧，遗子李山；后妻任平，生子李林。李山是复员军人，为成立家庭也用复员费购置新房2间，其妻何慧，生女李洁。李树纲的次子李全兴已病故，妻子王氏带儿子李明星另嫁。李树纲有一友宋建曾帮助过李树纲，李树纲想赠与宋建一笔钱，但其未接受。李树纲即写下字据将自己房屋2间待自己死后赠给宋建的儿子宋明。今年年初，李树纲、李全喜、李山三人出海捕鱼，遇台风船毁人亡，但各人死亡时间不能确定。丧事完毕，死者亲属为房产分割发生纠纷。李玲认为，其兄已死，她是李树纲唯一的子女，要求继承李树纲的房屋12间；任平认为李玲是出嫁女，不能回娘家分房子，她系李树纲的丧偶儿媳，因此房屋应由她和李林继承；另外她还认为李山也系其子，她亦有权继承李山房产。何慧不同意她们的意见，李洁也请求分割遗产。李明星也要求继承遗产。宋明得知受遗赠后3个月来一直未表示态度，但在发生纠纷时也提出分割遗产要求。

请依案情摘要回答下列问题：

（1）请指出本案的被继承人及遗产，并说明被继承人死亡的先后顺序及认定理由。

（2）本案当事人李玲、任平、李林、何慧、李洁、李明星、宋明能否分割遗产，分别说明理由。

3. 孙光、孙明和孙军的父母早年去世。孙光于1993年与陈芝兰结婚，1996年生一子名孙承熊。孙光与陈芝兰于1998年离婚，其子由陈芝兰抚养，孙光按月付给其子15元抚养费。后陈芝兰带子与张汝风结婚，孙承熊改姓张，名张承熊。孙光一直未再婚，与其弟孙军共同生活。2023年孙光在一次车祸中丧生，其遗留的财产主要是10万元存款，孙军处理完丧事后，将孙光的10万元遗产分给其兄孙明3万元，其余由孙军占有。2024年年底，张承熊得知其生父孙光去世，其叔父将遗产分光后，请求孙军将其父遗产交出。孙军认为张承熊已更名改姓，无权继承孙光的遗产，拒绝交出孙光的遗产，为此张承熊诉至某人民法院。

请依案情摘要回答下列问题：

（1）孙光的遗产应按什么方式继承？

（2）张承熊是否有权继承孙光的遗产？为什么？

（3）孙光的遗产应怎样分割？

4. 李天志与妻子朱兰、女儿李梅（11周岁）一家三口住在贫困山村。为脱贫致富，2023年12月李天志分别向信用社、邻村和复员军人张海借款1万元，用3万元购买邻村一台旧卡车开始货运业务。2024年1月，在尚未办理各项车辆运输保险的情况下，李天志冒着下雪天山路十分滑的危险为村民刘江运货进城，不幸坠入山谷，车毁货损人亡。朱兰得知后，痛不欲生，当晚自杀，留下孤儿李梅。村委会在全权处理李、朱丧事并清查其财产债务后，会同乡民政干部组织召开了一个特别会议，参加人有村委会和乡民政干部、邻村村委会主任、信用社负责人、刘江、张海、李梅和李梅的堂叔李天容。会议形成了一个书面协议，内容是：（1）朱兰名下存折2000元用于清偿刘江的货损；（2）瓦房1间及农具、家庭生活用品约价值1万元由张海负责处理，折抵其借款1万元；（3）丧葬费1000元由村委会承担；（4）欠信用社和邻村的2万元由李梅在年满18周岁以后5年内还清，但不计利息；（5）李梅今后由其堂叔李天容抚养。参会人员分别签字盖章，李梅也签字同意并加捺手印。李天容虽同意抚养李梅，却提出自己家境过于贫困，难以保证李梅的学习和生活，建议在财产上有所照顾。

请依案情摘要回答下列问题：

（1）该协议涉及哪些方面的法律问题？

（2）你认为本案依法应如何处理？

5. 王某早年丧偶，有两个女儿王樱和王琴，后又收养了一子取名王新。王新在外地工作成家，生有一子王军。2015年王新因工伤事故死亡，当时王军只有2岁。王新的妻子一年后与同事张某结婚，王军与母亲、继父共同生活，张某自己没有子女，待王军如同己出。2024年10月王某因病去世，王樱、王琴在整理父亲遗物时发现王某亲笔书写的遗嘱一份，其中写明将一栋祖传房屋留给生活比较困难又照顾自己较多的女儿王樱。对其他财产未作处分。经查，王某尚有存款近10万元，红木家具一套及家用电器若干，价值约5万元。

王樱因与妹妹关系一直很好，父亲又将房子留给了自己，故提出自己只要房屋，其他财产均归王琴，王琴同意。但赶回奔丧的王新的妻子提出异议，认为王军也是王家的后代，也有权继承祖父的遗产。而王家姐妹则认为王新本不是父亲的亲生儿子，王军又长期与继父生活，并改名张军，故与王家没有关系，也无权继承财产。

请依案情摘要回答下列问题：

（1）张军是否有继承权？为什么？

（2）王某的遗产应如何处理？为什么？

第七编 侵权责任

第四十章 侵权责任概述

基础知识图解

- 侵权行为的概念
- 侵权行为的特征
  - 侵犯他人合法民事权益
  - 违反法定义务
  - 由于过错而实施的行为以及法定的无过错行为
  - 造成他人损害的行为
  - 应当承担侵权责任的不法事实行为
- 侵权责任的概念
- 侵权责任的特征
  - 违反法定义务而承担
  - 以侵权行为的存在为前提
  - 侵权责任承担方式具有法定性
  - 侵权责任形式具有多样性
  - 侵权责任具有优先性（《民法典》第187条）

配套测试

不定项选择题

1. 请问以下情况适用过错推定责任的是（　　）。
   A. 医疗损害赔偿诉讼中，关于医院是否存在过失
   B. 游客到动物园游览，购买适当的饲料给狗熊喂食被咬伤
   C. 李奶奶从超市买完东西出门时，堆在门口的货物滑落将其砸伤
   D. 5岁的小乐在幼儿园玩滑梯时，从滑梯上滚下骨折

2. 陈某的隐私照片被乙陆续发布至网络平台并迅速传播，相关内容引发社会热议。根据我国《民法典》侵权责任编的规定，下列选项的说法正确的是（　　）。
   A. 乙与网络平台承担共同侵权责任
   B. 陈某有权通知网络平台删除、屏蔽这些照片
   C. 如果网络平台接到陈某通知后未采取及时必要的措施，应承担全部赔偿责任
   D. 如果网络平台接到陈某通知后未采取及时必要的措施，应就损失扩大部分与乙承担连带赔偿责任

名词解释

侵权行为

论述题

论侵权法上侵权行为的分类。

第四十一章 侵权责任的归责原则

基础知识图解

侵权责任归责原则的概述

侵权责任归责原则的体系 { 过错责任原则 { 概念 / 过错推定 } ; 无过错责任原则 { 概念 / 含义、适用情形 } }

配套测试

单项选择题

1. 小女孩甲（8周岁）与小男孩乙（12周岁）放学后常结伴回家。一日，甲对乙讲："听说回家途中的王家昨日买了一条狗，能否绕道回家？"乙答："不要怕！被狗咬了我负责。"后甲和乙路经王家同时被狗咬伤住院。该案赔偿责任应如何承担？（　　）

　　A. 甲和乙明知有恶犬而不绕道，应自行承担责任
　　B. 乙自行承担责任，乙的家长和王家共同赔偿甲的损失
　　C. 王家承担全部赔偿责任
　　D. 甲、乙和王家均有过错，共同分担责任

2. 甲在某酒店就餐，邻座乙、丙因喝酒发生争吵，继而动手打斗，酒店保安见状未出面制止。乙拿起酒瓶向丙砸去，丙躲闪，结果甲头部被砸伤。甲的医疗费应当由谁承担？（　　）

　　A. 由乙承担，酒店无责任
　　B. 由酒店承担，但酒店可向乙追偿
　　C. 由乙承担，酒店承担补充赔偿责任
　　D. 由乙和酒店承担连带赔偿责任

3. "过错推定"本质上属于（　　）。

　　A. 无过错责任原则　　　　　　　　B. 过错责任原则
　　C. 公平原则　　　　　　　　　　　D. 结果责任原则

4. 牛三在集市上抢夺翠花钱包后逃离，大强上前追赶捉拿。追至一条铁路旁，牛三沿路轨奔逃，大强紧追不舍。此时，一列火车迎面疾驰而来，牛三未及反应被撞身亡，大强因急忙跳下路轨而造成骨折。根据《民法典》，下列哪一项的说法是正确的？（　　）

　　A. 大强应对牛三的死亡承担过错责任
　　B. 大强可请翠花给予适当补偿
　　C. 翠花应对牛三的死亡承担公平责任
　　D. 大强应对牛三的死亡承担公平责任

多项选择题

1. 个体户甲因疲劳过度打瞌睡，把车开上了逆行道。对面驾车行驶的乙因紧迫中右拐躲避甲而碰到了正在右侧骑车的丙。丙治伤半个月没上班，要求赔偿。此案应（　　）。
　A. 由乙赔偿　　　　　　　　　　　B. 由甲赔偿
　C. 赔偿丙的医疗费　　　　　　　　D. 赔偿丙的半月误工工资

2. 李某患有癫痫病。一日李某骑车时突然犯病，将在路边玩耍的一名6岁儿童撞伤，用去医疗费200元。该案责任应如何承担？（　　）
　A. 李某致害，应当赔偿全部损失
　B. 双方都无过错，应分担责任
　C. 儿童家长未尽到监护责任，应由其承担损失
　D. 应根据双方经济情况分担损失

3. 甲、乙、丙按不同的比例共有一套房屋，约定轮流使用。在甲居住期间，房屋廊檐脱落砸伤行人丁。下列哪些选项是正确的？（　　）
　A. 甲、乙、丙如不能证明自己没有过错，应对丁承担连带赔偿责任
　B. 丁有权请求甲承担侵权责任
　C. 如甲承担了侵权责任，则乙、丙应按各自份额分担损失
　D. 本案侵权责任适用过错责任原则

名词解释

1. 过错责任原则
2. 公平责任

简答题

请比较过错责任、过错推定、无过错责任、公平责任的概念的不同。

案例分析题

贾某与家人到红宇餐厅就餐。该餐厅所提供的卡式炉是由某用具厂出口的，卡式炉所使用的燃气是由某燃气公司生产的，贾某等在就餐时，正在使用的卡式炉燃气罐发生爆炸，致使贾某面部、双手烧伤，共花去医疗费等7万元。经查：燃气公司及用具厂生产的燃气罐及卡式炉均为不合格产品，红宇餐厅在提供服务时不存在过错。贾某向法院起诉，要求燃气公司、用具厂及红宇餐厅共同承担赔偿损害的责任。

请依案情摘要回答下列问题：
（1）上述三被告与贾某之间存在什么法律关系？
（2）红宇餐厅应否承担责任？
（3）燃气公司与用具厂应否承担责任？
（4）对于贾某受到的损害，燃气公司、用具厂是否应承担共同赔偿损害的责任？为什么？
（5）假设燃气公司赔偿了贾某所受到的财产损失7万元，则其取得什么权利？

第四十二章 损害赔偿

基础知识图解

```
         ┌ 概念与特征
         │         ┌ 完全赔偿原则
         │ 原则 ──┤
         │         └ 禁止得利原则
         │ 财产损害赔偿与人身损害赔偿
         │                ┌ 依据《民法典》《最高人民法院关于确定民事侵权精神损害赔偿
         │ 精神损害赔偿 ──┤   责任若干问题的解释》
         │                └ 范围与条件
         └ 惩罚性赔偿
```

配套测试

单项选择题

1. 为维护国家、集体或者他人合法权益而使自己受到损害，受害人提出请求的，人民法院应当如何处理？（　　）

A. 在侵害人无力赔偿的情况下，如果受害人提出请求的，人民法院应当驳回请求

B. 在侵害人无力赔偿的情况下，如果受害人提出请求的，人民法院仍应当判决侵害人赔偿损失

C. 在没有侵害人的情况下，人民法院应当责令有关部门给予补偿

D. 在侵害人无力赔偿和没有侵害人的情况下，有受益人的，人民法院可以根据受益人受益的多少及其经济状况，责令受益人给予适当补偿

2. 甲将自己的花盆放在三楼办公室办公桌上，因公外出期间，乙将其花盆移放窗外未摆稳，花盆被风吹落，砸伤楼下小孩，花去医药费 200 元。此医药费应由（　　）。

A. 甲承担

B. 乙承担

C. 甲与乙共同承担

D. 甲、乙与小孩的监护人共同承担

3. 因不慎失火，幼子被困在室内，其父陈某从院内铁丝上揭取邻家晾晒的毛毯，浸湿后冲入屋内救出孩子，毛毯被烧坏。邻家要求赔偿损失 100 元，陈某以紧急避险为由拒赔。邻家起诉，法院应（　　）。

A. 判决陈某赔偿 100 元　　　　　　B. 驳回邻家请求

C. 判决陈某和邻家各承担 50 元　　　D. 由陈某补偿 100 元

4. 某供电局架设的一条高压线在台风中被吹断，致附近一居民触电身亡，则此损害（　　）。
   A. 由受害者自行承担　　　　　　　　　B. 由供电局承担
   C. 由双方分担　　　　　　　　　　　　D. 由受害方承担，供电局予以适当补偿

5. 某市市政公司为安装管道，在街道上挖掘坑道，并于坑道两侧设置了障碍物和夜间警示灯。某夜，司机许某酒后驾车，撞毁了障碍物和夜间警示灯后逃逸。随后骑自行车经过的秦某摔入坑道中，造成粉碎性腿骨骨折，其损失应（　　）。
   A. 由市政公司赔偿　　　　　　　　　　B. 由许某赔偿
   C. 由市政公司和许某承担连带责任　　　D. 由秦某自己承担

6. 甲搬家公司指派员工郭某为徐某搬家，郭某担心人手不够，请同乡蒙某帮忙。搬家途中，因郭某忘记拴上车厢挡板，蒙某从车上坠地受伤。下列哪一选项是正确的？（　　）
   A. 应由郭某承担赔偿责任　　　　　　　B. 应由甲公司承担赔偿责任
   C. 应由甲公司与郭某承担连带责任　　　D. 应由甲公司与徐某承担连带责任

7. 甲是华玉公司的司机，在驾车送货的途中，因超速行驶将横穿马路的乙撞伤。下列说法中正确的是（　　）。
   A. 甲应赔偿乙遭受的全部损失　　　　　B. 乙应自行承担全部损失
   C. 甲、乙共同对损害结果承担责任　　　D. 乙与华玉公司共同承担责任

8. 张某有一辆小型轿车借给刚取得驾驶证的王某，并告诉他只能在市区使用，王某因工作需要驾车上高速发生事故，造成丁某受伤。对此，下列选项中说法错误的是（　　）。
   A. 王某对张某构成违约，应承担违约责任
   B. 丁某可以请求王某承担损害赔偿
   C. 张某无须对丁某承担损害赔偿
   D. 机动车所有权人为张某，丁某有权请求张某承担损害赔偿

9. 2024年2月9日，原告刘华酒后来到县城浴池洗澡。洗完后，刘华躺在二号池的隔板上睡觉，被浴池工作人员发现并制止。刘华在爬起时，脚下一滑，从隔板上掉落二号池内，当即被人拉出。因二号池水在80℃以上，刘华自腰部以下大部分被烫伤，烫伤面积占全身的30%。刘华受伤后，浴池方面拒绝送其到医院治疗。他为节省医疗费，亦未去医院就医，而找民间土医张某为其治疗。因张某治疗不当，致刘华创面感染恶化，后经医院抢救脱险并治愈，刘华共花去医疗费5000余元。刘华向浴池索赔无结果，诉至法院，要求浴池赔偿其全部经济损失。就该案所做的分析，正确的一项是（　　）。
   A. 刘华对损害的发生应负完全责任
   B. 浴池对损害的发生应负完全责任，对损失的扩大不负责任
   C. 浴池对损害的发生负主要责任，刘华次要责任
   D. 浴池应就损害的发生负赔偿责任，但因为刘华也有过错，可以适当减轻其责任

10. 甲、乙、丙三家公司生产三种不同的化工产品，生产场地的排污口相邻。某年，当地大旱导致河水水位大幅下降，三家公司排放的污水混合发生化学反应，产生有毒物质致使河流下游丁养殖场的鱼类大量死亡。经查明，三家公司排放的污水均分别经过处理且符合国家排放标准。后丁养殖场向三家公司索赔。下列哪一选项中的说法是正确的？（　　）
   A. 三家公司均无过错，不承担赔偿责任
   B. 三家公司对丁养殖场的损害承担连带责任
   C. 本案的诉讼时效是2年
   D. 三家公司应按照污染物的种类、排放量等因素承担责任

11. 甲、乙、丙、丁均为资深骑马爱好者，相约去草原骑马。甲提供四匹马，骑行过程中，

乙的马被突然出现的野兔惊吓，造成乙受伤。请问责任应当如何承担？（　　）
A. 甲承担全部责任　　　　　　B. 四人平均分担
C. 乙自行承担　　　　　　　　D. 甲承担补充责任

12. 张某在其父死亡后，委托甲公司负责操办丧葬事宜。甲公司的员工胡某在送骨灰盒的时候不慎将盒子磕破，导致部分骨灰漏出。张某起诉甲公司，要求1万元的骨灰盒侵权损害赔偿、2万元的精神损害赔偿和3万元的其他损害赔偿。对此，下列哪一说法是正确的？（　　）
A. 法院应驳回起诉
B. 法院应判决支持张某骨灰盒的赔偿请求
C. 法院应判决支持张某骨灰盒的赔偿请求和精神损害赔偿请求
D. 法院应支持张某的全部诉讼请求

多项选择题

1. 因紧急避险造成损害的，（　　）。
A. 如果险情的发生是由于自然人的行为，由引起险情发生的人承担民事责任
B. 如果危险是由自然原因引起的，紧急避险人可以不承担民事责任
C. 如果危险是由自然原因引起的，紧急避险人可以承担适当的民事责任
D. 因紧急避险采取措施不当或者超过必要的限度，造成不应有的损害的，紧急避险人应当承担民事责任

2. 李某在与张某的斗殴中被打伤，经抢救无效死亡，张某应赔偿（　　）。
A. 李某的抢救费500元和丧葬费80元
B. 李父（50周岁，工人）的扶养费，每月若干元
C. 李妻（28周岁，工人）的扶养费，每月若干元
D. 李子（6周岁）的抚养费，每月若干元

3. 在以下情形中，当事人向人民法院起诉请求赔偿精神损害的，人民法院应当依法予以受理的有（　　）。
A. 消费者海琳到超市购物，无故被超市保卫怀疑，保卫对她进行搜身检查
B. 张某与邻居贾某吵架，张某怀恨在心，用硫酸将贾某毁容，贾某起诉
C. 张武是本地有名的国画大师，德高望重。他病故后，李二在《艺海风云》一书中将主人公张武刻画成一个无恶不作、欺世盗名的民间艺人。张武的近亲属起诉李二
D. 阿东搬家时，搬家公司不小心将他家祖传的景泰蓝花瓶打破，阿东起诉搬家公司

4. 下列关于正当防卫与紧急避险说法正确的有（　　）。
A. 其目的都是保护公共利益、本人或他人的合法权益
B. 其前提都必须是合法权益正在遭受侵害
C. 都不能超过必要的限度，构成不应有的损害
D. 危险的来源都是一样的

5. 金某驾车不慎将宋老太太的一只已经相伴4年的价值500元的宠物狗（宋老太太平时称狗为孙子）撞死，宋老太太伤心至极，并且花了13000元给狗买了棺材和墓地将狗安葬了。宋老太太诉至法院，要求赔偿各项损失，包括精神抚慰金。对此，下列说法不正确的是（　　）。
A. 金某的行为侵害了宋老太太的财产所有权，赔偿500元损失
B. 金某应赔偿宋老太太对狗的安葬费13000元
C. 金某应赔偿宋老太太精神损害抚慰金
D. 金某应承担恢复原状的民事责任

名词解释

1. 正当防卫
2. 不可抗力
3. 责任竞合

简答题

简述侵权法上的惩罚性赔偿及其立法理由。

第四十三章 一般侵权责任

基础知识图解

一般侵权责任概述
四要件：损害事实；违法性；过错（故意、过失）；因果关系

配套测试

单项选择题

1. 赵某在公共汽车上因不慎踩到售票员而与之发生口角，售票员在赵某下车之后指着他大喊："打小偷！"赵某因此被数名行人扑倒在地致伤。对此应由谁承担责任？（   ）
   A. 售票员
   B. 公交公司
   C. 售票员和动手的行人
   D. 公交公司和动手的行人

2. 刘婆婆回家途中，看见邻居肖婆婆带着外孙小勇和另一家邻居的孩子小囡（均为4周岁）在小区花园中玩耍，便上前拿出几根香蕉递给小勇，随后离去。小勇接过香蕉后，递给小囡一根，小囡吞食时误入气管导致休克，经抢救无效死亡。对此，下列哪一选项是正确的？（   ）
   A. 刘婆婆应对小囡的死亡承担民事责任
   B. 肖婆婆应对小囡的死亡承担民事责任
   C. 小勇的父母应对小囡的死亡承担民事责任
   D. 属意外事件，不产生相关人员的过错责任

多项选择题

1. 甲承包的西瓜地与乙承包的麦地相邻。某日，乙在其麦地中喷洒除草剂。不巧当时正在刮风，甲的西瓜地正好处于下风向。甲遂向乙提出停止喷洒除草剂的要求，因为其除草剂经风吹后，会进入西瓜地，对正在生长的西瓜幼苗十分不利。乙未同意甲的要求。之后果然造成甲的西瓜幼苗受害，损失3000余元。由此，在下列说法中，不正确的是（   ）。
   A. 乙的行为并不构成侵害甲的财产权，因其纯系不可抗力所致
   B. 乙的行为侵犯了甲的相邻权
   C. 乙应当赔偿甲的损失
   D. 甲的损失应由二人公平分担

2. 王某买票乘坐某运输公司的长途车，开车司机为钱某。长途车行驶中与朱某驾驶的车辆相撞，致王某受伤。经认定，朱某对交通事故负全部责任。下列哪些说法是正确的？（   ）
   A. 王某可以向朱某请求侵权损害赔偿
   B. 王某可以向运输公司请求违约损害赔偿
   C. 王某可以向钱某请求侵权损害赔偿

D. 王某可以向运输公司请求侵权损害赔偿

3. 赵某在一次地震中成了孤儿，将仅有的一张和父母的合照视为珍宝，为更好保存照片，赵某将照片送到照相馆翻拍。几日后，照相馆雇员乱丢烟头引起火灾，照片被烧毁，赵某为此十分愤恨和痛苦。根据《民法典》的规定，下列哪些选项是正确的？（　　）

A. 赵某可以要求照相馆承担违约责任
B. 照相馆侵犯了赵某的健康权
C. 照相馆侵犯了赵某的肖像权
D. 赵某有权请求照相馆赔偿精神损失

不定项选择题

2024年2月，某公园举办宠物展。张明（19周岁）约女友王梅（20周岁）去参观，二人进入公园大门时未注意"严禁触摸展览的宠物"的告示。在一展台前，王梅对张明说道："把那只迷你小狗抱过来让我看看。"张明随即去抱小狗，由于用力过猛致小狗死亡。张明一害怕，起身时将身后的周听所拿的宠物玩具打碎。现查明：小狗为游军所有，价值1000元；宠物玩具价值100元。对于本案，问：

（1）对于周听的损失，责任应如何依法承担？（　　）
A. 由张明承担
B. 由王梅承担
C. 由张明、王梅分别承担一半
D. 由张明、王梅承担连带责任

（2）对于游军的损失，责任应如何依法承担？（　　）
A. 由张明承担
B. 由王梅承担
C. 由张明、王梅分别承担一半
D. 由张明、王梅承担连带责任

名词解释

损害事实

简答题

简述一般侵权行为的构成要件。

第四十四章 数人侵权责任

基础知识图解

- 共同加害行为
  - 概念
  - 构成要件
    - 主体的复数性
    - 行为的关联性
    - 共同的过错
    - 结果的单一性
  - 教唆行为
  - 帮助行为
  - 共同加害行为与责任
- 共同危险行为
  - 概念
  - 构成要件
    - 主体必须两人以上
    - 每个人都单独实施完成了危险行为
    - 每个人都具有独立的过错
    - 无法查清是哪个人的行为造成了损害后果
  - 责任
  - 免责事由
- 无意思联络的数人侵权行为
  - 直接结合
  - 间接结合

配套测试

单项选择题

1. 乙、丙、丁的共同侵权行为造成了甲 6000 元的财产损失。甲与丙达成协议，乙、丙各向甲支付 1500 元后，甲不再向乙、丙追究责任。在此情况下，甲是否还有权要求加害人赔偿？（　　）

A. 仍有权就其余 3000 元损失向乙、丙、丁请求承担连带赔偿责任

B. 有权就其余 3000 元损失向乙、丙中任何一个请求赔偿

C. 就其余 3000 元损失只能向丁请求赔偿

D. 能向丁请求赔偿其应付的 2000 元

2. 张某与同事何某不和，在知悉何某最怕狗后，张某遂唆使 15 岁的未成年人刘某在何某经过时放狗追逐撕咬何某。何某受惊吓之后摔倒，致右臂骨折，则（　　）。

A. 张某应单独赔偿何某的损失

B. 张某、刘某应平均分担共同赔偿何某的损失

C. 张某应与刘某的父母共同分担何某的损失，但张某应负主要责任

D. 应由张某、刘某的父母与何某共同分担何某的损失

3. 一天夜晚，甲开车逆行迫使骑车人乙为躲避甲向右拐，跌入修路挖的坑里（负责修路的施工单位对该坑未设置保护措施），造成车毁人伤。问：对乙的损失应如何承担责任？（　　）

A. 只能由甲承担责任

B. 只能由施工单位承担责任

C. 甲和施工单位各自承担责任

D. 甲和施工单位承担连带责任

4. 一小偷利用一楼住户甲违规安装的防盗网，进入二楼住户乙的室内，行窃过程中将乙打伤。下列哪一种说法是正确的？（　　）

A. 乙的人身损害应由小偷和甲承担连带责任

B. 乙的人身损害只能由小偷承担责任

C. 乙的人身损害应由甲和小偷根据过错大小，各自承担责任

D. 乙的人身损害应先由小偷承担责任，不足部分由甲承担

5. 甲于22时30分酒后驾车回家，车速80公里每小时，该路段限速60公里每小时。为躲避乙逆向行驶的摩托车，甲将行人丙撞伤，丙因住院治疗花去10万元。关于丙的损害责任承担，下列哪一说法是正确的？（　　）

A. 甲应承担全部责任　　　　　　B. 乙应承担全部责任

C. 甲、乙应承担按份责任　　　　D. 甲、乙应承担连带责任

6. 李某用100元从甲商场购买一个电热壶，使用时因漏电致李某手臂灼伤，花去医药费500元。经查该电热壶是乙厂生产的。下列哪一表述是正确的？（　　）

A. 李某可直接起诉乙厂要求其赔偿500元损失

B. 根据合同相对性原理，李某只能要求甲商场赔偿500元损失

C. 如李某起诉甲商场，则甲商场的赔偿范围以100元为限

D. 李某只能要求甲商场更换电热壶，500元损失则只能要求乙厂承担

多项选择题

1. 甲、乙是邻居，因故争吵，甲对儿女们说："给我打！"甲的长子、次女二人在与乙互殴中，长子一拳打伤乙眼。乙花去医疗费500元，遂向法院起诉索赔。甲以自己并未动手为由拒赔，次女以未打乙眼为由也拒赔。（甲的子女均已成年并独立生活）本案应由谁负担500元医疗费？（　　）

A. 甲　　　　B. 甲长子　　　　C. 甲次女　　　　D. 乙

2. 甲教唆并帮助乙实施了对丙的侵害行为。下列哪些说法正确？（　　）

A. 若乙为完全民事行为能力人，那么甲、乙作为共同侵权人，应对丙各自承担应负的责任

B. 若乙为完全民事行为能力人，那么甲、乙作为共同侵权人，应对丙承担连带赔偿责任

C. 若乙为限制民事行为能力人，那么甲为侵权人，对丙的损害甲承担责任

D. 若乙为无民事行为能力人，那么甲与乙的监护人应对丙遭受的损失承担连带赔偿责任

3. 甲请A搬家公司搬家，A公司派出B、C、D三人前往。在搬家过程中，B发现甲的掌上电脑遗落在一角，便偷偷藏入自己腰包；C与D在搬运甲最珍贵的一盆兰花时不慎将其折断，为此甲与C、D二人争吵起来，争吵之时不知是谁又将甲阳台上的另一盆鲜花碰下，砸伤路人E。B、

C、D 见事已至此便溜之大吉。问：下面哪些说法是正确的？（　　）

A. 甲可以要求 A 公司赔偿名贵兰花被折断造成的损失
B. 甲可以要求 A 公司承担没有履行搬运任务的违约责任
C. 路人 E 可以要求甲、C 以及 D 承担连带赔偿责任
D. 甲可以就丢失掌上电脑的损失要求 A 公司承担赔偿责任

4. 甲、乙、丙三家毗邻而居，甲、乙各饲养山羊一只。某日二羊走脱，将丙辛苦栽培的珍稀药材悉数啃光。关于甲、乙的责任，下列哪些选项是正确的？（　　）

A. 甲、乙可各自通过证明已尽到管理职责而免责
B. 基于共同致害行为，甲、乙应承担连带责任
C. 如能确定二羊各自啃食的数量，则甲、乙各自承担相应赔偿责任
D. 如不能确定二羊各自啃食的数量，则甲、乙平均承担赔偿责任

5. 下列关于从建筑物中抛掷物品侵权责任的承担，说法正确的是（　　）。

A. 家住十一楼的 13 岁的甲将苹果随手扔下楼，砸伤 1 周岁的乙，造成乙生命垂危。经 DNA 鉴定，锁定侵权人是甲，甲的父母应当承担损害赔偿责任
B. 楼上掉下来一个烟灰缸，砸死了行人丁。经公安机关侦查，认定烟灰缸是从五楼以上（含五楼）落下来的，不能查清是谁家的烟灰缸。五楼以上（含五楼）共计 12 户居民，承担按份补偿责任
C. 同在十楼的甲和乙两家同时装修，晚上甲、乙不约而同往楼下扔建筑垃圾，造成丙被砸伤，但不知道是什么砸伤了丙，甲、乙对丙的损失承担连带赔偿责任
D. 小区物业服务公司采取对楼面窗户全天高清摄像监控的方式防止高空抛物，居民认为采取的安全措施不当，侵害了其隐私权

名词解释

共同危险行为

简答题

1. 简述共同侵权行为的构成及后果。

2.《民法典》第 1170 条规定："二人以上实施危及他人人身、财产安全的行为，其中一人或者数人的行为造成他人损害，能够确定具体侵权人的，由侵权人承担责任；不能确定具体侵权人的，行为人承担连带责任。"分析该法条并举例说明。

案例分析题

甲因病住进 A 医院，由医生乙实施了手术。但手术后，甲腹部一直疼痛不止。到 B 医院检查发现体内有异物，再次开刀手术，取出了上次手术遗留的针头。甲向 A 医院请求赔偿，A 医院以手术前甲已在手术书上签字，同意"任何责任事故，医院均不承担责任"为由拒绝赔偿。问：甲应向谁要求赔偿，为什么？

第四十五章　各类侵权责任

基础知识图解

- 概述
- 产品责任：概念、认定、责任主体、归责原则、免责事由、责任形式、诉讼时效、责任竞合
- 高度危险责任
  - 概念
  - 认定
  - 类型
    - 民用核设施的核事故责任
    - 民用航空器责任
    - 占有、使用高度危险物责任
    - 高空、高压、地下挖掘活动或高速轨道运输工具责任
    - 遗失、抛弃高度危险物责任
    - 非法占有高度危险物责任
    - 未经许可进入高度危险区域责任
- 监护人责任
- 完全民事行为能力人暂时丧失意识侵权责任
- 个人劳务关系中的侵权行为和责任
- 环境污染和生态破坏责任
- 施工致人损害的侵权行为
- 建筑物和物件损害责任
- 饲养动物致害责任
- 监护人责任
- 医疗损害责任
- 道路交通事故责任
- 违反安全保障义务责任
- 校园伤害责任
- 网络侵权责任

配套测试

单项选择题

1. 沈某雇姜某、程某为其建房。某日，姜、程砌砖时一砖掉落，将在附近玩耍的小孩砸伤，

花去费用 6000 余元。小孩父母向沈索赔，沈答系姜、程造成的损害，应由他二人负责。姜、程认为自己是沈某所雇，且小孩自己跑到工地玩耍，父母看管不严，故无论怎样也不是他们二人的责任。小孩父母诉至法院。下列有关此案的表述中，正确的应是（　　）。

A. 由沈某承担责任，因沈某是雇主
B. 由姜、程承担责任，因损害是他们二人过错所致
C. 由小孩父母承担责任，因其疏于监护
D. 由沈某、姜某、程某负连带责任

2. 某幼儿园一群幼儿围着火炉烤火，教师张某离园取东西。幼儿甲玩火点燃了幼儿乙的衣服，乙带火跑出教室，被人发现将火扑灭。经检查，乙被烧伤面积达 35%，住院治疗造成经济损失 13000 余元，这一损失应（　　）。

A. 由幼儿园承担，幼儿甲的监护人适当赔偿
B. 由幼儿甲的监护人承担，同时责令张某适当赔偿
C. 由幼儿甲的监护人承担，同时责令幼儿园适当赔偿
D. 由张某和幼儿园共同承担

3. 16 岁的刘小军刺伤邻居张伟致死，受害方要求赔偿损失，对于此案，人民法院应当如何处理？（　　）

A. 如果刘小军已独立生活，其父母不应承担赔偿责任
B. 如果刘小军没有独立生活，其父母应承担赔偿责任
C. 应查明刘小军是否能以自己的劳动收入为主要生活来源。能，则父母不赔，不能，则父母赔偿
D. 应查明刘小军父母有无赔偿能力。有，则要承担赔偿责任；没有，则不承担赔偿责任

4. 某公司办公楼顶的广告牌，在风中突然倒塌，致一死四伤，则由（　　）承担责任。

A. 该公司
B. 广告牌安装者
C. 公司负责维修的工作人员
D. 伤亡人员自负，公司适当补偿

5. 大华商场委托飞达广告公司制作了一块宣传企业形象的广告牌，并由飞达公司负责安装在商场外墙。某日风大，广告牌被吹落砸伤过路人郑某。经查，广告牌的安装存在质量问题。关于郑某的损害，下列哪一选项是正确的？（　　）

A. 大华商场承担赔偿责任，飞达公司承担补充赔偿责任
B. 飞达公司承担赔偿责任，大华商场承担补充赔偿责任
C. 大华商场承担赔偿责任，但其有权向飞达公司追偿
D. 飞达公司承担赔偿责任，大华商场不承担责任

6. 某大学生甲去水房打水，回来途中遇见两个学生乙、丙在踢足球，为了使热水瓶不被足球踢碎，甲便将热水瓶高高举起，热水瓶的质量问题导致热水瓶突然爆裂，热水将甲、乙、丙三人烫伤。就三人遭受的损害，下列哪一观点是正确的？（　　）

A. 甲可以向热水瓶的销售者、制造者要求承担损害赔偿责任
B. 甲也可以要求乙、丙承担损害赔偿责任
C. 乙、丙不可以向热水瓶的销售者、制造者要求承担损害赔偿责任
D. 乙、丙可以向甲要求承担损害赔偿责任

7. 某工厂向附近的一条小河排放工业废水，已经取得排污许可证，并向环保部门缴纳排污费。一次，技术员张某的错误操作导致排出废水中的有害化学物质含量超标，工厂在河边装上围

栏并贴出告示。以下判断正确的是（　　）。
  A. 附近某村民甲因看管不严，其自家的牛越过围栏至河边饮水而死，该厂不承担赔偿责任
  B. 数日后该河段水质接近正常，附近某村民乙的一头牛因饮此河水而患病，致使丧失耕作能力，该厂要承担赔偿责任
  C. 该厂超标污染的河水流入附近某村民丙的农田，造成庄稼损失2000元，丙欲起诉，应将该厂和张某列为共同被告
  D. 该厂超标排污致使附近丁村的农作物大面积死亡、牲畜大量伤亡，由此只发生民事赔偿

8. 公民甲从兴华商场买了一瓶红星肉厂生产的熟食罐头，吃后中毒住院，共花去住院费等2000元。经查，该批罐头由兴华商场委托湖月运输公司运回，该运输公司未采取冷藏措施，致使罐头有一定程度的变质。运回后兴华商场交由天天储存公司储存，天天储存公司也未采取冷藏措施，致使罐头进一步变质。本案中公民甲应向谁请求赔偿？（　　）
  A. 兴华商场或湖月公司　　　　B. 兴华商场或天天公司
  C. 兴华商场或红星肉厂　　　　D. 天天公司或湖月公司

9. 甲、乙各牵一头牛于一桥头相遇。甲见状即对乙叫道："让我先过，我的牛性子暴，让你的牛躲一躲。"乙说"不怕"，继续牵牛过桥，甲也牵牛上桥。结果二牛在桥上打架，乙的牛跌入桥下摔死。乙的损失应由谁承担？（　　）
  A. 甲应负全部赔偿责任
  B. 应由乙自负责任
  C. 双方按各自的过错程度承担责任
  D. 双方均无过错，按公平责任处理

10. 村民甲（18周岁）路过村民乙家门口时，用一块石头向乙家所养且卧在乙家门口的狗扔去，该狗立即扑向甲，甲因跑得快未被狗咬，狗咬伤了甲旁边的行人丙。丙因躲避，将路边丁叫卖的西瓜踩碎3个。丙因治伤支付医药费100元。丁的3个西瓜价值16元。问：丙、丁的损失应由谁赔偿？（　　）
  A. 丙的损失由甲赔偿，丁的损失由丙赔偿
  B. 丙的损失由乙赔偿，丁的损失由丙赔偿
  C. 丙的损失由甲和乙赔偿；丁的损失主要由甲赔偿，丙予以适当补偿
  D. 丙、丁均可以向甲主张赔偿损失

11. 甲将数箱蜜蜂放在自家院中槐树下采蜜。在乙家帮忙筹办婚宴的丙在帮乙喂猪时忘关猪圈，猪冲入甲家院内，撞翻蜂箱，使来甲家串门的丁被蜇伤，经住院治疗后痊愈。下列哪一种说法是正确的？（　　）
  A. 丁只能向甲请求赔偿医疗费用
  B. 丁可以向甲请求赔偿医疗费用，也可以向乙请求赔偿医疗费用
  C. 丁有权向丙请求赔偿医疗费用
  D. 乙和丙应对丁的医疗费用承担连带责任

12. 赵某将一匹易受惊吓的马赠给李某，但未告知此马的习性。李某在用该马拉货的过程中，雷雨大作，马受惊狂奔，将行人王某撞伤。下列哪一选项是正确的？（　　）
  A. 应由赵某承担全部责任
  B. 应由李某承担责任
  C. 应由赵某与李某承担连带责任
  D. 应由李某承担主要责任，赵某也应承担一定的责任

13. 精神病患者甲在其妻的陪伴下外出散步，顽童乙前来挑逗，甲受刺激追赶，甲妻见状喝

力阻拦无效，甲将乙的头打破。问：乙的医药费如何承担？（　　）

    A. 完全由甲妻承担

    B. 主要由甲妻承担，但乙的监护人也应适当承担

    C. 完全由乙的监护人承担

    D. 主要由乙的监护人承担，甲妻也应适当承担

14. 王某有一子，为初中一年级学生，在校期间因与同学刘某发生口角，追打刘某，致使刘某摔伤，共花去医药费4800元。这一费用应由谁承担？（　　）

    A. 由王某承担

    B. 由学校承担

    C. 主要由王某承担，学校若有过错，可责令学校给予适当赔偿

    D. 主要由学校承担，王某若有过错，可责令王某给予适当赔偿

15. 小学生小杰和小涛在学校发生打斗，在场老师陈某未予制止。小杰踢中小涛腹部，致其脾脏破裂。下列哪一选项是正确的？（　　）

    A. 陈某未尽职责义务，应由陈某承担赔偿责任

    B. 小杰父母的监护责任已转移到学校，应由学校承担赔偿责任

    C. 学校和小杰父母均有过错，应由学校和小杰父母承担连带赔偿责任

    D. 学校存在过错，应承担与其过错相应的补充赔偿责任

16. 莫小明在某饭店吃饭时，正在旋转的吊扇突然掉下一片扇叶，打在莫小明的脸上，将莫小明的眼角划了一道很深的伤口，经医治后留下一道伤疤。莫小明为了恢复容貌，又进行整容，共花去各种费用3000多元。莫小明要求饭店赔偿损失，但饭店认为吊扇是由某装修公司安装的，自己没有过错，不应赔偿。经查吊扇扇叶脱落确系安装不当所致。莫小明以侵权为由向法院起诉，本案应当如何处理？（　　）

    A. 饭店向莫小明承担全部赔偿责任，但饭店可向装修公司追偿

    B. 饭店承担的只能是侵权责任

    C. 饭店承担主要赔偿责任，装修公司承担次要赔偿责任

    D. 装修公司承担主要赔偿责任，饭店承担次要赔偿责任

17. 某电力公司管理的一台变压器位于路旁20米处，为防止他人接近，电力公司建造围墙将变压器围起，仅留一道小门供检修人员出入，门上挂有"高压危险"的标志，平时用锁将小门锁住，钥匙由检修工林某持有。一日林某将钥匙丢失，只得撬开锁进入墙内检修，离开时将门关上并用铁丝将门闩住。次日，戴详（11周岁）等四名儿童因好奇，扭断铁丝进入围墙内玩耍，戴详不幸被电流击中受伤，经抢救后双臂截肢。关于此案的表述中错误的是（　　）。

    A. 电力公司应承担全部赔偿责任

    B. 戴详致伤的损失应由电力公司承担大部分赔偿责任，小部分由戴详的父母负担

    C. 电力公司承担赔偿责任后，可以向林某部分追偿

    D. 戴详的监护人对损害有过错

18. 大学生甲在寝室复习功课，隔壁寝室的学生乙、丙到甲寝室强烈要求甲打开电视观看足球比赛，甲只好照办。由于质量问题，电视机突然爆炸，甲、乙、丙三人均受重伤。关于三人遭受的损害，下列哪一选项是正确的？（　　）

    A. 甲可要求电视机的销售者承担赔偿责任

    B. 甲可要求乙、丙承担损害赔偿责任

    C. 乙、丙无权要求电视机的销售者承担赔偿责任

    D. 乙、丙有权要求甲承担损害赔偿责任

19. 甲、乙是同事，因工作争执甲对乙不满，写了一份丑化乙的短文发布在丙的网站上。乙发现后要求丙删除，丙不予理会，致使乙遭受的损害扩大。关于扩大损害部分的责任承担，下列哪一说法是正确的？（　　）

A. 甲承担全部责任
B. 丙承担全部责任
C. 甲和丙承担连带责任
D. 甲和丙承担按份责任

20. 某小学组织春游，队伍行进中某班班主任张某和其他教师闲谈，未跟进照顾本班学生。该班学生李某私自离队购买食物，与小贩刘某发生争执被打伤。对李某的人身损害，下列哪一说法是正确的？（　　）

A. 刘某应承担赔偿责任
B. 某小学应承担赔偿责任
C. 某小学应与刘某承担连带赔偿责任
D. 刘某应承担赔偿责任，某小学应承担相应的补充赔偿责任

21. 甲电器销售公司的安装工人李某在为消费者黄某安装空调的过程中，不慎从高处掉落安装工具，将路人王某砸成重伤。李某是乙公司的劳务派遣人员，此前曾多次发生类似小事故，甲公司曾要求乙公司另派他人，但乙公司未予换人。下列哪一选项是正确的？（　　）

A. 对王某的赔偿责任应由李某承担，黄某承担补充责任
B. 对王某的赔偿责任应由甲公司承担，乙公司承担补充责任
C. 甲公司与乙公司应对王某承担连带赔偿责任
D. 对王某的赔偿责任承担应采用过错责任原则

22. 王某因全家外出旅游，请邻居戴某代为看管其饲养的宠物狗。戴某看管期间，张某偷狗，被狗咬伤。关于张某被咬伤的损害，下列哪一选项是正确的？（　　）

A. 王某应对张某所受损害承担全部责任
B. 戴某应对张某所受损害承担全部责任
C. 王某和戴某对张某损害共同承担全部责任
D. 王某或戴某对张某可以不承担或减轻责任

23. 陈某下课后发现电梯人多拥挤，便选择走楼梯。在下楼过程中，由于陈某专注玩手机，失足摔倒，造成擦伤和中度脑震荡。关于陈某的损害，下列说法正确的是（　　）。

A. 学校电梯设置不合理，负全部责任
B. 学校未尽到安全保障义务，负全部责任
C. 学校和陈某均有过错，各负一半责任
D. 陈某自己玩手机疏忽造成，自身负全部责任

24. 某校正在举行篮球比赛，拾荒者赵某突然穿过篮球场，被正在运球的钱某撞伤。据查，学校对该篮球场并未设围栏。对于赵某的人身损害赔偿，下列哪一说法是正确的？（　　）

A. 应由赵某自行负担
B. 应由学校负担
C. 应由赵某和学校共同负担
D. 应由钱某负担

25. 关于产品责任，下列选项正确的是（　　）。

A. 甲专门生产胶囊，乙从丙药店购买胶囊类药物，导致肝功能衰竭死亡。经查，是由于乙体内铬含量超标造成的，而甲3年前确已知晓胶囊存在安全隐患，但为节约成本依然使用铬含量超标的原料进行生产。乙的近亲属可向甲或丙主张惩罚性赔偿

B. 甲厂自行设计一款新型打气筒，正式销售前小偷乙潜入仓库盗窃其他财物，顺手带走一个打气筒，在使用过程中由于充气口爆裂造成乙受伤。因为产品尚未进入流通领域，甲厂可免责

C. 甲从某超市购买一盒罐头，吃后中毒。经查该罐头为乙厂生产，丙运输过程中未按合同采取冷藏措施，导致罐头发生变质。甲可请求丙承担赔偿责任

D. 上述 C 情形下，甲只能请求超市承担赔偿责任

多项选择题

1. 饲养的动物造成他人损害的，依照法律的规定，应当如何处理？（　　）

A. 动物饲养人或者管理人有过错的，应当承担民事责任

B. 饲养的动物造成他人损害的，动物饲养人或者管理人应当承担侵权责任，但是，由于受害人的重大过失或故意造成损害的，可以不承担或者减轻动物饲养人或者管理人的民事责任

C. 由于受害人的重大过失或故意造成损害的，动物饲养人或者管理人不承担民事责任

D. 由于第三人的过错造成损害的，被侵权人可以向动物饲养人或者管理人请求赔偿，也可以向第三人请求赔偿

2. 根据《民法典》的规定，从事高度危险作业致人损害的应承担民事责任。以下关于责任承担的表述中哪些是正确的？（　　）

A. 其归责原则是无过错责任原则

B. 如果证明损害是受害人故意造成的，致害人不承担民事责任

C. 如果证明损害是因受害人有过失造成的，致害人不承担民事责任

D. 致害人无过错时，应承担适当的民事责任

3. 甲从电器批发城买回一个热水器，使用 2 天后，热水器突然爆炸致甲受伤。下列说法中正确的有（　　）。

A. 甲可以向生产厂家要求赔偿

B. 经检查损害发生的原因是运输部门在运输过程中损坏了热水器，因此生产厂家有权拒绝赔偿

C. 甲可以要求商场进行赔偿

D. 商场进行赔偿后如果发现热水器的炸裂是生产厂家的生产缺陷造成的，有权向生产厂家追偿

4. 某商场家电部一员工在布置展台时，一通电的取暖器石英管突然爆裂，致其受伤。后查明事故原因是由于厂家不慎将几台质检不合格商品包装出厂。该员工欲通过诉讼向商家索赔，但不知是应以产品责任还是以产品质量瑕疵担保为由提起诉讼。下列关于两者区别的表述中哪些是正确的？（　　）

A. 前者需要有现实损害，后者不需要

B. 前者属于侵权行为，后者属于违约行为

C. 前者的责任承担形式主要是损害赔偿，后者则主要为修理、更换

D. 前者可以直接向法院起诉，后者必须先向合同相对人要求补救或赔偿

5. 某机关法定代表人甲安排驾驶员乙开车执行公务，乙以身体不适为由拒绝。甲遂临时安排丙出车，丙在途中将行人丁撞成重伤。有关部门认定丙和丁对事故的发生承担同等责任。关于丁人身损害赔偿责任的承担，下列哪些表述是错误的？（　　）

A. 甲用人不当应当承担部分赔偿责任

B. 乙不服从领导安排应当承担部分赔偿责任

C. 丙有过错应当承担部分赔偿责任

D. 该机关应当承担全部赔偿责任

6. 甲饲养的一只狗在乙公司施工的道路上追咬丙饲养的一只狗，行人丁避让中失足掉入施工

形成的坑里，受伤严重。下列哪些说法是错误的？（　　）

　　A. 如甲能证明自己没有过错，不应承担对丁的赔偿责任
　　B. 如乙能证明自己没有过错，不应承担对丁的赔偿责任
　　C. 如丙能证明自己没有过错，不应承担对丁的赔偿责任
　　D. 此属意外事件，甲、乙、丙均不应承担对丁的赔偿责任

7. 甲公司为劳务派遣单位，根据合同约定向乙公司派遣搬运工。搬运工丙脾气暴躁常与人争吵，乙公司要求甲公司更换丙或对其教育管理，甲公司不予理会。一天，乙公司安排丙为顾客丁免费搬运电视机，丙与丁发生激烈争吵故意摔坏电视机。对此，下列哪些说法是错误的？（　　）

　　A. 甲公司和乙公司承担连带赔偿责任
　　B. 甲公司承担赔偿责任，乙公司承担补充责任
　　C. 甲公司和丙承担连带赔偿责任
　　D. 丙承担赔偿责任，甲公司承担补充责任

8. 小偷甲在某商场窃得乙的钱包后逃跑，乙发现后急追。甲逃跑中撞上欲借用商场厕所的丙，因商场地板湿滑，丙摔成重伤。下列哪些说法是错误的？（　　）

　　A. 小偷甲应当赔偿丙的损失
　　B. 商场须对丙的损失承担补充赔偿责任
　　C. 乙应适当补偿丙的损失
　　D. 甲和商场对丙的损失承担连带责任

9. 甲系某品牌汽车制造商，发现已投入流通的某款车型刹车系统存在技术缺陷，即通过媒体和销售商发布召回该款车进行技术处理的通知。乙购买该车，看到通知后立即驱车前往丙销售公司，途中因刹车系统失灵撞上大树，造成伤害。下列哪些说法是正确的？（　　）

　　A. 乙有权请求甲承担赔偿责任　　　　B. 乙有权请求丙承担赔偿责任
　　C. 乙有权请求惩罚性赔偿　　　　　　D. 甲的责任是无过错责任

10. 甲赴宴饮酒，遂由有驾照的乙代驾其车，乙违章撞伤丙。交管部门认定乙负全责。以下假定情形中对丙的赔偿责任，哪些表述是正确的？（　　）

　　A. 如乙是与甲一同赴宴的好友，乙不承担赔偿责任
　　B. 如乙是代驾公司派出的驾驶员，该公司应承担赔偿责任
　　C. 如乙是酒店雇用的为饮酒客人提供代驾服务的驾驶员，乙不承担赔偿责任
　　D. 如乙是出租车公司驾驶员，公司明文禁止代驾，乙为获高额报酬而代驾，乙应承担赔偿责任

11. 甲家盖房，邻居乙、丙前来帮忙。施工中，丙因失误从高处摔下受伤，乙不小心撞伤小孩丁。下列哪些表述是正确的？（　　）

　　A. 对丙的损害，甲应承担赔偿责任，但可减轻其责任
　　B. 对丙的损害，甲不承担赔偿责任，但可在受益范围内予以适当补偿
　　C. 对丁的损害，甲应承担赔偿责任
　　D. 对丁的损害，甲应承担补充赔偿责任

12. 赵某从商店购买了一台甲公司生产的家用洗衣机，洗涤衣物时，该洗衣机因技术缺陷发生爆裂，叶轮飞出造成赵某严重人身损害并毁坏衣物。赵某的下列哪些诉求是正确的？（　　）

　　A. 商店应承担更换洗衣机或退货、赔偿衣物损失和赔偿人身损害的违约责任
　　B. 商店应按违约责任更换洗衣机或者退货，也可请求甲公司按侵权责任赔偿衣物损失和人身损害
　　C. 商店或者甲公司应赔偿因洗衣机缺陷造成的损害

D. 商店或者甲公司应赔偿物质损害和精神损害

13. 关于动物致害侵权责任的说法，下列哪些选项是正确的？（　　）

A. 甲8周岁的儿子翻墙进入邻居院中玩耍，被院内藏獒咬伤，邻居应承担侵权责任

B. 小学生乙和丙放学后途经养狗的王平家，丙故意逗狗，狗被激怒咬伤乙，只能由丙的监护人对乙承担侵权责任

C. 丁下夜班回家途经邻居家门时，未看到邻居饲养的小猪趴在路上而绊倒摔伤，邻居应承担侵权责任

D. 戊带女儿到动物园游玩时，动物园饲养的老虎从破损的虎笼蹿出将戊女儿咬伤，动物园应承担侵权责任

14. 李某邀请张某前往家中做客，张某带着王某家的宠物狗前往，并将宠物狗放在李某家的阳台上。李某提醒张某把宠物狗放在阳台容易掉下去，张某让李某放心不会有事。后宠物狗从阳台掉落，将从楼下路过的赵某砸伤，花去医药费2000元。关于本案，下列哪些说法是错误的？（　　）

A. 李某所在小区的物业应对赵某的损害承担相应的赔偿责任

B. 李某应对赵某的损害承担主要赔偿责任

C. 张某应对赵某的损害承担主要赔偿责任

D. 王某应对赵某的损害承担赔偿责任

15. 小刘（10周岁）邀请好友小崔（8周岁）和小冯（9周岁）前往学校旁的饭店吃饭。席间，小崔和小冯醉酒后因口角发生打斗。饭店老板孟某未上前制止。结果小冯将小崔打伤，花去医药费2000元。关于本案，下列哪些说法是正确的？（　　）

A. 小刘的父母应承担相应的赔偿责任

B. 小冯的父母应承担赔偿责任

C. 饭店应在其过错范围内承担相应的赔偿责任

D. 小冯的父母和饭店应承担连带责任

16. 唐某带领小唐（3周岁）乘坐客运班车，给小唐办理了免票手续。乘车途中，客运班车与蒋某驾驶的轿车相撞，发生交通事故。唐某轻伤且手机摔坏，就医花去医药费2000元，修理手机花费5000元。小唐脑震荡，花去医药费20万元。关于本案，下列说法正确的有？（　　）

A. 若班车司机能证明对交通事故的发生没有过错，对于唐某的手机损失，客运公司可以免责

B. 小唐有权请求客运公司承担赔偿责任

C. 小唐系免票乘车，应自己承担损失

D. 唐某有权请求客运公司和蒋某承担连带责任

17. 甲系某快递公司的员工。甲驾驶机动车送快递过程中不慎剐蹭人行道上一老人曹某，致其骨折，交警认定甲负全责。但经鉴定，老人曹某患有骨质疏松，对损害的发生参与度为70%。关于赔偿责任，下列表述正确的是（　　）。

A. 并不减轻快递公司的责任　　　　B. 甲应当承担部分赔偿责任

C. 甲承担全部责任　　　　　　　　D. 老人曹某不承担责任

18. 张某看中一款由某电器厂生产的电饭煲，购买回家使用，该电饭煲煮饭时突然炸开，弹飞的盖子将张某击伤。该款电饭煲在其他省份销售时被消费者投诉后，某电器厂随即在该省采取补救措施，但是在张某所在省份仍未停止销售。数月后，某电器厂开始召回该款电饭煲。关于张某起诉某电器厂要求赔偿一案，下列表述正确的是（　　）。

A. 张某可主张某电器厂增加所受损失2倍的赔偿

B. 该款电饭煲召回的必要费用应由某电器厂承担

C. 某电器厂应承担张某所受损失 2 倍的赔偿责任

D. 因已经采取召回措施，可以减轻某电器厂对张某的赔偿责任

19. 康某在电器店购买了某厂生产的电冰箱。一天，康某在饭店订购了套餐一份，随餐赠送一杯饭店自制柠檬茶，康某收到套餐后，见送餐小票上注明"柠檬茶保质期 3 天，可常温存放"。当天康某使用该冰箱冷冻柠檬茶，第二天取出饮用时，发现冰箱已不制冷，饮用后引发胃炎，不得不入院治疗。对此，下列说法正确的是（　　）。

A. 在康某向电器店索赔时，该电器店须承担电冰箱的瑕疵举证责任

B. 因电冰箱停止制冷，康某可以此为由向某厂要求赔偿

C. 康某无权就食品安全问题与饭店交涉，因其与饭店没有正式的约定

D. 康某不能要求该饭店赔偿，因为柠檬茶是订餐的赠品

20. 商场促销，举行购买电器送奶粉的活动。李某购买电器后，喝完奶粉上吐下泻，去医院治疗 7 天，李某要求商场承担赔偿责任，商场以奶粉是赠送的为由抗辩。关于此案，下列说法正确的是（　　）。

A. 李某自行承担损失　　　　　　　B. 李某可向商场主张侵权

C. 李某可向商场主张违约　　　　　D. 奶粉生产者有赔偿义务

21. 某日，司机甲驾驶货车在路上行驶，转弯时与某客运公司的司机乙驾驶的客车相撞导致车上乘客丙受伤。经交管部门认定，本次事故司机甲负全责，司机乙无责任。经查，司机甲驾驶的货车所有人为丁，甲是丁雇佣的司机。货车号牌对应的登记车辆与甲驾驶的货车不一致，甲驾驶的货车系套牌行驶，号牌所有人戊对此知情并收取了好处费。乘客丙可以向哪些主体提出人身侵权损害赔偿？（　　）

A. 甲　　　　　B. 乙　　　　　C. 丁　　　　　D. 戊

不定项选择题

1. 甲（16 周岁）与乙（12 周岁）在同一中学读书，又是邻居。一天两人放学后一起回家，路上见另一邻居丙家的车停在路边。甲对乙说："这小子讨厌，上次踢球把他的车碰了一下，把我们臭骂一顿，你去把车胎给扎破，出口气。"乙于是找来一大铁钉将车胎扎坏。正巧被路过行人丁看见，大声制止，乙慌忙把手里抱着一台电脑的戊给撞倒，电脑摔坏。问：

（1）对丙遭受的损失，责任由谁承担？（　　）

A. 由乙的监护人承担

B. 由甲自行承担

C. 由乙的监护人与甲承担

D. 由甲的监护人与乙的监护人共同承担

（2）对于戊的损失，责任由谁承担？（　　）

A. 由乙的监护人承担

B. 由甲自行承担

C. 由乙的监护人与甲共同承担

D. 由甲的监护人与乙的监护人共同承担

2. 甲与乙周末自驾前往野生动物园游玩。进园后，甲看到某处警示牌写着"危险区域，请勿下车"，但出于好奇，不听乙的劝说擅自下车，结果被老虎咬成重伤。关于侵权责任的承担，下列说法正确的是（　　）。

A. 动物园应承担全部侵权责任

B. 动物园无须承担侵权责任

C. 乙应承担侵权责任
D. 可减免动物园的侵权责任

3. 甲是开熟食店的个体工商户，甲将死因不明且已经轻度腐败的鸡加工成了熟食，卖给了乙，乙为此支付了 30 元。乙食用后造成严重的食物中毒，花去医疗费 20 万元，造成双目失明。乙的下列主张能得到支持的是（　　）。
A. 乙要求甲承担欺诈消费者的违约损害赔偿责任，请求退还 30 元价款并支付交通费、医疗费 20 万元、赔偿金 40 万元及残疾赔偿金和精神损害抚慰金
B. 乙要求甲承担赔礼道歉的民事责任
C. 根据《食品安全法》规定，乙要求甲返还 30 元价款，并赔偿医疗费 20 万元，残疾赔偿金、精神损害抚慰金和增加损失 1000 元或 60 万元
D. 以上 A、B、C 三项主张同时提出要求

4. 根据《消费者权益保护法》的相关规定，下列哪些说法是错误的？（　　）
A. 甲在某珠宝店购买了钻戒一枚，向女友求婚，钻戒标明产地南非，纯度 100%，后经过鉴定机构检验，纯度 60%，女友一气之下拒绝了甲的求婚请求，甲最多可要求珠宝店赔偿钻石价格 2 倍的赔偿，加上精神损害赔偿
B. 乙购买了一台笔记本后，发现屏幕有裂痕，对于此质量问题可以主张七天退货，必要的运费也由经营者承担
C. 丙在国庆促销期间购买了一台洗衣机，一个月后干洗功能不能正常运作，丙依据商家的承诺主张退货，对于干洗功能存在问题由丙进行举证
D. 丁县发生侵害众多消费者合法权益的案件，当地县消费者协会对此可以向人民法院提起诉讼

5. 2018 年 6 月 25 日，甲在超市购买某品牌火腿肠一袋，价款共计 12.8 元，回家后食用该火腿肠后，导致肠胃炎，上吐下泻，到医院救治，花去医疗费 90 元，后经查发现，甲在超市购买的某品牌火腿肠是过期的，因为食用过期的火腿肠造成了肠胃炎。甲遂向超市提出索赔请求，但协商未果，诉至法院。根据《食品安全法》的相关规定，下列说法不应该被支持的有（　　）。
A. 超市辩称，火腿肠系某公司厂家生产，甲应该向厂家索赔
B. 超市辩称，其可以退还过期火腿肠的价款 12.8 元，但不承担赔偿责任
C. 甲要求超市赔偿其医疗费 90 元，并增加赔偿精神损失费
D. 甲要求超市赔偿其医疗费 90 元，并增加赔偿 1000 元

名词解释

1. 职务侵权行为
2. 高度危险作业

简答题

1. 简述《民法典》规定的特殊侵权民事责任的类型。
2. 简述产品缺陷致人损害侵权行为的责任要件。
3. 简述饲养的动物致人损害责任的构成要件和免责事由。

案例分析题

1. 石女士家有一只黑贝犬。一天早上，石女士给狗戴上犬链，将狗牵到楼门口准备遛狗。此

时，恰逢邻居王大妈出门，王大妈见狗很可爱便站在狗的前边观看，谁料这只狗一时兴起，竟扑向王大妈，老人在躲闪时不慎摔倒在地，致使"右手腕克雷式骨折，腰 I 椎体压缩骨折"住院治疗，支出医疗费共计 1.2 万元。王大妈请求石女士赔偿因此而支出的各项费用。石女士认为，当时狗虽有扑人的动作，但并没有碰到王大妈，而是王大妈自己不小心摔伤的，狗的主人没有过错。因此，石女士不同意承担赔偿责任。在此情况下，王大妈诉至某人民法院。

请依案情摘要回答下列问题：

（1）王大妈所受到的伤害是否构成侵权的民事责任？

（2）石女士应否赔偿王大妈医疗费等经济损失？为什么？

2. 2024 年元旦期间，某商场大楼正面墙壁上悬挂的广告条幅（布料）坠落，将正从商场走出的顾客甲裹住并使其摔出 10 多米，致甲受重伤。

请依案情摘要回答下列问题：

（1）甲如果以该商场为被告提起诉讼，其可选择的诉讼请求有哪些？

事实上，该条幅系某厂家在征得该商场同意后所悬挂。事后，该厂家认为自己无法律责任，但出于道义，主动补偿了甲 1 万元。后该厂家得知商场已对其提起了诉讼，请求其赔偿商场因该广告条幅坠落事件而依法院判决向甲支付的赔偿金。厂家遂请求甲返还 1 万元，理由是甲获得该 1 万元构成不当得利。

（2）本案中甲所得的 1 万元是否构成不当得利？为什么？

法院在审理商场与厂家的纠纷时查明，该广告条幅是厂家委托某广告公司制作并悬挂的。

（3）如果甲还没有获得赔偿，其可否向广告公司索赔？为什么？

（4）为什么建筑物上的悬挂物坠落致人伤害的民事责任属于特殊侵权责任？

（5）如果本案中，商家、厂家及广告公司对于损害的发生均有过错，其承担的责任应当是按份责任还是连带责任？为什么？

3. 甲公司与乙公司签订委托合同，约定甲公司将一批浓硫酸委托乙公司保管于仓库。不料乙公司所在地刮起台风，大水将甲公司的浓硫酸冲走，浓硫酸泄漏，将丙家鱼塘中的鱼毒死，丙将死鱼打捞上来，出卖给丁。丁吃了毒死的鱼，导致中毒，其家人急忙送丁去医院，因为出租车司机 A 拒载，只好搭乘戊的黑摩的前往医院救治。戊的摩的违章驾驶，被正常驾车行驶的己撞上，致戊和丁均受伤。幸遇路人庚将戊和丁送往 B 医院。由于主治医生 C 因工资纠纷心情不愉快，抢救过程中错拿药品，丁经抢救无效死亡。经查，丁是由于内脏严重受撞击，得不到及时救治而死的。庚新购买的西服被血渍弄脏，庚请求赔偿不成，引发纠纷。交通事故经交警部门认定，戊对交通事故负全部责任。

请依案情摘要回答下列问题：

（1）甲公司浓硫酸损失应由谁承担？为什么？

（2）丙家鱼塘鱼死造成的损失应由谁承担？为什么？

（3）丁中毒应由谁承担责任？为什么？

（4）庚的行为的性质应当如何认定，其所遭受的损失应当由谁承担？为什么？

（5）应由谁对丁的死亡承担责任？为什么？

综合测试题一

☑ 单项选择题（共5题，每题2分，共10分）

1. 下列社会关系中，应由民法调整的是（   ）。

A. 某市人民政府罢免该市某局副局长职务

B. 李某因非法印刷商标被罚款

C. 甲、乙两村因某块土地的所有权归属发生纠纷

D. 专利局对某发明专利予以宣告无效

2. 姚某旅游途中，前往某玉石市场参观，在唐某经营的摊位上拿起一只翡翠手镯，经唐某同意后试戴，并问价。唐某报价18万元（实际进货价8万元，市价9万元），姚某感觉价格太高，急忙取下，不慎将手镯摔断。关于姚某的赔偿责任，下列哪一选项是正确的？（   ）

A. 应承担违约责任　　　　　　　　　B. 应赔偿唐某8万元损失

C. 应赔偿唐某9万元损失　　　　　　D. 应赔偿唐某18万元损失

3. 甲与乙公司签订的房屋买卖合同约定："乙公司收到首期房款后，向甲交付房屋和房屋使用说明书；收到二期房款后，将房屋过户给甲。"甲交纳首期房款后，乙公司交付房屋但未立即交付房屋使用说明书。甲以此为由行使先履行抗辩权而拒不支付二期房款。下列哪一表述是正确的？（   ）

A. 甲的做法正确，因乙公司未完全履行义务

B. 甲不应行使先履行抗辩权，而应行使不安抗辩权，因乙公司有不能交付房屋使用说明书的可能性

C. 甲可主张解除合同，因乙公司未履行义务

D. 甲不能行使先履行抗辩权，因甲的付款义务与乙公司交付房屋使用说明书不形成主给付义务对应关系

4. 张某因出售公民个人信息被判刑，孙某的姓名、身份证号码、家庭住址等信息也在其中，买方是某公司。下列哪一选项是正确的？（   ）

A. 张某侵害了孙某的身份权

B. 张某侵害了孙某的名誉权

C. 张某侵害了孙某对其个人信息享有的民事权益

D. 某公司无须对孙某承担民事责任

5. 甲、乙签订一耕牛买卖合同，双方约定，9月15日一手交钱，一手交牛。履行期届至，乙给付了价款，但甲因事想再用牛1个月，乙同意，但双方约定牛已归乙所有，甲只是借用。9月30日，该牛产下一小牛。对于该小牛的归属，双方发生争议。以下说法正确的是（   ）。

A. 应归甲、乙共同所有，因为甲照顾牛付出了劳务，而乙则是所有权人

B. 应归甲所有，因为甲、乙所有权约定无效，该牛仍为甲所有

C. 应归甲所有，因为该牛所有权虽已移转，但并未交付

D. 应归乙所有，因为该牛已经交付

多项选择题（共5题，每题3分，共15分）

1. 吴某是甲公司员工，持有甲公司授权委托书。吴某与温某签订了借款合同，该合同由温某签字、吴某用甲公司合同专用章盖章。后温某要求甲公司还款。下列哪些情形有助于甲公司否定吴某的行为构成表见代理？（　　）

　　A. 温某明知借款合同上的盖章是甲公司合同专用章而非甲公司公章，未表示反对

　　B. 温某未与甲公司核实，即将借款交给吴某

　　C. 吴某出示的甲公司授权委托书载明甲公司仅授权吴某参加投标活动

　　D. 吴某出示的甲公司空白授权委托书已届期

2. 甲房产开发公司在交给购房人张某的某小区平面图和项目说明书中都标明有一个健身馆。张某看中小区健身方便，决定购买一套商品房并与甲公司签订了购房合同。张某收房时发现小区没有健身馆。下列哪些表述是正确的？（　　）

　　A. 甲公司不守诚信，构成根本违约，张某有权退房

　　B. 甲公司构成欺诈，张某有权请求甲公司承担缔约过失责任

　　C. 甲公司恶意误导，张某有权请求甲公司双倍返还购房款

　　D. 张某不能滥用权利，在退房和要求甲公司承担违约责任之间只能选择一种

3. 韩某于2024年3月病故，留有住房1套、存款50万元、名人字画10余幅及某有限责任公司股权等遗产。韩某在2021年所立第一份自书遗嘱中表示全部遗产由其长子韩大继承。在2022年所立第二份自书遗嘱中，韩某表示其死后公司股权和名人字画留给7岁的外孙女婷婷。2024年6月，韩大在未办理韩某遗留房屋所有权变更登记的情况下以自己的名义与陈某订立了商品房买卖合同。下列哪些选项是错误的？（　　）

　　A. 韩某的第一份遗嘱失效

　　B. 韩某的第二份遗嘱无效

　　C. 韩大与陈某订立的商品房买卖合同无效

　　D. 婷婷不能取得某有限责任公司股东资格

4. 甲公司以一地块的建设用地使用权作抵押向乙银行借款3000万元，办理了抵押登记。其后，甲公司在该地块上开发建设住宅楼，由丙公司承建。甲公司在取得预售许可后与丁订立了商品房买卖合同，丁交付了80%的购房款。现住宅楼已竣工验收，但甲公司未能按期偿还乙银行借款，并欠付丙公司工程款1500万元，乙银行和丙公司同时主张权利，法院拍卖了该住宅楼。下列哪些选项是正确的？（　　）

　　A. 乙银行对建设用地使用权拍卖所得价款享有优先受偿权

　　B. 乙银行对该住宅楼拍卖所得价款享有优先受偿权

　　C. 丙公司对该住宅楼及其建设用地使用权的优先受偿权优先于乙银行的抵押权

　　D. 丙公司对该住宅楼及其建设用地使用权的优先受偿权不得对抗丁对其所购商品房的权利

5. 居民甲将房屋出租给乙，乙经甲同意对承租房进行了装修并转租给丙。丙擅自更改房屋承重结构，导致房屋受损。对此，下列哪些选项是正确的？（　　）

　　A. 无论有无约定，乙均有权于租赁期满时请求甲补偿装修费用

　　B. 甲可请求丙承担违约责任

　　C. 甲可请求丙承担侵权责任

　　D. 甲可请求乙承担违约责任

不定项选择题（共 3 题，第 1~2 题每题 5 分，第 3 题 15 分，共 25 分）

1. 以下不属于善意占有的是（　　）。
A. 乙以为甲偷窃得来的财物为其经营所得而进行保管
B. 甲在雨天拿错了雨伞但并未发觉
C. 甲占有其抢劫来的财物
D. 甲外出时错拿了别人的包，但被第三人当场指出

2. 保姆小李在用轮椅推张大爷外出散步时，为躲避小王驾驶的呼啸而来的超速车辆不小心将行人赵某撞倒，赵某所带笔记本电脑也受到损害。张大爷差点儿从轮椅上掉下来，心脏病发作。小李自己的手指也被夹伤。据此下列哪些选项的说法是错误的？（　　）
A. 赵某的损失应由小王赔偿
B. 赵某的损失应由张大爷赔偿
C. 张大爷因心脏病发作而支付的医药费不应由小李赔偿
D. 小李手指受伤的损失只能自己承担

3. 张某、方某共同出资，分别设立甲公司和丙公司。2024 年 3 月 1 日，甲公司与乙公司签订了开发某房地产项目的《合作协议一》，约定如下："甲公司将丙公司 10% 的股权转让给乙公司，乙公司在协议签订之日起三日内向甲公司支付首付款 4000 万元，尾款 1000 万元在次年 3 月 1 日之前付清。首付款用于支付丙公司从某自然资源主管部门购买 A 地块土地使用权。如协议签订之日起三个月内丙公司未能获得 A 地块土地使用权致双方合作失败，乙公司有权终止协议。"《合作协议一》签订后，乙公司经甲公司指示向张某、方某支付了 4000 万元首付款。张某、方某配合甲公司将丙公司的 10% 的股权过户给了乙公司。2024 年 5 月 1 日，因张某、方某未将前述 4000 万元支付给丙公司致其未能向某自然资源主管部门及时付款，A 地块土地使用权被收回挂牌卖掉。2024 年 6 月 4 日，乙公司向甲公司发函："鉴于土地使用权已被自然资源主管部门收回，故我公司终止协议，请贵公司返还 4000 万元。"甲公司当即回函："我公司已把股权过户到贵公司名下，贵公司无权终止协议，请贵公司依约支付 1000 万元尾款。"2024 年 6 月 8 日，张某、方某与乙公司签订了《合作协议二》，对继续合作开发房地产项目做了新的安排，并约定："本协议签订之日，《合作协议一》自动作废。"丁公司经甲公司指示，向乙公司送达了《承诺函》："本公司代替甲公司承担 4000 万元的返还义务。"乙公司对此未置可否。请回答第（1）~（5）题。

（1）关于 2024 年 6 月 4 日乙公司向甲公司发函，下列表述正确的是（　　）。
A. 行使的是约定解除权
B. 行使的是法定解除权
C. 有权要求返还 4000 万元
D. 无权要求返还 4000 万元

（2）关于 2024 年 5 月 1 日张某、方某未将 4000 万元支付给丙公司，应承担的责任，下列表述错误的是（　　）。
A. 向乙公司承担违约责任
B. 与甲公司一起向乙公司承担连带责任
C. 向丙公司承担违约责任
D. 向某自然资源主管部门承担违约责任

（3）关于甲公司的回函，下列表述正确的是（　　）。
A. 甲公司对乙公司解除合同提出了异议
B. 甲公司对乙公司提出的异议理由成立
C. 乙公司不向甲公司支付尾款构成违约
D. 乙公司可向甲公司主张不安抗辩权拒不向甲公司支付尾款

（4）关于张某、方某与乙公司签订的《合作协议二》，下列表述正确的是（　　）。
A. 有效
B. 无效

C. 可变更　　　　　　　　　　　　D. 《合作协议一》被《合作协议二》取代

(5) 关于丁公司的《承诺函》，下列表述正确的是（　　）。

A. 构成单方允诺　　　　　　　　　B. 构成保证

C. 构成并存的债务承担　　　　　　D. 构成免责的债务承担

简答题（共 2 题，每题 15 分，共 30 分）

1. 简述对胎儿利益的保护。

2. 简述承诺应具备的要件。

论述题（共 1 题，共 20 分）

论述建筑物区分所有权的内容。

综合测试题二

☑ 单项选择题（共5题，每题2分，共10分）

1. 根据法律规定，下列哪一种社会关系应由民法调整？（　　）

A. 甲请求税务机关退还其多缴的个人所得税

B. 乙手机丢失后发布寻物启事称"拾得者送还手机，本人当面酬谢"

C. 丙对女友书面承诺"如我在上海找到工作，则陪你去欧洲旅游"

D. 丁作为青年志愿者，定期去福利院做帮工

2. 甲委托乙销售一批首饰并交付，乙经甲同意转委托给丙。丙以其名义与丁签订买卖合同，约定将这批首饰以高于市场价10%的价格卖给丁，并赠其一批箱包。丙因此与戊签订箱包买卖合同。丙依约向丁交付首饰，但因戊不能向丙交付箱包，导致丙无法向丁交付箱包。丁拒绝向丙支付首饰款。下列哪一表述是正确的？（　　）

A. 乙的转委托行为无效

B. 丙与丁签订的买卖合同直接约束甲和丁

C. 丙应向甲披露丁，甲可以行使丙对丁的权利

D. 丙应向丁披露戊，丁可以行使丙对戊的权利

3. 摄影爱好者李某为好友丁某拍摄了一组生活照，并经丁某同意上传于某社交媒体群中。蔡某在社交媒体群中看到后，擅自将该组照片上传至某营利性摄影网站，获得报酬若干。对蔡某的行为，下列哪一说法是正确的？（　　）

A. 侵害了丁某的肖像权和身体权

B. 侵害了丁某的肖像权和李某的著作权

C. 侵害了丁某的身体权和李某的著作权

D. 不构成侵权

4. 甲、乙双方互负债务，没有先后履行顺序，一方在对方履行之前有权拒绝其履行要求，另一方在对方履行债务不符合约定时有权拒绝其相应的履行要求。这在我国民法理论上称作什么权利？（　　）

A. 先履行抗辩权　　　　　　　　　　B. 先诉抗辩权

C. 同时履行抗辩权　　　　　　　　　D. 不安抗辩权

5. 甲与其父乙、其14周岁的儿子丙一同进山打猎，不幸遇到雪崩，3人全部遇难，甲妻丁闻讯悲痛而死。甲母戊与丁父己料理完丧事后，为了争夺甲等人的遗产发生纠纷，戊主张全部财产均归她家所有，要求继承全部遗产，而己则要求继承丁的遗产。双方发生争执，己带着其子康某将电视机搬走，戊向法院起诉。法院经审理查明，乙与戊的共同财产价值3万元，甲与丁的共同财产3万元，丙只有其干爹赠与其的2000元；甲、乙、丙、丁无其他近亲属关系，并无遗嘱。根据以上案情，请回答：戊最后分得多少遗产？（　　）

A. 1.7375万元　　　B. 2.25万元　　　C. 1.975万元　　　D. 2.45万元

多项选择题（共5题，每题3分，共15分）

1. 甲公司向乙银行借款100万元，丙、丁以各自房产分别向乙银行设定抵押，戊、己分别向乙银行出具承担全部责任的担保函，承担保证责任。下列哪些表述是正确的？（　　）

　　A. 乙银行可以就丙或者丁的房产行使抵押权
　　B. 丙承担担保责任后，可向甲公司追偿
　　C. 乙银行可以要求戊或者己承担全部保证责任
　　D. 戊承担保证责任后，可向甲公司追偿，也可要求己清偿其应承担的份额

2. 债的法定移转指依法使债权债务由原债权债务人转移给新的债权债务人。下列哪些选项属于债的法定移转的情形？（　　）

　　A. 保险人对第三人的代位求偿权
　　B. 企业发生合并或者分立时对原债权债务的承担
　　C. 继承人在继承遗产范围内对被继承人生前债务的清偿
　　D. 根据买卖不破租赁规则，租赁物的受让人对原租赁合同的承受

3. 下列几种物中，属于法定孳息的有哪些？（　　）

　　A. 租金　　　　　　B. 鸡蛋　　　　　　C. 利息　　　　　　D. 果实

4. 冯某与丹桂公司订立商品房买卖合同，购买了该公司开发的住宅楼中的一套住房。合同订立后，冯某发现该房屋存在问题，要求解除合同。就冯某提出的解除合同的理由，下列哪些选项是正确的？（　　）

　　A. 丹桂公司迟延交付房屋，经催告后在三个月的合理期限内仍未履行
　　B. 商品房买卖合同订立后，丹桂公司未告知冯某又将该住宅楼整体抵押给第三人
　　C. 房屋交付使用后，房屋主体结构质量经核验确属不合格
　　D. 房屋存在质量问题，在保修期内丹桂公司拒绝修复

5. 张某、李某系夫妻，生有一子张甲和一女张乙。张甲于2021年意外去世，有一女儿丙。张某在2024年死亡，生前拥有个人房产一套，遗嘱将该房产处分给李某。关于该房产的继承，下列哪些表述是正确的？（　　）

　　A. 李某可以通过张某的遗嘱继承该房产
　　B. 丙可以通过代位继承要求对该房产进行遗产分割
　　C. 继承人自张某死亡时取得该房产所有权
　　D. 继承人自该房产变更登记后取得所有权

不定项选择题（共1题，共20分）

马俊于2014年去世，其妻张桦于2022年去世，遗有夫妻共有房屋5间，一直未予分割。马俊遗有伤残补助金3万元。张桦2013年以个人名义在单位集资入股获得收益1万元。双方生有一子马明，2018年病故。马明生前与胡芳婚后育有一子马飞。张桦长期患病，生活不能自理，由表侄常生及改嫁儿媳胡芳养老送终。5间房屋于2024年11月被拆迁，拆迁单位与胡芳签订《危旧房改造货币补偿协议书》，胡芳领取作价补偿款、提前搬家奖励款、搬迁补助费、货币安置奖励费、使用权补偿款共计25万元。请回答以下（1）～（4）题。

（1）下列各项中何者属于遗产？（　　）

　　A. 提前搬家奖励款　　　　　　　　B. 搬迁补助费
　　C. 货币安置奖励费　　　　　　　　D. 使用权补偿款

（2）马俊的伤残补助金、张桦集资入股收益的性质应如何确定？（　　）

A. 伤残补助金和集资收益均为个人财产
B. 伤残补助金为个人财产，集资收益为夫妻共同财产
C. 伤残补助金为夫妻共同财产，集资收益为个人财产
D. 伤残补助金和集资收益皆为夫妻共同财产

(3) 下列关于常生可否得到补偿的说法何者正确？（　　）
A. 应当得到补偿，分配数额应小于法定继承人的
B. 应当得到补偿，分配数额可以等于或大于法定继承人的继承份额
C. 常生是否明知法定继承人分割遗产，不影响其在一般诉讼时效期间内行使遗产分配请求权
D. 如常生要求参与分割遗产，应在继承开始后1年内提出请求

(4) 下列关于胡芳及其子女遗产继承权的说法何者正确？（　　）
A. 胡芳对张桦尽了主要赡养义务，应列为第一顺序继承人
B. 马飞对张桦的遗产享有代位继承权
C. 胡芳再婚后所生子女对张桦的遗产享有代位继承权
D. 马飞对马明从马俊处获得的遗产享有转继承权

名词解释（共3题，每题5分，共15分）

1. 意思自治
2. 紧急避险
3. 隐名合伙

案例分析题（共1题，共40分）

甲公司委派业务员张某去乙公司采购大蒜，张某持盖章空白合同书以及采购大蒜授权委托书前往。

甲、乙公司于2024年3月1日签订大蒜买卖合同，约定由乙公司代办托运，货交承运人丙公司后即视为完成交付。大蒜总价款为100万元，货交丙公司后甲公司付50万元货款，货到甲公司后再付清余款50万元。双方还约定，甲公司向乙公司交付的50万元货款中包含定金20万元，如任何一方违约，应向守约方赔付违约金30万元。

张某发现乙公司尚有部分绿豆要出售，认为时值绿豆销售旺季，遂于2024年3月1日擅自决定与乙公司再签订一份绿豆买卖合同，总价款为100万元，仍由乙公司代办托运，货交丙公司后即视为完成交付。其他条款与大蒜买卖合同的约定相同。

2024年4月1日，乙公司按照约定将大蒜和绿豆交给丙公司，甲公司将50万元大蒜货款和50万元绿豆货款付给乙公司。按照托运合同，丙公司应在十天内将大蒜和绿豆运至甲公司。

2024年4月5日，甲、丁公司签订以120万元价格转卖大蒜的合同。4月7日因大蒜价格大涨，甲公司又以150万元价格将大蒜卖给戊公司，并指示丙公司将大蒜交与戊公司。4月8日，丙公司运送大蒜过程中，因山洪暴发大蒜全部毁损。戊公司因未收到货物拒不付款，甲公司因未收到戊公司货款拒绝支付乙公司大蒜尾款50万元。

后绿豆行情暴涨，丙公司以自己名义按130万元价格将绿豆转卖给不知情的己公司，并迅即交付，但尚未收取货款。甲公司得知后，拒绝追认丙公司行为，要求己公司返还绿豆。

请依案情摘要回答下列问题：
(1) 大蒜运至丙公司时，所有权归谁？为什么？
(2) 甲公司与丁、戊公司签订的转卖大蒜的合同效力如何？为什么？
(3) 大蒜在运往戊公司途中毁损的风险由谁承担？为什么？

(4) 甲公司能否以未收到戊公司的大蒜货款为由，拒绝向乙公司支付尾款？为什么？

(5) 乙公司未收到甲公司的大蒜尾款，可否同时要求甲公司承担定金责任和违约金责任？为什么？

(6) 甲公司与乙公司签订的绿豆买卖合同效力如何？为什么？

(7) 丙公司将绿豆转卖给己公司的行为法律效力如何？为什么？

(8) 甲公司是否有权要求己公司返还绿豆？为什么？

综合测试题三

☑ 单项选择题（共5题，每题2分，共10分）

1. 下列社会关系中，属于民法调整对象的是（　　）。
A. 甲与乙之间的恋爱关系
B. 税务机关对丙企业的征税
C. 丁与戊之间的租赁关系
D. 某公安局对己的行政拘留

2. 下列权利中，属于单纯形成权的是（　　）。
A. 甲对无权代理行为的追认权
B. 乙对侵犯其肖像权的行为的诉权
C. 丙因受欺诈而享有的撤销合同的权利
D. 丁对其债权的请求权

3. 甲将自己的手机卖给乙，双方约定价款为1000元，乙当场支付500元，并约定第二天付清余款后拿走手机。当晚，手机被盗。下列说法正确的是（　　）。
A. 手机被盗的风险由甲承担，因为手机尚未交付
B. 手机被盗的风险由乙承担，因为乙已经支付部分价款
C. 手机被盗的风险由甲、乙共同承担
D. 甲无须退还乙已支付的500元

4. 下列关于诉讼时效的说法，正确的是（　　）。
A. 诉讼时效期间届满，实体权利消灭
B. 诉讼时效期间为1年的情形有多种
C. 诉讼时效的中断可以多次发生
D. 诉讼时效中止的事由消除后，诉讼时效重新计算

5. 甲为了自己房屋采光方便，与乙房屋所有人约定，乙的房屋不得修建过高，甲每年支付给乙5000元。甲享有的权利是（　　）。
A. 相邻权　　　　　　　　　　　　B. 地役权
C. 建设用地使用权　　　　　　　　D. 宅基地使用权

📖 名词解释（共4题，每题5分，共20分）

1. 民事权利能力
2. 可撤销法律行为
3. 建筑物区分所有权
4. 选择之债

❓ 案例分析题（共1题，共30分）

甲公司与乙公司于2023年3月1日签订了一份买卖合同，约定甲公司向乙公司购买100台电

脑，每台价格5000元，总价款50万元。合同约定乙公司应在2023年4月1日前将电脑交付给甲公司，甲公司在收到货物后10日内支付货款。2023年3月20日，乙公司告知甲公司，因原材料供应问题，无法按时交付全部电脑，只能交付50台。甲公司表示不同意，要求乙公司按时交付全部货物。2023年4月1日，乙公司仅交付了50台电脑。甲公司收到50台电脑后，以乙公司违约为由，拒绝支付任何货款，并要求乙公司承担违约责任，赔偿其因电脑未及时到位而造成的经济损失10万元。乙公司则认为，自己已经交付了部分货物，甲公司应支付相应货款，且因不可抗力导致无法按时交付全部货物，不应承担违约责任。

请依案情摘要回答下列问题：

1. 乙公司的行为是否构成违约？为什么？
2. 甲公司拒绝支付任何货款的行为是否合理？为什么？
3. 乙公司以不可抗力为由主张不承担违约责任，能否得到支持？为什么？

论述题（共2题，每题20分，共40分）

1. 《民法典》第1165条规定："行为人因过错侵害他人民事权益造成损害的，应当承担侵权责任。依照法律规定推定行为人有过错，其不能证明自己没有过错的，应当承担侵权责任。"请结合该法条分析过错责任原则。

2. 试论《民法典》总则编关于代理的相关规定，包括代理的概念、种类、代理权的产生、行使及消灭等，并结合实际案例说明代理制度在民事活动中的重要作用。

综合测试题四

案例分析题（共1题，共60分）

甲公司因扩大生产规模，急需资金购买设备，遂向乙银行借款800万元。双方于2023年5月10日签订借款合同，约定借款期限为2年，年利率3%。同时，甲公司以其自有的一套价值500万元的生产设备作为抵押，与乙银行签订了抵押合同，但未办理抵押登记；又让丙公司为该笔借款提供连带责任保证，丙公司与乙银行签订了保证合同，未约定保证期间。2023年6月1日，甲公司将该生产设备出租给丁公司，租赁期限3年。2024年7月，甲公司经营不善，资不抵债，无法按时偿还乙银行借款。乙银行遂向法院起诉，主张实现担保物权。

请依案情摘要回答下列问题：

（1）乙银行对甲公司的生产设备是否享有抵押权？为什么？若享有抵押权，乙银行能否要求丁公司腾退设备以实现抵押权？

（2）丙公司的保证期间如何确定？乙银行未在保证期间内依法行使权利，丙公司是否还应当承担保证责任？

（3）若甲公司还有其他债权人，在乙银行主张实现抵押权和要求保证人丙承担责任时，该笔债权的清偿顺序如何？

论述题（共2题，每题20分，共40分）

1. 《民法典》第615条规定："出卖人应当按照约定的质量要求交付标的物。出卖人提供有关标的物质量说明的，交付的标的物应当符合该说明的质量要求。"请对该法条进行分析，并举例说明。

2. 试论《民法典》中法律行为的效力类型及其认定标准，并结合具体案例分析不同效力类型法律行为对民事主体权利义务的影响。

附录一：民法学习所涉及的主要法律文件

1. 《中华人民共和国民法典》（2020 年 5 月 28 日）①
2. 《中华人民共和国数据安全法》（2021 年 6 月 10 日）
3. 《中华人民共和国个人信息保护法》（2021 年 8 月 20 日）
4. 《中华人民共和国妇女权益保障法》（2022 年 10 月 30 日）
5. 《中华人民共和国民事诉讼法》（2023 年 9 月 1 日）
6. 《中华人民共和国公司法》（2023 年 12 月 29 日）
7. 《中华人民共和国未成年人保护法》（2024 年 4 月 26 日）
8. 《信息网络传播权保护条例》（2013 年 1 月 30 日）
9. 《中华人民共和国市场主体登记管理条例》（2021 年 7 月 27 日）
10. 《促进个体工商户发展条例》（2022 年 10 月 1 日）
11. 《中国公民收养子女登记办法》（2023 年 7 月 20 日）
12. 《不动产登记暂行条例》（2024 年 3 月 10 日）
13. 《国务院关于实施〈中华人民共和国公司法〉注册资本登记管理制度的规定》（2024 年 7 月 1 日）
14. 《婚姻登记条例》（2025 年 4 月 6 日）
15. 《城市商品房预售管理办法》（2004 年 7 月 20 日）
16. 《房地产经纪管理办法》（2016 年 3 月 1 日）
17. 《农村土地经营权流转管理办法》（2021 年 1 月 26 日）
18. 《不动产登记暂行条例实施细则》（2024 年 5 月 21 日）
19. 《最高人民法院关于适用〈中华人民共和国仲裁法〉若干问题的解释》（2008 年 12 月 16 日）
20. 《最高人民法院关于适用〈中华人民共和国民法典〉时间效力的若干规定》（2020 年 12 月 29 日）
21. 《最高人民法院关于适用〈中华人民共和国民法典〉物权编的解释（一）》（2020 年 12 月 29 日）
22. 《最高人民法院关于适用〈中华人民共和国民法典〉婚姻家庭编的解释（一）》（2020 年 12 月 29 日）
23. 《最高人民法院关于适用〈中华人民共和国民法典〉继承编的解释（一）》（2020 年 12 月 29 日）
24. 《最高人民法院关于适用〈中华人民共和国公司法〉若干问题的规定（二）》（2020 年 12 月 29 日）
25. 《最高人民法院关于适用〈中华人民共和国公司法〉若干问题的规定（三）》（2020 年 12 月 29 日）
26. 《最高人民法院关于适用〈中华人民共和国公司法〉若干问题的规定（四）》（2020 年

---

① 本附录法律文件的日期为公布时间或最后一次修订、修正日期。

27. 《最高人民法院关于适用〈中华人民共和国公司法〉若干问题的规定（五）》（2020年12月29日）

28. 《最高人民法院关于审理民间借贷案件适用法律若干问题的规定》（2020年12月29日）

29. 《最高人民法院关于审理建设工程施工合同纠纷案件适用法律问题的解释（一）》（2020年12月29日）

30. 《最高人民法院关于审理民事案件适用诉讼时效制度若干问题的规定》（2020年12月29日）

31. 《最高人民法院关于审理建筑物区分所有权纠纷案件适用法律若干问题的解释》（2020年12月29日）

32. 《最高人民法院关于审理买卖合同纠纷案件适用法律问题的解释》（2020年12月29日）

33. 《最高人民法院关于审理城镇房屋租赁合同纠纷案件具体应用法律若干问题的解释》（2020年12月29日）

34. 《最高人民法院关于审理涉及农村土地承包纠纷案件适用法律问题的解释》（2020年12月29日）

35. 《最高人民法院关于审理融资租赁合同纠纷案件适用法律问题的解释》（2020年12月29日）

36. 教学法规中心编：《最高人民法院关于审理技术合同纠纷案件适用法律若干问题的解释》（2020年12月29日）

37. 教学法规中心编：《最高人民法院关于审理物业服务纠纷案件适用法律若干问题的解释》（2020年12月29日）

38. 教学法规中心编：《最高人民法院关于审理利用信息网络侵害人身权益民事纠纷案件适用法律若干问题的规定》（2020年12月29日）

39. 教学法规中心编：《最高人民法院关于审理旅游纠纷案件适用法律若干问题的规定》（2020年12月29日）

40. 《最高人民法院关于确定民事侵权精神损害赔偿责任若干问题的解释》（2020年12月29日）

41. 《最高人民法院关于审理侵害信息网络传播权民事纠纷案件适用法律若干问题的规定》（2020年12月29日）

42. 《最高人民法院关于审理道路交通事故损害赔偿案件适用法律若干问题的解释》（2020年12月29日）

43. 《最高人民法院关于审理医疗损害责任纠纷案件适用法律若干问题的解释》（2020年12月29日）

44. 《最高人民法院关于适用〈中华人民共和国民法典〉有关担保制度的解释》（2020年12月31日）

45. 《最高人民法院关于审理银行卡民事纠纷案件若干问题的规定》（2021年5月24日）

46. 《最高人民法院关于审理侵害植物新品种权纠纷案件具体应用法律问题的若干规定（二）》（2021年7月5日）

47. 《最高人民法院关于审理使用人脸识别技术处理个人信息相关民事案件适用法律若干问题的规定》（2021年7月27日）

48. 《最高人民法院关于审理铁路运输人身损害赔偿纠纷案件适用法律若干问题的解释》（2021年12月8日）

49.《最高人民法院关于适用〈中华人民共和国民法典〉总则编若干问题的解释》（2022 年 2 月 24 日）

50.《最高人民法院关于审理网络消费纠纷案件适用法律若干问题的规定（一）》（2022 年 3 月 1 日）

51.《最高人民法院关于适用〈中华人民共和国民事诉讼法〉的解释》（2022 年 4 月 1 日）

52.《最高人民法院关于审理人身损害赔偿案件适用法律若干问题的解释》（2022 年 4 月 24 日）

53.《最高人民法院关于适用〈中华人民共和国民法典〉合同编通则若干问题的解释》（2023 年 12 月 4 日）

54.《最高人民法院关于适用〈中华人民共和国民法典〉侵权责任编的解释（一）》（2024 年 9 月 25 日）

55.《最高人民法院关于适用〈中华人民共和国民法典〉婚姻家庭编的解释（二）》（2025 年 1 月 15 日）

附录二：参考文献及推荐书目

1. 《民法学》编写组编：《民法学》，高等教育出版社 2022 年版。
2. 龙卫球：《民法总论》，中国法制出版社 2011 年版。
3. 李永军主编：《民法学教程》，中国政法大学出版社 2023 年版。
4. 梁慧星：《民法总则讲义》，法律出版社 2018 年版。
5. 梁慧星：《民法总论》，法律出版社 2021 年版。
6. 魏振瀛主编：《民法》，北京大学出版社 2021 年版。
7. 刘家安：《民法物权》，中国政法大学出版社 2023 年版。
8. 崔建远、陈进：《债法总论》，法律出版社 2021 年版。
9. 龙卫球主编：《中华人民共和国民法典总则编释义》，中国法制出版社 2020 年版。
10. 刘智慧：《中华人民共和国民法典物权编释义》，中国法制出版社 2021 年版。
11. 龙卫球主编：《中华人民共和国民法典合同编释义》，中国法制出版社 2020 年版。
12. 龙卫球主编，赵精武副主编：《最高人民法院民法典合同编通则司法解释理解与适用》，中国法制出版社 2024 年版。
13. 龙卫球主编，雷震文副主编：《民法典侵权责任编司法解释关联适用全书》，中国法治出版社 2024 年版。
14. 龙卫球主编：《中华人民共和国民法典人格权编与侵权责任编释义》，中国法制出版社 2021 年版。
15. 龙卫球主编，王琦副主编：《民法典婚姻家庭编司法解释关联适用全书》，中国法治出版社 2025 年版。
16. 龙卫球主编：《中华人民共和国民法典婚姻家庭编与继承编释义》，中国法制出版社 2020 年版。
17. 杨立新编著：《中华人民共和国民法典条文要义》，中国法制出版社 2023 年版。
18. 杨立新主编：《中华人民共和国民法典释义与案例评注丛书》（全 7 册），中国法制出版社 2023 年版。
19. 杜卫红、邵普主编，习亚伟、武旋、童晶晶副主编：《法院审理担保案件观点集成》，中国法治出版社 2024 年版。
20. 张琳主编：《法院审理婚姻家庭、继承案件观点集成》，中国法治出版社 2024 年版。
21. 国家法官学院、最高人民法院司法案例研究院编：《中国法院 2025 年度案例·婚姻家庭与继承纠纷》，中国法治出版社 2025 年版。
22. 国家法官学院、最高人民法院司法案例研究院编：《中国法院 2025 年度案例·物权纠纷》，中国法治出版社 2025 年版。
23. 国家法官学院、最高人民法院司法案例研究院编：《中国法院 2025 年度案例·合同纠纷》，中国法治出版社 2025 年版。
24. 国家法官学院、最高人民法院司法案例研究院编：《中国法院 2025 年度案例·侵权赔偿纠纷》，中国法治出版社 2025 年版。
25. 国家法官学院、最高人民法院司法案例研究院编：《中国法院 2025 年度案例·人格权纠纷》，中国法治出版社 2025 年版。

26. 江必新主编，何东宁副主编：《民法典适用规范集成》，中国法制出版社 2024 年版。

27. 江必新、何东宁等：《最高人民法院指导性案例裁判规则理解与适用·合同卷一》，中国法制出版社 2024 年版。

28. 江必新、何东宁等：《最高人民法院指导性案例裁判规则理解与适用·合同卷二》，中国法制出版社 2024 年版。

29. 江必新、何东宁等：《最高人民法院指导性案例裁判规则理解与适用·物权卷》，中国法制出版社 2023 年版。

30. 江必新、何东宁、肖芳：《最高人民法院指导性案例裁判规则理解与适用·婚姻家庭卷》，中国法制出版社 2023 年版。

31. 江必新、何东宁等：《最高人民法院指导性案例裁判规则理解与适用·侵权赔偿卷一》，中国法制出版社 2023 年版。

32. 江必新、何东宁等：《最高人民法院指导性案例裁判规则理解与适用·侵权赔偿卷二》，中国法制出版社 2023 年版。

33. 国家法官学院、最高人民法院司法案例研究院编：《合同纠纷裁判规则理解与适用》，中国法制出版社 2023 年版。

34. 国家法官学院、最高人民法院司法案例研究院编：《物权纠纷裁判规则理解与适用》，中国法制出版社 2023 年版。

35. 国家法官学院、最高人民法院司法案例研究院编：《婚姻家庭与继承纠纷裁判规则理解与适用》，中国法制出版社 2023 年版。

36. 国家法官学院、最高人民法院司法案例研究院编：《借款担保纠纷裁判规则理解与适用》，中国法制出版社 2023 年版

37. 教学法规中心编：《学生常用法规掌中宝——民法（一）总则编、物权编》，中国法制出版社 2021 年版。

38. 教学法规中心编：《学生常用法规掌中宝——民法（二）合同编、人格权编、侵权责任编》，中国法制出版社 2021 年版。

39. 教学法规中心编：《学生常用法规掌中宝——民法（三）婚姻家庭编、继承编》，中国法制出版社 2021 年版。

40. 教学法规中心编：《学生常用法规掌中宝——知识产权法》，中国法制出版社 2021 年版。

41. 黄薇主编：《中华人民共和国民法典解读》，中国法制出版社 2020 年版。

42. 孙宪忠、朱广新主编《民法典评注·物权编》，中国法制出版社 2020 年版。

43. 朱广新、谢鸿飞主编：《民法典评注·合同编（通则）》，中国法制出版社 2020 年版。

44. 谢鸿飞、朱广新主编：《民法典评注·合同编（典型合同与准合同）》，中国法制出版社 2020 年版。

45. 陈甦、谢鸿飞主编：《民法典评注·人格权编》，中国法制出版社 2020 年版。

46. 薛宁兰、谢鸿飞主编：《民法典评注·婚姻家庭编》，中国法制出版社 2020 年版。

47. 陈甦、谢鸿飞主编：《民法典评注·继承编》，中国法制出版社 2020 年版。

48. 邹海林、朱广新主编：《民法典评注·侵权责任编》，中国法制出版社 2020 年版。

考点速记手账

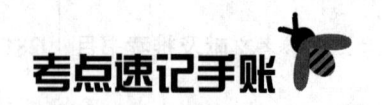

考点速记手账

考点速记手账